CIDADES CRIATIVAS

TALENTOS, TECNOLOGIA, TESOUROS, TOLERÂNCIA

VICTOR MIRSHAWKA

VOLUME I

São Paulo, 2017
www.dvseditora.com.br

CIDADES CRIATIVAS
TALENTOS, TECNOLOGIA, TESOUROS, TOLERÂNCIA
volume 1

DVS Editora 2017 - Todos os direitos para a território brasileiro reservados pela editora.

Nenhuma parte deste livro poderá ser reproduzida, armazenada em sistema de recuperação, ou transmitida por qualquer meio, seja na forma eletrônica, mecânica, fotocopiada, gravada ou qualquer outra, sem a autorização por escrito do autor.

Capa e Diagramação: Spazio Publicidade e Propaganda
Fotos: Shutterstock

Dados Internacionais de Catalogação na Publicação (CIP)
(Câmara Brasileira do Livro, SP, Brasil)

Mirshawka, Victor
   Cidades criativas : talentos, tecnologia, tesouros, tolerância, volume 1 / Victor Mirshawka. -- São Paulo : DVS Editora, 2017.

   ISBN: 978-85-8289-150-6

   1. Administração pública 2. Cidades - Administração pública 3. Cidades criativas 4. Criatividade nos negócios 5. Espaços públicos urbanos 6. Planejamento urbano I. Título.

17-04342   CDD-307.76

Índices para catálogo sistemático:

   1. Cidades criativas : Economia criativa : Cultura : Aspectos sociais 307.76

CIDADES CRIATIVAS

TALENTOS, TECNOLOGIA, TESOUROS, TOLERÂNCIA

VICTOR MIRSHAWKA

VOLUME I

Dedico esse livro à minha família, ou seja, a minha querida esposa Nilza Maria, com a qual estou casado há mais de 52 anos, que me deu três filhos incríveis, Victor Jr., Sergio e Alexandre que tiveram a felicidade de conhecer três mulheres, suas esposas dedicadas e amorosas, respectivamente Ana Carolina, Renata e Valéria, com o que chegaram para a alegria de todos, os netos Guilherme, Julia e Felipe e Isadora.

Índice

Prefácio IX

Capítulo 1 – No século XXI, o predomínio das cidades 1

    1.1 - Um pouco da história das cidades 1
    1.2 - A tematização das cidades 9
    1.3 - Viver numa cidade grande é estressante!!! 14
    1.4 - O mundo cada vez mais urbano 25
    1.5 - A grande invenção da humanidade: a cidade!!! 28
    1.6 - Tipos de cidade 34
    1.7 – Rede de Cidades Criativas (RCC) da Unesco 94
    1.8 – Classe criativa 96
    1.9 – Qual é a sua cidade? 100
    1.10 – O grande recomeço 105
    1.11 – Fluxos de criatividade e inovação 108

Capítulo 2 - As grandes cidades criativas do mundo 115

    2.1 - Abu Dhabi 117
    2.2 - Amsterdã 129
    2.3 - Barcelona 145
    2.4 - Berlim 163
    2.5 - Boston 185
    2.6 - Buenos Aires 205
    2.7 - Cairo 223
    2.8 - Chicago 235
    2.9 - Cidade do Cabo 251

2.10 - Cidade do México 267
2.11 - Cingapura 281
2.12 - Délhi e Nova Délhi 301
2.13 - Dubai 315
2.14 - Hong Kong 335
2.15 - Istambul 353
2.16 - Kiev 375
2.17 - Las Vegas 387
2.18 - Londres 401
2.19 - Los Angeles 429
2.20 - Madri 451
2.21 - Melbourne 477
2.22 - Miami 493

Prefácio

Até o século XIX preponderaram no mundo os **impérios**, no século XX aconteceu a emergência dos **países**, na sua maioria democráticos, e sem dúvida o século XXI está sendo o das **cidades**, onde a maioria das pessoas deseja viver e as quais será cada vez mais complicado poder administrar de forma eficaz.

Vivemos numa época em que as cidades precisam ser sustentáveis, inteligentes e atraentes, ou seja, nelas deve-se ter empregabilidade, habitabilidade, mobilidade, visitabilidade e sustentabilidade.

Não é nada fácil ter essas cinco condições num elevado patamar até porque muitas delas se contrapõem, ou seja, uma cidade na qual se tenha muitos empregos e boas habitações, ela rapidamente é invadida por muita gente de outras regiões (e até de outras partes do mudo...) o que acaba tornando difícil ter nela boa mobilidade ou sustentabilidade, especialmente no que se refere a segurança, educação e saúde pública.

Estamos vivendo num contexto bem diferente daquele de algumas décadas atrás e percebe-se isto claramente no comportamento do mercado imobiliário, com os construtores adaptando-se ao novo consumidor, cada vez mais consciente dos problemas de poluição, interessado em ter acesso a espaços de lazer, buscando formas de ser saudável e preocupado em ser um **cidadão melhor**!!!

Os novos edifícios, especificamente os dedicados a escritórios, já são pensados em abrigar um espaço de *coworking*, ou seja, um ambiente compartilhado de trabalho, estabelecendo-se também cada vez mais a tendência que as pessoas trabalhem frequentemente na própria casa e usem escritórios virtuais.

Há apenas alguns anos seria impensável construir um edifício sem vagas na garagem, mas agora isso está cada vez mais comum, especialmente nas cidades dos países desenvolvidos.

Uma grande mudança positiva se alcançou com o amplo uso de aplicativos, como Waze, Uber etc. o que "facilitou" a mobilidade urbana.

A nova tendência é que as cidades vejam os seus moradores, de fato, como consumidores das instalações e facilidades existentes nelas.

Um exemplo típico recente foi o que ocorreu no Rio de Janeiro, com o Porto Maravilha, onde o espaço urbano foi modificado, para que o cidadão possa ter o melhor proveito dele, ou seja, do transporte, do comércio e dos espaços culturais.

Esse livro está focado especialmente em como as cidades se tornaram criativas, com o que entre outras coisas, conseguem de forma eficiente acompanhar e oferecer aos seus moradores o que eles desejam e necessitam.

As cidades analisadas são também em quase todos os casos globais, influentes e atraentes.

Pode-se dizer que uma cidade é criativa quando nela se destaca a **tecnologia**, especialmente aquela ligada a informação e comunicação, existem nela muitos **talentos**, o que normalmente significa que ela possui excelentes instituições de ensino para formá-los, há um ambiente de **tolerância** em relação a presença de pessoas de diferentes raças, religiões e costumes, respeitando-se as suas convicções e sua cultura e finalmente ela tem muitos **tesouros**, quer eles sejam as suas belezas naturais ou então os construídos e preservados pela sua gente, como museus, templos, palácios, parques etc.

Pois bem, o autor Victor Mirshawka nesse livro (em 2 volumes) apresentou 45 cidades - consideradas como a mais importante invenção do ser humano – de todos os continentes, enfatizando as características que as qualificam como criativas.

Algumas tem milhares de anos de existência, outras, séculos e há inclusive as que são bem recentes, com algumas décadas de existência mas que se tornaram extremamente atraentes, atraindo todo ano milhões de visitantes, para aí passarem dias agradáveis, bem como dezenas de milhares de novos moradores pois nelas dá vontade de viver, pode-se obter um bom emprego ou inclusive abrir um promissor negócio, particularmente em alguns setores da economia criativa.

Quem ler o livro, especialmente se estiver ocupando um cargo administrativo numa prefeitura, obterá muitos *insights* (discernimentos criativos), o que o estimulará a desenvolver novos projetos ou políticas públicas que permitam transformar a cidade onde vive em um lugar com qualidade de vida melhor.

Aliás os gestores municipais em todos os níveis das cidades do Estado de São Paulo, que fazem parte da Associação Paulista dos Municípios (APM) deveriam inspirar-se nas sugestões dadas pelo autor no que ele chamou de **"lições das cidades criativas"**, para implementar ações que estimularam os moradores de outras cidades a visitarem as criativas.

Vivemos numa época, em que graças ao desenvolvimento da aviação comercial, os seres humanos têm facilidade para irem de uma cidade num continente para outro bem distante ou como no caso do Brasil - País continental – ir de uma cidade em um Estado para outra, a milhares de quilômetros.

E fazem essa viagem para participar de eventos técnicos, para ter entretenimento, para cumprir devoções religiosas, para fazer compras etc.

As pessoas viajam, pois estão ansiosas para sair da rotina, e também por que querem ir para outros lugares para conviver com uma outra cultura, para admirar as belezas existentes em outras partes do nosso planeta.

Esses turistas são muito importantes para as cidades, pois injetam muito dinheiro nas suas economias.

Cabe aos nossos governantes e aos empreendedores, entender de uma vez por todas que uma das maneiras de incrementar a nossa economia é tendo um **turismo mais pujante**.

E nesse sentido, poucos países têm tanto a oferecer como o Brasil, com suas praias, florestas, rios, ou seja, com a sua rica e variada gama de belezas naturais.

Não se pode esquecer que se a vinda de turistas estrangeiros ao Brasil é relativamente pequena – algo como 6,5 milhões de pessoas em 2016 -, já o turismo doméstico como no Estado de São Paulo envolveu em 2016 cerca de 43 milhões de pessoas que saíram de suas cidades para passar alguns dias em outras (especialmente naquelas que ficam à beira do mar) o que naturalmente incrementou muito, nas cidades visitadas, o seu comércio, a ocupação dos seus hotéis, o movimento nos seus restaurantes etc., o que possibilitou que milhares de pessoas tivessem um trabalho (mesmo que temporário...)

Esse livro deveria ser uma leitura obrigatória especialmente de todos os prefeitos, vice-prefeitos, secretários municipais e gestores dos órgãos da prefeitura ("**gerentes de cidade**") pois lhes trará excelentes ideias para introduzirem atrações nas suas cidades, possibilitando-lhes atrair cada vez mais visitantes!!!

Carlos Cruz
Presidente da Associação Paulista dos Municípios (APM)

Capítulo 1 – No século XXI, o predomínio das cidades

Neste capítulo, a intenção é mostrar como o mundo foi se urbanizando e se globalizando ao longo do tempo. Destaca-se, particularmente, o modo como as cidades se desenvolveram, passaram a atrair cada vez mais gente e procuraram dar a esses habitantes uma **boa qualidade de vida**, o que implicou em oferecer-lhes emprego, moradia, instituições de ensino (IEs), cuidados médicos e diversão para as horas de lazer.

Mas a vida nas cidades do século XXI não é fácil. Nelas existem muitos problemas, entre os quais estão: a falta de segurança; os congestionamentos no trânsito; as dificuldades para se arranjar um local decente para residir; os altos custos com transporte, a alimentação fora de casa, o consumo de energia elétrica e de água etc.

1.1 - UM POUCO DA HISTÓRIA DAS CIDADES

Todo aquele que quiser se inteirar do que é uma cidade, deveria ler o clássico livro *The City in History – Its Origins, Its Transformations and Its Prospects,* escrito por Lewis Mumford, em 1961. No Brasil ele foi editado pela Martins Fontes a partir de 1982, e já conta com várias reedições. Logo no início do livro Lewis Mumford pergunta:

- » O que é a uma cidade?
- » Como foi que ela começou a existir?
- » Que processos ela promove?

» Que funções ela desempenha?
» Que finalidades ela preenche?

O próprio Lewis Mumford respondeu:

"Não há definição que se aplique sozinha à todas essas questões, tampouco uma descrição isolada que cubra todas as transformações que a cidade sofreu. As origens da cidade são obscuras. Grande parte do seu passado permanece enterrada ou irrecuperavelmente apagada, sendo, portanto, difícil pesar suas perspectivas futuras".

É verdade que essa não é a opinião da antropóloga e assirióloga Gwendolyn Leick, autora de várias obras ligadas a história e arqueologia.

No seu livro mais recente *Mesopotâmia – A Invenção da Cidade*, ela diz:

"Há mais de sete mil anos teve início a vida urbana. Situada numa área que corresponde aproximadamente àquela do atual Iraque, a Mesopotâmia foi uma das grandes civilizações antigas. No entanto, isso é relativamente desconhecido.

Os povos mesopotâmicos (babilônios, sumérios e assírios) ingressaram no imaginário popular do mesmo modo como os antigos egípcios. Porém, no século XXI, época em que a maior parte da população vive em cidades, a Mesopotâmia – mais que o agrário Egito – tem muito a nos ensinar. Afinal, foi ali que ocorreu o primeiro experimento com o conceito de cidade.

Tudo faz crer que Eridu tenha sido **a primeira cidade do mundo**. Mas, na sequência, deve-se também lembrar de Warka, local de uma cidade denominada Uruque pelos sumérios; de Churupaque, cidade suméria; de Acádia, uma das mais famosas cidades mesopotâmicas – cuja riqueza, o esplendor e os gloriosos soberanos seriam recordados por milênios; de Ur, que foi esplendorosamente restaurada por Nabucodonosor II no ano de 605 a.C.; de Nipur, no coração da planície babilônica; de Sippar, situada a cerca de 20 km ao sul de Bagdá – onde os cursos dos rios Eufrates e Tigre estão mais próximos um do outro; das cidades assírias de Assur e Nínive, localizadas no altiplano de pedra calcária da Mesopotâmia setentrional; e da Babilônia, que foi não apenas a maior cidade do mundo, mas sua única metrópole – um local que foi transformado por Alexandre, o Grande, na capital de um império cuja vastidão não tinha precedentes.

Assim, mesmo antes da **era cristã**, houve muitas cidades: as do sagrado, as do saber, as do comércio e as dos reis. Houve cidades que floresceram por algum tempo e, posteriormente, foram abandonadas; mas também há aquelas que são habitadas até os dias de hoje.

Foi durante o reinado de Nabucodonosor (que ficou no poder por 43 anos) que a Babilônia tornou-se a metrópole do mundo. Ela possuía muitos epítetos, como: **'cidade da abundância', 'cidade da fertilidade', 'cidade da alegria e das danças', 'cidade cujos cidadãos acumulam riquezas', 'cidade privilegiada que liberta os cativos', 'cidade pura'** etc.

Sem dúvida, a **invenção das cidades** pode muito bem ter sido o mais duradouro legado da Mesopotâmia. E não havia apenas uma cidade, mas dezenas delas, cada qual controlando seu próprio território rural e pastoril, assim como sua própria rede de irrigação."

A história da cidade, tal como se desenrolou na Mesopotâmia, não foi inteiramente repetida no Egito, onde aconteceram muitas particularizações e existiram muitos contrastes. Alguns estudiosos chegam inclusive a dizer que não existiu nenhuma **"cidade egípcia"** até 1500 a.C.

De fato, a princípio não se encontrou no vale do Nilo uma cidade arquetípica da história – murada, solidamente delimitada, protegida por baluartes e construída para permanecer de pé. Aliás, tudo no Egito parece ter encontrado uma forma durável, exceto a cidade.

Os templos de Luxor e Karnak têm mostrado seus portentosos contornos ao longo dos tempos históricos; as grandes e pequenas pirâmides são ainda visíveis – embora essa moda (das pirâmides) tenha florescido e morrido quase tão rapidamente quanto aquela das complicadas fortificações em forma de estrela, oriunda do fim do Renascimento.

Sem o menor desejo de dar continuidade às obras de seus antecessores – tampouco de engrandecer as cidades deles –, cada faraó construiu sua própria capital. E, diga-se de passagem, seu lar urbano foi tão exclusivo quanto o seria sua sepultura, e talvez pela mesma razão egoísta.

Cidade e **urbe** não foram palavras sinônimas entre os antigos.

A cidade era a associação religiosa e política das famílias e das tribos; urbe, por sua vez, era o local da reunião; o domicílio e sobretudo o santuário dessa sociedade.

Em seu livro *A Cidade Antiga*, o autor Fustel de Coulanges, afirmou: "Não devemos fazer das cidades antigas a mesma ideia que temos das cidades dos nossos dias.

Atualmente algumas casas são erguidas e nasce uma aldeia; pouco a pouco o número de residências vai aumentando e temos então uma urbe; se necessário, acabamos por cercá-la com um fosso e/ou uma muralha.

A urbe, entre os antigos, não se formava no decorrer do tempo pelo lento crescimento do número de homens e construções. Pelo contrário, ela surgia de uma só vez, por completo; em alguns dias ou, no máximo, em alguns meses. Os gregos, assim como os italianos, acreditavam que o localização de qualquer urbe devia ser escolhida e revelada pela divindade. Por isso, quando queriam fundar alguma coisa, consultavam o oráculo de Delfos.

Apontando-o como um ato de impiedade ou de loucura, Heródoto relatou o fato de que o espartano Doria teria ousado construir uma urbe 'sem consultar o oráculo e sem praticar nenhuma das cerimônias prescritas'. Assim, o piedoso historiador não se surpreende pelo fato de a tal urbe, construída contra todas as regras vigentes na época, ter durado apenas três anos."

A cidade-Estado, ou **pólis**, surgiu na Grécia provavelmente no século VIII a.C. Em verdade, houve muitas centenas de cidades-Estado na antiga Grécia, muitas das quais bastante pequenas (com menos de mil habitantes).

Cada cidade era protegida por uma amurada, que, por sua vez, era cercada por uma zona rural; seu território podia incluir pequenos povoados e, em seu centro ficava a **cidadela** (tipo de fortaleza em torno da qual se desenvolviam as comunidades) e a **ágora** (a praça do mercado, que incluía edifícios administrativos, templos etc.).

Na democracia ateniense, que representava a *pólis* em sua forma mais desenvolvida, o poder estava nas mãos da assembleia dos cidadãos, da qual mulheres, bem como residentes estrangeiros e escravos não faziam parte.

Os ideais da *pólis* eram a liberdade, a autoconfiança e a autonomia, aspirações que foram responsáveis por diversas guerras entre as cidades-Estado gregas.

Todavia, mesmo a temporária unidade diante de um invasor estrangeiro, persa ou macedônio, não se consolidava facilmente. O surgimento dos reinos helênicos, no fim do século IV a.C., significou uma maior limitação dos poderes da *pólis*. Nessa época Aristóteles disse:

"A cidade é uma fabricação humana e precisa ter um crescimento controlado. Em todas as espécies biológicas existe um limite de tamanho, o que é igualmente verdadeiro quanto aos artefatos humanos. Se um barco é por demais pequeno, não pode desempenhar as funções de um barco, isto é, conduzir passageiros ou carga; se é grande por demais, não pode ser manejado ou dirigido. O mesmo se aplica em relação à constituição de uma cidade. Se ela for por demais pequena, não importa quais sejam suas pretensões arquitetônicas ou sua condição legal, continuará sendo uma aldeia. Se ultrapassar os limites do crescimento, absorvendo mais pessoas do que pode propriamente alojar, alimentar, governar ou educar, então já não será uma cidade, pois sua consequente desorganização a impedirá de levar a cabo as funções de uma cidade."

Diferentemente da cidade grega, onde a muralha muitas vezes era algo em que se pensava depois, a cidade romana começava por essa muralha; e a cidade – em parte por motivos religiosos, e em parte por considerações utilitárias – assumia a forma de um retângulo, estabelecendo um modelo padrão para o acampamento de dormida que mais tarde o legionário romano cavaria para si mesmo.

Da cidade helenística os romanos receberam um padrão de ordem estética que se apoiava numa base prática, e em cada uma das grandes instituições do urbanismo milésio – a **ágora** formalmente cercada, com estruturas contínuas, rua larga e ininterrupta, ladeada de edificações – os romanos deram um encaminhamento característico, superando o original em ornato e imponência.

Os lugares onde essas duas correntes de influência se juntaram dentro do espírito romano, foram em cidades africanas e sírias. Estas muitas vezes eram bastante desenvolvidas como cidades manufatureiras especializadas, centros comerciais ou cidades militares oriundas de colonização. Eram fundadas para servir de pontes de apoio para o império e se mantinham permanentemente guarnecidas de legionários que podiam ser reconvocados para a ação.

Vejamos, por exemplo, um inventário de Roma no ano 312 da nossa era (lembrando, é claro, que agora ela faz parte de nossa lista de cidades criativas).

Roma cobria 1.345 hectares no interior e estava cercada pela muralha Aureliana. A área total construída – inclusive aquela imediatamente fora da muralha – era de cerca de 2.000 hectares. Isso significa que Roma era, portanto, uma cidade descomunal, mesmo para os tempos modernos.

Nesse inventário tem-se ainda uma lista do que havia nessa época em Roma: 6 obeliscos, 8 pontes, 11 banhos públicos, 19 canais de água, 2 circos, 2 anfiteatros, 3 teatros, 28 bibliotecas, 4 escolas de gladiadores, 5 espetáculos náuticos para combates marítimos, 36 arcos de mármore, 37 portões, 290 armazéns e depósitos, 254 padarias públicas, 1.790 palácios e 46.602 alojamentos (casas de morada coletiva). Além disso havia 926 pequenos banhos de propriedade particular, 18 fóruns ou praças públicas, 8 campos cobertos de grama o ano todo – usados pela multidão para "dançar, correr ou lutar", 30 parques e jardins – abertos inicialmente por prósperos cidadãos para o seu conforto privado (mas, com o tempo, absorvidos nos domínios públicos), 700 tanques ou bacias públicas e 500 fontes que eram supridas por 130 coletores ou reservatórios.

A propósito, talvez essas fontes sejam o mais espantoso legado da antiga Roma para a cidade moderna, e a Fontana di Trevi é um ótimo exemplo disso.

Acrescenta-se a esta cidade dos vivos uma outra: a cidade dos mortos.

Assim, havia uma vasta falange de estátuas de bronze e, no total, 10.000 figuras de pedra. Assim, pode-se dizer que Roma tinha além dos humanos uma segunda população, de bronze e pedra, que em muitos aspectos estava melhor situada que a população viva. Como se percebe, a cidade moderna do século XX é bem diferente da Roma antiga.

Lewis Mumford, no capítulo XVII do livro por ele intitulado como ***O mito da megalópolis***, ressaltou:

"Grande parte do pensamento relativo ao desenvolvimento em perspectiva das cidades de hoje tem se baseado em suposições ideológicas que estão atualmente em voga a respeito da natureza e do destino do homem.

Por baixo do seu apreço superficial pela vida e pela saúde, encontra-se um profundo desdém pelos processos orgânicos que implicam a manutenção da complexa parceria de todas as formas orgânicas, num ambiente favorável à vida, em todas as suas manifestações.

Em vez de levar em consideração as relações do homem com a água, o ar, o Sol, e todos os seus componentes orgânicos, como a mais antiga e mais fundamental de todas as suas relações – não para ser constrangido ou apagado, mas, ao contrário, para ser aprofundado e ampliado, tanto em pensamento como em ação –, a tecnologia secular de nossa época dedica-se a imaginar meios de eliminar formas orgânicas autônomas, colocando em seu lugar engenhosos substitutos mecânicos (controláveis e lucrativos...).

O aumento das cidades com população superior a 100 mil habitantes foi notável no século XX. Por exemplo, no ano de 1930, quase metade da população dos EUA vivia num raio de 30 km a 80 km de cidades com população superior a 100 mil habitantes; já em 1950, podia-se encontrar tal população em 168 áreas urbanas com 50 mil ou mais habitantes, ou seja, eram quase 84 milhões de pessoas.

E tendências semelhantes prevaleceram em todas as partes do mundo, sendo que nessa mesma época quase 14% da população mundial vivia em cidades de 100 mil ou mais habitantes, enquanto que em 1800 esse percentual era menor que 1,7%.

Examinando em mais detalhes a situação de uma metrópole, é fácil perceber o que podemos chamar de **explosão urbana**, algo que no fundo é um fenômeno de remoção dos limites quantitativos.

A explosão urbana assinala a mudança de um sistema orgânico para um sistema mecânico, do crescimento propositado para uma expansão sem propósito.

Circulando sobre Londres, Rio de Janeiro, Chicago, Buenos Aires, Sidney, Tóquio etc. de avião, ou examinando essas cidades de modo esquemático por meio de um mapa urbano e/ou uma planta de quarteirões, é difícil entender a forma e definir a cidade, pois até mesmo a aguda divisão entre ela e o campo já não existe.

E, à medida que o olhar se estender para a nebulosa periferia, não se pode perceber formas definidas, exceto por aquelas configuradas pela natureza: antes, entretanto, contempla-se uma contínua massa disforme, aqui volumosa ou pontilhada de edifícios, ali rompida por um trecho de vegetação ou por uma faixa inflexível de concreto. A deformidade do todo é refletida na parte individual e, quanto mais perto do centro, menos, em regra, se pode distinguir as partes menores.

Por exemplo, com o aumento dos automóveis particulares, as ruas e avenidas tornaram-se parques de estacionamento. Já, para que o tráfego possa se mover, enormes vias expressas atravessam as cidades e aumentam as necessidades de novos estacionamentos e novas garagens.

Assim, no ato de tornar acessível o núcleo central da metrópole, os planejadores urbanos congestionaram as cidades, tornando-as quase inabitáveis.

Além disso, os custos do próprio congestionamento, no que representa como empecilho às atividades econômicas da área metropolitana, são aumentados pelos custos dos métodos puramente mecânicos de vencer esse mesmo congestionamento.

Outro problema que está se tornando cada vez mais grave nas cidades agora (em 1960) é a **falta de água**!?!? A única possibilidade de aliviar essa escassez crônica de água, nas aglomerações metropolitanas, seria a destilação da água do mar em quantidades enormes; mas, mesmo que tal medida fosse possível, com a utilização da barata energia solar ou nuclear, provavelmente essa água não seria mais potável do que aquela que hoje é manufaturada a bordo dos navios. Assim, não importa o quanto seja barata a energia utilizada para essa conversão, o custo do processo representaria um acréscimo significativo ao crescente custo da água.

O fato é que a cidade sofreu numerosas modificações nestes últimos cinco mil anos. E não há dúvidas de que outras modificações **estão à espera**.

Todavia, as inovações que urgentemente se anunciam não estão na extensão e/ou na perfeição do equipamento físico; menos ainda na multiplicação de instrumentos eletrônicos automáticos para dispersar, em disforme poeira suburbana, os órgãos remanescentes da cultura.

Muito ao contrário, os melhoramentos significativos só virão pela aplicação da arte e do pensamento aos interesses humanos centrais da cidade, como uma nova dedicação aos processos cósmicos e ecológicos que abrangem toda a existência.

Devemos, pois, restituir à cidade suas funções maternas, nutridoras da vida; devolver-lhe as atividades autônomas, as associações simbióticas que por muito tempo têm estado omitidas ou esquecidas.

Com efeito, deve ser a cidade um órgão de amor; e a melhor economia das cidades é o cuidado e a cultura dos homens."

Fica claro que, a partir de sua análise da evolução histórica das cidades, Lewis Mumford já enxergava que se deveria caminhar para uma **cidade sustentável** como a única saída para que ela fosse, como ele mesmo disse, um **"órgão de amor e cultura"**. Infelizmente isso não está fácil de se conseguir. Quem, por exemplo, tiver a oportunidade de ler o maravilhoso livro de Chrisanne Beckner, *100 Cidades que Mudaram a História do Mundo* – dentre as quais estão sete brasileiras –, constatará que, apesar de serem ao mesmo tempo as responsáveis pelo contínuo desenvolvimento tecnológico, cultural e artístico da humanidade, muitas delas estão hoje caminhando rumo à insustentabilidade...

1.2 - A TEMATIZAÇÃO DAS CIDADES

Se num passado não tão distante, as cidades do interior do Brasil se orgulhavam dos chamados *slogans* que traduziam uma característica de simpatia de seus moradores e se tornavam verdadeiros mantras, como, por exemplo: "Cidade Sorriso", "Cidade sem Limites", "Morada do Sol", "Cidade das Andorinhas" etc., hoje, praticamente todas elas já abandonaram esse viés romântico, sem perder sua atratividade, e estão procurando posicionar-se por uma **competência específica**, ou seja, por uma **especialização**!!

É nessa onda, que, aliás, cresce ano após ano, que podemos incluir Limeira (que se converteu na **cidade das joias e bijuterias**), Birigui (**cidade dos calçados infantis**), Tabatinga (**cidade dos bichos de pelúcia**), Franca (**capital brasileira dos calçados**), Florianópolis [**capital da qualidade de vida** e famosa por sua gastronomia, o que inclusive justificou sua entrada na Rede das Cidades Criativas (RCC)]; e muitas outras...

Tudo faz crer que no futuro, as principais cidades do País (e do mundo) serão conhecidas por sua especialização, ou melhor, pela **tematização**.

Bem diferente do que acontecia no passado, quando se costumava brincar com certas cidades pelo seu comportamento, criando assim um **diferencial de exclusividade**, nos tempos recentes muitas cidades vêm optando pela tematização. Apesar dos diferentes critérios, elas sempre buscam privilegiar suas "vocações" naturais e, de maneira moderna e organizada, promover suas competências.

Esse é, por exemplo, o caso da já mencionada Limeira, no Estado de São Paulo, que outrora era conhecida como **"a capital da laranja"** e **"o berço da citricultura nacional"**, mas agora luta para consolidar a correspondente imagem como **"a cidade das joias e bijuterias"**

Atualmente há mais de 600 empresas sediadas em Limeira, das quais saem joias e bijuterias que correspondem a quase 60% de todo o mercado brasileiro, um valor estimado em algo próximo de R$950 milhões por ano.

De toda a população ativa de Limeira, um terço – cerca de 45 mil pessoas – trabalha nessa atividade.

Aliás, baseada na experiência de Limeira e de outras cidades do interior do Estado de São Paulo, a Federação das Indústrias do Estado de São Paulo (Fiesp), e mais especificamente o Sebrae (Serviço Brasileiro de Apoio às Micro e Pequenas Empresas) de São Paulo, vêm concentrado investimentos e energia na identificação de outras vocações naturais e espontâneas, procurando assim injetar organização, inteligência e recursos para que os munícipes dessas cidades se envolvam e tenham capacidade de fazer algo que caracterize a sua cidade de forma marcante.

Assim como o que aconteceu com Limeira, muitas cidades conquistaram recentemente uma nova marca. Este é o caso de Mirassol, que tem seu nome ligado a móveis; de Vargem Grande do Sul, associada à cerâmica; de Ibitinga, com os tecidos e bordados que a transformaram na **"capital nacional do bordado"** etc.

A cidade de Birigui identifica-se hoje como o local onde são feitos calçados de alta qualidade para crianças, sendo desse modo a **"capital nacional do calçado infantil"**. Por sinal, da indústria do calçado vêm 60% dos empregos da cidade, algo próximo a 17 mil postos de trabalho. Dos 260 mil pares produzidos diariamente, 10% são exportadoras para outros países. Assim, além das brasileiras, crianças dos países árabes, do Mercosul e da América Central protegem seus pés, confortavelmente, com os sapatinhos de Birigui.

Tudo isso começou em 1941, quando a família Tokunaga fundou uma fábrica para produzir botinas e sapatões, calçados clássicos daquela época.

Em 1947, uma nova indústria, a Avak Bedonian, inaugurou a Indústria de Calçados Biriguiense, chegando a fazer logo no começo 50 pares por dia.

Dessas duas primeiras fábricas foram saindo funcionários experientes que se tornaram empreendedores e se uniram a amigos e começaram a abrir novas pequenas fábricas.

Setenta e seis anos depois dos Tokunaga, cuja fábrica não existe mais, Birigui tem um parque industrial com mais de 200 fábricas, o que acabou inspirando algumas das cidades vizinhas, que hoje também ostentam suas primeiras unidades industriais.

O fato é que o calçado infantil de Birigui continua demonstrando uma ótima relação custo x benefício, o que permite antecipar que as vendas para os outros países deverão crescer muito nos próximos anos, agora com marcas como Kimimo, Klin, Kidy, Pampili, Pé com Pé, Plugt, Pinókio, etc.

Outra cidade também integralmente tematizada é Tabatinga, no interior do Estado de São Paulo. Esse processo aconteceu de 2002 para cá, quando, por decisão da então prefeita da cidade, Meire Izilda do Nascimento –apoiada na ocasião pela Câmara de Vereadores e pelos munícipes – passaram a fazer parte do brasão de Tabatinga dois **ursinhos de pelúcia**. Ambos se mantêm devidamente agarrados aos ramos de café e de laranjeira que adornam o símbolo, já que a cidade não pode esquecer suas raízes campônias.

Assim, Tabatinga é reconhecida hoje – e o será ainda mais a cada novo dia – como a **"capital brasileira dos bichos de pelúcia"**. Segundo dados oficiais da prefeitura local, existem hoje na cidade 35 industrias formais, com mais de 500 empregados numa cidade que não tem mais que 17 mil habitantes.

São Paulo é uma das maiores cidades do mundo e pode ser caracterizada de várias formas. Nos últimos tempos, porém, ela ganhou um atributo não muito atraente, ao ser chamada de **"cidade dos *motoboys*"**.

De fato, por todas as ruas e principais corredores de São Paulo, trafegam atualmente hordas de *motoboys*.

Quando o sinal de trânsito fecha, eles se agrupam e ocupam todas as brechas entre os automóveis. No momento em que o farol abre eles partem (frequentemente com velocidade superior à permitida), enquanto os motoristas mais ajuizados esperam pacientemente pela "revoada", para só depois seguirem em frente!!!

Aliás, durante o fluxo normal dos motociclistas, é prudente e bem inteligente por parte dos motoristas não fazer movimentos bruscos, mudar repentinamente de faixa ou brecar, sob a pena de colidir com alguma moto e projetar o *motoboy* para o chão. Afinal, quando isso acontece, surge do nada um bando de *motoboys* que imediatamente cercam o motorista "imprevidente" (que, no mínimo, passará por um terrível constrangimento, com as ameaças e os insultos que vai receber).

Estima-se que em 2016 havia em São Paulo cerca de 250 mil *motoboys*, empregados em cerca de 1.500 empresas especializadas em serviços de entregas (além de muitas outras não cadastradas...).

Algumas dessas companhias treinam seus *motoboys* para que tenham conduta exemplar, adotando os seguintes mandamentos:
1. Não quebrarás o retrovisor de veículos alheios.
2. Não ficarás ocioso divertindo-se com *games*.
3. Farás o curso de direção defensiva.

4. Não transportarás produtos ilegais.
5. Não xingarás pedestres e outros motoristas.
6. Não consumirás drogas.
7. Circularás com a documentação em dia.
8. Não arrumarás brigas no trânsito se sofreres um acidente.
9. Manterás boa aparência.
10. Serás cadastrado na prefeitura.

Lamentavelmente, a maioria dos *motoboys* falha muito em alguns desses mandamentos.

Além dos motociclistas profissionais há em São Paulo muitas pessoas que usam motocicletas como meio principal de transporte, para ir e voltar do trabalho todos os dias. É natural, portanto, que o número de motociclistas na cidade seja muito grande. Assim, embora "cidade dos motoboys" não seja um tema muito atraente, essa característica é algo que todo visitante logo observa na cidade fundada pelo padre Anchieta.

Existem, de fato, tematizações quase involuntárias, com a atribuída sem qualquer planejamento há uma década à cidade de Florianópolis, que passou a ser chamada de **"Miami brasileira"**.

Isso ocorreu porque a cidade foi aos poucos se tornando local de moradia de cidadãos "maduros" e "seniores" – das classes média e alta –, o que fez com que num período de dez anos a população com mais de 60 anos registrasse um aumento superior a 60%.

Ao nível do mar, com o conforto e todas as vantagens para a saúde que isso representa, a capital catarinense de fato oferecia ao mesmo tempo o melhor de dois mundos: a infraestrutura de serviços típica das grandes metrópoles e o ambiente acolhedor das cidades do interior do País.

Agora pode-se dizer que Florianópolis deve ser chamada de **"a capital brasileira dos adultos bem-educados e ricos"**, uma vez que muitos deles aterrissaram ali e fixaram residência.

E isso fez bem para a cidade como um todo, pois essas pessoas estão contratando muita gente para ajudá-los a viver e manter alguns de seus negócios em Florianópolis.

O exemplo de Florianópolis é muito bom para que os prefeitos de todo o Brasil, num futuro não muito distante, consigam que toda vez que o nome de suas cidades for mencionado, as pessoas de modo geral rapidamente os associem a alguma característica ou atividade bastante valorosa.

Um bom exemplo foi aquele obtido pelo então prefeito Vitor Lippi (de 2005 a 2013), que conseguiu dar a Sorocaba, no interior de São Paulo, um perfil bem definido. No decorrer dos seus dois mandatos ele fez com que ela se tornasse conhecida como **"cidade saudável"** e **"cidades educadora"**, substituindo, entre outras coisas, o velho *slogan* **"Manchester paulista"**, que a cidade ganhou por ter sediado muitas indústrias do setor têxtil.

O prefeito Lippi procurou seguir na cidade os modelos de gestão indicados pela Organização Mundial da Saúde (OMS) e pela Organização das Nações Unidas para a Educação, a Ciência e a Cultura (Unesco), implementando centenas de ações voltadas para o conceito de **cidade saudável**. Assim, ele adotou estratégias e políticas públicas intersetoriais baseadas em planejamento estratégico que contemplassem simultaneamente a promoção da saúde, a busca da equidade social e a participação comunitária. Ele incrementou uma convivência harmônica entre pessoas e favoreceu a interação dos diferentes grupos sociais e culturais com o meio ambiente. Além de tudo isso, também conseguiu prover empregos para os seus moradores.

Já o programa Cidade Educadora foi desenvolvido em três dimensões relacionais: **aprender a cidade, aprender na cidade e aprender com a cidade!!!**

Neste contexto, a cidade se transformou numa rede de espaços pedagógicos, formais e informais, nos quais a **vivência** foi a chave para a **educação,** ou melhor, para a formação do cidadão. A educação é responsável e inclusiva, é de todos os munícipes. Todos os recursos da cidade devem, portanto, estar comprometidos com a ação educadora.

Deu muito certo a ideia de Vitor Lippi de tornar Sorocaba conhecida como "cidade saudável e educadora". O objetivo seguinte foi acrescentar a esse tema o fato de ela também ser uma **cidade empreendedora**, um trabalho que o então prefeito também procurou consolidar.

Considerando, portanto, que uma das tendências do século XXI no *marketing* público é a **tematização** das cidades, aquelas que não conseguirem conquistar uma marca certamente enfrentarão dificuldades significativas para progredir e principalmente prover empregos para os seus moradores. Assim, uma das tarefas dos prefeitos (e de seus secretários) é o de criar uma identidade para seus municípios.

E uma vez que daqui para frente a **economia criativa (EC)** irá crescer cada vez mais, é natural que a recomendação seja no sentido de que os prefeitos exibam suas cidades como criativas. Para isso, existem pelo menos 18 setores nos quais elas poderão se destacar!!!

1.3 - VIVER NUMA CIDADE GRANDE É ESTRESSANTE!!!

A maior parte dos seres humanos vive agora em cidades, algumas muito grandes – com mais de 1 milhão de habitantes, como as citadas neste livro –, onde a vida é bem menos tranquila que nas zonas rurais!?!?

Estima-se que no Brasil esse percentual já tenha chegado em 2916 a 96,32%.

Na realidade é bem fácil se entusiasmar com as muitas vantagens das maravilhas da vida urbana – empregabilidade, entretenimento, educação, saúde, modernismo etc. E basta ver a atração que São Paulo exerce sobre os brasileiros: atualmente já vivem nela mais de 12 milhões de pessoas e, de alguma forma, a cidade influencia cerca de outras 1.500, dentre as 5570 que existem no Brasil.

Claro que as cidades, principalmente as grandes, apresentam muitas diferenças entre si (como as descritas aqui), inclusive culturais. Todavia, todas as que constam neste livro merecem estar na classe de cidade criativa...

Certas cidades são muito densas, verticais e congestionadas, enquanto outras são espalhadas e têm os seus centros praticamente vazios de moradores. Existem aquelas feitas para se andar a pé, de bicicleta, de metrô, de carro e de outras formas.

Se cada cidade é única em alguma característica, pode-se dizer que elas têm um traço em comum no século XXI: elas são tremendamente **estressantes**!?!? Lamentavelmente, as cidades grandes não distribuem ao seus habitantes manuais para uma "sobrevivência feliz", tampouco os governos municipais oferecem cursos para que os próprios munícipes possam enfrentar o estresse e a pressão urbana diários.

É evidente que, em qualquer parte da vida, uma pessoa acabe tendo que enfrentar decepções e aborrecimentos inesperados, além de outros percalços que de alguma maneira ela ajudou a causar... Todavia, na cidade grande esses problemas surgem diariamente!!!

Em seu interessante livro *Feliz Cidade – Viva sem Estresse na Metrópole*, Allen Elkin procurou ajudar o(a) leitor(ra) a evitar as frustrações e as irritações cotidianas provocadas pela vida na cidade.

Segundo ele, o que incomoda muitas pessoas na cidade é a **aglomeração**. A todo lugar que se vá há um monte de gente, o que faz com que os transeuntes estejam sempre sujeitos a empurrões, encontrões e grosseria.

Tem-se ainda muito barulho, muita sujeira e muita criminalidade. De fato, os "doidos" estão por toda parte, sendo impossível prever a que tipo de maluquice teremos de nos submeter – como, por exemplo, no trânsito!!!

O incrível é que mesmo assim as pessoas de um modo geral – principalmente as que vivem no campo – ficam cada vez mais fascinadas com livros e reportagens que mostram os **"melhores"** lugares para se viver, trabalhar e abrir um novo negócio, e até justificam as escolhas.

E você sabe como isso funciona? **Não!?!?**

Pois bem, primeiro apresentam-se uma lista do que é importante no modo de vida do indivíduo: custo de vida, índice de criminalidade, rede de escolas, qualidade do ar, clima, ambiente para a abertura de novos negócios, empregabilidade etc.

Você escolhe o que acha necessário, o que mais deseja e, ao colocar todas as informações numa fórmula, consegue chegar à **melhor opção**. A partir daí, parece que tudo que terá de fazer é arrumar as malas e rumar para esse lugar!?!?

Isso, entretanto, não é assim tão fácil.

Raramente as pessoas moram em cidades grandes por terem feito uma escolha pensada, sensata e baseada numa comparação racional de vários critérios.

De fato elas vivem nesses lugares porque forças e fatores muito particulares as fizeram **ir para lá e ficar lá**.

Allen Elkin disse: "Os cinco motivos principais para uma pessoa viver numa cidade grande são:

1) É o lugar onde ela nasceu.
2) É o lugar onde ela estudou.
3) É o lugar onde ela encontrou emprego.
4) Ela é jovem e pensa em se mudar depois.
5) Ela é idosa e não pensa mais em se mudar.

Pesquisas feitas por institutos de vários países indicam que as pessoas que moram em cidades grandes as consideram irritantes, caóticas e agressivas. Elas são de fato uma mina de queixas e reclamações.

As dez maiores fontes de estresse, particularmente nas metrópoles, são as seguintes:

1) Violência.
2) Hostilidade.
3) Falta de segurança dos filhos e das pessoas em geral.
4) Despesas.
5) Trânsito.
6) Aglomerações.
7) Barulho.
8) Pobreza.
9) Lixo.
10) Poluição.

Houve época em que a maioria das pessoas morava na zona rural e em cidades pequenas. A vida nesses lugares tinha, e ainda tem, um ritmo certo e quase sempre previsível. Os dias, com raras exceções, se compõem de uma rotina conhecida e uniforme, que pode ser tanto reconfortante quanto enlouquecedora. Tudo é exatamente como se vê.

A vida numa cidade grande, entretanto, é bem menos previsível. Sempre há alguma coisa para acontecer que não havíamos planejado. Assim, viver numa metrópole é estar constantemente de sobreaviso. Algo inesperado pode acontecer; é só uma questão de tempo. Podem ser os perigos da cidade, as exigências dos outros ou simplesmente falhas em algum sistema que tenha chegado ao limite (suprimento de água ou energia elétrica, transporte público ou postos de gasolina em greve etc.). Também pode ser apenas o fato de ter de esperar em longas filas (nos serviços públicos, nos congestionamentos) ou ser acordado às três da madrugada pelo alarme do seu carro (que está sendo roubado)!!! Nunca sabemos ao certo o que vai acontecer, e bem pouco depende de nós.

A questão é que ter menos controle implica em sentir-se mais estressado!!! Quem vive numa cidade média ou grande vive preocupado com vários "e se...". Veja a seguir alguns deles:
- E se eu estiver andando pela rua e, de cima de um prédio, me cair alguma coisa na cabeça?
- E se a greve de ônibus demorar mais de um mês?
- E se o meu carro cair num buraco e ficar enguiçado, no horário de pico e numa das vias de maior trânsito?
- E se eu for atropelado?
- E se o motorista do táxi for um assaltante?
- E se eu respirar toda essa poluição?
- E se eu pegar uma infecção com essa comida do restaurante barato onde almoço todo dia (afinal, não dá para voltar do trabalho até a minha casa para comer)?
- E se o sujeito que estiver atrás de mim no caixa eletrônico for um bandido?
- E se eu for sequestrado?
- E se o motorista do ônibus no qual estou estiver com sono e provocar um acidente de grandes proporções?
- Etc.

A cidade grande realmente nos dá muitos motivos de preocupação e de coisas como as citadas há pouco poderem acontecer. Entretanto, não se pode ficar o tempo todo pensando num repertório grande e assustador envolvendo questões "e se...", pois essa maneira de encarar a vida urbana só irá provocar muito estresse desnecessário em cada pessoa. Até porque, a maioria desses eventos acabará não acontecendo...

Quando pensamos em estresse, geralmente o relacionamento com as maiores tensões da vida, como: ficar muito doente; perder um bom emprego e não achar outro equivalente; ser assaltado; sofrer um acidente com perda total do carro e ainda quebrar alguns membros etc.

Mas, se analisarmos melhor, perceberemos que existem também motivos de tensão menores: os miniestresses e os microestresses. Boa parte do estresse (ou até a maior proporção) que sentimos por viver numa cidade grande, decorre de situações e experiências irritantes.

Veja a seguir alguns exemplos de eventos desagradáveis nas cidades, muitos dos quais poderiam ser ao menos minimizados por uma administração municipal preocupada em diminuir o estresse de seus munícipes:

- Buracos nas ruas e sujeira de cães espalhada pelas calçadas.
- Pessoas que empurram panfletos para os motoristas parados em todos os semáforos (além dos pedintes com suas exibições de malabarismo).
- Som de milhares de buzinas no trânsito.
- Celulares que tocam em teatros, cinemas, restaurantes, congressos, igrejas etc.
- Carros que espirram água em você.
- Locais públicos repletos de fumantes.
- Falta de taxi quando você está atrasado ou quando chove muito (apesar da existência do Uber e de similares).
- Longas filas e serviços lentos na maioria das repartições públicas.
- Metrô, trens e ônibus lotados e sufocantes.
- Caminhões de lixo barulhentos no meio da noite.
- Falta de lugar para estacionar, mesmo pagando por isso.
- Motoristas que param em fila dupla (ou tripla).
- Etc.

Ao se analisar as contrariedades há pouco citadas, e que existem no dia a dia de qualquer cidade grande, nota-se claramente duas coisas: a primeira é que elas são muitas e variadas; a segunda é que elas acontecem de modo subsequente e com certa **regularidade**. Dessa maneira, o estresse urbano é fundamentalmente o resultado de uma sucessão de contrariedades.

A pessoa consegue controlar uma, talvez duas ou até três delas. Porém, quando a quantidade de inconvenientes aumenta demais, logo o indivíduo se sente sobrecarregado e derrotado. De fato, a cada contratempo, seu esgotamento cresce. A raiva e a irritação reprimidas, que se avolumaram aos poucos, agora explodem e o ser humano reage de modo exagerado a um problema (ou evento) de importância relativa (por exemplo, levar uma "fechada" de alguém no trânsito). O mais incrível é que nós geralmente lidamos muito bem com problemas maiores.

Por algum motivo, as principais causas de estresse – morte, doença, divórcio, perda de emprego e dificuldades financeiras – fazem surgir em nós recursos ocultos. Enfrentamos cada um desses grandes desafios reunindo forças internas que desconhecemos e, assim, conseguimos superá-los!!!

Já o conjunto de coisas pequenas – aborrecimentos triviais, decepções banais, irritações menores etc. – é o que incomoda muito e acaba produzindo uma sensação crônica de estresse.

Aliás, o estresse da vida urbana pode ser comparado a um ruído constante (por exemplo, o barulho de uma geladeira ou de um aparelho de ar-condicionado funcionando). Você acaba se acostumando com ele e há momentos em que até o esquece...

Todavia, sentimos uma ausência de tensão quando **não ficamos na cidade por um tempo** (num fim de semana no sítio, por exemplo). Aí algo se torna diferente e parece que nos sentimos mais leves.

Entretanto, a cidade possui muitas opções que podem ser verdadeiros "isolantes para contrariedades", capazes de proteger o indivíduo dos estresses maiores da vida urbana. Ai vão algumas sugestões:

- Passar algumas horas em uma biblioteca ou em uma boa livraria, sentado no café anexo folheando revistas ou analisando livros (hábito de poucas pessoas nas cidades brasileiras...).
- Sentar-se em um banco de uma linda praça e observar o movimento.
- Andar a pé pelas ruas de um bairro que você não conhece, entrando nas lojas e mantendo uma conversação amistosa com os comerciantes.
- Comprar um sorvete ou um "cachorro quente" de um *food-truck* (veículos equipados para preparar e comercializar alimentos) e degluti-lo caminhando por uma rua.
- Parar para ouvir os músicos de rua (sem esquecer de dar algum dinheiro para eles...).
- Dar uma espiada nas feiras de artigos de segunda mão ou de antiguidades.
- Comer em um restaurante com mesas ao ar livre.
- Etc.

Gostou dessas atividades na cidade? **Que bom!**

Usando um pouco mais a sua criatividade e inventividade, seu repertório de atividades poderá aumentar muito. Inclua nele ações que talvez exijam um pouco mais de empenho, como:

1) Assistir a uma cerimônia de uma religião que não é a sua.
2) Sobrevoar a cidade de helicóptero.
3) Acompanhar procissões na Semana Santa e em outras datas religiosas importantes.
4) Frequentar exposições de arte.
5) Tomar chá ou café no hotel mais chique da cidade, ou se for possível passar uma noite ali.
6) Programar-se para assistir à queima de fogos na passagem do ano.
7) Passear sem rumo pela sua cidade.
8) Ir a quermesses nas festas juninas.
9) Ir ao trabalho de bicicleta pelo menos um dia no mês.
10) Fazer amor em um local público (sem ninguém em volta evidentemente...).

Parece que as cidades grandes têm praticamente tudo o que alguém quer ou necessita, menos um pouco de **paz,** tranquilidade e tempo para que ele ou ela dedique a si mesmo!!!

Porém não é fácil distanciar-se de tudo. Como dizia a famosa atriz de cinema, Greta Garbo: "Eu nunca disse que quero ficar sozinha. O que quero é que me deixem sozinha!!!"

Mas viver sozinho em uma grande cidade é sem dúvida muito difícil. Necessitamos do maior número possível de amigos; precisamos estabelecer relacionamentos (*networks*).

Mas como achar essas pessoas?

Para isso existem hoje as técnicas de relacionamento virtuais, ou seja, as redes sociais, como: Facebook, LinkedIn, Twitter etc. Porém, tudo indica que o que continua valendo muito é o contato físico, o **relacionamento presencial.**

Porém, embora pareça fácil encontrar pessoas por conta da grande quantidade de gente nas metrópoles, pode-se passar uma vida inteira sem manter qualquer relacionamento com nenhuma delas!?!?

Obviamente, com uma dose correta de motivação e empenho, uma pessoa pode iniciar muitas amizades na cidade (e sem se dar conta disso diretamente).

É claro que antes de tudo, deve-se saber que existem alguns falsos mitos sobre o estabelecimento de amizades nas cidades, como:

- **1º Mito – Conhecer pessoas numa cidade é um acontecimento natural e espontâneo!!!** A verdade é que isso talvez ocorresse mais facilmente se a pessoa vivesse em um vilarejo qualquer. Assim, conhecer pessoas numa cidade precisa ser um processo intencional e quase sempre premeditado, com muito mais planejamento.
- **2º Mito – É muito mais difícil fazer amigos em uma cidade grande que numa pequena.** A verdade é que nas cidades grandes há muito mais oportunidades para se conhecer pessoas novas que nas menores.
- **3º Mito – Cada indivíduo da cidade se sentirá bem e mais tranquilo quando conhecer outras pessoas.** Na maioria das vezes, ao estabelecermos um relacionamento com pessoas novas, sentimos, pelo menos no início haverá certo nervosismo e desconforto.

De fato, a melhor maneira de conhecer pessoas novas na cidade é criando um estilo de vida que seja **atraente**, **interessante** e que **permita contato** com outros indivíduos.

Numa cidade, todos os dias cruzamos com dezenas de pessoas, muitas das quais adorariam nos conhecer se tivessem essa oportunidade. É preciso, portanto, dar-lhes essa chance!!!

Todas as cidades grandes e médias (e muitas das pequenas...) dispõem de grupos e associações que podem colocar um indivíduo em contato com pessoas que têm as mesmas ambições e pensam de maneira semelhante à sua. Claro que havendo interesses parecidos, surgirão laços naturais capazes de transformar relações superficiais em boas amizades.

Assim, convém pertencer a grupos religiosos, sociedades de bairros, associações profissionais e grupos com interesses específicos (ambientalismo, música, literatura, segurança, política etc.) ou então entrar em algum curso rápido (língua estrangeira, dança, culinária, segurança digital etc.) ou até num curso mais longo (uma pós-graduação, por exemplo, digamos em **EC**) ou, quem sabe, participar de alguma atividade esportiva e até de competições.

Dessa maneira, desaparecerá a sensação de alheamento e será possível criar um real grupo de amigos – pessoas com as quais você irá se importar (e que se importarão com você) – que o ajudarão a atenuar seu estresse e reduzir a pressão da cidade, dando-lhe o apoio e o conforto necessários.

De fato, a **verdadeira solidão**, no sentido de isolamento completo, é quase impossível na cidade grande. Ou seja, quando alguém sai de casa, poucas são as chances de ele ou ela permanecer inteiramente só.

Vale lembrar que, nos últimos 100 anos, a solidão ganhou uma fama ruim. Foi-se o tempo em que se desejava, e até era bem-visto, estar só!?!? A vontade de estar sozinho tem agora uma conotação de comportamento antissocial. Inclusive, muitos acham que, na melhor das hipóteses, esse é um desejo muito estranho!?!?

Pode-se, entretanto, conseguir um isolamento relativo para curtir uma sensação maior de **afastamento**, **privacidade** e **tranquilidade**, mesmo que haja algumas pessoas à sua volta. Ficar com os próprios pensamentos, longe de todos, sonhando e imaginando, é uma condição necessária, plenamente satisfatória e prazerosa. Porém, para apreciar a solidão e o tempo para si mesmo é preciso praticar!!!

Esse aprendizado deveria começar pela seleção de uma boa leitura (até mesmo de um livro digital...). É preciso afastar-se de quaisquer distrações, como atender o *smartphone*, ouvir rádio etc., ficando num lugar agradável, mas silencioso. Em seguida, vale a pena tentar fazer alguns exercícios de meditação ou realmente ficar sozinho sem nenhum artifício (nem livro nem nada...).

Esse é um prazer que pode (e deve) ser adquirido e, posteriormente, classificado como algo que fez jus ao esforço no sentido de desenvolver tal hábito. Greta Garbo foi alguém que percebeu como ficar sozinha e feliz era essencial para si mesma.

Para que uma cidade possa ser chamada de um local **feliz**, ela deveria ter muitos parques para que neles os munícipes pudessem relaxar, descansar, meditar, e ter a oportunidade de se sentirem sozinhos...

Claro que uma solução bastante procurada para que as pessoas possam se sentir mais isoladas (e/ou sozinhas) é ter uma casa fora da cidade, algo que, aliás, serve como um maravilhoso antídoto para o estresse da vida urbana.

Assim, num fim de semana, quando você sente que está prestes a explodir, basta pega o carro e dirigir por algum tempo até chegar ao seu retiro particular. E não se trata aqui necessariamente de uma casa com frente para o mar ou um sítio sofisticado, com muitos empregados e até diversos cavalos prontinhos para cavalgar, pois uma casa de campo modesta atenderá muito bem às suas necessidades.

Depois de um fim de semana afastado, pode-se esperar que quando você retornar para a cidade na segunda-feira estará refeito e feliz por fazê-lo, e até querendo aproveitar tudo o que ela tem (e só ela tem) para oferecer!!!

Nessa situação você também estará apto a entender o que disse Samuel Johnson: **"Quando você está cansado da cidade grande, está também cansado da vida!!!"**

O sintoma mais comum do estresse urbano é o **cansaço**. Você se sente extenuado. Para algumas pessoas, essa sensação parece ser constante, e a fadiga as priva de boa parte da satisfação e da alegria de viver. Essa sensação de cansaço ocorre principalmente por dois motivos: o primeiro é que é provável que você não durma **o suficiente** (e que, mesmo que durma, a qualidade do sono seja ruim); o segundo é que as **tensões diárias** são capazes de esgotá-lo fisicamente, enrijecendo seus músculos e cansando o seu corpo. Assim, ainda que você esteja bem descansado ao sair de casa, no fim do dia estará exausto.

A **irritabilidade** é outro sintoma importante e muito comum do estresse urbano. Ela é, em parte, responsável pela imagem hostil, grosseira e desagradável que se atribui a muitos moradores das cidades de grande e médio porte. Porém, o fato é que ninguém consegue se manter todo sorridente quando está cansado e irritado.

E a irritabilidade vai além da perda do sono. Vivendo num meio urbano, a capacidade de um ser humano tolerar a frustração e o desconforto diminui significativamente. A pessoa acaba se deixando levar por pequenos problemas e diminutas decepções que, em outros momentos e outros lugares, certamente não a perturbariam tanto...

Além disso, as cidades grandes têm a fama de provocar apatia e insensibilidade. E, em geral, essa reputação é merecida. Alguns habitantes fazem dessa "indiferença experimentada" uma verdadeira arte. Tanto que, nem com um "por favor" se consegue alguma explicação ou até mesmo um atendimento razoável se for um estranho na cidade...

É difícil saber de forma precisa o que originou tal comportamento, mas talvez ele tenha começado nos elevadores, no metrô ou ainda nos ônibus superlotados, nos quais, espremidos uns contra os outros, nos vemos obrigados a simular (ou fingir) que nem notamos as pessoas que estão ao nosso redor. Esta é uma defesa contra a aglomeração que nos é imposta pela cidade; é um escudo que nos dá um pouco de privacidade e nos leva ao afastamento (ou isolamento).

Infelizmente essa tática acaba se interiorizando e se transformando em padrão de comportamento permanente dos indivíduos. Com o tempo, nós nos tornamos mais severos e inflexíveis, e bem menos amistosos e até pouco sentimentais em relação a eventos escabrosos do dia a dia (assaltos, sequestros, acidentes fatais no trânsito etc.).

É por isso que para algumas pessoas diminuírem o seu estresse, o jeito foi ir embora, viver numa casa (ou sítio) afastada da cidade, muitas vezes em condomínios que proporcionam certas vantagens (segurança, possibilidade de andar a pé ou de bicicleta, melhor relacionamento com os vizinhos etc.).

Para outros que não têm essa possibilidade, o jeito é permanecer onde está, mas reduzindo ao máximo qualquer interação com a cidade; esquivando-se de qualquer contato que possa ser estressante.

É por isso que as pessoas ficam em casa, isolam-se num automóvel (muitas vezes blindado, com todas as portas trancadas e janelas levantadas), evitam as outras pessoas, nunca vão ao centro velho da cidade depois de um certo horário, e, sempre que possível (todo fim de semana ou nas férias), saem da urbe onde trabalham. E essas soluções são razoavelmente lógicas e dignas, permitindo que se diminua o estresse urbano.

Entretanto, na ânsia de reduzir o estresse talvez essas pessoas estejam perdendo alguma coisa importante. As cidades grandes podem ser lugares maravilhosos para se morar, passear e até para se desenvolver. Afinal, onde mais você pode encontrar tanta vitalidade, tanta energia e tantas oportunidades culturais? Onde mais se pode sentir esse estímulo ao intelecto e essa diversidade de gente? Onde mais se pode receber a comida em casa (seja ela *pizza* ou lanche), recorrendo apenas a algum aplicativo? Onde mais você poderia ouvir vários idiomas e sotaques diferentes num simples café ou restaurante? E onde mais você poderia assistir ao *show* do seu cantor preferido?

Apesar de tudo o que foi dito sobre o estresse urbano, todos os que moram em qualquer cidade moderna sabem que é um milhão de vezes mais fácil (embora bem menos louvável) viver numa metrópole do que lutar pela vida numa floresta infestada de insetos. Todavia, para se sobreviver numa cidade grande, cada pessoa precisa necessariamente encontrar o equilíbrio correto. Ela deve aprender a contrabalançar a energia, a empolgação e a confusão da cidade com períodos de recolhimento, de isolamento e, às vezes, de completo afastamento!!!

1.4 - O MUNDO CADA VEZ MAIS URBANO

O McKinsey Global Institute (MGI), criado em 1990 como um braço da empresa de consultoria McKinsey, se dedica à pesquisa dos negócios e da economia. Seu objetivo é formar uma compreensão mais profunda de como a economia global está evoluindo.

Na primeira década do século XXI o MGI começou a fazer uma grande análise em dezenas de países e em cerca de 30 setores industriais, concentrando-se particularmente em seis temas: produtividade e crescimento, mercados financeiros, tecnologia e inovação, **urbanização**, mercado de trabalho e recursos naturais.

Para nós, neste livro, vários deles são muito importantes, especialmente a **urbanização**.

A **urbanização** do mundo continua num ritmo bem intenso e, com isso, tem havido uma grande mudança no equilíbrio econômico, que agora pende para o leste e o sul do planeta, e numa escala sem precedentes!!! Nessas regiões da Terra estão surgindo metrópoles com uma **nova onda de consumidores**. Trata-se de cidadãos cada vez mais exigentes que reclamam de todas as falhas que existem na infraestrutura dessas cidades (que, por sua vez, crescem cada vez mais).

No estudo da MGI, que tomou como referência o ano de 2010, fazendo-se projeções para 600 cidades importantes – no estudo denominado *City600* –, das quais 440 – as *Emerging 440* – estão situadas nos países emergentes, até o ano de 2025 destacou-se a necessidade de um aumento de 85% nos novos investimentos em relação àqueles que ocorreram em 2010. Sendo que a ênfase dessas aplicações teria de ser na habitação, na demanda por água e no incremento de até 2,5 vezes da infraestrutura nos portos e aeroportos, para se atender à demanda da chegada (e saída) de pessoas e produtos.

O estudo alertou ainda que, até 2025, surgirão 1 bilhão de novos membros na **"classe consumidora"**.

Assim, já em 2017 é preciso conseguir respostas cada vez mais confiáveis para as seguintes questões, especialmente nos países emergentes:

- Quais são as cidades que contribuem com o maior número de nascimentos no mundo?
- Em quais cidades se observa a maior entrada de novos indivíduos no mercado de trabalho?
- Quais cidades possuem a maior quantidade de cidadãos idosos?
- Quais são as cidades em que se têm mais pessoas adentrando as classes consumidoras?

Nesse momento estamos observando, mais uma vez, um decisivo deslocamento no equilíbrio econômico em direção à Ásia, e numa velocidade e escala nunca vistas anteriormente.

A transformação econômica na China, resultante de sua urbanização e industrialização, está acontecendo numa escala **100 vezes maior** do que aconteceu no primeiro país a se urbanizar no mundo – o Reino Unido –, e numa velocidade **10 vezes maior**.

Entre essas cidades que compõem o grupo *Emerging 440*, estão 20 megacidades, dentre as quais: Xangai (China); São Paulo (Brasil); Istambul (Turquia); e Lagos (Nigéria – uma das cidades que mais rapidamente cresce no mundo e umas cinco com pior qualidade de vida). Por volta de 2025, essas 20 megacidades deverão gerar, segundo se estima, US$ 5,8 trilhões do crescimento do Produto Interno Bruto (PIB), graças a um crescimento médio anual de 6,6% ao ano – praticamente o dobro da taxa esperada para a economia global no seu todo.

No seu estudo sobre urbanização, o MGI concentrou-se em três setores: construção de prédios e residências, capacidade de armazenamento de contêineres nos portos e distribuição de água nas cidades.

Sem dúvida, até 2025, as cidades precisarão de muito mais espaço. Isso que dizer que, elas necessitarão de muito mais metros quadrados de construção, tanto residencial como comercial (algo próximo de 44.000 km² de edificação que deverão consumir US$ 80 trilhões, incluindo-se os prédios que serão reformados ou demolidos, e substituídos por outros).

Claro que a capacidade de contêineres nos portos para se poder transportar produtos, principalmente alimentos, exigirá também muitos investimentos, em especial nos países em desenvolvimento.

Além disso, como as pessoas não vivem sem água, o seu suprimento – por meio de captação, tratamento e entrega – implicará em pesados gastos para se atender a essa necessidade.

Naturalmente o MGI fez os seus estudos e guardou seus conhecimentos para **vendê-los aos interessados** em investir em alguma cidade, à medida que a globalização avança, e, assim, construir uma base para se conseguir um desempenho **econômico sustentável**.

Muitas cidades dos países desenvolvidos estão convivendo com o envelhecimento de suas populações e, por isso, precisam atrair migrantes jovens para executarem certos trabalhos que não podem ser feitos pelos idosos – embora esses migrantes tenham começado a ser reprimidos nos últimos três anos, em especial nas cidades europeias.

Cidades desenvolvidas que não conseguem atrair os contingentes necessários de migrantes, estão apresentando um **declínio** na sua população e, com isso, já mostram uma diminuição de produtividade, bem como uma redução de investimentos em novos negócios. Estes acabam sendo abertos em cidades dos países em desenvolvimento ou emergentes.

Atender às aspirações de cerca de **quatro milhões de pessoas** que, todos os meses, chegam às cidades no mundo todo – em busca de melhor qualidade de vida por meio do trabalho em empregos com maior remuneração – não é uma tarefa simples para governantes e empresários.

As cidades, por sua vez, não podem inchar nem se encher de favelas onde acabarão morando muitos desses migrantes. Tampouco elas poderão constituir aquilo que alguns chamam de novas **"cidades de chegada"** (ver no parágrafo 1.6, o 28º tipo de cidade), sem qualquer estrutura para acomodar esse grande número de pessoas que vêm da zona rural (ou de cidades pequenas) e formam favelas.

Para evitar restrições no seu crescimento, os executores de políticas urbanas necessitam planejar um ambiente urbano que inclua: suprimento adequado de moradias, e transportes público e privado eficientes. Também é crucial conseguir recursos suficientes para se ampliar e manter adequadamente os serviços de eletricidade, telecomunicações, abastecimento de água, coleta de lixo etc., isso através de uma regulação inteligente, que estabeleça na cidade um clima que encoraje o **empreendedorismo** e o **investimento em novos negócios**.

Naturalmente, para que isso aconteça, em especial nas cidades brasileiras, é preciso que ocorra uma melhor redistribuição de recursos captados através dos diversos impostos cobrados, para que mais dinheiro chegue aos municípios – **o local em que, de fato, as coisas acontecem!?!?**

1.5 - A GRANDE INVENÇÃO DA HUMANIDADE: A CIDADE!!!

Edward L. Glaeser é professor de Economia da Universidade de Harvard, sendo autor de muitos artigos e livros nos quais enfocou a economia das cidades, analisando aspectos fundamentais como **habitação, segregação racial, crimes e inovação urbana.**

No seu último livro lançado no Brasil, com o título *Os Centros Urbanos – A Maior Invenção da Humanidade*, ele fez uma entusiasmada defesa das metrópoles a partir de ideias polêmicas, como: **"Cada vez que se proíbe a construção de novos prédios, a cidade vai se tornando mais cara e excludente!".**

Numa tradução livre, talvez o melhor título para esse livro de Edward Glaeser fosse: *O Triunfo das Cidades: Como a nossa Maior Invenção nos Torna mais Ricos, mais Inteligentes, mais Verdes, mais Saudáveis e mais Felizes*.

» Nesse livro ele procurou responder perguntas provocantes, como:
» O que há de bom sobre as favelas?
» O que há de tão bom sobre os arranha-céus?
» Por que algumas cidades entraram em decadência?
» Como algumas cidades obtiveram êxito?
» Etc.

Depois de responder a essas e outras questões de forma convincente, ele apresentou diversas **conclusões** baseadas no *slogan*: **"Mundo plano, cidade alta!!!"**

1ª) Dar às cidades igualdade de condições.

O maior talento de nossa espécie social é **a capacidade de aprendermos uns com os outros** e de maneira mais profunda e completa quando estamos frente a frente. A democracia e a produção em massa são apenas alguns dos produtos das cidades. As ideias que surgem nelas acabam se espalhando para além de suas fronteiras e enriquecendo o restante do mundo.

Muitos países, através de seus governos e suas autoridades, se colocaram contra as áreas urbanas, apesar de estas serem uma fonte (**talvez a maior fonte**) de força nacional.

As cidades não precisam de vantagens, porém, necessitam de igualdade de condições. Afinal, somente em condições iguais as cidades são capazes de competir para solucionar seus problemas de habitação, serviços sociais, educação, transporte, meio ambiente etc.

2ª) Urbanização por meio da globalização.

Atualmente, as cidades mais bem-sucedidas – São Paulo, Toronto, Londres Mumbai, Sidney e Nova York – **interligam continentes**. Tais cidades atraem empresas multinacionais e expatriados internacionais. Geralmente, os imigrantes compõem uma parte vital de seus modelos econômicos, tanto no topo quanto na base de sua escala de salários. O sucesso das **cidades globais** depende das políticas nacionais em relação ao comércio e à imigração.

Embora os maiores beneficiários da imigração para países prósperos sejam os próprios imigrantes, os Estados Unidos da América (EUA), por exemplo, também se beneficiaram enormemente com todas as pessoas **talentosas** que lá se estabeleceram.

As cidades se favoreceram especialmente com o influxo de capacidades, pois os estrangeiros ajudam as áreas urbanas a desempenharem seu papel crucial no sentido de interligar países. A diversidade cultural também auxilia uma cidade a se tornar mais divertida, como sugere a proliferação de bons restaurantes indianos em Londres. As cidades, e o país como um todo, irão se beneficiar ainda mais se as autoridades elaborarem leis e estímulos para a entrada de mais imigrantes qualificados.

3ª) Ajudar o capital humano.

A **educação** é o indicador mais confiável de crescimento urbano entre as cidades. A produtividade *per capita* (por pessoa) aumenta fortemente com o tamanho da área metropolitana se a cidade possuir um bom nível de instrução – isso, entretanto, não acontecerá sem a educação formal!

Cidades e escolas se complementam entre si, e, por essa razão, a política educacional é um ingrediente vital para o sucesso urbano. Porém, não se deve esquecer que é muito **fácil torcer** pela educação, mas é bem difícil **melhorar o sistema escolar** no seu todo.

As cidades teriam escolas melhores se nelas existissem políticas que permitissem maior competição e diversidade no ensino, ou seja, a introdução da possibilidade de **escolha** dentro do sistema de escolas públicas!

Da mesma forma, que no sucesso urbano, o principal ingrediente para a qualidade de ensino é o **capital humano – o talento dos professores**! Para as cidades, o investimento no ensino gera dois tipos de retorno: os estudantes adquirem mais habilidades, fazendo com que, no final, o município se torne mais produtivo. Ou seja, melhores escolas acabam atraindo para a cidade os que querem desenvolver seus talentos e adquirir um melhor nível de instrução, e o município, por sua vez, se torna mais produtivo em curto prazo. Assim, a melhor maneira de fazer com que uma cidade progrida é criar escolas que **atraiam** e **eduquem pessoas capazes**.

4ª) Ajudar as pessoas pobres, não os lugares pobres!

A carência no nível de instrução em muitas cidades pós-industriais ajuda a explicar por que esses lugares têm enfrentado tantos problemas para se reinventarem. Edward L. Glaeser destacou: "**Ajudar pessoas pobres é uma questão de pura justiça, enquanto ajudar lugares pobres é bem mais difícil de se justificar**.

» Por que o governo deveria praticamente subornar as pessoas para que elas continuem vivendo em regiões de declínio?
» Por que as regiões em crescimento deveriam ficar em desvantagem só para manter as pessoas mais pobres nos lugares antigos?"

Assim, a política governamental em qualquer nação deve ser dirigida no sentido de: proporcionar às pessoas pobres as habilidades de que necessitam para competir e trabalhar produtivamente onde quer que escolham viver, em vez de apenas incentivá-las a permanecer em locais específicos, mas que estejam em declínio.

5ª) O desafio da pobreza urbana.

As cidades podem ser lugares de **grande desigualdade**, pois elas atraem pessoas de todos os níveis. As cidades fascinam as pessoas pobres porque são bons lugares para que elas possam viver um pouco melhor... Mas sempre que as pessoas se aglomeram, é mais provável que as doenças se espalhem e que a água fique contaminada. Quando essas multidões de pessoas são desproporcionalmente pobres, os riscos aumentam, pois elas possuem menos recursos para lidar sozinhas com tais problemas. Esses lugares se transformam então em "cidades de chegada".

Em âmbito municipal, as elevadas concentrações populacionais e a pobreza demandam políticas fortes para se combater os custos de adensamento. No que se refere à educação, mesmo nos sistemas escolares mais bem administrados, a pobreza urbana gera enormes desafios para os educadores. Crianças pobres apresentam maior probabilidade de apresentar problemas comportamentais e menor aprendizado em casa.

Pelo fato de as escolas públicas juntarem numa mesma sala todas as crianças de um distrito escolar, a presença da pobreza em grandes cidades faz com que os mais abastados fujam para formar seus próprios enclaves. Essa é uma questão bem complexa para se resolver...

6ª) A ascensão da cidade do consumidor.

Na medida em que as cidades se tornaram mais seguras e saudáveis, elas também ficaram mais **atraentes** para os **endinheirados**. O sucesso atual de Londres, Nova York, Paris, Hong Kong e Xangai, reflete, em parte, seus pontos fortes como **cidades do consumidor**.

Há todos os motivos para se pensar que um mundo cada vez mais próspero continuará a colocar mais valor nos prazeres inovadores que as cidades possam oferecer.

Mas como lugares podem se tornar cidades de consumidores e atrair moradores qualificados?

Uma visão defendida pelo urbanista Richard Florida enfatiza as **artes** e a **tolerância,** com estilos de vida alternativos e um **centro da cidade divertido e cheio de eventos**.

Uma segunda visão concentra-se na melhor prestação de serviços públicos essenciais, que sempre foram de responsabilidade dos governos (em especial dos municipais): ruas seguras, transporte rápido, boas escolas, bons cuidados com a saúde etc. No entanto, os **gestores da cidade** normalmente sofrem com a escassez de recursos e não conseguem fazer tudo para todos. Mesmo que alguém acredite que toda cidade deve adotar um pouco de cada visão, sempre haverá a questão de onde investir as receitas do governo municipal (que geralmente são escassas) e a energia e a criatividade dos seus gestores.

7ª) A maldição do NIMBY.

Inicialmente, deve-se explicar que NIMBY (*not in my backyard*, que quer dizer "não no meu quintal") é uma expressão usada por urbanistas para descrever grupos de pessoas que se organizam constituindo oposição a projetos de construção que consideram polêmicos e prejudiciais à sua vizinhança!

Nas cidades, assim como em enclaves nos subúrbios, a oposição às mudanças significa o bloqueio a novos projetos de infraestrutura. Há dois vieses psicológicos importantes e interligados por trás da popularidade do movimento NIMBY.

O primeiro é chamado **viés do *status quo***, que é um apego muito forte ao atual estado de coisas. Uma série de experiências famosas ilustram esse pensamento: "As pessoas renunciam a muito mais dinheiro para manter uma caneca que ganharam, do que pagam para comprar exatamente a mesma caneca!".

O segundo é o **viés do impacto**, que faz as pessoas superestimarem significativamente o efeito que um choque negativo causará em sua felicidade. Os inimigos de um novo arranha-céu, por exemplo, podem imaginar que a torre os tornará muito infelizes, quando na realidade eles logo se adaptariam à nova situação.

Nem toda a mudança é boa. Todavia, é necessário fazer muitas mudanças para que no século XXI as pessoas que vivem nas cidades sejam mais produtivas, mais inovadoras, tenham uma vida mais estimulante e vivam em um ambiente saudável.

8ª) A tendência para a expansão.

Ao longo do século passado e no início do atual, milhões de pessoas deixaram as cidades em troca dos subúrbios. É difícil questionar essa escolha, porém, é uma tendência contrária às regiões urbanas e que "prejudica" muito os transportes. Sem dúvida, os gastos com transportes nas áreas urbanas são cada vez maiores, pois os projetos urbanos são extremamente caros (em particular quando se quer expandir o metrô até os subúrbios).

9ª) Cidades verdes.

Edward L. Glaeser enfatizou: "Um dos custos relevantes em se subsidiar a expansão para os subúrbios é que hoje as emissões de CO_2 (dióxido de carbono) nas cidades dos EUA são bem maiores do que deveriam ser. Assim, as cidades precisariam ser mais **ecológicas**!

Viver em elevados adensamentos populacionais e caminhar por eles são ações ou atitudes bem mais corretas em termos ambientais do que viver em subúrbios com baixo adensamento populacional e utilizar carros para se locomover para todos os lugares.

O fracasso norte-americano em adotar uma política ambiental sensata, que cobrasse das pessoas os custos ambientais provocados por suas ações, gerou também uma perigosa tendência contrária às regiões urbanas."

10ª) Dádivas das cidades.

Os resplandecentes espigões das cidades apontam para a grandeza que a humanidade pode alcançar, mas também para o excesso de confiança. Ainda assim, tudo indica que o **futuro urbano** será cada vez mais brilhante!

A habilidade de nos conectarmos uns aos outros é a característica definidora de nossa espécie. Nós crescemos como espécie porque caçávamos em grupo e compartilhávamos os alimentos.

O psicólogo Steven Pinker argumentou que foi a vida em grupo, **uma versão primitiva da cidade**, que "definiu o cenário para a evolução da inteligência humana". De fato, nós construímos civilizações e culturas em conjunto, aprendendo constantemente uns com os outros e com o passado! As novas tecnologias, dos livros ao Google, não conseguiram mudar nossa natureza fundamentalmente social.

Assim, Edward L. Glaeser finalizou o seu livro salientando: "Construir cidades é difícil. O adensamento gera **custos**, bem como **benefícios**. Mas vale a pena tolerar esses custos porque, seja nas galerias enfeitadas de Londres, seja nas ingovernáveis favelas do Rio de Janeiro, seja nos arranha-céus de

Hong Kong ou nos ambientes de trabalho empoeirados da enorme favela de Dharavi, em Mumbai (Índia), nossa **cultura**, nossa **prosperidade** e nossa **liberdade** são, em última análise, dádivas obtidas pelo fato de as pessoas viverem, trabalharem e pensarem em conjunto: **elas representam o trunfo definitivo da cidade**."

1.6 - TIPOS DE CIDADE

Antes de entrarmos diretamente no assunto **cidade criativa**, vale a pena recordar os tipos de cidade que já existiram e as que existem hoje, num mundo cada vez mais urbanizado. As características e a tipologia das cidades podem ser definidas conforme:

» Sua vocação econômica explicita.
» A identidade cultural de seus habitantes.
» A infraestrutura básica do desenvolvimento socioeconômico.
» A organização geopolítica.
» O índice de desenvolvimento humano municipal (IDHM).
» Etc.

Existem atualmente várias formas e/ou vários critérios para se classificar ou elaborar um *ranking* de cidades. Afinal, o século XXI é aquele em que se decidiu dar **prioridade às cidades**!!!

Naturalmente há aquelas quer são importantes há alguns milênios, contudo, muitas se sobressaíram apenas nos últimos três séculos. Há, inclusive, as que emergiram nas últimas sete décadas, período em que a população mundial mais que dobrou, passando de algo próximo de 3,5 bilhões nos anos 1950 para mais de 7,4 bilhões nesse final da 2ª década do século XXI, com praticamente 68% das pessoas vivendo nos centros urbanos.

As cidades apresentadas neste livro podem assim ter vários nomes, uma vez que possuem diversos atributos. Por exemplo, uma cidade pode ser criativa, global e sustentável, ou então, criativa, influente, agradável (amável) e universitária, ou ainda criativa, inteligente e aerotrópole.

Inicialmente veremos as denominações e caracterizações que já tiveram as cidades nesses últimos seis mil anos.

1ª) Cidade-família (cidade tribal ou comunitária) – Esse tipo está relacionado às origens das primeiras cidades construídas há mais de 5 mil anos, tendo como matriz o grupo familiar. Este se junta com outros grupos familiares para formar a fratria e, em seguida, as tribos. O desdobramento desse tipo de cidade pode ser chamado de cidade tribal (algo que ainda existe em algumas regiões da África) ou comunitária.

2ª) Cidade rural (ou cidade-campo) – Esse tipo de cidade caracteriza-se por sua organização mais simples e explicitamente orientada para uma convivência harmônica entre seus habitantes e o próprio ecossistema em está inserida.

A monocultura e a policultura agrícola convivem de forma plena e, nos dias de hoje, dividem espaço com a produção de alimentos geneticamente modificados, que atendem aos mercados local e global.

Existem muitas cidades desse tipo em países europeus [Espanha, Portugal, Reino Unido (RU) etc.] e também aqui no Brasil. É o caso, por exemplo, de Bento Gonçalves (cidade vinícola) ou Santa Cruz do Sul (cidade do fumo), ambas no Estado do Rio Grande do Sul.

3ª) Cidade artesã – Naturalmente a característica principal desse tipo de cidade é a sua capacidade de produção artesanal. Isso se aplica a muitas cidades do Nordeste, que têm nos ofícios não apenas a habilidade artística e técnica do artesão, mas também a própria identidade cultural e histórica do lugar, transmitida de geração para geração.

O artesanato é o fator de existência da cidade, que vai ao longo do tempo possibilitando a modernização dos serviços, sem, contudo, perder de vista a arte individual.

No Estado de São Paulo, dois bons exemplos de cidade artesã são: Monte Sião e Embu; já no Nordeste, como por exemplo no Ceará, muitas localidades são cidades artesãs: Aracati, Canoa Quebrada, Cascavel etc.

4ª) Cidade mercantil – Essa é a cidade típica do período mercantilista e anterior à Revolução Industrial, com grande presença no Oriente Médio e na Europa. Esse tipo de cidade também era (e ainda é...) muito comum na Índia, na África e em outros países da Ásia.

Ela tem no mercado e no comércio sua grande força de desenvolvimento e progresso. No passado, as relações entre as pessoas eram movidas pela necessidade de troca, o que envolvia desde a prática do escambo até a permuta de produtos e serviços por moedas aceitas localmente.

Pode-se afirmar que, no Brasil, Feira de Santana (Bahia) é Mossoró (Rio Grande do Norte) são ainda bons exemplos de cidades mercantis.

5ª) Cidade industrial – É a cidade na qual a indústria, ou seja, a manufatura, é o fator essencial do desenvolvimento local. A economia move-se em função dela, para realizar a produção e a reprodução social.

No caso do Brasil, temos como bons exemplos as cidades de Volta Redonda (Rio de Janeiro), Cubatão (São Paulo) ou São José dos Pinhais (Paraná).

E você, estimado(a) leitor(a), consegue pensar em pelo menos três cidades industriais em outros países? **Que bom! Parabéns!!!**

6ª) Cidade operária – Os operários começam a viver próximos do lugar de trabalho, e, aos poucos, vão formando bairros operários na vizinhança dessas indústrias. A economia é movida pelo salário mensal desses trabalhadores e de seus familiares, que consomem no mercado local. Isso, por sua vez, é dinamizado pela presença das empresas instaladas nas proximidades.

De certa forma, poder-se dizer que as cidades do ABCD paulista (Santo André, São Bernardo do Campo, São Caetano e Diadema) possuíram durante certo tempo essa característica.

Cleveland (EUA), ao longo de um bom tempo, e Manchester (RU), se tornaram conhecidas como cidades industriais, mas isso já mudou bastante...

7ª) Cidade-negócio (cidade empreendedora) – É a cidade movida pela mercadoria circulante e pelo sistema financeiro. Assim, ela se torna o lugar onde se produz e se negocia os mais diversos bens e serviços destinados à satisfação das necessidades e do prazer dos seus habitantes.

Têm este perfil cidades como São Francisco e Nova York (ambas nos EUA), além de Cingapura (Cingapura), Hong Kong (China) e Cidade do Panamá (Panamá) etc.

8ª) Cidade administrativa – Neste tipo de cidade está o centro do poder político e administrativo de uma região ou de um país. Dessa maneira, sua economia é movida pelos serviços e pelo comércio de consumo em geral.

Seu potencial de negócios resulta da capacidade de articulação interinstitucional da burocracia e da hierarquia. Cidades como Camberra (Austrália), Nova Délhi (Índia), Putrajaya (Malásia), entre outras, demonstram explicitamente tal vocação.

No Estado de Minas Gerais, durante sua gestão como governador, Aécio Neves promoveu a construção de uma cidade administrativa próxima do aeroporto de Confins, garantindo-lhe também o caráter de aerotrópole (uma vez que esta se desenvolveria bastante por conta da presença de muitos outros negócios que ali se fixaram em função do acesso fácil ao transporte aéreo de pessoas e cargas.

9ª) Cidade-monumento (*Beautiful city*) – Esse tipo de cidade surgiu a partir da construção de grandes passeios públicos e bulevares em cidades europeias, como Paris (França) e Barcelona (Espanha), que são bons exemplos de cidades-monumento.

Todavia, o significado principal do termo cidade-monumento decorre da existência nelas de projetos magníficos que procuravam demonstrar sua supremacia imperial e seu exclusivismo racial. Dessa maneira, por meio de sua arquitetura e dos seus monumentos históricos, a cidade expressa a sua identidade e cultura.

Neste sentido, os exemplos mais evidentes do século XX são as cidades de Berlim e Moscou.

10ª) Cidade-jardim (*Garden city*) – Trata-se de uma cidade circundada por seu próprio cinturão verde e constituída como uma comunidade urbana isolada, com terra cultivável como fundo.

As cidades que se encaixam perfeitamente nessa classificação são Oslo (Noruega), Hamburgo (Alemanha) ou Viena (Áustria).

11ª) Cidade-estrada – À medida que o automóvel tornou-se a **"máquina mais desejada pelo homem"**, e com a produção em massa de caminhões e ônibus, centenas de milhares de estradas foram construídas e pavimentadas para que esses veículos pudessem transitar. Essas autoestradas formaram uma malha rodoviária para ligar um lugar ao outro.

A partir daí, foram surgindo várias cidades ao longo desse trajeto entre as localidades, nas margens dessas autoestradas. Esse foi o início do progresso de regiões como Memphis, Las Vegas e Kansas City (todas nos EUA).

Isso também explica, por exemplo, o progresso de São José dos Campos (no Estado de São Paulo), quando a importante rodovia Presidente Dutra passou perto da cidade. Outro exemplo notável no Brasil foram as cidades que surgiram ao longo da rodovia Belém-Brasília.

12ª) Cidade-universidade – Nesse caso a cidade existe em função de um centro universitário que demanda serviços, qualificação profissional, pesquisas científicas e atividades acadêmicas em geral, o que dinamiza a economia local. É o caso de Coimbra (Portugal), Berkeley (EUA), Bolonha (Itália), Oxford e Cambridge (RU), Montpellier (França), e, de certa forma, de São Carlos (no Estado de São Paulo).

13ª) Cidade-travessia – Trata-se de uma comunidade que se instala fisicamente em regiões fronteiriças, países ou Estados, desenvolve comércio e negócios, e dá origem a cidades-travessia.

Em cidades dessa natureza, o mercado é sempre transitório e dificilmente se fixa por muito tempo por causa da constante mudança de interesses de consumo. Isso faz com que seus habitantes sejam anfitriões de muitos negociantes anônimos e passageiros.

No Brasil, temos um excelente exemplo de cidade-travessia: Foz do Iguaçu (no Estado do Paraná).

14ª) Cidade-floresta – Uma comunidade que surge e se desenvolve no meio de uma região florestal, tendo na natureza sua principal fonte de recursos e um mercado local baseado na extração de madeira e na exploração da biodiversidade ambiental etc.

A cidade-floresta integra a paisagem arquitetônica à natureza, procurando manter uma constante harmonia estética, criando e preservando novas áreas verdes no espaço urbano.

As construções contornam os espaços verdes dos territórios, fazendo com que surja com o tempo um ambiente urbano completamente arborizado.

No Brasil, pode-se incluir nessa classificação as cidades de Rio Branco (Acre), Porto Velho (Rondônia) e várias cidades do Pantanal Mato-Grossense.

Nos EUA, na região do Alasca e no Canadá, também existem outros bons exemplos de cidades-florestas.

15ª) Cidade-teatro – Esse tipo de cidade criou (ou herdou) uma tradição cultural própria representada pelo teatro, em que os atores figurantes são moradores acostumados a viver os papeis de alguns personagens.

A economia é basicamente incrementada pelo turismo e pela tradição, sendo que ambos possibilitam um conjunto de serviços e um comércio sistemático.

Esse, por exemplo, é o caso de Santana do Parnaíba (em São Paulo) ou Nova Jerusalém (em Pernambuco).

16ª) Cidade histórica – Esse tipo de cidade constituiu-se a partir de tradições e cultura próprias do lugar, procurando preservar ao longo do tempo seus traços originais como forma de expressar sua história e a identidade de seu povo. No Brasil, esse é o caso de Ouro Preto (Minas Gerais), Olinda (Pernambuco), São Luís (Maranhão), Petrópolis e Parati (Rio de Janeiro) etc.

Em Portugal, incluem-se claramente nessa tipologia as cidades de Sintra, Évora e Óbidos.

17ª) Cidade colonial – Cidade tipicamente presente no Brasil, e em muitos países da América do Sul, que se origina no período colonial da nação e tem traços arquitetônicos e urbanísticos europeus (principalmente de Portugal e Espanha) integrados ao formato e à funcionalidade do cotidiano local.

Alguns exemplos são as cidades de Congonhas, Mariana e Tiradentes (todas em Minas Gerais), e Cananeia e Itanhaém (em São Paulo).

18ª) Cidade hídrica – Trata-se da cidade que surgiu e se desenvolveu a partir dos braços de um rio (ou do mar) que a atravessam, adequando suas construções ao ambiente geográfico natural do território.

Tais cidades são recortadas por canais hídricos que possibilitam a vazão e o fluxo das águas, fazendo com que os pontos de deslocamento sejam interligados por pontes e ruas.

Ótimos exemplos desse tipo são as cidades de Veneza (Itália), São Petersburgo (Rússia), Amsterdã (Holanda) ou Recife (Brasil).

19ª) Cidade sagrada – O desenvolvimento local desse tipo de cidade é fortemente marcado pela sua **vocação religiosa**.

A economia gira em torno da capacidade de desdobramento da dimensão religiosa em outras dimensões, como a turística, a comercial e a mística. No mundo, bons exemplos desse tipo de cidade são Roma (Itália), Meca (Jerusalém), Fátima (Portugal), Santiago de Compostela (Espanha) etc. No Brasil temos Aparecida (São Paulo) e Juazeiro do Norte (Ceará).

Caro(a) leitor(a), você é capaz de se lembrar de mais três cidade (pelo menos) em outros Estados que vivem principalmente em função de peregrinações?

Conseguiu lembrar? **Valeu o seu espírito religioso...**

20ª) Cidade-monarca – Essa cidade preserva as tradições monárquicas e os valores históricos, tendo na figura do seu monarca a fonte de inspiração e do desenvolvimento local.

O comércio gira em torno da cultura aristocrática e de sua manifestação na sociedade local. Nessa tipologia enquadram-se a cidade de Cardiff (RU) e o principado de Mônaco, uma cidade-Estado.

Podemos dizer que Petrópolis (Rio de Janeiro) já foi a nossa cidade monarca.

21ª) **Cidade agradável** – De forma curiosa, pode-se dizer que a cidade agradável é aquela que é considerada **bonita**. Nela são privilegiados a **cultura**, o **esporte** e o **lazer**; o **trânsito** é **bom** e há **segurança**.

É natural que numa cidade agradável seus munícipes desfrutem de modo cotidiano de uma boa qualidade de vida.

Fugindo um pouco do trivial, e das cidades que são analisadas neste livro, vale a pena dar uma olhada em cidades como Newcastle (Inglaterra) ou Honolulu (Havaí), afinal, ambas são bons exemplos de cidades agradáveis. Para isso, faça uma pesquisa valendo-se dos tremendos recursos que nos são disponibilizados pela tecnologia de informação (TI).

Naturalmente, numa cidade agradável os serviços públicos devem ser suficientes e eficientes, geridos de forma moderna e transparente. Nela, a administração municipal consegue firmar parcerias com diferentes instituições da sociedade, com a iniciativa privada, com organismos governamentais de outras esferas e, inclusive, com organizações internacionais.

Pressupõe-se que uma cidade agradável seja:

» **Mais limpa**, com a manutenção e o aperfeiçoamento dos serviços de varrição e coleta de lixo, além do disciplinamento do recolhimento de entulho e da adequada destinação dos resíduos sólidos.
» **Mais florida**, com o plantio em logradouros públicos de espécies florífera; realizadora de um manejo adequado das árvores existentes, visando sempre impactar a paisagem da cidade com floradas massivas.
» **Cheia de áreas verdes**, por meio da implantação e conservação de praças, parques públicos, áreas verdes e arborizadas.
» **Repleta de equipamentos** e **espaços públicos** bem construídos e conservados a partir do desenvolvimento de padrões urbanos diferenciados que representam novos signos urbanos, favorecendo a afirmação da identificação da população com a cidade.
» Agraciada com um **belo centro**.

O mundo contemporâneo entende **cultura**, **esporte** e **lazer** como um direito do cidadão que precisa criar, experimentar, investir e contribuir com o desenvolvimento da humanidade.

Trata-se, em última instância, de transformar uma cidade em um polo cultural e esportivo por meio de sua inserção no circuito dos grandes eventos de nível nacional e internacional, reforçando assim o orgulho de seu munícipe.

No que se refere a uma cidade com **tráfego bom**, é fundamental assumir de fato as atribuições decorrentes da municipalização do trânsito, capacitando a prefeitura para que esta possa intervir na gestão do tráfego com autonomia, garantindo a redução do número dos acidentes e sua gravidade, aumentando a fluidez da circulação dos veículos e investindo na educação para o trânsito.

Aliás, uma das diretrizes que deve prevalecer na cidade agradável é a priorização do pedestre, o que no fundo significa construir e conservar as calçadas e as interseções com o mesmo cuidado de engenharia que é dispensado ao sistema viário.

Finalmente, no que se refere à cidade mais **segura**, não se pode esquecer que uma solução completa para o problema da segurança não pode ser alcançada de imediato, tampouco em caráter local.

No entanto, existem medidas concretas de gestão urbana capazes de contribuir para que a população se sinta mais segura, com a eliminação de zonas escuras, a poda de árvores que obstruem luminárias, a substituição das lâmpadas comuns por outras de melhor desempenho em termos de claridades e a ampliação do número de vias iluminadas.

Há quem ache que cidade agradável é a mesma coisa que **cidade amável**, o que em parte é verdade, pois esta última defende o conceito de uma cidade mais compacta, na qual a vida nos bairros recebe bastante atenção da gestão municipal, tendo uma infraestrutura que permita aos seus moradores caminhar pouco para ir de um lugar a outro...

Por exemplo, de acordo com a Faculdade de Economia de Londres, na cidade de Barcelona (Espanha), por exemplo, 45% dos moradores andam a pé para fazer suas atividades diárias, quando isso é viável.

Há muitos exemplos no mundo de lugares que se esforçam para construir as chamadas **"cidades amáveis"**, tais como Bilbao, Copenhague, Curitiba, Santiago do Chile e Medellín.

E no Brasil já há um modelo para imitar: quem quiser transformar a sua cidade em agradável e amável, ou seja, em uma Curitiba – com todas as inovações que nela aconteceram principalmente quando o seu prefeito foi Jaime Lerner –, basta visitá-la e implementar algumas das melhorias que foram introduzidas nela.

22ª) **Cidade cultural** – Fundamentando-se nos dados que constam do World Cities Culture Report, encomendado pela prefeitura de Londres, percebe-se que a cidade que tem o maior número de **cinemas** é Paris. Em contrapartida, ninguém tem tantos **museus** quanto Londres. Nova York, por sua vez, continua insuperável quando o assunto é **teatros**.

Se na economia o poder está começando a mudar, e pendendo bastante em direção à Ásia, também no setor cultural não se tem mais só nos EUA e na Europa a concentração de **cidades culturais, incentivadoras** e **divulgadoras da arte**.

Na pesquisa feita pela BOP Consulting, empresa britânica de consultoria, aparecem 12 cidades que se encaixam perfeitamente nessa categoria: Londres, Paris, Berlim, Nova York, Tóquio, Istambul, Joanesburgo, Xangai, Sidney, Cingapura, Mumbai e São Paulo. Pois é, a capital paulista está incluída, sendo a única representante de toda a América Latina.

Obviamente, as cidades culturais dos países emergentes ou em desenvolvimento não têm o mesmo perfil cultural que as europeias ou norte-americanas, que investem em cultura por razões de prestigio e também para mostrar poder político ou sucesso econômico. Todavia, os investimentos em arte ou em outros bens culturais não são exatamente para mostrar pujança econômica, mas sim **para gerá-la através da EC!!!**

Uma cidade como Londres, que no passado já era uma capital cultural, comprovou que isso gera uma grande receita para a cidade – algo em torno de 15 bilhões de libras por ano –, além de muitos empregos no setor – cerca de 450 mil pessoas trabalham nesse setor. Isso significa que uma das mais importantes políticas públicas do século XXI é investir em EC, uma vez que tal ação irá promover a geração de muitos empregos, além de uma renda significativa para a sociedade moderna.

O peso econômico dos setores criativos é, sem dúvida, um argumento mais que suficiente para justificar um maior número de investimentos e o desenvolvimento de políticas públicas específicas, como aconteceu na China nos seus últimos planos quinquenais.

Em São Paulo, pelo menos até a chegada à prefeitura de João Dória Jr., infelizmente não se tem dado o enfoque correto aos bens culturais ou aos diversos setores da EC.

Mesmo assim, nas cerca de 320 salas de cinema existentes na cidade, em 2016, cerca de 55 milhões de pessoas compraram ingresso para assistir os filmes, com todas as facilidades que se tem agora para assistir filmes e séries na TV paga!!!

Vale ressaltar que as demais cidades citadas no World Cities Culture Report estão investindo em teatros, museus, cinemas bem mais que São Paulo!?!? Aliás, na capital paulista existem cerca de 50 complexos comerciais nos quais operam diversos cinemas. Em alguns deles, como o Cidade Jardim e o Iguatemi, os assentos, o atendimento em diversos locais (bilheteria, *bonbonnière* etc.) e as projeções dos filmes realmente merecem elogios, mas, infelizmente, não é o que ocorre em boa parte dos casos...

Quando é que especialmente o setor privado vai acordar e investir mais em bens culturais em São Paulo? Afinal de contas, essa é uma cidade com mais de 12 milhões de habitantes e com grande demanda, e isso melhoraria a sua posição entre as cidades culturais.

23ª) Cidade tecnológica – Este é o tipo de cidade em que meios e recursos intelectuais e científicos foram, respectivamente, desenvolvidos e potencializados, criando-se com isso uma plataforma excepcional para as operações, a partir das mais variadas aplicações tecnológicas. Assim, uma cidade que é polo tecnológico tem um grande impacto local e setorial na economia, na cultura e na inovação.

Exemplos típicos de cidades tecnológicas nos EUA são as localizadas em cidades como San Jose, no Vale do Silício na Califórnia, ou então na cidade de Seattle, no Estado de Washington. Na Índia, temos Bangalore; na Irlanda, Dublin e, no Brasil, mais especificamente no Estado de Minas Gerais, a cidade de Santa Rita do Sapucaí.

24ª) Cidade digital (cibercidade ou cidade informacional) – Na realidade, a cidade digital é praticamente uma consequência da cidade tecnológica, na qual se implanta uma extraordinária infraestrutura de tecnologia de informação e comunicação (TIC). Esta, por sua vez, permite conectar os cidadãos em rede compartilhada, possibilitando um fluxo de informações em infovias. Isso acaba por formar uma grande rede em que cada habitante pode desempenhar sua atividade em qualquer lugar. Numa cidade digital, o munícipe tem diversas vantagens, dentre as quais estão:

» As **sociais**, que permitem às pessoas uma maior integração comunitária e equidade social; garantem acesso mais eficiente a serviços como a telemedicina; e possibilitam um maior controle das ações governamentais etc.

» As **econômicas**, que permitem aos cidadãos um aumento da produtividade com a otimização de recursos; possibilitam o empreendedorismo digital e o teletrabalho; dão às pessoas a oportunidade de valer-se do comércio eletrônico; garantem uma imersão no mercado globalizado com o uso das redes sociais e do seu *site* na Internet.

» As **políticas**, que viabilizam a reivindicação de direitos e responsabilidades sociais; permitem a ciberdemocracia, por meio do veto eletrônico; garantem a transparência ética e fiscal do governo, além do estímulo e o fomento à inovação tecnológica em larga escala.

No seu livro *O Futuro das Cidades*, editado em 2002, o jornalista Júlio Moreno já alertava: "Está surgindo um novo tipo de cidade onde se destacam certas regiões como '**quarteirões inteligentes**', locais densamente ocupados e interligados por sofisticadas TICs, como as que permitem conexão sem fio!!!

Os 'quarteirões inteligentes' permitem que as pessoas e organizações atuem em lugares dispersos, mas, ao mesmo tempo, estejam interconectadas e em permanente interatividade, com sistemas novos, flexíveis e eficientes de produção, armazenagem e distribuição.

Com a nova realidade, o **lugar** já não é mais um imperativo, bastando que se esteja eletronicamente interconectado. Neste caso, o lugar de trabalho pode, por exemplo, ser a própria residência (bem, na verdade, ele pode **voltar** a ser a casa, uma vez que isso já aconteceu no passado, antes da Revolução Industrial). Essa transformação já está acontecendo em muitos lares, exigindo de arquitetos e decoradores novas concepções de espaço, ambientes e infraestrutura de serviços.

Crescem também os serviços de entrega em domicílio, um conforto para quem tem a casa como o centro nervoso de tudo. Nas **cidades digitais** (ou **virtuais**), tudo é questão de segundos... Antes do mundo digital, ou seja, da era da Internet, a comunicação tradicional exigia sincronicidade e presença física. Num mundo assíncrono, como o chamado ciberespaço, tudo pode ser virtual. As pessoas conseguem se reunir, fazer negócios, debater questões ou até mesmo namorar em tempo real, sem necessariamente dividirem um mesmo espaço físico.

Enfim, criamos cidadãos sem cidade!!! São os habitantes de uma cerne invisível, a '**netrópolis**', um ambiente que se contrapõe à cidade de pedra."

Sem dúvida nessa 2ª década do século XXI, com os avanços das TICs, quase todas as cidades têm se tornado **digitais**, com o que se fomentou o ensino à distância. Isso, por sua vez, causou um sensível impacto sobre a universidade tradicional. Também surgiram significativas mudanças no comércio, no trabalho e no entretenimento.

Um livro bastante pioneiro sobre este assunto é o do cientista social Evandro Prestes Guerreiro, com o título *Cidade Digital – Infoinclusão Social e Tecnologia em Rede*. Nele o autor conseguiu antecipar o que iria acontecer nas cidades – como, por exemplo, o que já temos agora em 2017!!!

25ª) Cidade inteligente – Com populações cada vez maiores nas cidades, aumentam os desafios dentro delas. Um deles, por exemplo, é como tornar serviços como transporte público e fornecimento de água e energia para os seus cidadãos de maneiras cada vez mais eficientes.

A base para se alcançar esse objetivo está no eficaz gerenciamento dos serviços e das informações, o que se chama de **infraestrutura inteligente**. Em outras palavras, tem-se uma **cidade inteligente**, quando nela se utilizam meios digitais, com a tecnologia cada vez mais avançada, para garantir a qualidade de vida dos munícipes e ainda melhorar a competitividade dos negócios. Aí vão alguns exemplos:

» **Água** – Para garantir a disponibilidade e a distribuição da água, a tecnologia tem atuado no monitoramento, na visualização e no controle remoto de toda a rede de distribuição: pressão, identificação e pronta comunicação de vazamentos e outros pontos de perda de água ao longo da rede, e, até mesmo, o planejamento diário da distribuição conforme a demanda.

» **Gerenciamento de energia** – As empresas que lidam com energia já criaram o *smart grid*, ou seja, um conjunto de medidores inteligentes que permitem uma melhor gestão do consumo de energia proveniente de diversas fontes de geração, sendo algumas delas renováveis e descentralizadas, como a solar e a eólica. Dessa maneira, é possível tornar mais eficiente a utilização dos recursos energéticos disponíveis e prever um fornecimento mais seguro de energia.

» **Poluição** – Aí o objetivo é o de auxiliar cada cidadão a deixar a menor pegada ambiental possível – na produção de lixo, no uso de água ou de energia não renovável. Já foram desenvolvidos, por exemplo, vários aplicativos que por meio de redes neurais artificiais permitem identificar as rotas mais "verdes" (ou aquelas nas quais se gastará menos tempo em congestionamentos, gerando menos poluição), oferecendo uma visão geral gráfica e de fácil entendimento das conexões alternativas de transporte, assim como informações em tempo real de atrasos, entre outras coisas. A cidade de Berlim foi uma das primeiras a introduzir um aplicativo para a "mobilidade verde".

» **Mobilidade** – Os sistemas de transportes coletivos devem lidar com volumes de passageiros cada vez maiores (algo que incomoda muito os viajantes...) No caso dos metrôs, por exemplo, para que se possa aumentar o seu índice de disponibilidade é vital reduzir os intervalos entre a chegada dos trens!!! A solução está num sistema de controle automático em que os seus vagões e equipamentos de via se comuniquem pela transmissão eletrônica de dados, um sistema complementado ainda por um novo controle digital de operações. Este registra interrupções inesperadas, tais como linhas bloqueadas ou trens atrasados, e imediatamente avisa aos usuários. No metrô de Paris, por exemplo, a empresa Siemens, desenvolveu um sistema de operação automática que permitiu baixar o intervalo de serviço de 105 s do sistema convencional para 85 s. Assim, se o volume de passageiros subir de repente, como ocorre em grandes eventos ou horários de pico, trens adicionais podem ser acionados.

» **Controle de tráfego** – Um dos grandes desafios das cidades é o fato de que a malha rodoviária cresce a um **ritmo menor** que o aumento da frota de veículos. Além disso, o sistema de transporte coletivo existente é muitas vezes ineficiente. E qual é o resultado? **Um tráfego intenso, praticamente todos os dias...** Neste sentido, soluções de engenharia de tráfego modernas contam com tecnologia de ponta para criar um sistema de planejamento e controle que atue com flexibilidade, possibilitando a adequação a situações cotidianas. Dessa maneira sistemas tecnológicos integrados podem, por exemplo, garantir por meio de coleta de dados em tempo real a prioridade no trânsito para os veículos de transporte público, sem colocar sob tensão excessiva os meios individuais, com a redução de tempo de espera em semáforos.

Não sonhe demais, pois a vida daqui a 20 anos em uma metrópole como São Paulo (ou em outras similares pelo mundo) não será tão diferente assim.

CAPÍTULO 1 – NO SÉCULO XXI, O PREDOMÍNIO DAS CIDADES 47

Ela **não terá**, por exemplo, **um carro voador**, e isso por um motivo bem simples: **a dificuldade para se controlar o tráfego aéreo urbano**!?!? Afinal, se já temos grandes dificuldades com o atual monitoramento de aviões e helicópteros, o que se poderia dizer de veículos aéreos perambulando pelo espaço em alta velocidade, numa área um pouco superior a 1.500 km² como a do município de São Paulo. Seria provavelmente uma grande catástrofe, com muitos acidentes fatais ocorrendo diariamente.

É óbvio que isso é apenas uma ponderação do que dificilmente veremos em uma **cidade do futuro**. Porém, é bem provável que daqui uns 20 anos estejam voando e zunindo acima da cabeça das pessoas, aparelhos com o objetivo de entregar encomendas. O nome técnico desses objetos voadores é **vant** (veículo aéreo não tripulado), popularmente conhecido como *drone* (palavra inglesa para "zangão").

Ainda sobre o futuro, os munícipes serão cada vez mais soberanos na cidade, que, por sua vez, estará cada vez mais conectada aos nossos carros, relógios, celulares e outros dispositivos, graças a **"Internet das coisas"** (*"Internet of things – IoT"*), e tudo em tempo real. Essa imensidão de dados fará o papel da **pitonisa** digital, capaz de prever a incidência de um congestionamento minutos (ou até horas) antes de ocorrer. Apesar de não termos ainda os carros voadores, a cidade parecerá no mínimo mais **inteligente**. Curiosamente, em vez do que foi dito anteriormente, deveremos ter menos acidentes de tráfego. Afinal, muitos automóveis (talvez a maioria) serão **autônomos**, isto é, conduzidos por programas de computador!!!

Na cidade do futuro, a confiança na máquina irá aumentar muito e não precisaremos informar um problema de trânsito para um aplicativo como o Waze, pois as nossas máquinas farão isso automaticamente...

Obviamente, até lá, muita coisa precisará mudar nas cidades. Na maioria delas será vital redesenhar sua arquitetura. Esse é de fato o primeiro grande desafio para os gestores públicos que no futuro desejam chegar à *smart city* **(cidade inteligente)**, que se aproveitará e muito das novas tecnologias.

Imagine no caso de São Paulo, uma metrópole com 12 milhões de habitantes, que todos os dias convive com enormes engarrafamentos; com dificuldades nos reparos do seu sistema elétrico, sempre que ocorrem turbulências provocadas por fortes chuvas e ventos; com restrições no suprimento de água etc., que daqui a 20 anos deverá alcançar 14 milhões de habitantes (segundo as previsões do Instituto Brasileiro de Geografia e Estatística – IBGE), será que a velha máxima do **"Nada está tão ruim que não possa piorar"** irá se cumprir?

Bem, a reconstrução de muitas cidades grandes já está em andamento, particularmente as cidades chinesas, e os urbanistas mais sonhadores acreditam que São Paulo possa se tornar uma cidade bem mais compacta e bem mais colorida. Muitos consideram possível ter uma São Paulo mais aprazível, que não seja vista apenas como o espaço no qual as pessoas trabalham para poder ganhar o seu sustento.

Segundo esses urbanistas, o primeiro passo para se ter uma São Paulo mais humanizada passa necessariamente por um processo de descentralização do espaço urbano. Com isso, a cidade deixaria de ter um **centro específico** (local que concentra a maior oferta de emprego), assim como a **periferia** (onde está a maioria das residências das pessoas).

No lugar disso, surgirão pequenas concentrações urbanas nas regiões oeste, norte, sul e leste da cidade, e para esses locais convergiriam os diferentes meios de transporte público (ônibus, metrô, trem de superfície e outros), os serviços em geral e, naturalmente, os próprios empregos.

Ao se criarem esses novos centros por todo o município, seria possível diminuir os deslocamentos humanos, pois os empregos das pessoas estariam próximos dos lugares em que elas vivem. O fluxo de pessoas seria bem diferente do que acontece na cidade nos dias de hoje. Em vez de a maioria das pessoas seguir na direção do centro expandido, esse fluxo seria dividido em diferentes direções, com o que os deslocamentos humanos se tornariam bem distribuídos.

Espera-se que daqui 20 anos, na São Paulo **ideal** e **inteligente**, 80% dos descolamentos na cidade ocorram dentro do mesmo bairro ou em região próxima à casa de cada pessoa. Com a mudança na forma de deslocamento deverão também mudar os hábitos individuais, em particular nos chamados **"dias úteis"** (em que se trabalha em algum lugar) e até nos fins de semana, nos dias de lazer.

Caso o trajeto da residência até o trabalho se tornar menor, é muito viável que as pessoas repensem a sua relação com o carro próprio, analisando até a possibilidade em se desfazer dele. Assim, elas não precisarão de garagem, tampouco terão de pagar pelo estacionamento. Elas também deixarão de ter grandes gastos com a manutenção e a perda de valor do automóvel. Isso pode representar para elas uma grande vantagem econômica, desde que, é claro, possam usar outra forma de transporte (quem sabe até uma bicicleta...). Aqueles que tiverem mais de um carro (e o segundo é geralmente para se escapar do rodízio...), com certeza vão querer eliminá-lo.

Nessa nova cidade, e sob a ótica da tecnologia, ir aos lugares a pé, de metrô, de ônibus (ou mesmo utilizando algum serviço de compartilhamento de carro) seriam opções mais inteligentes. Os muitos espaços hoje ocupados exclusivamente por carros poderiam ser transformados em bulevares ou locais para prática de esportes e exercícios físicos. Poderiam, portanto, ser espaços voltados para a ampliação do convívio social entre as pessoas. Surgiria assim uma cidade para se viver num ambiente de melhor qualidade (como já ocorre em Londres, onde são comuns os passeios em parques após o período de trabalho).

Naturalmente, será necessário garantir a segurança dos que estiverem caminhando nas ruas para que não sofram quaisquer tipos de abuso...

Nessa nova cidade, os administradores públicos serão cobrados de forma agressiva pelos munícipes para que as calçadas se mantenham bem conservadas, visto que muitas pessoas irão se deslocar essencialmente a pé. Este é o melhor exercício para qualquer indivíduo, que não precisará recorrer, como é o caso hoje, às academias. O empoderamento do pedestre também irá modificar a percepção daquele que vive na metrópole paulista. Isso porque a vida da cidade não passará mais com o um *flash* da janela do carro (ou do ônibus). Aos poucos, as pessoas irão perceber cada vez mais a paisagem ao seu redor e começarão a cobrar do poder público por serviços como: melhor limpeza, plantio de mais árvores, instalação de bebedouros, diversas formas de embelezamento dos espaços etc. E, nesse contexto, obviamente irão se intensificar as reivindicações dos munícipes pelos programas de restauração ou melhoria de todo o bairro.

Como diz o urbanista Cândido Malta: "A premissa de que uma **maior oferta** de transporte público resolverá os congestionamentos **está errada**. Não se conseguirá também tirar todos os carros das ruas. É importante entender que o problema do trânsito é uma questão de uso e ocupação do solo. É preciso criar zonas de centralidade na cidade, que diminuam os deslocamentos. Ao diminuir as viagens, as pessoas darão mais importância aos lugares onde moram e vivem. É aí que o programa de bairro ganha força. Afinal, as pessoas vivem nos bairros e os querem como lugares melhores."

↠ **E o que vai acontecer com o carro?**

Ele não vai desaparecer, mas o seu uso será cada vez mais inteligente. Os carros serão usados por uma quantidade proporcionalmente **menor** de pessoas do que no modelo atual!?!? O número de proprietários deverá diminuir e crescerão os vários modelos de compartilhamento de veículos. Tudo isso já ocorre em grandes cidades como Nova York, Londres e em muitas outras importantes cidades da Europa. São Paulo tem condições de trilhar o mesmo caminho da reurbanização através do Plano Diretor Estratégico (PDE), que foi revisado em junho de 2014 e prevê ainda a retomada da política de estímulo à moradia no centro.

Bem, se todas essas mudanças vão acontecer em São Paulo nos próximos 20 anos, não deixa de ser uma **grande incógnita**; entretanto, se o objetivo é que a capital paulista se torne uma **cidade inteligente**, isso depende de ela sofrer (ou não) uma **radical reorganização urbanística!!!**

Para entender a relação entre a mudança no traçado da cidade e a tecnologia, é necessário compreender o significado de *smart city*. Esse conceito depende necessariamente de três pilares: **sensorização, integração de informações e uso de aplicativos analíticos**. Sensorização é toda implantação e uso de dispositivos coletores de dados. Antônio Carlos Dias, diretor de *smarter cities* da IBM, explicou: "A **sensorização** pode ocorrer na forma de uma câmera que irá gerar vídeos de um ponto da cidade; de um mero sensor ou pluviômetro para informar se está ou não chovendo na represa da Cantareira. Enfim, pode ser qualquer coisa que envie dados em tempo real."

Esses dados colhidos pelos sensores são enviados a um computador central, que integra e compara tudo com as informações coletadas no passado. E, por fim, eles predizem um possível evento no futuro na cidade, como a probabilidade de ocorrer um congestionamento com 30 min de antecedência!!!

> E o que isso tem a ver com o redesenho urbanístico? Simplesmente tudo!!!

Uma cidade que se move em uma única direção e não dilui o seu trânsito para outros cantos, sem sombra de dúvida, irá gerar uma grande quantidade de dados que não auxiliariam muito o processamento e a análise dos aplicativos preditivos para o deslocamento para outras regiões... Por outro lado, se estivéssemos numa cidade compacta, isso ajudaria bastante, tanto para um melhor processamento de dados quanto no tempo de resposta de qualquer informação que quisermos de uma cidade inteligente.

Antônio Carlos Dias complementou: "O ponto de partida da **smartização**, ou seja, da sensibilização da cidade, seria espalhar sensores ou câmeras que pudessem alimentar com dados um computador com altíssima capacidade de processamento – algo que a IBM já possui e leva o nome de Watson. O problema inicial, no entanto, é espalhar sensores pela cidade de uma maneira rápida e com custos menores. Mas a IBM, a Cisco, a Telefônica, a Microsoft e outras companhias já sabem como fazer isso, e a solução está nos nossos bolsos: **o celular**.

Já existem mais celulares do que pessoas no Brasil, e, em breve, isso deve ocorrer em todo o mundo. Bastaria que as pessoas mantivessem o localizador ligado e seria possível fazer o monitoramento do trânsito em tempo real. Por meio desse aparelho (e de outros, como um relógio inteligente ou o próprio carro), teríamos algo parecido com o Waze. No entanto, em vez de pessoas interagindo com um aplicativo, isso aconteceria por intermédio de uma máquina muito poderosa, o Watson."

Por ora, o uso massificado do celular como sensor é uma ideia latente... O que já existe implantado em algumas cidades importantes do mundo, como Barcelona (Espanha) são outros tipos de sensores. La, para resolver o problema das pessoas que tinham dificuldade para encontrar uma vaga para estacionamento, foram instalados no asfalto vários sensores, além de muitas câmeras de vídeo que geram informações de vagas disponíveis para um aplicativo de um celular. Com isso, as pessoas passaram a rodar menos até achar uma vaga e houve uma redução de 30% no volume de tráfego nessa cidade espanhola, que está se "smartificando" cada vez mais.

A segurança pública é outra área que se beneficia muito numa cidade inteligente.

↳ **E como isso seria feito?**

Pense na prática criminosa do arrombamento de um caixa eletrônico: os dados sobre a localização da agência bancária, horários de funcionários, dias em que a máquina seria abastecida com mais dinheiro e outras informações seriam responsáveis por predizer os horários de maior probabilidade da ação de criminosos. De posse dessa indicação, o policiamento preventivo ficaria de prontidão nos dias de maior incidência para o ataque.

A Microsoft deu início a "smartização" da polícia de São Paulo por meio da ampliação e do aprimoramento do aplicativo preditivo da secretaria de Segurança Pública: o Detecta. Ele já está em uso e tem uma tecnologia similar a usada há bastante tempo pela polícia de Nova York.

Outra questão interessante em relação à obtenção de dados sobre trânsito, vigilância e principalmente entrega de encomendas, é que isso acabará democratizando o uso de *drones* nas cidades. Em um futuro muito próximo, eles serão os donos dos céus. Aliás, há quem antecipe que o trabalho feito hoje com o auxílio de helicópteros seria realizado por *drones* e a custo muito menor. Por enquanto, o uso desses "zangões" tem ocorrido mais por parte da iniciativa privada.

Uma discussão preocupante no mundo sobre o uso dos drones está ligada à entrega de mercadorias ilegais [aliás, os traficantes mexicanos já estão fazendo isso, enviando drogas de Tijuana (México) para a cidade de San Diego (EUA)].

→ **E qual é o outro temor em relação a algo aparentemente tão inofensivo?**

Há quem diga que esse "brinquedinho" controlado remotamente será a arma do futuro, o que não deixa de ser uma possibilidade real. O que pode tornar um objeto inofensivo em algo muito perigoso é justamente a possibilidade de o controle do mesmo cair nas mãos de indivíduos com intenções malignas. Para piorar o cenário, pense em muitos milhares de *drones* controlados por um supercomputador como o Watson, da IBM?!?

Já existem vídeos na Internet com esses zangões em voos incrivelmente sincronizados. No entanto, todas essas peripécias, caso ocorram, ainda estão distantes...

No período de 11 a 13 de maio, aconteceu em Nova Délhi (Índia) uma extraordinária exposição, a *2nd Smart Cities India 2016 Expo*, cujo tema foi *Smarter Solutions for a Better Tomorrow* (Soluções Inteligentes para um Futuro Melhor). Com a participação de 30 mil pessoas, foram apresentadas nesse evento, por diversas empresas e administrações municipais, muitas soluções inteligentes.

E como não poderia deixar de ser, lá ocorreram algumas exposições em que se procurou salientar que, ao se pensar em uma *smart city* é preciso evitar a possibilidade de se acabar com toda a privacidade das pessoas.

Quem aliás abordou muito bem esse tema foi Susan Crawford, que já foi assessora do presidente dos EUA para os setores de ciência, tecnologia e inovação, além de conselheira do ex-prefeito de Nova York, Michael Bloomberg. Crawford é coautora do livro *Responsive City: Engaging Communities Through Data Smart Governance* (A Cidade Responsiva: Engajando Comunidades por Meio da Governança Inteligente Baseada em Dados), ao lado de Stephen Goldsmith. No seu livro, Susan Crawford, que também é professora da famosa Universidade Harvard, descreve o verdadeiro caminho que um administrador público deverá seguir se quiser dar um salto qualitativo. E a ação para isso é usar de **forma inteligente** os dados agora disponíveis, que permitem elaborar políticas públicas que atendam de forma direta aos anseios dos munícipes, a partir das informações geradas pela própria cidade.

A premissa do livro é de que as cidades estarão cada vez mais cobertas e repletas de sensores e telas. Assim, cada *smartphone* carregado por qualquer cidadão permitirá a ele estar ciente de tudo o que estiver acontecendo na cidade, e praticamente de forma instantânea. Essa é a grande possibilidade em uma *smart city* (cidade inteligente)!

Sobre isso, um dos argumentos do livro de Crawford é destacar como esses avanços irão depender de "heróis": gerentes de cidades ou gestores públicos em geral, que por vocação pessoal conseguem articular o grande arsenal de ferramentas hoje disponíveis (muitas delas gratuitas e abertas) e traduzi-las em ações concretas dentro do serviço público.

Segundo Susan Crawford, esses "heróis" foram essenciais para que ocorressem grandes melhorias em cidades importantes dos EUA, como Chicago, Boston e Nova York. Entretanto, a autora não é nem um pouco ingênua e sabe que essas tecnologias, além de solução, podem também transformar-se em sérios problemas. Os mesmos sensores que melhoram a vida na cidade podem ser usados em países autoritários, como Cingapura, na forma de ferramenta de controle. Por isso, só a tecnologia não basta: é preciso ter leis que garantam os direitos fundamentais. Além disso, o termo *smart* poderia ser interpretado como o acrônimo de **s**implista, **m**ecanicista, **a**nti-histórico, **r**educionista e **t**autológico. Mas a governança baseada em dados não tem como dar conta de toda a complexidade das cidades, incluindo sua dimensão política e histórica. Outro problema é que as cidades que se envolverem demais com a tecnologia não podem se tornar reféns do chamado **"complexo industrial da inteligência urbana"**, uma expressão cunhada pelo arquiteto Dan Hill para se referir à "escravidão" ou submissão à qual fica subordinada uma cidade no que diz respeito aos programas e sistemas computacionais criados por empresas como IBM, Cisco, General Electric (GE), Siemens, SAP etc. Porém será impossível no futuro administrar as cidades, sem usar de tecnologia, por causa da crescente urbanização!

→ **Você sabe como anda a urbanização no mundo em 2017?**

A cada semana, estima-se que **1 milhão de pessoas** passem a viver em cidades de várias partes do mundo. Tal situação já é considerada o **mais rápido processo** de urbanização da história da humanidade. Em 2050, cerca de cinco bilhões de pessoas, ou seja, 70% da população mundial estará vivendo nas cidades.

Muitas vezes caótico, o meio urbano precisará absorver e lidar com uma grande concentração populacional. Assim, as cidades que pretendem se destacar neste novo cenário terão de funcionar bem e desenvolver soluções **rápidas** e **inteligentes** para seus problemas.

São as cidades que vão liderar os países rumo ao crescimento no próximos anos. Se os seus gestores públicos souberem estimular toda sociedade a criar mais empregos, investir em inovações e na criatividade (ou seja, na EC) e reinvestir os lucros auferidos nas próprias cidades, isso, sem dúvida, permitirá o seu desenvolvimento robusto.

A competitividade das cidades irá depender de três eixos: **econômico**, com a geração de mais empregos; **social**, que envolve a atração de jovens para manter a cidade bem dinâmica; e **ambiental**, com a inclusão de todos os habitantes para se ter uma cidade cada vez mais inteligente, ou seja, em que não se desperdicem recursos e se viva dentro do conceito de **sustentabilidade**.

Se a sua cidade for uma bagunça, ninguém vai querer viver nela, e, com isso, o local perderá sua **atratividade**.

Por exemplo, na cidade de Dallas (EUA) o seu prefeito, o empresário Mike Rawlings, logo que foi eleito em 2011, investiu mais de US$ 1 bilhão na construção de um complexo de museus, teatros, cinemas e casas de espetáculo para poder competir com outras cidades norte-americanas, como Nova York, Los Angeles, Chicago etc., e com os grandes centros urbanos mundiais, como Londres, Berlim, Madri etc.

Mike Rawlings, comentou:

"Já gastamos bastante dinheiro para construir um **distrito de artes**. Temos uma área para artistas universitários, companhias pequenas, uma casa de ópera, um teatro, um museu de artes plásticas e um dos jardins de esculturas mais exclusivos do mundo.

Todo gestor público que quiser desenvolver uma **cidade criativa** deve visitar Dallas, pois encontrará excelentes projetos já executados nos quais poderá se inspirar.

Acredito que **artes** e investimentos em **cultura** podem representar para o século XXI o que os **esportes** significaram para o século XX. E nós amamos esportes em Dallas, temos o maior estádio de futebol norte-americano do mundo (o Dallas Cowboys Stadium), mas reconheço que a relevância internacional que a **arte** e a **cultura** podem oferecer a uma cidade, os **esportes não conseguem dar**."

Muito interessante é a opinião do famoso arquiteto Daniel Libeskind sobre como devem ser as cidades no futuro e, especialmente, sobre quando deve-se procurar melhorar uma área degradada ou destruída: "A arquitetura deve sempre ser usada como uma forma de melhorar a paisagem de uma cidade; ela precisa ter uma relação com o entorno. Tive a felicidade de ser o autor de alguns projetos que foram bem avaliados pelos críticos e pelas pessoas de um modo geral, como foi o caso do Museu Judaico em Berlim (Alemanha), do Victoria and Albert Museum, (na Grã-Bretanha), dos vários arranha-céus que foram construídos em Cingapura, nos quais se buscou criar uma identidade com a cidade.

Fui o autor do plano diretor da reconstrução da área ocupada pelas *Torres Gêmeas* do *World Trade Center*, destruídas pelo ataque terrorista de 11 de setembro de 2001. Ali, a minha maior preocupação foi estabelecer entre o novo edifício principal – que seria o mais alto do hemisfério, com uma altura de 541,3 m (1.776 pés) – uma referência à data de Independência dos EUA; fazer uma grande ligação com o entorno; e garantir que ele tivesse muita luminosidade.

Inicialmente, os proprietários do prédio queriam que o edifício estivesse voltado para Wall Street. Foi então que argumentei que isso criaria **muita sombra**... Agora, quem observar o prédio vai notar que as pessoas dentro dele direcionam o olhar para o rio Hudson, e para a estátua da Liberdade.

Não sou o arquiteto dos novos prédios que foram sendo erguidos na área. Mas orgulho-me muito de ter estado à frente do plano diretor, o que me permitiu não só definir as posições de cada equipamento, mas também da área que foi destinada à preservação da história do local, **como um museu**. Para tornar a região mais agradável, inclui no meu projeto uma queda de água.

Não se pode direcionar o olhar da cidade para um momento triste. Cabe ao arquiteto trazer esperança e uma sensação de bem-estar para os cidadãos."

O uso da tecnologia por sua vez foi se tornando uma ferramenta importante para engajar o cidadão na construção de uma cidade mais participativa. Por exemplo, utilizando *smartphones*, as pessoas podem interagir com as cidades onde vivem, apontando (ou descobrindo) problemas, propondo soluções e avaliando serviços públicos. Assim, as suas ideias de solução poderão ainda receber comentários de outros usuários, o que, por sua vez, poderá deflagrar verdadeiras companhas na Internet. Na outra porta, o poder público pode interagir diretamente com os habitantes da cidade, respondendo às demandas ou debatendo propostas.

Por exemplo, ao notar que 30% do tráfego na cidade de Los Angeles (EUA) **fora do horário de pico** era causado por motoristas procurando vagas de garagem, o empresário Zia Yusuf desenvolveu um sistema para identificar vagas na rua. Por sua vez, a prefeitura de Los Angeles instalou nove mil sensores nas ruas da cidade que abastecem o aplicativo para celular que permite indicar quantas vagas existem em cada quarteirão e como chegar até elas.

Esse é um tipo de ação que deve proliferar nas cidades inteligentes.

Em junho de 2013, ocorreu em São Paulo o evento *New Cities Summit*, organizado pela New Cities Foundation, uma entidade sem fins lucrativos que pesquisa as iniciativas para melhorar a vida no meio urbano. Na ocasião foi premiado o aplicativo Colab, criado pelos empreendedores brasileiros Gustavo Maia, Josemando Sobral, Paulo Pandolfi, Vitor Guedes e Bruno Aracaty, que foi agraciado com o *AppMyCity*, como o **melhor aplicativo urbano do mundo**!!!

Aberto para qualquer prefeitura, o aplicativo é gratuito e também tem versão para a *Web*. Ele já foi utilizado por dezenas de milhares de pessoas. O Colab nasceu da parceria entre duas *start-ups* de Recife: a 30ideias, desenvolvedora de aplicativos, e a Quick, de *marketing* digital.

O *app* funciona como uma espécie de rede social e tem **três pilares**. **No pilar "Fiscalize"**, o usuário pode denunciar problemas, como buracos, faróis quebrados, lixo nas ruas etc., que aparecem geolocalizados. No segundo segmento, **"Proponha"**, pode-se sugerir projetos em diversas áreas, e, finalmente, no terceiro pilar, **"Análise"**, é possível o munícipe dar o seu *feedback* (seu comentário colaborativo) sobre os serviços públicos e a situação em que se encontram vários locais da cidade.

Os usuários podem interagir, comentar e apoiar as publicações, além de compartilhá-las no Facebook ou Twitter. Aliás, os mais ativos ganham inclusive pontos no aplicativo... Bruno Aracaty, um dos sócios do Colab, explicou: "Tudo começa com o desejo de escutar o cidadão. Este geralmente tem interesse em relatar os problemas que o cercam, mas encontra dificuldade para se fazer ouvir. A ideia é a seguinte: o munícipe discorda de algo que está acontecendo ou que a prefeitura esteja fazendo na cidade e posta isso, digamos, no Facebook.

CAPÍTULO 1 – NO SÉCULO XXI, O PREDOMÍNIO DAS CIDADES 57

→ **E aí surge o problema, ou, na realidade, o que está faltando para que a situação possa ser solucionada?**

Trata-se simplesmente de um melhor **canal** para a voz do cidadão, que costuma reclamar sem obter retorno, ou seja, sem que os gestores públicos – aqueles que podem resolver o problema – ouçam a sua reclamação.

Para as prefeituras, nós oferecemos uma ferramenta de gestão com a análise do que foi relatado ou proposto. Muitas prefeituras já entraram em contato conosco e demonstraram interesse pela nossa plataforma. Porém, para que esse aplicativo seja efetivo, é necessário que o poder público consiga uma ampla participação dos moradores da cidade. É vital a grande participação dos munícipes para que a prefeitura entenda que aquilo sobre o qual estão reclamando é, de fato, algo muito importante.

Atualmente, um tema recorrente nas reinvindicações dos habitantes das cidades, principalmente as maiores, é o problema da **mobilidade urbana**. E isso abrange desde a pessoa que está a pé e encontra calçadas esburacadas, até os que estão de carro e sofrem com o trânsito."

Porém, sem dúvida só teremos cidades inteligentes à medida que seus moradores, além de colaborarem com elas, se comportarem de forma mais inteligente e racional.

26ª) Cidade sustentável – O Brasil é cada vez mais um país urbano! Nossas cidades estão crescendo de maneira significativa, em número e tamanho, de forma "preocupante". Estima-se que em 2017, 90% dos brasileiros estejam vivendo em cidades, enquanto apenas 30,5% da população se encontrava nessa situação em 1970.

O termo "preocupante" se refere a alguns aspectos que influenciam tremendamente a qualidade de vida urbana, como: criminalidade, trânsito, saneamento e qualidade ambiental.

Olhando para as cidades brasileiras dá para notar claramente um crescente quadro de exclusão, desigualdade e discriminação social, desemprego, pobreza e violência. O acesso aos direitos básicos é um privilégio de poucos e os recursos naturais são cada vez mais dizimados.

A tendência à privatização dos recursos naturais, fundamentais para todos os seres humanos, torna o acesso à água, ao ar, à terra, à flora e à fauna restritivo ao conjunto da população, dando origem aos elevados índices de desigualdade social existentes.

Os impactos gerados pela destruição dos recursos naturais também não são igualmente distribuídos, visto que quem sofre as maiores consequências dos fenômenos naturais – enchentes, desmoronamentos, poluição, doenças causadas pela falta de saneamento, segregação, entre outros – são as faixas mais pobres da população. Dessa maneira, tudo indica que a maioria das pessoas esteja vivendo em **cidades insustentáveis**!

Aliás, o termo **sustentabilidade** foi amplamente utilizado como referência apenas à sustentabilidade ambiental. Entretanto, após a Conferência das Nações Unidas sobre o Meio Ambiente e Desenvolvimento, realizada no Rio de Janeiro em 1992, este conceito se ampliou, incluindo a **sustentabilidade social**, **econômica**, **financeira** e **institucional**, dentre outros aspectos, o que levou a outras considerações a respeito de sua aplicação no espaço urbano.

Em contrapartida, o próprio conceito de cidade sustentável ampliou-se, incluindo agora os assentamentos humanos e as formas mais variadas de ocupação do território pela população. Portanto, agora a sustentabilidade urbana passou a incluir, ao lado de tópicos fundamentalmente ambientais, também o desenvolvimento econômico local, a promoção da equidade e a justiça social, a gestão urbana democrática e participativa, a moradia adequada para todos, além, entre outras coisas, das questões essencialmente urbanísticas e aquelas ligadas ao ordenamento territorial local e regional.

As cidades são, por definição, sistemas abertos, com uma dependência profunda e complexa de recursos externos. Isso, de modo efetivo, dificulta a obtenção da sustentabilidade urbana, profundamente relacionada com a autossuficiência em consumo e a disposição de resíduos sólidos e líquidos, incluindo-se aí a disponibilidade de moradia decente e de transportes públicos eficientes.

A busca do desenvolvimento sustentável nas cidades sofre, assim, a contradição imposta por aspectos intrínsecos a esses espaços.

Estas dificuldades são maiores ainda no Brasil, onde o processo de urbanização, extremamente rápido e desigual, levou as populações de baixa renda a ocuparem terras periféricas, em geral desprovidas de qualquer tipo de infraestrutura, ou a se instalar em áreas ambientais frágeis, que só poderiam ser urbanizadas sob condições adversas e por meio de soluções caras.

No tocante à cidade sustentável, foi conquistado um grande avanço com a aprovação do Estatuto da Cidade – Lei Federal 10.257, de 10 de julho de 2001 – que regulamentou a política urbana.

O Estatuto da Cidade estabeleceu as diretrizes gerais a serem necessariamente observadas pelos municípios na implementação das políticas urbanas, dentre as quais deve-se citar:

"... a garantia do direito a cidades sustentáveis, entendido como o direito à terra urbana, à moradia, ao saneamento ambiental, à infraestrutura urbana, ao transporte e aos serviços públicos, ao trabalho e ao lazer, para as presentes e futuras gerações (artigo 2º, 1)."

A cidade sustentável, por conseguinte, passou a ser considerada como um direito, definindo-se claramente o que se entende por sustentabilidade urbana no Brasil, ao menos para efeitos legais.

Dessa maneira, a sociedade brasileira não pode mais prescindir de uma política de desenvolvimento vinculada àquela de ordem ambiental, em que água, esgoto sanitário e resíduos domésticos e industriais tenham origem e destino transparentes; em que o transporte público tenha prioridade sobre as autoestradas e as ruas cheias de automóveis (cada qual geralmente ocupado por uma só pessoa).

Nos últimos dez anos no Brasil, os dados básicos relativos a água e esgoto, poluição hídrica, poluição atmosférica e gestão de resíduos sólidos, revelam um quadro dramático que, a despeito da evolução positiva de alguns setores, parece se distanciar de qualquer cenário sustentável desejado.

É evidente que um dos problemas ambientais urbanos mais graves é a falta de tratamento dos esgotos sanitários, que, em sua maioria, são lançados *in natura* no solo ou rios, danificando de modo irreparável as reservas de água potável e os cursos de água, comprometendo seriamente o abastecimento, a irrigação, a recreação e o turismo.

↣ **Mas, afinal, pode-se ter uma cidade sustentável?**

Neste sentido, é importante verificar que tem perdido força a noção de que as cidades sejam **necessariamente espaços insustentáveis**, incapazes de produzir o que consomem e de eliminar seus resíduos de maneira adequada.

De fato, embora considerada irreversível, a urbanização é **administrável**. Ou seja, a cidade pode deixar de ser um espaço ambientalmente insustentável e se transformar num universo social e ambiental com grande potencial para a **aplicação de soluções criativas**!

Nessas circunstâncias, propostas relativas à redução do processo migratório para as cidades e/ou até mesmo de promoção à volta ao campo dos que já vieram – ideias bastante aceitas e, inclusive, propagadas no passado recente –, perdem força.

Também se verificou a fortificação do governo local, principalmente a partir da Constituição de 1988, que atribuiu novas responsabilidades aos municípios, exigindo deles ações concretas voltadas para a sustentabilidade urbana e os avanços sociais.

Tal ação é reiterada com o surgimento de novos instrumentos legais e/ou instituições como, por exemplo, a Lei de Responsabilidade Fiscal (LRF) e, em especial, o Estatuto da Cidade.

É quase impossível pensar em uma cidade sustentável que não apresente políticas voltadas para a redução do consumo de combustíveis fósseis, a diminuição dos níveis de poluição atmosférica e o refreamento da deseconomia causada pelos congestionamentos.

Em termos de prioridade, talvez a medida mais urgente a ser tomada pelos prefeitos e os gestores municipais seja rediscutir os processos de acesso à terra urbana, procurando, ao mesmo tempo, reduzir a especulação imobiliária – algo que impossibilita o acesso das classes mais carentes à moradia – e garantir que tais acessos ocorram de maneira ordenada, respeitando a legislação urbana.

Outro desafio para a sustentabilidade, em especial nas cidades brasileiras, é a discussão democrática das formas atuais de se implementar a privatização dos serviços públicos, assim como o amplo debate de suas consequências.

Não há dúvida, por exemplo, de que o setor de saneamento – vital na construção da sustentabilidade ambiental – tem se revelado um dos mais sensíveis às mudanças propostas. A privatização desse setor, que parece inevitável para garantir o pleno atendimento às populações citadinas, é o grande ponto de discórdia.

É importante enfatizar, entretanto, a importância de se rever o modelo de consumo atualmente em uso pela sociedade brasileira. A dificuldade por parte do poder local de manter padrões mínimos na prestação de determinados serviços é premente. O mesmo se aplica à coleta e disposição do lixo, se não forem revistos rapidamente os padrões de fabricação e de consumo de muitas mercadorias.

Porém, mais importante que alterar o comportamento em termos de consumo é mudar a maneira como os cidadãos **veem** e **compreendem** a cidade onde vivem, passando a enxergá-la como **um capital coletivo** – como um bem comum. Aliás, é bem provável que este seja o maior desafio para a sustentabilidade urbana.

Portanto, para se alcançar um futuro mais saudável para as nossas cidades é preciso adotar **novos paradigmas**. O primeiro deles é **buscar a escala humana nos projetos de intervenção urbana**: a cidade é feita para o homem e precisa respeitar sua dimensão. Neste sentido, projetos relativos a sistema viário, transporte coletivo, habitação popular, lazer, segurança, gestão urbana, entre outros, devem ser pensados de modo a refletir a sensação de vida em comunidade. O segundo paradigma deve ser **o da valorização do meio ambiente natural no espaço urbano**, garantindo-se a conservação do bem natural enquanto recurso:

a) a ser apropriado pelo cidadão urbano, por meio da conservação de mananciais para assegurar a oferta hídrica;

b) de paisagem, pela suavização do visual dos espaços construídos;

c) de lazer, por meio da redução da pressão imposta pela circulação de pessoas e pelas relações urbanas.

O terceiro paradigma é a **implantação de projetos já elaborados** e **comprovadamente bem-sucedidos.** Neste caso, apesar do pequeno risco de se cometer erros, evita-se a perda de tempo e recursos com a tentativa de se **"reinventar o que já existe"**.

Considerando que já somos 7,4 bilhões de pessoas no planeta, a pergunta que não cala entre os que acreditam que **todos os seres humanos têm direito a uma vida minimamente decente** é: como garantir a todas as pessoas o acesso a alimentação, vestuário, moradia, transporte, segurança, educação, saúde, trabalho, lazer, cultura, e a tudo que permite ao indivíduo viver com conforto e ética?

Mas, além dessa questão, há outras para as quais ainda não existem respostas adequadas, como: existe algum sistema socioeconômico capaz de dar respostas para essas demandas? Existem recursos econômicos e tecnológicos capazes de garantir a todos uma vida decente?

Uma boa notícia para os que defendem a sustentabilidade vem de São Paulo. Segundo dados relativos ao ano de 2017, o setor da construção civil paulista já contabilizou algumas centenas de **empreendimentos sustentáveis** que receberam certificações concedidas pelo Green Building Council Brasil pelos seus projetos ambientalmente corretos. E esse número deve crescer muito nos próximos anos.

Para ganhar essa certificação, um empreendimento precisa adotar conceitos de sustentabilidade, como reaproveitamento energético, consumo hídrico eficiente e utilização de materiais ecologicamente corretos na construção.

Muitos prédios, paulistanos, já investem até 15% do seu orçamento em ações inteligentes, como: uso de equipamentos que garantam economia de água; instalação de elevadores com mecanismos de recuperação de energia durante as frenagens; adoção de práticas de reciclagem do lixo; oferta preferencial de vagas de estacionamento para veículos movidos a álcool; e uso de energia elétrica proveniente de pequenas centrais hidrelétricas.

Outra boa notícia é de que a humanidade dispõe sim de **recursos econômicos e tecnológicos suficientes** para resolver a maior parte dos problemas conhecidos. O desenvolvimento científico e tecnológico, com toda a certeza, produzirá maravilhas capazes de superar o problema da produção de **energia limpa** e abundante para todos. O fato é que, uma vez solucionado esse problema, todos os demais serão resolvidos com maior facilidade.

Restam, entretanto, outras questões também complexas:

» Quem serão os agentes das mudanças necessárias?
» Quem serão os líderes empresariais e os políticos que conduzirão esse processo de construção de um mundo economicamente viável, socialmente justo e ambientalmente equilibrado?

O fato é que os agentes dessas mudanças poderão ser encontrados nas empresas e nas organizações sociais de todos os portes. Ou seja, todos nós teremos papel importante a desempenhar. Ignorar esse problema é o caminho mais curto para a **destruição do futuro** dos nossos filhos e netos. Isso quer dizer que a **omissão definitivamente não é uma opção sustentável!**

No livro *Cidades Sustentáveis, Cidades Inteligentes*, os autores Carlos Leite e Juliana Di Cesare Marques Awad, salientaram:

"A democratização das informações territoriais com os novos sistemas de TIC tem favorecido a formação de comunidades participativas, além de permitir a *e-governance*, ou seja, ou serviços governamentais inteligentes mais ágeis, transparentes e eficientes, pelo compartilhamento de informações. Isto é, as **cidades inteligentes** (*smart cities*) podem e devem alavancar a otimização da vida urbana, seja com serviços avançados na cidade formal, seja nas novas oportunidades nos territórios informais.

Nas últimas décadas, tem-se observado uma emergência comum às grandes metrópoles mundiais: os antigos espaços urbanos centrais estão perdendo boa parte de suas funções produtivas, tornando-se obsoletos e transformando-se em territórios disponíveis, oportunos para novas edificações. Trata-se dos chamados **vazios urbanos** (*wastelands* ou *brownfields*, em inglês).

Do ponto de vista urbanístico, essas transformações resultaram em uma série de problemas comuns que vêm afetando as nossas cidades hoje. O abandono das áreas centrais metropolitanas pelo setor industrial e a consequente degradação urbana de espaços com potencial tão evidente de desenvolvimento – afinal, dotados de preciosa infraestrutura e memória urbana – são face da mesma moeda que expõe a urbanização ilegal, porém real e incontrolável, de nossas periferias.

As consequências desse chamado **espraiamento** urbano são dramáticas em termos de total **insustentabilidade ambiental, social, econômica e urbana** (isso ocorre, invariavelmente, em áreas de proteção ambiental).

As áreas industriais obsoletas se tornam alvo dos grandes projetos urbanos, principalmente nas metrópoles dos países desenvolvidos, como concentradoras de estratégias de intervenção no espaço ora degradado e subutilizado. É a reconversão industrial.

Vazios urbanos tornam-se palco da implantação desses projetos aliados ao surgimento de políticas urbanas de desregulamentação urbanística e parcerias entre o poder público e a iniciativa privada. São os chamados *clusters* (aglomerações de empresas e instalações interconectadas em torno de um determinado setor) urbanos criativos. Esses *clusters* urbanos pautam a sua estratégia central produtiva em serviços avançados, parte da chamada nova economia. Por meio de **parcerias público-privadas** (PPPs), sempre calçadas na criação eficiente de agências de desenvolvimento específicas, tais territórios têm conseguido rápido sucesso nos processos de regeneração urbana e reestruturação produtiva.

Em contraponto ao modelo 'beleza norte-americana' de subúrbios espraiados num território com baixíssima densidade, as cidades mais densas da Europa e da Ásia são hoje modelos na importante competição internacional entre as *global green cities* (cidades verdes globais), justamente pelas suas altas densidades, otimizando as infraestruturas urbanas e propiciando ambientes de maior qualidade de vida promovida pela sobreposição de usos.

O potencial do território central regenerado e reestruturado produtivamente é imenso na nova economia, desde que planejado de modo estratégico. Sob o prisma do desenvolvimento urbano sustentado, voltar a crescer para dentro da metrópole, e não mais expandi-la, é um outro aspecto altamente relevante nestes casos, isto é, **reciclar o território é mais inteligente do que substitui-lo**!!!

Reestruturá-lo produtivamente é possível e desejável no planejamento estratégico metropolitano, ou seja, regenerar produtivamente territórios metropolitanos existentes deve ser a face da mesma moeda dos novos processos de inovação econômica e tecnológica.

Bem, a cidade, agora, é **pauta**!!!

O **século XIX** ainda foi dos **impérios**, o **século XX,** das **nações** (principalmente as democráticas), e o **século XXI é o das cidades**!!! E as megacidades serão o futuro do planeta urbano e devem ser vistas como **oportunidades**, e não como **problemas**.

O desenvolvimento sustentável se apresenta mais urgentemente onde mora o problema: as cidades darão as respostas para um futuro verde. Nelas se consomem os maiores recursos do planeta; nelas se geram os maiores resíduos!!!

Mas as cidades estão se reinventando. Afinal, elas não são fossilizadas: as melhores cidades, aquelas que continuamente sabem se renovar, funcionam similarmente a um organismo – quando **adoecem**, se **curam**; **mudam**!!!"

No dia 4 de abril de 2017, esteve em São Paulo, para participar do evento *Summit Imobiliário*, o urbanista e arquiteto Liu Thai Ker, considerado o pai do projeto que transformou Cingapura em referência internacional de sustentabilidade, na qual implementou um massivo programa habitacional, com soluções inovadoras, num território restrito e superpovoado.

Liu Thai Ker, disse: "As melhores cidades do mundo são aquelas que funcionam, quando imediatamente se tornam **agradáveis**.

Para que isso aconteça, além da questão da **moradia**, elas precisam resolver as questões de mobilidade, que passam pelo conceito de oferecer opções de **trabalho** mais próximo dessas moradias.

Morar em uma cidade preocupada com o **meio ambiente** é uma outra forma de conservar a sua beleza.

A chave do meu programa em Cingapura foi criar uma política sustentável que não falisse o Estado e nos permitisse oferecer moradias com qualidade cada vez maior para os seus cidadãos."

No seu livro *Technopoles of the World: The Making of Twenty-First--Century Industrial Complexes*, M. Castells e P. Hall introduziram o termo **'tecnópolis'**, originário do francês *technopole*, para nomear os *clusters* de alta tecnologia.

Entretanto, hoje existe uma lista de outros rótulos para designá-los, como cidades da ciência, polos tecnológicos, tecnopolos e parques tecnológicos, o termo mais usado no Brasil.

Normalmente, os parques tecnológicos são promovidos por governos nacionais, regionais ou locais, em associação com universidades e empresas privadas. Muito mais parecido com os distritos industriais do que com os meios inovadores por excelência, o parque tecnológico tem como principal preocupação na sua elaboração a geração de uma estrutura econômica capaz de atrair continuamente novos investimentos empresariais. Eles são diferentes das cidades da ciência pelo constante objetivo de alcançar **competitividade industrial**, e não **qualidade científica**." As cidades sustentáveis buscam ter cada vez mais parques tecnológicas.

Atualmente, existem no mundo diversos exemplos de cidades autoproclamadas ou indicadas por especialistas como sendo **cidades sustentáveis**. Com relação à abordagem de possibilidades de implementação de programas de sustentabilidade urbana, **dois grupos de cidades se destacam**.

No primeiro grupo, os executores têm foco em aspectos sociais para a promoção de sustentabilidade urbana, como governança local, mudanças de comportamento e atitudes, revisão dos objetivos de planejamento do uso do solo, entre outros.

Uma vez que muitas tecnologias visando ao alto desempenho em aspectos da sustentabilidade ainda têm altos custos, impedindo sua utilização em muitas cidades, a alternativa passa a ser a realização de ações visando a eficiência por redução de consumo e desperdício, apoio a serviços com baixas emissões de carbono e revitalização urbana promovendo a **compacidade** do uso do solo, o compartilhamento de equipamentos e a valorização do espaço público.

O segundo grupo tem foco na alta tecnologia alinhada com o conceito de *smart sustainable city* (**cidade inteligente sustentável**). Nele são usados equipamentos e sistemas modernos para que a cidade – especialmente os seus setores de energia, mobilidade e gestão de resíduos – possa alcançar altos índices de desempenho em aspectos como emissões de gases de efeito estufa e destinação de resíduos.

A cidade sustentável deve operar segundo um modelo de desenvolvimento urbano que procure balancear de forma eficiente, os recursos necessários ao seu funcionamento, seja nos insumos de entrada (terra urbana e recursos naturais, água, energia, alimentos etc.), seja nas fontes de saída (resíduos, esgoto, poluição etc.). Ou seja, todos os recursos devem ser utilizados da forma mais eficiente possível para alcançar os objetivos da sociedade urbana.

O suprimento, o manuseio eficiente, o manejo de forma sustentável e a distribuição igualitária para toda a população urbana dos recursos de consumo básico na cidade são parte das necessidades básicas da população urbana e itens de enorme relevância na construção de novos paradigmas de desenvolvimento sustentável, incluindo desafios prementes, como o aumento da permeabilidade nas cidades.

A cidade sustentável, portanto, deve buscar novos modelos de funcionamento, gestão e crescimento diferentes daqueles praticados principalmente no século XX.

Uma cidade sustentável é uma cidade **compacta**, e a cidade compacta é aquela composta de muitas atividades sobrepostas, o que permite maior convivência e reduz as necessidades de deslocamentos em automóveis. Isso, por sua vez, diminui drasticamente a energia utilizada para transporte – geralmente um quarto do consumo global da cidade.

Um menor número de carros significa menos congestionamentos e melhor qualidade do ar, fato que estimula o cidadão a caminhar ou a andar de bicicleta em substituição ao carro.

A criação da moderna cidade compacta exige a rejeição do modelo de desenvolvimento monofuncional e a predominância do automóvel. A questão é como **pensar e planejar cidades** nas quais as comunidades prosperem e a mobilidade aumente, como buscar a mobilidade do cidadão sem permitir a destruição da vida comunitária pelo automóvel, além de intensificar o uso de sistemas eficientes de transporte e reequilibrar o uso de nossas ruas em favor do pedestre e da comunidade.

A cidade compacta abrange todas essas questões. Ela cresce em volta dos centros de atividades sociais e comerciais localizadas junto aos pontos nodais de transporte público, pontos focais, em volta dos quais as vizinhanças se desenvolveram.

A cidade compacta é uma rede destas vizinhanças, cada uma delas com seus parques e espaços públicos, acomodando uma diversidade de atividades públicas e privadas sobrepostas.

27ª) Cidade autônoma – Um conceito interessante foi aquele desenvolvido pelo economista norte-americano Paul Romer, que também é professor da Universidade de Stanford. Trata-se da **cidade autônoma**, situação em que o governo de um país abre mão da gestão de um território para entregá-lo à administração de outra nação.

As cidades autônomas, na opinião de Romer, são politicamente viáveis e, inclusive, poderiam constituir uma solução para países de menor renda, que ganhariam capacidade própria de crescimento com o apoio de outro país. Paul Romer explicou o conceito de cidade autônoma da seguinte maneira:

"É uma cidade que pode ser vista de várias formas. O que há em comum é uma área, que pode estar desabitada e ter tamanho suficiente para abrigar uma cidade, e sobre a qual se estabelece um acordo (uma 'carta contratante') em que se explicitam as regras que irão governar esse local e a liberdade para que os residentes, investidores e empresas posam ir e vir.

Assim, trata-se de um país que doa (libera) a terra para a construção da cidade e, muitas vezes, grande proporção dos novos residentes poderá vir da própria nação cedente.

Um outro país (ou talvez um grupo deles) assumirá o papel de **garantidor**, ou seja, de uma espécie de fiador para que as regras estabelecidas sejam cumpridas e respeitadas.

Para algumas pessoas, pode parecer que a cidade autônoma represente uma espécie de **neocolonialismo**. A grande diferença é que, nesse caso, os passos para a criação da cidade autônoma seriam absolutamente voluntários por parte do concessor.

Na realidade, seria uma boa ideia construir **cidades autônomas** em países conturbados como o Haiti, onde, por sinal, o Exército brasileiro tem feito um excelente trabalho de pacificação. Neste caso, as pessoas que fossem morar na cidade autônoma, talvez o fizessem voluntariamente. Isso difere bastante de qualquer experiência colonizadora, assim como de algum tipo de invasão militar, quando os habitantes **remanescentes** se veem obrigados a viver em um regime imposto.

No caso da "doação" não ocorre nenhum atentado à soberania do país que ceder uma área desabitada para que nela seja erguida uma cidade autônoma, até porque ninguém irá mudar as fronteiras da nação. O que se deseja é ter o **controle administrativo** do local cedido.

De fato, isso já existe mundo afora, embora de uma outra forma: quando alguns países contratam empresas ou organizações sem fins lucrativos para cuidar de suas alfândegas, de seus portos, de seus aeroportos etc."

Será que no futuro surgirão cidades autônomas **criativas** ou **ecológicas**?

28ª) Cidade de chegada – Doug Saunders, o editor-chefe europeu do *The Globe and Mail*, é o autor do livro *Cidade de Chegada*, no qual descreveu que, mais do que nunca, as pessoas dos vilarejos e das zonas rurais estão juntando suas coisas e se mudando para as metrópoles, onde criam o que ele chamou de **"cidades de chegada"**, agrupamentos de moradores de vilarejos em distritos periféricos das cidades nos quais os residentes se esforçam para estabelecer uma nova vida e se integrar, em termos sociais e econômicos, ao ambiente.

O autor começou o seu livro com a provocativa pergunta: **"O que lembraremos a respeito do século XXI, além dos efeitos das mudanças climáticas?"** E aí Saunders respondeu: "O marco será o grande e contínuo êxodo das populações da vida rural e agrícola e sua migração para as cidades. Terminaremos este século com praticamente todos os serres humanos vivendo em cidades.

Esse movimento migratório envolve um número sem precedentes de pessoas – **de dois a três bilhões de indivíduos** – ou seja, aproximadamente um terço da população do mundo (prevista para um futuro próximo), e isso afetará a todos os que já vivem nas cidades, e de maneiras tangíveis.

Da última vez em que um grande número de pessoas realizou uma ampla migração, saindo da Europa rumo ao Novo Mundo, entre o final do século XVIII e o início do século XX, o efeito direto foi uma total **reinvenção do pensamento humano**, dos conceitos de domínio, da tecnologia e do bem-estar.

A **urbanização** em massa causou a Revolução Francesa e também a primeira Revolução Industrial. Com elas, acabaram ocorrendo as enormes mudanças sociais e políticas dos dois séculos anteriores.

Todavia, essa narrativa da mobilização humana não foi praticamente divulgada nos jornais que circularam no século XIX nem nos debates parlamentares do início do século XX. **A migração para as cidades e o aumento de novos enclaves urbanos transitórios** se manteve, dessa maneira, tornando-se uma história desconhecida para as pessoas diretamente afetadas por ambos os eventos. Por sua vez, as catástrofes de uma urbanização mal administrada – as misérias humanas, os levantes revolucionários e as guerras – foram, com frequência, o resultado direto dessa cegueira.

Não se contabilizou esse influxo de indivíduos e, ao longo do processo, criaram-se muitas comunidades urbanas de chegada recente, que permaneceriam aprisionadas, excluídas e ressentidas.

Grande parte da história desse período se fez justamente com a narrativa de que as pessoas foram retiradas à força de seus hábitats naturais; de que esses indivíduos eram desprovidos de cidadania e lutavam – com urgência e, às vezes, até com violência – para ganhar espaço dentro do contexto urbano.

Não podemos cometer agora um erro parecido, ignorando a enorme migração que vem acontecendo; considerando seus efeitos como insignificantes, ou seja, como um simples ruído; como o destino de outras pessoas, algo que sempre poderemos evitar em nossos países. Se o fizermos, corremos o risco de nos envolvermos em rupturas e explosões sociais bem graves.

Alguns aspectos dessa grande migração já estão aparecendo diante de nós, na forma de tensões causadas pela imigração nos EUA (principalmente as de caráter ilegal) e nos países da Europa. Também são muito significativas as explosões políticas e sociais no Irã (Oriente Médio) ou em países da África.

Todavia, muitas das mudanças que têm ocorrido nas cidades não estão sendo percebidas corretamente. Não compreendemos esse processo migratório, e sequer sabemos como avaliá-lo.

Em minhas viagens como jornalista, criei o hábito de conhecer novas cidades indo de metrô (ou trem) até o fim da linha, chegando até os cantos mais escondidos e inacessíveis de cada região e avaliando os lugares que surgiam à minha frente. São sempre locais fascinantes e agitados, mas que não dispõem de atrativos; são melhorados em alguns aspectos, difíceis em outros; estão repletos de pessoas novas e com grandes planos.

Muitas viagens a essas regiões limítrofes nem sempre ocorreram por escolha própria. Foram muitos acontecimentos e várias notícias que me atraíram para lugares como o norte de Mumbai, para as periferias de Teerã, para as favelas de São Paulo e da Cidade do México, e para os perigosos blocos de apartamentos nos subúrbios de Paris, Amsterdã e Los Angeles.

Nestes lugares, encontrei pessoas que tinham nascido em vilarejos e cujas mentes e ambições se mantinham fixas ao centro simbólico de cada cidade. Esses indivíduos estavam engajados em uma **luta ferrenha** para encontrar para seus filhos um local simples e duradouro na cidade.

Descobri que essa nova população urbana estava criando espaços urbanos supreendentemente parecidos em todos os cantos do mundo; lugares nos quais, embora a aparência física variasse muito, a rede de relacionamentos e o conjunto básico de funções eram perceptíveis e plenamente inidentificáveis.

Havia um padrão de instituições, costumes, conflitos e frustrações sendo formado e vivenciado naqueles lugares, tanto nas grandes expansões do mundo 'em desenvolvimento' quanto nas cidades grandes e ricas do Ocidente.

Precisamos dedicar muito mais atenção a esses lugares, pois eles representam bem mais que apenas locais de conflito e violência em potencial; estes são os cenários para a transição da pobreza; para a formação da próxima classe média; para os sonhos da próxima geração; para a criação dos movimentos de reivindicação e dos novos governos.

Em uma época em que a efetividade e o propósito básico da ajuda estrangeira se tornaram bastante questionáveis – o que, aliás, se justifica –, acredito que tais espaços urbanos transitórios ofereçam uma solução para o progresso de um país."

A mensagem principal do livro de Doug Saunders é simples: para muitos cidadãos e líderes, de certa forma, ainda passa desaparecida a importância da grande migração de pessoas, com a qual vêm se criando situações especiais em locais urbanos no que se refere a habitação.

Dessa maneira, surgem os espaços transicionais – as **cidades de chegada** –, lugares que irão abrigar a próxima grande economia, a próxima explosão cultural ou, até mesmo, a próxima grande onda de violência. Tudo isso irá depender de nossa capacidade de perceber os sinais e de nossa disposição, como gestores públicos, para agir.

As cidades de chegada são conhecidas pelo mundo por muitos nomes: *slums* (nos EUA), favelas (Brasil), *banlieues difficiles* (França), *gecekondular* (Turquia), *barrios hispânicos* (em vários países latinos) etc. Esses locais absorvem todos os anos alguns milhões de pessoas, principalmente moradores de vilarejos do mundo desenvolvido.

Em uma linguagem mais educada (e burocrática) também se utilizam termos como **"portal do imigrante"** ou **"comunidade de estabelecimento primário"**, os quais não representam adequadamente a natureza dinâmica, tampouco o papel transitório desses locais. Assim, parece bastante acertada a denominação escolhida por Doug Saunders: **"cidade de chegada"**!!!

Quando observamos as cidades de chegada, tendemos a vê-las como entidades fixas: um acúmulo de moradias baratas com pessoas pobres que vivem ali geralmente em condições insalubres. Na linguagem dos planejadores urbanos e dos governos, esses enclaves costumam ser definidos como **apêndices estáticos** ou **crescimento cancerosos** em uma cidade antes **saudável**.

Nas palavras do ex-presidente do Brasil, Fernando Henrique Cardoso, os moradores delas são vistos como: "Um grupo ecologicamente definido, não como parte de uma sistema social." O deslocamento dos vilarejos para as cidade se incrementou muito depois do término da Segunda Guerra Mundial, em 1945, quando moradores de vilarejos de países da América do Sul e do Oriente Médio saíram de suas casas para construir novos enclaves nas periferias das cidades.

Esse movimento está se intensificando cada vez mais. Acredita-se que nos próximos anos, cerca de 200 milhões de camponeses chineses irão para as cidades; grandes mudanças também estão em andamento na Índia e em Bangladesh. Destaque-se também que muitos outros países asiáticos, do sudeste do continente, e africanos, estão participando desse êxodo.

Seja como for, essa migração já é um **progresso**. Não há como romantizar a vida nos vilarejos. Hoje, **a vida rural** é a **maior assassina de seres humanos**, além da maior fonte de desnutrição, de mortalidade infantil e de redução do tempo de vida.

A pobreza extrema é um fenômeno rural: estima-se que 75% dos pobres do mundo – aqueles que vivem com menos de **US$ 1,5 por dia** (!?!?) – vivam em áreas rurais. Portanto, a **urbanização** não irá apenas melhorar a vida das pessoas que se mudam para a cidade, mas acabará contribuindo para o aprimoramento das condições na zona rural à medida que forneça os recursos necessários para transformar a agricultura em um negócio que garanta bons empregos e rendas estáveis.

Em geral, as cidades de chegada são pouco urbanizadas, tanto no que diz respeito à forma quanto à cultura. Todavia, elas não devem ser confundidas com espaços rurais.

De modo equivocado, os citadinos costumam ver as cidades de chegada como uma simples reprodução das estruturas e tradições do vilarejo dentro da cidade. Porém, a cultura das cidades de chegada não é nem urbana nem rural, apesar de incorporar elementos de ambas – **geralmente de modo terrivelmente distorcido** –, em seu esforço para encontrar uma fonte comum de segurança entre seus residentes ambiciosos e bastante inseguros.

É uma falácia acreditar que as pessoas consigam repentinamente abandonar os costumes rurais (conservadores e retrógrados) e assumir novos hábitos urbanos (seculares e sofisticados).

O período entre esses dois extremos costuma ser o intervalo de que se necessita para que novas culturas, híbridas e protetoras, se desenvolvam.

Com frequência as pessoas não conseguem compreender de forma correta a função das cidades de chegada. Por conta de toda a pobreza e de suas formas improvisadas, esses locais acabam condenados a se transformarem em favelas permanentes.

É verdade que muitas cidades de chegada começaram como favelas, mas nem todas as favelas são cidades de chegada!!! Na realidade, as favelas mais insalubres e surpreendentes do mundo não costumam ser pontes de **transição rural-urbana**.

Por exemplo, no século XX, os guetos afro-americanos dos EUA começaram como cidades de chegada clássicas, na medida em que foi se desenrolando o êxodo pós-escravidão – algo conhecido naqueles países como **a grande migração**, quando centenas de milhares de ex-escravos rurais do sul da nação chegaram aos centros da sociedade norte-americana em uma busca otimista por melhores condições de vida.

Porém, essas cidades de chegada fracassaram por várias razões:

I. A posse das propriedades não poderia ser obtida em distritos urbanos, que pertenciam a indivíduos indiferentes e intolerantes.

II. Os moradores das cidades de chegada não faziam parte da estrutura econômica e política do país, tanto por causa do racismo quanto do péssimo planejamento urbano existente.

III. A falta de apoio por parte do governo (e/ou de outras instituições) para o desenvolvimento dessas áreas.

Em consequência, tais lugares se transformaram numa outra coisa, isto é, em **cidades de chegada fracassadas**, uma ameaça que paira atualmente sobre muitas delas em várias outras partes do mundo.

Vale ressaltar que nem todas as migrações rurais-urbanas criam cidades de chegada. As migrações de emergência, causadas por guerras ou falta de alimentos, não contam com investimentos ou com um planejamento cuidadoso por parte dos moradores dos vilarejos, tampouco com redes de apoio ou laços familiares que caracterizam os padrões normais de uma cidade de chegada. Por isso, elas costumam ser **temporárias**, com a maioria dos refugiados voltando aos seus vilarejos quando a crise termina (ainda que alguns costumem permanecer ou dar início a padrões migratórios sazonais, espalhando as sementes para as verdadeiras cidades de chegada que começarão mais tarde).

Algumas populações rurais, como os filipinos que vivem na América do Norte, não formam enclaves urbanos distintos por causa da natureza de seus empregos, voltados geralmente para serviços domésticos...

Vale ressaltar que nem todas as pessoas que vivem em cidades de chegada são pobres. Conforme esses enclaves melhoram e desenvolvem sua própria (e próspera) classe média de migrantes, eles se tornam imãs para as pessoas que querem sair de certos locais abarrotados. Muitos dos bairros mais desejados atualmente em Nova York, Londres, Paris e Toronto começaram como cidades de chegada. Existem também cidades de chegada que se tornaram bairros de classe média no Rio de Janeiro, em Istambul e em outras cidades bem-sucedidas.

Se forem bem administrados, muitos dos enclaves de moradores oriundos de vilarejos poderão, ainda nessa geração, alcançar esses objetivos. Mas existe um **mito popular**, e bastante prejudicial, a respeito das cidades de chegada.

Segundo ele, as ruas lotadas desses enclaves são responsáveis pelo crescimento urbano desordenado, pela expansão desastrosa e pelo abarrotamento. As pessoas veem as favelas cobrindo as encostas de morros; observam os novos bairros invadindo áreas florestais e imaginam que a onda de migrantes da zona rural esteja criando **megacidades não administradas**.

Na verdade, a migração rural-urbana, apesar de sua enorme abrangência, não é a principal causa do crescimento urbano. As cidades de chegada não estão causando o crescimento populacional – **na verdade, elas o estão aniquilando!!!**

Quando os moradores dos vilarejos migram para a cidade, o tamanho de suas famílias cai em pelo menos uma criança por família, ficando geralmente abaixo da média de 2,1 filhos.

Portanto, sem a **enorme migração rural-urbana**, a população do mundo **estaria crescendo ainda mais rapidamente!!!**

29ª) **Cidade influente** – Samantha King, a especialista em **análise de vitalidade** das grandes cidades mundiais, da empresa de consultoria A.T. Kearney, lançou em 2008 o Índice Global das Cidades (IGC) – bastante atualizado desde então. Para classificar as cidades que ela chama de mais **influentes** e estabelecer o IGC, foram utilizados os seguintes fatores e as seguintes características:

» **A atividade empresarial (peso 30%)**, ou seja, a força dos negócios, listando-se quantas das 500 maiores empresas do mundo (de acordo com a classificação feita pela revista *Fortune*) estão instaladas na cidade, bem como o volume de transações que é realizado na mesma.

» **Experiência cultural (peso 15%)**, isto é, leva-se em conta o número de museus, teatros, cinemas, eventos esportivos, ofertas culinárias (número de restaurantes), apresentações artísticas, musicais etc.

» **Capital humano (peso 30%)**, quando o que importa é a qualidade das IESs (instituições de ensino superior) e universidades; as realizações nos campos de pesquisa e desenvolvimento. Neste caso, mede-se também a diversidade, ou seja, a quantidade de pessoas que nascem em outros países, mas estão morando na cidade.

» **Engajamento político (peso 10%)**, caracterizado pelo número de embaixadas (ou consulados) existente no local verificado; pela quantidade de organizações globais com sede (ou escritórios) na cidade; e, principalmente, pelo número de organizações não governamentais (ONGs) e "grupos de pensamento" (*think tanks*).

» **Intercâmbio de informações (peso 15%)**, levando-se em conta a estrutura existente de TIC, os diversos veículos de comunicação (estações de rádio, uso das redes sociais etc.) e, fundamentalmente, o nível de censura.

Samantha King comentou: "Esta lista divulgada ainda está num estágio bem intuitivo, mas, mesmo assim, temos a plena convicção de que ela mostra a tendência que essas cidades devem seguir nessa segunda década do século

XXI. Inclusive ao reforçar esses cinco indicadores, possibilitar que nelas se tenha maior empregabilidade, uma infraestrutura adequada e moderna, e uma melhor qualidade de vida para os seus habitantes, atraindo assim muitos turistas para as mesmas."

Na **Tabela 1.1** está a classificação das 15 cidades mais influentes do mundo em 2012, mas a lista completa contém 66 cidades com população superior a 1 milhão de habitantes, com algumas exceções.

Infelizmente, a cidade de São Paulo apareceu na 33ª posição no *ranking de 2012*, tendo já melhorado em relação a 2010, quando ocupou a 35ª posição. A outra cidade brasileira incluída foi o Rio de Janeiro, que agora estava em 53º lugar, ficando em uma posição pior do que aquela em 2010, quando foi a 49º. Não procurando criar nenhum tipo de animosidade, mas a capital argentina Buenos Aires estava na nossa frente, na 22ª posição, tendo evoluído muito, pois em 2008, na primeira pesquisa, estava em 33º lugar.

Classificação	Cidade (País)
1ª	Nova York (EUA)
2ª	Londres (RU)
3ª	Tóquio (Japão)
4ª	Paris (França)
5ª	Hong Kong (China)
6ª	Los Angeles (EUA)
7ª	Chicago (EUA)
8ª	Seul (Coreia do Sul)
9ª	Bruxelas (Bélgica)
10ª	Washington (EUA)
11ª	Cingapura (Cingapura)
12ª	Sidney (Austrália)
13ª	Viena (Áustria)
14ª	Pequim (China)
15ª	Boston (EUA)

Tabela 1.1 – As cidades mais influentes do mundo, de acordo com o Índice Global das Cidades (IGC), da A.T. Kearney, 2012.

O incrível é que os EUA, além de terem cinco cidades entre as 15 mais influentes do mundo, também contava com São Francisco (17ª), Miami (36ª), Houston (38ª) e Atlanta (39ª) entre as 66 analisadas, superando de longe qualquer outra nação no que se refere a cidades influentes.

Essa pesquisa não é exaustiva e muitas cidades importantes não foram incluídas, tais como, Vancouver (Canadá), Dallas (EUA), ou então Lisboa (capital portuguesa), mas já dá para perceber que, seguindo os critérios da A.T. Kearney, dificilmente teremos alguma cidade brasileira entre as 10 primeiras do mundo!?!?

Ai vão alguns detalhes de **quatro** das 66 cidades mais influentes, ou seja, globais, conforme os critérios estabelecidos pela A.T. Kearney. Lembrando que, como já explicado anteriormente, existem várias outras formas de se classificar as cidades, como, por exemplo, as **mais criativas**, as mais **inteligentes** (no que se refere à minimização dos desperdícios de energia e de outros recursos naturais), as mais **sustentáveis** (que, obviamente, também são inteligentes), as mais **educadoras**, as **melhores para os empreendedores**, as de **melhor qualidade de vida** para os munícipes, e assim por diante.

Mas, apoiando-se nos cinco critérios estabelecidos pela A.T. Kearney (com seus respectivos pesos), veja a seguir alguns destaques em relação a Cingapura, Istambul, Mumbai e Shenzhen:

Cingapura – Essa cidade, que é um Estado-nação, ocupou a 11ª posição nesta lista (e tudo indica que subirá de colocação nas próximas avaliações...).

Há quem diga que, para os que desejam conhecer a Ásia, Cingapura é um lugar "sem igual", repleto de atrações incríveis.

Hoje rica e cada vez mais vibrante, Cingapura já foi uma ilha usada por piratas e pescadores. O seu grande desenvolvimento econômico veio nos anos 1960, quando o comando do país caiu nas mãos de Lee Kuan Yew, primeiro-ministro entre 1959 e 1990. Foi com ele que Cingapura passou a caminhar com as próprias pernas, depois de se separar da Malásia, em 1965.

No capítulo 2 (Volume 1), no item 2.11, tem-se uma descrição mais detalhada de Cingapura.

Istambul – Essa importante e bela cidade turca, que já tem mais de 15 milhões de habitantes, ocupou a 37ª posição no IGC.

Mustafá Kemal (1881-1938), mais conhecido como Atatürk, **"pai dos turcos"**, foi o primeiro presidente da República da Turquia. Ele foi o responsável pela mudança da capital de Istambul para Ancara – passou seus últimos dias e morreu, às 9h 30 min do dia 10 de novembro de 1938. O relógio ao lado de sua cama (coberta pela bandeira turca) está parado na hora de sua morte, assim como todos os outros do palácio.

É impossível visitar Istambul sem ver a figura de Atatürk em monumentos espalhados pelas ruas e na forma de diversos suvenires. Figura importantíssima da República da Turquia, ele pôs em prática um plano radical de reforma política, cultural e econômica. Sob sua administração, Estado e religião foram separados, surgindo uma **república laica**, o alfabeto árabe foi substituído pelo latino, o uso de vestes ocidentais foi incentivado, e os habitantes foram obrigados a adotar sobrenomes.

Nesses últimos 80 anos, a população de Istambul cresceu de forma impressionante. Istambul guarda muitas características incríveis, sendo duas delas a culinária turca e a dança típica. Em relação a essa última, vale a penas assistir a apresentação dos dervixes giratórios. Eles giram com os braços abertos, uma das mãos apontando para cima, a outra para baixo, para expressar seu lema (**"O que de Deus recebemos, à humanidade doamos"**), que faz conexão entre Deus e o universo.

No capítulo 2 (Volume 1), no item 2.15, tem-se uma descrição mais detalhada da história e a importância de Istambul.

Mumbai – Na lista de A.T. Kearney, Mumbai (que já se chamou Bombaim) está na 45ª posição. Lá se encontra a maior favela da Ásia, denominada Dharavi, onde vivem mais de 1,1 milhão de pessoas em barracos (cenário central do filme *Quem Quer Ser um Milionário*, que fez muito sucesso em 2008 e conquistou inclusive um Oscar em Hollywood). Ela fica próxima do aeroporto internacional da cidade, que há alguns anos foi reformado e ampliado com investimentos bilionários.

Em contrapartida, a favela de Dharavi tem mesmo toda aquela miséria exibida no filme, com fossas e latrinas a céu aberto, e milhares de mendigos com as mais variadas deformidades físicas. Ao mesmo tempo, ela também é o retrato do "momento chinês da economia indiana".

Um passeio por ali – **sim, porque, a favela é muito segura!!!** – mostra que cada barraco abriga algum tipo de vendinha, pequeno negócio ou lanchonete. Ali existe todo tipo de comércio e é o lugar ideal para se comprar os tecidos indianos multicoloridos que darão origem a diversos *saris*.

Não se deve esquecer que Mumbai é o centro de produção cinematográfica indiana, e que lança algo como 800 filmes por ano, o que justifica o apelido de Bollywood.

Mumbai é, de fato, uma cidade muito importante, embora também tenham sido incluídas no levantamento da A.T. Kearney as cidades de Nova Délhi (48ª) e Calcutá (64ª).

No capítulo 2 (Volume 2), item 2.26, tem-se uma análise bem mais detalhada da importância de Mumbai.

Shenzhen – Essa importante cidade chinesa ficou em 65º lugar entre as mais influentes, promissoras e/ou atrativas do mundo. Ela cresceu de forma espetacular nessas últimas décadas e hoje tem uma população de aproximadamente 13 milhões de habitantes.

O grande investimento atual na cidade é na zona especial de Qianhai, que, segundo expectativas chinesas, deverá se tornar um centro financeiro tão florescente quanto Wall Street (Nova York), o City (Londres) ou o Distrito Central (Hong Kong). De fato, a prefeitura prevê um contingente de 650 mil pessoas trabalhando em Qianhai, um número que irá gerar um PIB anual de cerca de US$ 65 bilhões para a região.

Qianhai está entre as mais de 10 novas zonas especiais criadas na China. O país espera com isso estabelecer uma nova onda de reestruturações financeiras. Um elemento fundamental dessa estratégia será abrandar os controles do governo, permitindo um fluxo mais fácil da moeda chinesa nos mercados de ações e títulos imobiliários, proporcionando aos investidores estrangeiros mais acesso aos mercados internos.

He Zijuan, vice-diretor da Autoridade de Qianhai, responsável por administrar a zona especial, comentou: "O objetivo de Qianhai é ser uma fábrica de aspirações para o **"sonho chinês"**. Nos últimos 30 anos, Shenzhen liderou o processo de reforma e abertura da China. Esperamos agora que Qianhai continue a ser um local de teste para novas reformas e aberturas, e que possamos dar o exemplo a outras regiões do nosso país."

Num esforço para atrair os investidores estrangeiros necessários para construir os novos edifícios de escritórios, as autoridades do distrito de Qianhai aplicam frequentemente um imposto corporativo de 15%, um percentual bem menor que a taxa nacional, de 25%, e da vizinha Hong Kong, de 16,5%.

CAPÍTULO 1 – NO SÉCULO XXI, O PREDOMÍNIO DAS CIDADES 79

→ **Alguém tem dúvida de que com essa taxa de imposto Shenzhen vai crescer mais ainda?**

Em 2016, houve uma importante mudança na lista da A.T. Kearney: Londres ultrapassou Nova York, ficando em 1º lugar (veja a **Tabela 1.2**):

Classificação	Cidade (País)
1ª	Londres (RU)
2ª	Nova York (EUA)
3ª	Paris (França)
4ª	Tóquio (Japão)
5ª	Hong Kong (China)
6ª	Los Angeles (EUA)
7ª	Chicago (EUA)
8ª	Cingapura (Cingapura)
9ª	Pequim (China)
10ª	Washington (EUA)
11ª	Seul (Coreia do Sul)
12ª	Bruxelas (Bélgica)

Tabela 1.2 – As cidades mais influentes do mundo, de acordo com o Índice Global das Cidades (IGC), da A.T. Kearney, 2016.

Como se pode notar a partir de uma rápida análise das **Tabelas 1.1 e 1.2**, houve pequenas alterações entre algumas posições, assim como a saída de Sidney para a entrada de Pequim (embora a cidade australiana continue influente, a despeito do IGC menor!?!?).

Agora a A.T. Kearney também classifica as cidades segundo a Perspectiva das Cidades Globais (PCG), que avalia a expectativa das cidades em relação ao futuro. Nesse quesito, as cinco primeiras em 2016 foram: São Francisco (EUA), Nova York (EUA), Boston (EUA), Londres (RU) e Houston (EUA), por ordem de importância.

Deve-se enfatizar que São Francisco liderou a PCG impulsionada em grande parte **pela sua força na inovação**. Os investimentos privados nessa cidade, um indicador para o capital de risco, mais que dobraram em relação àqueles de Nova York.

A A.T. Kearney tem se preocupado em obter os *rankings* das **cidades perfeitas**, **mais rápidas**, **inteligentes** etc.

No *ranking* do IGC de 2016 da A.T. Kearney apareceram seis cidades brasileiras: São Paulo (34ª), Rio de Janeiro (50ª), Porto Alegre (89ª), Salvador (94ª), Belo Horizonte (97ª) e Recife (102ª), todas bem distantes do topo, não é?

30ª) Cidade global – Entende-se por **cidade global** – também chamada de **cidade mundial**, **cidade alfa** ou **centro mundial** – aquela que ocupa lugar de destaque no sistema econômico global.

Esse conceito vem dos estudos urbanos e da geografia, e se assenta na ideia de que a globalização criou, facilitou e promulgou locais geográficos de acordo com um grau hierárquico de importância para o sistema global financeiro e comercial.

A expressão **"cidade global"**, em oposição ao termo **"megacidade"**, foi introduzida pela socióloga holandesa Saskia Sassen, ao se referir a Nova York, Londres e Tóquio em seu livro *A Cidade Global*, publicado em 1991. Já a expressão **"cidade mundial"** foi usada pela primeira vez por Patrick Geddes, em 1915, para descrever as cidades que controlavamm uma quantidade desproporcional de negócios em âmbito global.

Em sua obra *The World Cities*, de 1966, Peter Hall utilizou uma série de critérios para definir as cidades que ocuparam o topo da hierarquia urbana mundial. Vinte anos depois, John Friedmann lançou o *The World City Hypothesis*, um trabalho por meio do qual o autor indicou as cidades que, segundo ele, comandavam a economia global. Mais tarde, utilizando-se de uma metodologia multidisciplinar e inovadora, foi a vez de Ronald Daus analisar as grandes cidades que se desenvolveram no século XX, **fora** da Europa.

A classificação como **cidade global** deve ser encarada como **vantajosa**, pois isso indica liderança no contexto mundial. De fato, já existe certo consenso sobre quais são a cidades líderes do mundo, entretanto, ao se definir os critérios para elaborar essa classificação pode-se influenciar bastante as cidades incluídas!?!?

Entre as características básicas das cidades globais estão as seguintes:

» **Familiaridade internacional**, o que possibilita que uma pessoa diga simplesmente "Paris", em vez de "Paris, na França".
» **Influência** e ativa participação em eventos internacionais. Nova York, por exemplo, é sede da ONU; em Bruxelas ficam as sedes da Organização do Tratado do Atlântico Norte (OTAN) e da UE.
» Uma **grande população**. A cidade global é o centro de uma área metropolitana com pelo menos um milhão de habitantes [aliás, com frequência, ela abriga vários milhões de pessoas (ou até dezenas de milhões)].
» Um **aeroporto internacional de grande porte** que sirva de base para diversas linhas aéreas internacionais. Seu objetivo é que o local se torne uma aerotrópole, ou seja, uma cidade em torno de um aeroporto, o que facilitará a **visitabilidade**...
» Um sistema **avançado** e **eficiente** de transporte – boa **mobilidade** – incluindo vias expressas, boas rodovias e outros meios de transporte público.
» **Qualidade de vida** para os habitantes, o que implica em **empregabilidade**, **habitabilidade** e **sustentabilidade**.
» **Sede** para grandes organizações, conglomerados e multinacionais, o que incrementa a **empregabilidade**.
» Ter importantes **IESs** nos diversos campos, especialmente naqueles que constituem a EC.
» Uma **bolsa de valores capaz de influenciar a economia mundial**.
» Presença de **instituições de artes** (como museus) e de cultura.
» Avançada infraestrutura de **comunicações**.
» Significativo **número de bilionários** vivendo nessa cidade.
» Destacada **influência** econômica para o país e para o mundo.

A primeira tentativa no sentido de definir, categorizar e classificar as cidades globais, valendo-se de **"dados relacionados"**, foi feita por Jon Beaverstock, Richard G. Smith e Peter Taylor, em 1998, quando trabalhavam na Universidade Loughborough, no RU.

Juntos eles estabeleceram a Globalization and World Cities Research Network (GaWC). Assim, a primeira lista de cidades globais foi apresentada num boletim. Nele as cidades aparecem classificadas com base em sua conectividade e por meio de quatro **"serviços de produção avançada"**: **contabilidade**, **publicidade**, **bancário/financeiro** e **direito**.

O inventário GaWC identificou três níveis de cidades (alfa, beta e gama), assim como três subníveis para cada um deles. Essa lista, em vez de valorizar mais os centros culturais, políticos e econômicos, geralmente destaca as cidades nas quais estão as matrizes (ou filiais) de empresas multinacionais de serviços financeiros e de consultoria.

É verdade que, com o passar do tempo, outros indicadores surgiram (como aconteceu, por exemplo, em 2004), mas a economia da cidade ainda prevalece sobre os fatores políticos e culturais. De acordo com o GaWC, a classificação de algumas cidades pelo mundo, foi:

Cidades alfa ++: Eram somente Londres e Nova York, que são muito mais integradas à economia global que todas as outras cidades do planeta.

Cidades alfa +: As que complementam Londres e Nova York, preenchendo nichos de serviços avançados para a economia global, foram: Tóquio, Hong Kong, Cingapura, Xangai, Sidney, Dubai, Pequim, Paris.

Cidades alfa: Um conjunto de 35 cidades que ligam as principais regiões econômicas à economia mundial. São Paulo fazia parte dessa lista.

Cidades beta: São as cidades que ligam regiões econômicas secundárias à economia global, aparecendo entre algumas dezenas delas, o Rio de Janeiro (beta –).

Cidades gama: São as cidades que ligam regiões econômicas menores à economia mundial. Nesse grupo aparecendo Curitiba e Porto Alegre (ambas como gama –).

Claro que atualmente essa classificação é um pouco diferente, embora seja natural que Nova York, Londres, Tóquio continuem nas posições mais destacadas!!!

31ª) Aerotrópole – De maneira resumida, pode-se dizer que se trata de uma nova "entidade urbana" que surge em função de um conglomerado de empresas centradas no uso do transporte aéreo, ou seja, a partir dos negócios proporcionados pelo próprio aeroporto.

Morfologicamente, o nome é uma contração dos termos aeroporto e metrópole, todavia, em termos conceituais, trata-se de uma **cidade-aeroporto**, planejada para prover todas as facilidades necessárias aos moradores e visitantes que pretenderem usar o transporte aéreo. Ao redor dela, alinham-se vários negócios em "corredores" ou "vias" que podem chegar a aproximadamente 25 km de extensão.

Os benefícios econômicos e sociais de uma aerotrópole são: a conectividade local, nacional e global eficiente, com o que ocorre uma redução dos custos nas empresas, há um aumento de produtividade e expande-se o alcance do mercado. Isso tudo contribui para o aumento dos investimentos, do comércio, dos empregos e da prosperidade da região metropolitana.

Vale ressaltar que todo esse conceito de aerotrópole foi desenvolvido por John D. Kasarda, diretor do Centro Comercial Aéreo da Universidade da Carolina do Norte (UCN), nos EUA, professor de Estratégia do Instituto Kenan (instituição ligada à UCN, onde são realizadas pesquisas nas áereas de empreendedorismo, desenvolvimento econômico e competitividade global).

Em seu livro *Aerotrópole: O Modo como Viveremos no Futuro*, escrito em coautoria com Greg Lindsay, o professor Kasarda explicou: "Nos dias de hoje, a logística tornou-se o principal fator para que as empresas possam conquistar alguma vantagem competitiva, visto que a **velocidade** e a **agilidade** passaram a ser tão importantes como o **preço** e a **qualidade** dos produtos dos fabricantes.

A logística, portanto, já não é mais vista como área de 'suporte', cujos custos devem ser minimizados. De fato, hoje ela está no centro de toda a discussão que concerne à linha de produção das organizações. Ela é uma função essencial cujos benefícios de valor agregado precisam ser otimizados. É por isso que cada vez mais as empresas querem estar instaladas numa aerotrópole."

Vale ressaltar que em 2011 John Kasarda foi destacado pela renomada revista *Time* como dono de uma das **"dez ideias que irão mudar o mundo"**. Em 2013, ele foi classificado pela revista *Future Cities* como **"um dos cem maiores inovadores de cidades de todo o mundo"**.

Com uma intensa rede de relacionamentos entre clientes e fornecedores, e orientadas pela rapidez e pelas vantagens oferecidas aos negócios, as aerotrópoles têm emergido cada vez mais, principalmente nessa era de economia globalizada. Elas abrigam centros de distribuição de produtos, vendas de varejo de diversos tipos, parques industriais não poluentes, centros de serviço com um grande número de escritórios etc. Essas empresas, por sua vez, garantem o emprego direto de milhares de trabalhadores.

Um exemplo típico de aerotrópole é o aeroporto Schiphol de Amsterdã, no qual trabalham diretamente quase 65 mil pessoas. O seu terminal de passageiros é uma fantástica mistura de galerias repletas de locais para entretenimento, praças de alimentação e *shopping centers* (alguns até mesmo maiores que os existentes na área urbana da cidade) frequentados não apenas pelos que vão embarcar ou acabaram de desembarcar, mas pelo público em geral.

De fato, são muitos os moradores de Amsterdã que atualmente vão ao aeroporto não para viajar ou recepcionar conhecidos ou parentes, mas sim para fazer compras, relaxar, passear, se divertir, curtir uma verdadeira *happy hour* na aerotrópole ou jantar em um dos diversos restaurantes – especialmente nos domingos e tarde da noite, quando a maior parte das lojas e restaurantes está fechada na cidade.

E para quem viaja a negócios, bem próximo do terminal de passageiros está o *World Trade Center*, que tem excelentes instalações para conferências. No local também estão os escritórios centrais de empresas de porte, como a Unilever, a Thomson-CFS etc.

Perto do aeroporto também há vários hotéis, inclusive alguns de categoria cinco estrelas. Aliás, depois de caminhar apenas 10 min chega-se a outro complexo de edifícios de classe A, nos quais estão instaladas muitas instituições financeiras e firmas de consultoria que atendem à indústria da aviação.

Ao longo das rodovias que ligam o aeroporto ao centro de Amsterdã, em toda a sua extensão, estão situadas grandes empresas de logística, distribuição e telecomunicação, que fazem uso intenso do aeroporto.

Pelo fato de o aeroporto e toda a área no entorno servirem de suporte ao transporte multimodal e às conexões comerciais, uma nova "**geografia econômica**" se formou. Em contrapartida, os preços para aquisição ou aluguel nas proximidades dessa aerotrópole estão nas alturas, superando bastante aqueles praticados nos setores comerciais em outras regiões da cidade.

Do mesmo modo como as **rodovias** alteraram as cidades no século XX, as **ferrovias** o fizeram no século XIX, e os **portos** se encarregaram disso, em especial até o século XVIII, Schiphol é um excelente exemplo de como os principais aeroportos do mundo estão transformando a dinâmica dos negócios e o desenvolvimento urbano no século XXI.

➙ **E o que tem feito emergir tantas aerotrópoles?**

CAPÍTULO 1 – NO SÉCULO XXI, O PREDOMÍNIO DAS CIDADES

A economia global, extremamente independente e conectada, assim como a pressão das companhias manufatureiras competitivas que fazem uso do transporte de alta velocidade e da TI avançada para dar aos seus clientes respostas rápidas e flexíveis no tocante ao envio dos produtos que eles adquiriram.

Essas empresas possuem sistemas de produção muito ágeis que rapidamente se conectam tanto aos seus fornecedores como com aos seus clientes, permitindo-lhes acesso rápido aos artigos já montados (ou aos seus componentes).

Obviamente, a aptidão do fabricante para atender à demanda de um cliente depende da existência de uma rede de **transporte integrado "terra-ar"**, o que envolve aviões de carga, companhias de transporte rodoviário ou ferroviário e empresas de logística.

É claro que essa rede se torna cada vez mais eficiente quando está bem conectada aos aeroportos. Isso possibilita a minimização de estoques, a diminuição dos tempos e dos ciclos de produção, e o rápido atendimento dos clientes, o que agrega ainda mais valor ao produto.

Todavia, não é apenas a indústria manufatureira que considera a proximidade do aeroporto como algo adequado. Esse mesmo sentimento é compartilhado pelo setor de serviços. Os aeroportos têm sido imãs, muito fortes, para sedes regionais de associações profissionais, instituições financeiras, escritórios comerciais etc.

Também é muito importante pensar na facilidade de acesso ao aeroporto para os executivos e profissionais liberais em geral. Atualmente, as empresas de TIC, além de outras industrias *high tech* (de alta tecnologia), consideram um fator crucial para o seu bom desempenho a acessibilidade ao transporte aéreo.

Em média, os profissionais de empresas *high tech* viajam de avião 60% mais que os de outras áreas de atuação, tanto no Brasil quanto nos países desenvolvidos. Nos EUA, por exemplo, esse percentual é bem maior quando se faz uma pesquisa nos aeroportos de **"cidades tecnológicas"**, como Austin, Boston, San Jose etc. Por esse motivo, também é cada vez maior o número de companhias de alta tecnologia que tem como prioridade instalar-se nos corredores que levam aos aeroportos. Esse é o caso típico do aeroporto internacional de Dulles, que atende à região metropolitana de Washington, localizado entre os condados de Loudoun e Fairfax, no Estado da Virgínia, a 37 km do centro da cidade.

Desde o início do ano 2000, começaram a ser aplicados no aeroporto Dulles cerca de US$ 4 bilhões para a construção de dois edifícios-garagem, uma quarta pista de pousos e decolagens e uma nova torre de controle. Tudo isso além da implantação de um sistema de metrô automático cujo objetivo é interligar o terminal de embarque a quatro *concourses* (alas de embarque).

O movimento do aeroporto já em 2000 estava próximo de 20 milhões de usuários e, continuou crescendo. Assim, não houve alternativa senão promover uma grande ampliação. No início de 2016, o aeroporto de Dulles já atendia com conforto a uma média de 1.200 pousos e decolagens diárias, conectando Washington a 60 destinos internacionais e a 105 cidades norte-americanas, e tendo um movimento de aproximadamente 23 milhões de passageiros.

Uma das grandes novidades de Dulles foi a introdução do Airport Train System (ATS), um sistema de trens automáticos que em 2009 substituiu o serviço de *mobile lounge* (um veículo híbrido que reunia a mobilidade do ônibus à facilidade da passarela telescópica. Ele era acoplado à porta dianteira dos aviões e transportava até 102 passageiros, sendo 71 deles sentados).

Atualmente o ATS tem cerca de 6 km de túneis e é servido por uma frota de 35 trens. Os vagões chegam às estações a cada 2 min, executando o trabalho entre elas em apenas 72 s. O terminal de embarque foi dividido em quatro níveis: embarque, desembarque, mezanino (controle de passaporte e vistoria de bagagem) e plataforma de trens, tudo interligado por 20 elevadores e 32 escadas rolantes.

Não é, portanto, por acaso que muitas empresas estão se instalando em volta do aeroporto Dulles, fazendo assim surgir uma aerotrópole!!!

Hoje em dia existem nos aeroportos cada vez mais negócios para atrair não apenas os eventuais passageiros, mas aqueles que vivem na aerotrópole (e até nas imediações dela). Assim, além dos restaurantes, *shoppings* e hotéis citados, é comum encontrar em alguns aeroportos vários tipos de serviços, como: cinemas, auditórios, locais para o passageiro dormir um pouco e tomar bom banho e, inclusive, *fitness centers*, para possibilitar àquele que ficou espremido durante horas na classe econômica uma relaxante massagem.

É incrível, mas o aeroporto de Frankfurt tem um hospital; o aeroporto internacional de Denver possui galerias de arte; o aeroporto McCarran de Las Vegas dispõe de um museu.

Como resultado dessas mudanças, e à medida que começou a desempenhar as funções de um bairro de negócios (como os que existem em muitas cidades nas suas regiões centrais), o próprio aeroporto sofreu uma metamorfose.

Porém, para atender adequadamente às demandas econômicas em termos de conectividade, velocidade e agilidade, a aerotrópole exige um planejamento infraestrutural em uma escala jamais imaginada antes.

Até o momento, muitas "aerotrópoles" surgiram a partir de um desenvolvimento não ponderado em torno das mesmas. Isso tem criado sérios "gargalos" nas cidades, como congestionamentos e dificuldades de locomoção nas proximidades do aeroporto.

Contudo, diante da tendência futura de muitas cidades se transformarem em aerotrópoles, um bom planejamento infraestrutural estratégico certamente reduzirá tais problemas.

Neste sentido, é preciso construir vias expressas ou vias elevadas (*aerolanes*) e trens de alta velocidade (TAVs), que possibilitem uma ligação eficiente entre aeroportos e conglomerados (*clusters*) residenciais e comerciais.

Além disso, devem existir vias especiais para a chegada de caminhões de carga, principalmente nas proximidades dos locais de armazenagem de produtos, pois isso irá melhorar muito o tráfego na região.

Naturalmente, uma aerotrópole também precisa ser uma cidade digital, ou seja, ter uma infraestrutura que lhe permita fazer parte da *Web*. Sistemas tecnológicos de informações e processamento avançados, de telecomunicações multimídia (com o uso de redes de fibras ópticas de alta densidade) e de conexões com satélites, têm maior probabilidade de ser desenvolvidos perto de aeroportos, até por conta de suas próprias necessidades. Hoje já estamos entrando na época da telefonia 5G.

É óbvio que, com esses sistemas pode-se conectar quase que instantaneamente as empresas aos seus fornecedores, distribuidores e clientes globais, bem como aos escritórios da própria companhia e àqueles dos parceiros.

Um exemplo interessante dessa estrutura de integração é o que existe entre a empresa global de remessa de mercadorias e documentos FedEx – a maior empresa de transporte aéreo de cargas do mundo – e o aeroporto de Memphis, ou então entre a United Parcel Service (UPS), no aeroporto de

Lousville. Ambas oferecem a possibilidade de rastreamento instantâneo das mercadorias de seus clientes.

Na realidade, o grande cliente de cada um desses aeroportos é a empresa de transporte aéreo de carga. Na medida em que a infraestrutura tecnológica e de transportes se desenvolve bastante nos arredores dos aeroportos, também os outros negócios se deslocam para a aerotrópole, até porque dessa maneira elas acabam economizando no custo do transporte de seus produtos e seus funcionários. Em outras palavras, o fator crítico **"acessibilidade"** leva a outro, a **"localização"**. Nesse caso, a opção das empresas é fazer parte da aerotrópole.

Embora o conceito de aerotrópole seja ainda muito novo, pode-se dizer que atualmente existem cerca de 40 projetos em andamento no mundo, alguns deles ótimos, como os de Cingapura, Hong Kong, Dubai, Seul (com o aeroporto em Incheon) etc.

O fato é que a criação de uma cidade ao redor de um aeroporto vem ganhando fôlego por todo o mundo e deveria virar uma tendência rapidamente em nosso País, que possui metrópoles e cidades médias muito importantes, separadas por grandes distâncias (e inclusive por áreas cobertas por enormes florestas, como a região amazônica), de modo que, para chegar a elas o transporte mais eficaz no século XXI é o **aéreo**.

No Brasil, John Kasarda desenvolveu um projeto em parceria com o governo de Minas Gerais para a implantação de uma aerotrópole no aeroporto internacional Tancredo Neves – Confins. Numa entrevista concedida para Lívia Cerezoli, publicada na revista *CNT Transporte Atual* (nº 228, setembro de 2014), John Kasarda explicou melhor do que se tratava: "A aerotrópole é composta do aeroporto e dos negócios dependentes da aviação periférica e empreendimentos residenciais associados. Quando falo em aviação dependente, refiro-me a empresas que são capazes de operar, principalmente por causa da conectividade nacional e global proporcionada pelo transporte de passageiros e de carga. É o que vai se procurar desenvolver aqui em Belo Horizonte."

Naturalmente, uma aerotrópole não pode se desenvolver sem um substancial investimento público e também do setor privado.

Assim, os melhores locais para a construção de aerotrópoles seriam as principais regiões metropolitanas, onde já existem (ou deveriam existir) aeroportos internacionais com espaços para novos desenvolvimentos em torno deles.

32ª) Cidade criativa – Inicialmente, convém destacar que uma cidade criativa é aquela em que são ofertados muitos eventos culturais. De fato, essa afirmação é tão assertiva quanto a lógica sobre a qual ela se baseia. Ou seja, um dos principais requisitos para uma cidade ser considerada criativa é a sua capacidade de proporcionar às pessoas um ambiente de encontro e diálogo, que estimule as conexões e a diversidade; um local onde as ideias tenham espaço para evoluir.

Neste sentido, eventos de modo geral (como: *shows*, congressos, exposições, competições esportivas etc.) são uma grande forma de proporcionar tal ambiente.

Em geral, um destino criativo é único. A essência atrativa para seus visitantes –sua **visitabilidade** – não se baseia apenas em sua infraestrutura. De fato, ela se encontra no talento de seus moradores, na forma como a cidade demonstra conhecer a si mesma e, a partir daí, encontra soluções para superar seus problemas, sem jamais se esquecer de que sua cultura é única e só poderá ser encontrada ali.

A EC também se firma no conceito que sustenta a cidade criativa; ela se apoia na valorização de um conjunto de atividades relacionadas à criatividade, como: arquitetura, cinema, *design*, gastronomia, moda, publicidade, *software* etc.

Assim, para movimentar toda a cadeia produtiva do turismo e das viagens, em uma troca mútua, um evento pode se aproveitar das particularidades do destino, na mesma medida em que o destino se aproveita do evento, além de ser um catalisador do comércio local, das atividades culturais e da vida noturna. Dessa maneira, a **sustentabilidade econômica** – que, aliás, se mantém tempos depois da data de realização do evento – é válida para ambos os lados.

A partir de 1990, por causa do grande avanço dos meios de comunicação, a globalização se tornou protagonista no mundo, principalmente no intercâmbio de culturas e costumes. Hoje, com a TIC cada vez mais avançada, a identidade de cada destino se torna prioridade para o turismo, ou seja, a culinária local, as festas típicas, a arquitetura histórica, os costumes vigentes etc.

A cidade, por sua vez, precisa ser acolhedora como os seus visitantes.

A competitividade de uma cidade, ou seja, sua capacidade de atrair visitantes, dependerá de quanto os seus agentes, sejam eles públicos ou privados, estejam aptos a desenvolver seus serviços com qualidade. O fato é que ter uma cidade criativa implica em estimular a valorização da diversidade, a produção cultural e o seu consumo.

A cidade criativa pode ser entendida como um território social com uma cultura aberta à cooperação estratégica dos agentes econômicos, sociais e culturais; disposta a correr riscos, e na qual a eficiente comunicação de novas ideias possibilite e desenvolvimento e a transformação de produtos, assim como a oferta de novos serviços.

Na cidade criativa tem-se uma mescla de conforto, boa convivência e coisas interessantes para se fazer – e tanto para os que já vivem ali como, e em especial, para os turistas.

Neste sentido, a cidade pode ser tão grande como Melbourne (Austrália), ou tão pequena como Gramado, no Estado do Rio Grande do Sul.

Uma cidade torna-se criativa por um conjunto de milhares de pequenos detalhes ou atos públicos, como: a existência de um monumento incrível, uma cafeteria com um atendimento excelente, uma árvore frondosa num parque, uma banda musical tocando em um espaço público, uma rua onde os adolescentes podem fazer manobras incríveis com *skate*, etc.

Claro que projetos icônicos também são necessários para se ter uma cidade criativa. Um bom exemplo foi a construção da orla Conde no Rio de Janeiro (na realidade o nome completo é orla Prefeito Luiz Paulo Conde), antes da realização dos Jogos Olímpicos em 2016, um sistema viário que permite ao turista chegar a diversos museus.

Cidade criativa é também aquela na qual se dá uma grande atenção à gestão urbana. Esta se concentra no modo como deverá resolver seus problemas de empregabilidade, habitabilidade, mobilidade, visitabilidade e sustentabilidade.

Ela é também uma cidade em que diversas empresas que atuam nos setores da EC procuram desenvolver soluções para problemas apontados. O objetivo é tornar-se **"excelente"**.

Não é possível ter uma cidade criativa caso alguns de seus desafios básicos ainda não tenham sido resolvidos, como: problemas de água e saneamento, carências no sistema de transporte integrado, déficit habitacional, entre outros.

Falar em cidade criativa significa, necessariamente, discorrer sobre como as atividades culturais, a tecnologia e as novas mídias que incrementam seu potencial por meio da inovação (seja de ordem social, cultural ou ambiental), e das conexões entre indivíduos, regiões e entidades públicas ou privadas.

Esses três fatores devem ser os pilares para uma economia sustentável na cidade, o que, por sua vez, inclui a criação de eventos e a oferta de experiências novas para os visitantes. Uma cidade criativa é aquela que interage com o turista, seja qual for o motivo de sua viagem (reuniões, feiras, passeios etc.), e que o recebe de maneira calorosa.

É uma cidade na qual, através de suas organizações, os empresários exercem um papel de mobilização para construir esse ambiente criativo. O mundo está mudando e a criatividade é um grande diferencial entre as cidades, que cada vez mais serão definidas por quanto se revelarem mais ou menos criativas em relação às outras.

Pode-se dizer que as cidades criativas funcionam como motores de crescimento econômico e revitalização social, e, por isso, podem ser compreendidas como **cidades atraentes**.

Se elas estiveram conectadas a dinâmicas criativas, se tornarão a base fundamental para o desenvolvimento de uma **"economia do conhecimento"**.

O notável gestor e professor da Universidade de Barcelona e da Universidade Carlos III, Jordi Pardo, define a cidade criativa da seguinte maneira: "Trata-se de um sistema social, cultural e econômico de natureza urbana, no qual a criação de oportunidades, prosperidade e riqueza se baseiam na habilidade de gerar valor por meio da força das ideias, das informações, do conhecimento e do talento."

O urbanista norte-americano Richard Florida criou um **"índice boêmio"** para caracterizar uma cidade como criativa.

Na sua visão, quanto mais boêmia for uma cidade, mais ela atrai pessoas criativas e, como isso, assegura um ciclo virtuoso de expansão econômica. Nesta mesma linha, ele desenvolveu o "índice *gay*" (em inglês a palavra *gay* também significa alegre ou jovial), que correlaciona o ambiente urbano aberto e diverso, ao crescimento econômico.

Londres, Berlim ou São Francisco seriam exemplos típicos de cidades com elevado índice *gay*. Por sua abertura, tolerância e diversidade, essas cidades (e muitas outras...) atuam como ímãs para a **classe criativa global**!!!

Um dos elementos fundamentais para a existência de cidades criativas é a separação entre os centros de comando, *design* e controle em relação aos locais onde acontece efetivamente a manufatura.

Em outras palavras, as cidades criativas são o lado da moeda onde fica a parte inventiva da divisão do trabalho e, para que isso aconteça, alguém precisará colocar a mão na massa.

Tome-se, como exemplo os produtos da Apple. Na embalagem consta que são *"Designed by Apple in California"* ("Desenhados pela Apple na Califórnia"). Logo a seguir existe outra frase no mínimo curiosa: *"Assembled in China"* ("Montado na China"). Note-se que não se usa em lugar algum o famoso *"Made in China"* ("Feito na China"), tampouco se diz quem é o responsável pela montagem.

Em geral, de cada **US$ 100** de um produto da Apple, **US$ 70** ficam nos EUA por conta do *design* (o que remunera as "cidades criativas"), **27%** vão para os fabricantes de componentes, que estão espalhados pelo mundo. Assim, não mais que **3%** ficam nas mãos das montadoras chinesas!?!?

Em resumo, para cada indivíduo "criativo" no Estado da Califórnia, há em algum lugar do mundo uma fábrica otimizada para operar com o menor custo possível, transformando ideias em produtos industriais de larga escala. Foi por meio desse esquema que a Apple se tornou uma das empresas mais valiosas do planeta!!!

Lamentavelmente, o Brasil tomou um caminho no mínimo pouco inteligente. Não aproveitamos a possibilidade de acompanhar as organizações industriais chinesas (ou asiáticas) e impulsionar nossas indústrias criativas. E agora parece tarde demais para se fazer isso, uma vez que a própria China está se tornando cada vez mais criativa. De fato, os custos de manufatura e transporte chineses têm subido, ao ponto de até mesmo os EUA já estarem trazendo a manufatura de volta para o país. Com isso, a "cara" da indústria global está mudando de novo.

Claro que cidades criativas (em especial se também forem influentes ou globais) se apoiam nas cidade digitais/inteligentes para atrair mais facilmente pessoas geniais para viverem nela.

Para Richard Florida, os quatro ingredientes para uma cidade ser criativa são: 1º) **tecnologia**; 2º) **tolerância** (respeito à diversidade); 3º) **talentos** (e para desenvolvê-los deve-se ter excelentes IESs) e 4º) **tesouros** (tanto os **naturais** como os **criados pelo homem**, como museus, teatros, palácios, monumentos etc.). Todas as cidades apresentadas nesse livro têm destaque nos **4Ts**, ou pelo menos em **3 deles**!!!

São Paulo, por exemplo, transpira **cultura** e **criatividade**. A capital paulista, que é líder em **turismo de negócios** da América Latina, tem como aliada, a efervescência de ideias, além de uma intensa agenda de eventos culturais. Estes se encontram em evolução contínua, o que tem possibilitado o aumento da permanência dos visitantes em São Paulo.

Os polos de atração de encontros, como parques, praças, espaços de eventos, centros de convenções, bibliotecas, centros culturais, cafés e restaurantes, têm um papel-chave nesse processo de atração de visitantes de São Paulo. Aí vão três exemplos de atração de multidões em eventos na capital paulista.

» No dia 1º de setembro de 2016, ocorreu a abertura do *Brasil Game Show (BGS)*, a maior feira de *games* da América Latina, que recebeu em cinco dias mais de 320 mil pessoas no São Paulo Expo, um centro de exposição localizado na zona sul da capital paulista.

O fundador da *BGS*, Marcelo Tavares, disse: "Os *games* são uma boa opção em termos de custo-benefício. Uma pessoa gasta menos com um jogo do que saindo à noite em São Paulo para se divertir ou se distrair em algum lugar."

» A Bienal Internacional do Livro de São Paulo, cuja 24ª edição aconteceu no Centro de Exposições do Anhembi, entre os dias 26 de agosto e 4 de setembro de 2016, contou com a presença de 684 mil visitantes.

» Em 7 de setembro de 2016 foi aberta ao público a 32ª Bienal de Arte de São Paulo, com a mostra *Incerteza Viva*, na qual foram apresentados 300 trabalhos executados por 81 artistas e grupos, cujo interesse comum foi investigar aspectos problemáticos, esquecidos, vencidos ou desconfortáveis. A exposição terminou em 11 de dezembro de 2016 e foi visitada por mais de 600 mil pessoas!!!

E daqui a alguns anos a cidade terá a oportunidade de atrair um número ainda maior de visitantes. São Paulo irá comemorar os 100 anos da Semana de Arte Moderna de 1922, um evento que marcou o encontro de grandes figuras e mentes pensantes, que, juntas, divulgaram ideias que alterariam para sempre o caminho da arte brasileira.

Assim, a cidade criativa não é apenas aquela que apresenta uma EC desenvolvida, mas também a que se revela **"inteligente"**. Nela, por meio da coleta e do processamento de dados, sempre respeitando a privacidade dos cidadãos, consegue-se promover a integração e a melhoria dos serviços e também de sua gestão, favorecendo assim a **"tomada de decisões inteligentes"**.

A aquisição de dados através de sensores especializados possibilita fornecer em tempo oportuno informações sobre a qualidade do ar, o clima, a segurança pública, o tráfego, entre outros. É isso que uma cidade inteligente possui.

A preocupação daqui para frente com o uso de recursos tecnológicos na gestão urbana é vital, pois é assim que se conseguirá nas décadas vindouras promover a melhoria da qualidade de vida nas cidades.

Gestores engajados com essas questões são os que também se habilitarão e demonstrarão ter a capacidade de **pensar a cidade do futuro**, que deverá **ser cada vez mais criativa**!!!

1.7 – REDE DE CIDADES CRIATIVAS (RCC) DA UNESCO

A Rede de Cidades Criativas (RCC) foi lançada em 2004, e após a 10ª reunião ocorrida na cidade de Östersund, na Suécia, de 14 a 16 de setembro de 2016, o número de cidades que faziam parte dela chegou a **116**.

A RCC tem como objetivo promover a cooperação internacional entre as cidades realmente comprometidas em investir na criatividade como forma de propelir o desenvolvimento urbano sustentável, a inclusão social e o aumento da influência da cultura em todo o mundo.

A diretora-geral da Unesco, Irina Bokova, salientou: "A RCC da Unesco é uma ferramenta extraordinária para a cooperação intracitadina, pois reflete compromissos e apoia um maravilhoso potencial criativo e inovador para ampliar as vias de desenvolvimento sustentável."

Ao se unir a RCC, as cidades se comprometem a colaborar e a desenvolver parcerias com vistas na promoção da criatividade e das indústrias culturais, a compartilhar as melhores práticas, e a fortalecer a participação na vida cultural, tanto no plano de desenvolvimento econômico quanto social.

A RCC engloba sete áreas temáticas: artesanato e artes folclóricas, artes midiáticas, *design*, filmes (cinema), gastronomia, literatura e música.

CAPÍTULO 1 – NO SÉCULO XXI, O PREDOMÍNIO DAS CIDADES

Em 2016, cinco cidades do Brasil já integravam a RCC: Belém (gastronomia), Curitiba (*design*), Florianópolis (gastronomia), Salvador (música) e Santos (filmes).

Em breve, publicarei um livro sobre as cidades criativas brasileiras, em especial as de médio e pequeno porte. Nesse livro farei uma análise de como cada uma delas se aproveita dos diversos setores criativos existentes para estimular a sua economia.

Mas, só para se ter uma ideia, no caso de Santos, por exemplo, uma cidade com aproximadamente 450 mil habitantes, nela há um rico legado em termos de produção de filmes, algo que começou no início do século XX.

Existem hoje diversas empresas na cidade dedicadas à produção cinematográfica, que geram todo ano para ela uma receita superior a R$ 15 milhões.

Como explicou Raquel Pellegrini, coordenadora de cinemas da secretaria de Cultura de Santos: "Temos aqui uma grande produção cinematográfica, cursos de formação em cinema, festivais (como o *Curta Santos*), o trabalho social desenvolvido pelo Instituto Querô, a Santos Film Comission (que ajudou na produção de mais de 300 filmes), e um amplo histórico de exibições de filmes. São três salas públicas e 22 particulares, além das sessões em espaços alternativos, como as tendas de verão na orla, a Concha Acústica e a Cinemateca. Aliás, em breve teremos outras quatro salas públicas de cinema, uma na Vila Nova, outra no CineEscola (gerido pelo Instituto Querô), e outras duas nos morros, nos centros culturais da Vila Progresso e Penha."

Neste livro, nos seus dois volumes estão incluídas 13 cidades que já fazem parte da RCC: Barcelona (literatura), Berlim (*design*), Buenos Aires (*design*), Cingapura (*design*), Melbourne (literatura), Montreal (*design*), Pequim (*design*), Praga (literatura), Roma (filmes), Sidney (filmes), Tel Aviv (artes midiáticas), Turim (*design*), Xangai (*design*).

Todas elas são grandes cidades nas quais os outros setores criativos também estão bem desenvolvidos, porém, o que mais importa é o fato de que elas têm a humildade de participarem em grupos de trabalho compostos por muitas cidades que, em alguns quesitos, são pequenas, como Idanha-a-Nova, em Portugal, na qual quase toda semana acontece algo diferente no campo da música.

1.8 – CLASSE CRIATIVA

Richard Florida se especializou em divulgar a EC como uma forma das cidades alcançarem um rápido progresso, de forma sustentável, e apoiando-se em indústrias criativas.

No seu livro *The Flight of The Creative Class* (algo como *O Voo da Classe Criativa*), procurou explicar a terrível batalha que se trava atualmente por talentos, e num contexto global.

Florida destacou: "Em março de 2003, tive a oportunidade de me encontrar com Peter Jackson, o premiado diretor da trilogia *O Senhor dos Anéis*, um filme realizado em Wellington, uma cidade de cerca de 380 mil habitantes, na Nova Zelândia. O fato é que, até então, ninguém acreditava que aquela cidade poderia ser considerada uma **'capital da cultura global'**, mas, mesmo assim, ele fez pesados investimentos para que se tivesse ali estúdios sofisticados que permitissem as filmagens com alta tecnologia.

Peter Jackson, que nasceu em Wellington, percebeu o que diversas cidades norte-americanas haviam começado a fazer para incrementar o seu progresso: **desenvolver as indústrias criativas e, assim, se tornarem cidades criativas.**

Pensando assim, Jackson e seus parceiros partiram em busca de recursos com os quais conseguiram comprar uma fábrica de tintas abandonada, que, após sofrer radicais transformações, acabou se transformando no estúdio onde seria produzida certamente uma das mais inovadoras e criativas trilogias da história do cinema mundial.

Vale lembrar que em 1º de outubro de 2010, uma parte do Portsmouth Miniatures Studio, utilizado por Peter Jackson para realizar uma de suas iniciativas, foi destruído pelo fogo. Mas ele já foi restaurado.

Esse mesmo sucesso obtido por Peter Jackson fez com que outras indústrias criativas começassem a se desenvolver em Wellington, o que, por sua vez, estimulou muitos profissionais talentosos de outros países a se mudarem para lá.

Particularmente, penso que para uma cidade ser criativa ela precisa atrair talentos, que possam abrir ali negócios que produzam bens culturais e criativos.

Um exemplo típico desse *modus operandi* vem dos EUA, país que conseguiu grandes avanços, particularmente no setor das comunicações e da informática, com a vinda de muitos estrangeiros para ele nos últimos 20 anos.

Por exemplo, o cocriador do Google, Sergey Brin, nasceu em Moscou (Rússia) e sua família mudou-se para os EUA; o cofundador do Hotmail é Sabeer Bhatia, que cresceu em Bangladesh; o fundador do Yahoo!, Jerry Yang, veio de Taiwan; o criador do eBay, Pierre Omidyar, nasceu na França; o finlandês Linus Torvalds, além de oferecer a *software* livre, revolucionou a maneira como as coisas podem ser compradas; o alemão Andreas von Bechtolsheim e o indiano Vinod Khosla, são os cofundadores da Sun Microsystems e também os primeiros *angel investors* ("anjos investidores") do Google. Dá para acreditar o quanto esses talentos provenientes das mais diferentes partes do mundo impulsionaram a informática nos EUA?"

Estima-se que em 2017 cerca de 300 milhões de pessoas, algo próximo de 4,1% da população da Terra, vivam longe do seu país natal. Só nos EUA há cerca de 55 milhões de estrangeiros (isso sem contar os milhões de ilegais que podem ser expulsos do país pelo novo presidente norte-americano, Donald Trump).

E em alguns países as porcentagens de imigrantes são ainda bem mais significativas, como no Canadá, por exemplo. La, cerca de 20% da população é formada por estrangeiros, o que faz com que em cidades como Toronto, Ottawa, Montreal e Vancouver surjam cada vez mais indústrias criativas.

A Austrália também tem cerca de 23% da população constituída por pessoas que não nasceram no País. Tal diversidade tem sido muito benéfica, principalmente por que esses estrangeiros podem se desenvolver no âmbito acadêmico (afinal, o sistema educacional australiano é excelente).

A **classe criativa** (constituída por artistas, *designers*, produtores de filmes e vídeos, programadores de *software*, cantores, músicos e profissionais liberais, e particularmente por arquitetos, engenheiros, guias turísticos etc.) corresponde atualmente um terço da força de trabalho em países como: Irlanda, Bélgica, Austrália e Holanda; essa proporção cai para um quarto na Nova Zelândia, Estônia, Finlândia e Islândia, assim como no RU e no Canadá.

E nessas porcentagens não estão incluídos os profissionais que podem ser chamados de "técnicos" ou "especialistas". O que de fato é notável é a oportunidade que os EUA têm de evoluir ainda mais na EC. A cada ano, chegam ao País para estudar nas universidades norte-americanas (em cursos de graduação e pós-graduação) cerca de 750 mil jovens de outros países, sendo que quase todos os que têm talento para atuar na EC acabam fixando residência lá, por causa das atrativas propostas que recebem para evoluir em suas carreiras.

Além disso não se pode esquecer que essa educação internacional, ou seja, dos estrangeiros cursando IESs norte-americanas, contribui com cerca de US$ 45 bilhões por ano para o país. Uma bela receita, não é? E note-se que 50 anos atrás, estudavam nos EUA não mais que 60 mil alunos estrangeiros.

No Brasil precisamos, portanto, nos inspirar no que é feito nos outros países para **atrair** e **reter talentos**, em especial nos países de língua inglesa que, sem dúvida, são os mais adiantados na EC.

Um fato é incontestável: os maiores lucros para as empresas serão gerados pela EC, afinal, em tempos de paz, os que os seres humanos mais desejam é **entretenimento** e **lazer**.

E ai está a grande oportunidade do Brasil, ou seja, de explorar melhor a sua música, as variadas opções de turismo e, por que não, desenvolver mais as diversas modalidades esportivas. A ideia seria a de ter nas competições de vôlei, basquete, handebol, ginástica, natação etc., em todas as partes do mundo, os nossos jovens talentos esportivos, como já ocorre com os jogadores de futebol e futebol de salão.

Lamentavelmente, o Brasil não soube aproveitar bem o fato de ter organizado os Jogos Olímpicos de Verão, em 2016 no Rio de Janeiro, tampouco o Campeonato Mundial de Futebol, ocorrido em 2014.

Mas isso não deve nos desanimar, pois em algumas das nossas grandes cidades (como São Paulo, Rio de Janeiro, Salvador, Fortaleza etc.) a EC está florescendo com as ações de empreendedores criativos.

E aí vão três reflexões que Richard Florida usou em seu livro *The Flight of The Creative Class* para estimular o(a) leitor(a) a também dar sua parcela de colaboração, ao entrar para a EC.

- **Charles Darwin:** "Não é a espécie mais forte que sobrevive, nem a mais inteligente, mas aquela que melhor se ajusta às mudanças."
- **Lewis Mumford:** "A função principal de uma cidade é a de converter energia em cultura, poder em forma, natureza morta em símbolos vivos de arte, e reprodução biológica em criatividade social."
- **Provérbio japonês:** "Nenhum de nós é mais esperto que todos nós."

Finalmente uma opinião muito importante sobre o assunto EC é a de Ken Robinson, especialista em educação, criatividade e recursos humanos. Ele já foi consultor de vários governos, tendo inclusive feito relatórios específicos sobre a EC para o ex-primeiro-ministro britânico Tony Blair. Em seu livro *Elemento-Chave*, ele explicou:

"Para mim é vital que uma pessoa **encontre o seu elemento**, ou seja, o ponto no qual o talento e a paixão se encontram. Para isso, ela deve recorrer a um *coach* ou educador. Isso significa, fazer alguma coisa para a qual se tenha uma aptidão natural. Mas isso não é tudo. Conheço muita gente que é boa naquilo que faz, mas não tem qualquer prazer em fazê-lo.

Para se estar dentro do seu elemento é preciso **adorar** o que faz. O importante é saber que cada indivíduo tem um elemento a se dedicar (e alguns, não apenas um). De fato há pessoas que têm talento para fazer várias coisas, embora minha experiência diga que sempre existe uma que predomina sobre as demais. Esse é o caso de músicos, cantores, esportistas, professores, gestores, pintores etc.

Um fato indiscutível é que a oportunidade é crucial para que cada pessoa encontre o seu elemento. Existem quatro vertentes fundamentais: a primeira é a **aptidão**, ou seja, ser capaz de fazer bem uma coisa; a segunda é a **paixão**, porque não podemos ser ótimos em algo de que não gostamos, pois assim seremos no máximo mais ou menos; a terceira é a **atitude**, que é quando percebemos que é possível fazer o que desejamos e então agimos; e, finalmente, a **oportunidade**, afinal, fica muito mais fácil para alguém se tornar um exímio nadador se estiver numa faculdade como as que existem nos EUA (dedicadas a formar campeões olímpicos), do que continuar a viver em alguma cidade em que exista apenas um bom clube, com uma piscina, não é?

Aliás, para mim, o que tem dizimado a criatividade das pessoas é a própria escola, ao não permitir que os alunos encontrem o seu próprio elemento. Os nossos ensinos fundamental e médio parecem estar focados apenas no objetivo de colocar o aluno numa universidade, e, neste sentido, fazem tudo de uma forma muito padronizada.

Assim, valorizamos algumas disciplinas em detrimento de outras, acreditando, por exemplo, que ser melhor em matemática significa ser mais inteligente do que alguém que é melhor em dança! É chocante, pois, desse modo, as artes ficam sempre em último plano e não geramos talentos para a EC. Não estimulamos adequadamente a pintura, a dança, a música, a representação (teatral) etc.

As nossas escolas infelizmente, estão estruturadas para desenvolver apenas algumas aptidões. Desse modo, os que são bons naquilo que as escolas valorizam têm **sorte**, porque poderão desenvolver o seu elemento. Mas, e os outros?

Eu, por exemplo, odiava matemática, mas lembro-me bem de muitos colegas que gostavam da matéria e naturalmente saiam-se bem em todas as avaliações, resolvendo todos os problemas apresentados. Até os dias de hoje, quem gosta de música (e não de matemática) não tem em nosso atual sistema educacional as mesmas oportunidades. É **por isso que eu o considero obsoleto**."

O que se conclui é que na educação brasileira, não estamos seguindo o conselho de Ken Robinson, não é?

1.9 – QUAL É A SUA CIDADE?

O notável Richard Florida, que também é o autor de *Who' Your City?* (algo como *Qual é a sua Cidade?*), nele nos mostra como a EC influencia a decisão em relação ao local onde uma pessoa viverá a fase mais importante de sua vida!

Logo no início do seu livro, Richard Florida faz algumas provocações, começando com a pergunta: **"Se alguém lhe perguntar quais são as mais importantes decisões de sua vida, o que responderá?"**

E aí ele começa a sua explicação destacando: "Claro que, no início, a pessoa deveria se focar no 'fator **o quê?**'". Sem dúvida, a maioria dos indivíduos deveria dizer que uma decisão-chave na vida é escolher bem a sua carreira, ou seja, **o quê** ela irá estudar.

Mesmo que o dinheiro não possa comprar a felicidade, muitas pessoas acreditam que **fazer o que gostam** seguramente irá levá-las à prosperidade; que isso transmitirá à sociedade uma sensação de que estão fazendo alguma diferença e, assim, elas próprias se sentirão mais valorizadas e felizes.

É um consenso do século XXI que o pré-requisito fundamental para o sucesso financeiro e profissional é ter uma boa educação, obtida em IESs de renome. De fato, isso não está errado e, em geral, aqueles que cursam as melhores IESs acabam conquistando bons empregos, construindo um sólido futuro financeiro e, no final das contas, tendo uma vida feliz.

Entretanto, existem aquelas pessoas que, apesar de não discordarem sobre a importância da boa educação, dos bons empregos e do ganho de muito dinheiro, acreditam que a decisão crítica na vida de qualquer indivíduo – ou seja, a mais importante – seja aquela que se refere à escolha da(o) companheira(o) que irá apoiá-lo(a) em todos os seus esforços no trabalho, garantindo-lhe amor incondicional ao longo de todo esse percurso comum. Em resumo, e valendo-se da forma convencional, é **vital se casar bem**!

Obviamente, essas duas decisões são importantes para a vida de qualquer pessoa, ou seja, **o que** fazer e **com quem** viver.

No entanto, existe uma outra decisão que tem peso igual, ou talvez até maior, no que se refere ao nosso futuro econômico, à nossa felicidade e ao resultado global que esperamos obter na vida. E essa questão está ligada ao **onde**! De fato, pode ser que, para muitos, essa questão seja tão óbvia que as pessoas até a negligenciam.

Neste caso, trata-se de achar o lugar certo para se viver, algo que é tão importante como ter um bom emprego ou uma(um) excelente parceira(o) para o resto da vida. O lugar certo para se viver, isto é, a **melhor cidade**, influencia tanto a carreira como a vida em comum com a esposa (o marido) e determina o quão fácil (ou difícil) será corrigir os eventuais erros (ou as falhas) nas ações cotidianas.

Mesmo vivendo na era da globalização e das grandes migrações (só de brasileiros, temos mais de 2,5 milhões vivendo fora do País), poucos de nós analisam uma cidade segundo dois critérios: 1º) as melhores oportunidades para sua carreira; 2º) a garantia de uma vida mais feliz e tranquila. Porém, o mais incrível é que o local que escolhemos para viver irá nos influenciar de maneira dramática. Isso definirá de forma categórica o que poderemos ganhar, as pessoas com as quais poderemos nos encontrar e transformar em amigos, os parceiros que escolheremos como sócios em negócios, as possibilidades de desenvolvimento de nossos filhos e da família como um todo.

Um ponto indiscutível é que o lugar onde vivemos é um fator primordial na vida e influencia todos os outros: a **educação**, o **trabalho** e o **amor**. Por exemplo, nos EUA, constataram-se dois fatos interessantes: um cidadão desloca-se para outra cidade uma vez a cada sete anos (em média) e a cada ano, cerca de 40 milhões de pessoas mudam de moradia (cerca de 15 milhões delas para uma distância superior a 100 km)."

Pois é, um dos milagres da nossa era atual é o fato de que muitos podem fazer essas mudanças, e, no caso dos mais talentosos, optar por sair do próprio país e viver em algum outro, onde suas aptidões e seus conhecimentos serão mais bem reconhecidos.

Um exemplo típico é a saída de milhares de jovens esportistas brasileiros (em geral jogadores de futebol e futebol de salão) para jogar e viver principalmente nos países europeus, onde todas as cidades desejam ter equipes competitivas nos mais variados esportes. Afinal, isso agrada aos que vivem nelas e atrai ainda os que vêm das cidades no entorno.

Pela primeira vez na história, um grande número de habitantes do planeta tem a liberdade e os meios econômicos para escolher o lugar onde querem viver e desenvolver suas carreiras. Isso acontece quando, por exemplo, um jovem médico brasileiro, especialista em cirurgia plástica, nota uma grande oportunidade de exercer sua profissão em Cingapura e se vale do prestígio internacional já adquirido pelos médicos brasileiros nesse setor; ou então quando um *designer* brasileiro se muda para uma das cidades-polo da Europa nesse setor, como Milão ou Turim.

Naturalmente, antes que uma pessoa se mude de sua cidade para outra, seja no próprio país ou no exterior, é vital que ela esteja convicta de que nesse novo local será mais feliz e poderá realizar seus objetivos de vida.

Não se pode esquecer que todo aquele que sai de sua cidade natal terá algumas perdas. Isso se aplica à distância de sua família e dos amigos de infância. É por isso que todo indivíduo que quiser se mudar de uma cidade para outra precisará ter respostas claras para perguntas divididas em três aspectos distintos:

Primeiro aspecto:
» Quanto você gosta do lugar onde vive agora?
» Há um outro local (outra cidade) onde gostaria de estar?
» Quando você caminha pelas ruas de sua cidade pela manhã, sente-se já estressado ou fica inspirado e motivado para o resto do dia?
» Isso lhe possibilita ser quem você realmente gostaria de ser?
» Você está conseguindo realizar suas metas?
» A cidade em que você vive teria sua recomendação para que conhecidos de outras cidades viessem viver nela?

Segundo aspecto:
» Como são as suas ideias em relação a deixar a cidade em que vive?
» Você já tem pelo menos três cidades candidatas para onde pretende se mudar?
» De modo específico, o que acredita que poderá alcançar em cada uma delas que não está conseguindo obter na cidade onde vive agora?
» Como a sua vida seria diferente em cada uma dessas cidades para as quais imagina se mudar?

Terceiro aspecto:
» Você já se sentou, refletiu e comparou calmamente o que tem (ou não) em sua cidade atual com o que eventualmente terá (ou não) em outra se (e quando) você se mudar para lá?
» Seja honesto(a) consigo mesmo(a) e responda se dedicou tempo suficiente para refletir sobre tudo o que já investiu para ter sua profissão e emprego atuais? Você está pronta(o) para ter uma vida solitária e, quem sabe, encontrar um(a) namorado(a) em outra cidade?

Caso o leitor (a leitora) tiver respostas convincentes para todas essas questões, sem dúvida, sabe por que e para onde quer se mudar. Todavia, se estiver titubeando (como é o caso da grande maioria...), sugiro que leia com muita atenção o livro *Who's Your City?*, pois as explicações de Richard Florida o(a) ajudarão muito a encontrar boas respostas para todas essas perguntas.

O fato é que nesses últimos 110 anos muitas inovações importantes aconteceram, dentre as quais estão o automóvel, o avião e a *World Wide Web (WWW)* – sendo esta última a mais revolucionária de todas –, que mudaram radicalmente o transporte e as comunicações, "possibilitando" o surgimento de um mundo sem fronteiras.

O automóvel, por exemplo, nos permite trabalhar numa cidade repleta de gente e com ruas congestionadas por outros automóveis, e possibilita que voltemos para a nossa casa em algum lugar bucólico que fica distante uns 50 km do local de trabalho... E em breve teremos o carro autônomo...

O transporte aéreo cresceu exponencialmente – usado por bilhões de pessoas todos os anos – e alguns milhões de passageiros utilizam o mesmo para ir e voltar no mesmo dia de cidades que distam mais de 1.000 km uma da outra.

Mas talvez nos dia de hoje a grande estrela do transporte seja o TAV, que permite, por exemplo, que alguém viva a 200 km de Tóquio e trabalhe na capital japonesa todos os dias úteis, gastando na viagem algo como 110 min (ida e volta).

As cidades do século XXI são muito diferentes daquelas de alguns séculos atrás. Em vista da alta tecnologia nos transportes, as pessoas podem viver num lugar e trabalhar em outro. De fato, elas têm liberdade, sentem conforto e, inclusive, tem vantagens econômicas para proceder assim.

Com a Internet cada vez mais poderosa, a comunicação entre as pessoas se tornou cada vez mais simples, permitindo que se tenha as informações de que se precisa em qualquer lugar do mundo, inclusive nos locais mais bucólicos...

Daí surge uma conclusão equivocada: **o lugar em que se vive é irrelevante!**

De fato, essa é uma **noção constrangedora e errada**. Nessa economia globalizada do século XXI, os fatores primordiais para o desenvolvimento econômico – **talento**, **inovação** e **criatividade** – não estão distribuídos igualmente por todas as partes do planeta. Na verdade, eles estão concentrados em locais específicos, isto é, nas **cidades criativas!!!**

É óbvio que as grandes inovações nas comunicações (como por exemplo a dos telefones celulares) e nos transportes, acabam beneficiando as atividades econômicas em todas as cidades do mundo.

O que não é tão obvio (pelo menos ainda...) é o incrível poder do que se pode chamar de **força do conglomerado criativo**.

Realmente, na atual EC, a fonte real do crescimento econômico provém da concentração e dos conglomerados onde vivem e trabalham pessoas talentosas e produtivas. Novas ideias são geradas em grandes quantidades, e a produtividade aumenta quando se consegue estabelecer conglomerados criativos (*clusters*). E essa *clustering force* (força conjunta) faz com que os outros indivíduos também se tornem mais produtivos, gerando com isso um maior bem-estar e melhores resultados econômicos numa cidade.

Richard Florida destacou: "Levantamentos recentes nos EUA mostraram que 90% de toda a produção econômica do País é proveniente das regiões metropolitanas, sendo que as cinco maiores áreas metropolitanas dos EUA são responsáveis por cerca de 25% do PIB do país."

Aliás, esse apontamento de Florida é fácil de entender, pois São Paulo, a cidade mais criativa da América Latina, responde sozinha por algo próximo de 11% do PIB brasileiro. Agora, se incluída toda a região metropolitana esse percentual chega a quase 20%.

Portanto, o lugar que cada indivíduo escolhe para viver talvez seja o mais importante bilhete premiado de sua vida. Algumas pessoas, particularmente as que trabalham com finanças, querem a vibração, a excitação e as oportunidades que grandes cidades como Londres, Nova York e Moscou lhes oferecem. Outros recorrem a cidades como São Francisco, Zurique, Boston, Amsterdã, Chicago, Toronto, Sidney ou Cingapura, que também apresentam boas vantagens, embora não seja barato viver nelas.

Obviamente, aqueles que querem vencer na indústria cinematográfica pensam em viver em Los Angeles ou talvez até em Mumbai (Índia); já aqueles que querem progredir como *designers* (estilistas) de moda desejarão estabelecer-se em Paris ou Milão.

Portanto, para todo aquele que quiser chegar ao pináculo num determinado setor, certamente haverá uma cidade no mundo em que consegui-lo será mais simples. Assim, todos os que quiserem evoluir na EC precisarão de uma vasta lista de cidades criativas, cujas indústrias criativas já estejam desenvolvidas.

Dessa maneira, se alguém quiser aprimorar o Carnaval em sua cidade, sem dúvida deve fazer um bom estágio no Rio de Janeiro ou, pelo menos, passar um tempo em Salvador (Bahia), não é?

1.10 – O GRANDE RECOMEÇO

Em seu outro livro *O Grande Recomeço (The Great Reset)*, Richard Florida apresenta as mudanças no estilo de vida e de trabalho que poderão levá-lo à prosperidade pós-crise.

Em 6 de novembro de 2008, Jeffrey Immelt, CEO (*chief executive officer*) da GE, participou de uma sessão plenária numa conferência sobre Responsabilidade Social Empresarial. O evento ocorreu apenas alguns meses após a deflagração da crise financeira mundial (que, para alguns, teve início em agosto de 2008.). Na ocasião ele disse: "A crise econômica não representa um ciclo, representa um *reset* (reajuste ou recomeço). É um doloroso *reset* emocional, social, econômico (...). As pessoas que entenderem isso prosperarão. Mas aquelas que não entenderem, ficarão para trás."

No prefácio da edição brasileira de seu livro, Richard Florida ressaltou: "Após 15 meses, é evidente que estamos nos estágios iniciais do **grande recomeço**. Levará uma geração ou mais até que a força dessa crise desapareça totalmente.

É quase certo que assistiremos a uma maciça reestruturação das economias mundiais. Nos EUA, as consequências mais devastadoras foram sentidas nas regiões manufatureiras mais antigas do país, cujos melhores dias ficaram em um passado remoto, assim como nas cidades mais novas do 'Cinturão do Sol', cujos crescimentos foram alimentados pela bolha imobiliária.

Embora ainda não esteja muito claro o que o futuro irá reservar para os EUA e o Canadá, em algum momento surgirá um 'novo normal' que criará novos padrões de vida, trabalho, consenso e demandas.

Em vez de desperdiçar os investimentos públicos e privados recorrendo a medidas paliativas, escorando indústrias do passado, precisamos começar a investir nos tipos de projetos e de infraestrutura que irão dar suporte à indústrias do futuro."

Florida dividiu seu livro *O Grande Recomeço* em três partes. Na primeira delas focou-se nas migrações enfatizando: "Os grandes recomeços são definidos não apenas pela inovação, mas por maciços movimentos de pessoas. Esses deslocamentos de indivíduos talentosos são essenciais para se criar um cenário novo e mais produtivo.

Assim, na passagem para o século XX, o cenário econômico, particularmente nos EUA, se transformou radicalmente. Num período de cerca de três décadas, as populações de cidades como Chicago, Nova York, Filadélfia, Pittsburgh, Detroit, e Cleveland aumentaram cerca de 300%, em média!

Obviamente, o conceito de civilização tem a ver com **pessoas**, e não apenas com **tecnologias, indústrias e lugares**. Grandes recomeços também envolvem importantes mudanças populacionais, especialmente no que se refere à concentração do que hoje chamamos de **talentos** ou **capital humano**.

É nesses períodos que os talentos saem de alguns lugares e vão para outros.

No caso de um **'primeiro recomeço'**, isso incluía todo mundo, desde camponeses que migravam para as cidades, e imigrantes em busca de melhor trabalho, até inventores e empreendedores à procura de novos lugares para iniciar seus negócios.

Dessa forma, esses 'recomeços de talentos' alteraram o equilíbrio e o poder entre cidades, regiões e também entre nações. As localidades progridem ou regridem dependendo de sua habilidade para atrair, reter e usar produtivamente talentos de todos os tipos – de inovadores brilhantes a trabalhadores especializados."

Na segunda parte do livro *O Grande Recomeço*, intitulada *Redesenhando o Mapa Econômico*, um dos tópicos interessantes é aquele que destaca as grandes cidades dos governos fortes e eficientes, quando se evidencia a importância das capitais dos EUA e do Canadá, respectivamente Washington (D.C.) e Ottawa.

Richard Florida disse: "As taxas de desemprego na capital canadense se mantiveram baixas durante a crise mundial iniciada em 2008 e os preços dos imóveis residenciais ficaram relativamente estáveis.

Em Ottawa, mais de 40% da população trabalha em ocupações ligadas ao conhecimento ou em atividades profissionais e criativas, o que coloca a cidade à frente em relação a, digamos, outras como Austin, capital do Estado do Texas, uma dos mais importantes dos EUA.

Cerca de 25% da força de trabalho de Ottawa – cerca de duas vezes a taxa das cidades norte-americanas importantes – está concentrada no que se deve denominar **núcleo supercriativo**, um grupo especializado de pessoas envolvidas com ciência, tecnologia, artes e meios de comunicação.

A Grande Ottawa tem uma forte concentração de serviços empresariais, de TIC e voltadas para os setores de educação e criação de conhecimento. Assim como Washington (D.C.), Ottawa é uma clássica cidade pós-industrial, que oferece elevada qualidade de vida.

Hoje, em termos de moradia, Ottawa é a melhor opção para os jovens profissionais, para os aposentados e também para famílias com filhos, e a segunda melhor cidade do Canadá para jovens solteiros, perdendo apenas para Calgary."

Finalmente, na terceira parte do livro, ele analisa *Um Novo Estilo de Vida*, ressaltando, particularmente, as cidades **grandes**, **rápidas** e **verdes**.

Sem dúvida, as cidades colossais se beneficiam das elevadas taxas de inovação, assim como de um ritmo mais acelerado no "metabolismo urbano". É muito interessante como algumas cidades dos EUA têm se tornado **"velo-cidades"**.

Richard Florida afirmou: "O sistema de transporte dependente de automóveis chegou ao limite na maioria das grandes cidades e megarregiões.

As viagens diárias de carro estão entre as menos eficientes entre todas as nossas atividades. Nas grandes cidades dos EUA (Los Angeles, São Francisco, Atlanta, Nova York etc.), os congestionamentos tornaram-se normais não apenas nos horários de pico, mas o dia todo, e **todos os dias**!

Por isso, um número crescente de pessoas tem optado por usar metrô, trem, ônibus, bicicleta, ou mesmo os próprios pés para chegar ao trabalho e/ou realizar suas atividades diárias – desde que vivam num ambiente que lhes permita essas escolhas.

Assim, atualmente em Manhattan (Nova York), 82% dos trabalhadores chegam ao trabalho de transporte público, de bicicleta ou a pé.

Entre 8 h e 9 h, num típico dia de trabalho, cerca de 385 mil pessoas utilizam o sistema de metrô de Nova York para chegar à área central de negócios da cidade. Um trem de metrô transporta 1.050 pessoas com elevada frequência, enquanto os milhares de carros que tentam chegar a Manhattan cruzando uma das pontes sobre o East River levam em média 1,2 pessoa!

Provavelmente o(a) leitor(a) diria: "Mas Nova York é uma cidade compacta e densa, portanto, as pessoas podem viver perto de onde trabalham e assim ir da residência até o serviço de bicicleta, a pé ou de metrô." Mas nos EUA, esse não é o único lugar onde esse tipo de mudança nos padrões de deslocamento e de tráfego local está ocorrendo!!!

1.11 – FLUXOS DE CRIATIVIDADE E INOVAÇÃO

As cidades têm se reinventado de diversas maneiras para poder acomodar cada vez mais pessoas que desejam viver dentro delas.

E a tecnologia que permitirá renovar os conceitos estabelecidos num passado recente, possibilitando às pessoas gerir e viver adequadamente nas cidades.

A professora da Harvard Business School, Amy C. Edmondson, autora do livro *Teaming: How Organizations Learn, Innovate and Compete in the Knowledge Economy* (*Agrupando-se: Como as Organizações Aprendem, Inovam e Competem na Economia do Conhecimento*, em tradução livre), abordou a nova onda de inovação que está invadindo as cidades no mundo todo. Amy C. Edmondson destacou: "A maior parte da literatura existente sobre inovação descreve como as empresas desenvolvem e comercializam seus produtos e serviços. Comumente, são produtos que não exigem sistemas muito complexos na sua produção. Nesse sentido, as empresas procuram estimular seus grupos de inovadores para que criem novos produtos na esperança de que, ao lançá-los, consigam um grande impacto no mercado, sempre ansioso pelas melhorias que eles oferecem.

Para conseguir sucesso nesse processo de inovação é necessário muita imaginação e criatividade, assim como deixar de lado todos os preconceitos, obter colaboração interfuncional, executar uma experimentação eficaz, conviver com uma série de falhas e chegar a uma eventual descoberta de ruptura. Por isso, não são muitas as empresas que conseguem obter esses resultados e, assim, tornarem-se **lendárias**.

Infelizmente uma parcela crescente de pessoas na esfera da inovação, em especial dos que planejam ter cidades inteligentes (*smart cities*) no futuro, não se encaixa no modelo de inovação desenvolvido nas organizações privadas.

Os fluxos de inovação nas cidades inteligentes envolvem a coordenação de muitos setores de uma prefeitura e de pessoas de diversas áreas de especialização, podendo ser profissionais talentosos de outras cidades e, inclusive, de outros países.

Agora todos os mecanismos de funcionamento de uma cidade devem ter como base processos altamente criativos, que garantam a sustentabilidade em cada decisão tomada pelos gestores públicos (prefeitos, vice-prefeitos, secretários, gerentes de cidade etc.). Apenas uma nova era de inovação possibilitará que tais mudanças ocorram.

Como um bom exemplo para compreender a natureza do problema, convém recordar a introdução inicial da telefonia nas cidades e nas regiões. A criação de um sistema de telecomunicações não aconteceu na garagem, onde inventores criativos e brilhantes dedicaram tanto tempo para chegar a um grande avanço tecnológico e científico, para, então, finalmente anunciarem a sua descoberta como algo completamente desenvolvido.

Para que o dispositivo inventado funcionasse – no caso, o telefone – foi necessário ter toda a complexa infraestrutura de fios, monitores, comutadores, protocolos, regulações e tudo mais, em funcionamento. E isso se estendeu por vastas áreas. Quando se fala sobre a construção do futuro, estamos de fato falando sobre a inovação que é similarmente multifacetada e precisa ser integrada."

A palavra futuro é, sem dúvida, uma das mais pronunciadas em nossas tentativas de fazer com que algo possa acontecer!

Queremos um futuro com melhor qualidade de vida continuamente reclamada pelos cidadãos, o necessário cuidado ambiental para reverter a escassez de recursos naturais – em especial, a água – e uma nova educação mais bem planejada de modo a preparar crianças e jovens para que façam parte de um processo de inovação coletivo, gerando fluxos criativos para a construção desse futuro melhor nas cidades inteligentes.

Cada vez mais devemos nos conscientizar de que os movimentos criativos requerem a participação de todos, assim como necessitam de novos ambientes colaborativos para que se possa promover a construção desse futuro.

Amy C. Edmondson salientou: "O **trabalho colaborativo** é necessário para construirmos novos sistemas tecnológicos para as cidades inteligentes, ou, até mesmo, para todo o ecossistema em geral.

Um grande desafio que se coloca nessa segunda década do século XXI, para os gestores das nossas cidades, com perfis tão diversos e por vezes até um tanto quanto desajustados com a realidade mutante do mundo, é a sua **falta de capacitação** para perceber a enorme velocidade com a qual a tecnologia evolui. É essencial que esses gestores públicos tenham conhecimento tecnológico, que compreendam o que eles têm à disposição hoje, ou seja, como é possível implementar soluções que tornem as cidades que administram de fato inteligentes."

Neste sentido, Amy C. Edmondson recomendou: "Acredito que para se ter sucesso no âmbito das cidades inteligentes, os gestores públicos atualmente precisam de dois tipos distintos, mas complementares, de educação. O primeiro é o mais óbvio: o **treinamento** sobre a natureza das novas tecnologias que estão sendo desenvolvidas hoje e as implicações delas para ajudar a enfrentar melhor os desafios urbanos como o transporte, o uso de energia, o acesso à informação e muitos outros. Igualmente importante é fornecer aos gestores públicos no segundo tópico, a oportunidade para que eles adquiram **habilidades interpessoais** para promover a cooperação entre as diversas disciplinas (ou áreas de conhecimento) e, assim, consigam inovar.

Os desafios das cidades inteligentes envolvem a integração do conhecimento em todas as disciplinas e todos os setores. Ou seja, é com esse conhecimento que os gestores públicos devem procurar atender às necessidades e expectativas dos cidadãos, atuar sobre os desafios e as oportunidades urbanas. Isso poderá ser conseguido se for combinado com os conhecimentos de planejadores urbanos, construtores, promotores imobiliários, tecnólogos etc.

Somente por meio da integração bem orquestrada dos diferentes tipos de conhecimento e das experiências, será possível chegar a uma inovação eficaz nas cidades. De fato, isso exige um tipo específico de habilidade interpessoal, ou seja, saber fazer boas perguntas, sondar e ouvir atentamente, para compreender o que as pessoas desejam, e que experiências elas podem compartilhar com a sua cidade antes de impor suas próprias opiniões e soluções sobre uma certa situação.

Os administradores públicos precisam saber que, atualmente, cerca de seis entre os dez mais importantes empregos estão associados à tecnologia, e o que é mais surpreendente é que eles **não existiam há apenas cinco anos!!!** Isso significa que os currículos escolares numa cidade inteligente precisam estar voltados para esses empregos, particularmente nas escolas técnicas, o que não é fácil de implementar, principalmente quando há uma orientação educacional que não permite flexibilizações.

O cidadão urbano, em especial, tem hoje nas mãos e totalmente disponível um dos equipamentos mais fantásticos já inventados – o *smarthphone* –, com o qual poderá saber e aproveitar de forma eficaz tudo o que está ocorrendo na sua cidade, inclusive contornando da melhor maneira possível as dificuldades que surgem, como os problemas de trânsito, as compras desnecessárias, a ida ao supermercado etc. Sem dúvida, essa grande invenção do fim do século XX tornou-se um dispositivo indispensável para quem vive em qualquer cidade, principalmente numa que é inteligente.

Claro que o *smartphone* não é suficiente para resolver os grandes desafios que as cidades do futuro terão de enfrentar. Aliás, os telefones inteligentes serão para essas cidades – da mesma forma que os antigos telefones foram para as telecomunicações – dispositivos para conectá-las a uma infraestrutura mais ampla.

É essa infraestrutura – vasta, holística e criada por meio de uma extraordinária inovação e pela cooperação de muitas pessoas diferentes, de vários campos – que será determinante para a transformação urbana.

O telefone inteligente pode ser a mais óbvia ferramenta pela qual os cidadãos se conectarão com a infraestrutura inteligente – para conseguir fazer coisas e ter uma vida melhor –, mas ele por si só não poderá ser visto como o elemento fundamental das transformações que poderão e deverão acontecer numa cidade inteligente."

Bem, das palavras de Amy Edmondson é possível captar que, de fato, cidades ou espaços urbanos estão emergindo rapidamente como uma arena para uma dramática inovação no século XXI.

Na revista *Mundo Estranho* (março de 2011), Tiago Cordeiro escreveu o artigo *Como serão as cidades daqui a 100 anos?*, no qual "profetizou" que São Paulo no início do século XXII terá **40 milhões de habitantes**. Para acomodar tanta gente, surgirão muitas novidades nessa **ultrametrópole**.

Aqui vão algumas delas:

» **Arranha-espaço** – Um projeto de superprédios para acomodar uma superpopulação. Neles, além de apartamentos de vários tamanhos para abrigar centenas de milhares de pessoas, existirão comércios, hospitais, escolas, lazer e até minifazendas.

O arquiteto inglês Bernard Hunt, explicou: "Serão megacondomínios de 800m de altura, capazes de gerar sua própria energia elétrica, produzir uma parte da própria comida e reciclar água e lixo. O fato é que muita gente passará meses sem sair deles."

» **Vida sob a terra** – Não serão muitos os que vão querer morar debaixo do solo, mas não se poderá descartar esse "espaço útil".

Existirão muitos *shopping centers* conectados a estações de metrô (o que aliás já existe em muitos países, como é o caso do Canadá).

Mas, além disso, haverá também ciclovias e pistas de caminhadas em até dez andares de profundidade (cerca de 40 m). Em pontos cruciais, os elevadores irão direto do subsolo até o topo dos arranha-céus.

Os japoneses já têm um projeto do gênero, a **cidade subterrânea de Marinepolis**.

» **Estradas inteligentes** – O trânsito estará ainda mais caótico, ou seja, não será mais possível ter uma mobilidade urbana eficiente. Pelo contrário, existirão engarrafamentos cada vez maiores, apesar dos pedágios urbanos e dos estacionamentos cada vez mais caros.

Atingir boa velocidade num veículo somente será possível nas vias superlinteligentes, que serão construídas em pontos especiais das cidades, ou ainda para conectá-las. Nelas será possível andar até a 400 km/h. Aliás, os veículos serão autônomos, poderão andar quase colados uns nos outros, pois serão rastreados por radares e **controlados por computador de bordo**!

» **Vida no ar** – Nas cidades do futuro haverá cada vez mais passarelas ligando os principais edifícios, como, aliás, já se pode observar em Hong Kong.

Isso irá compensar um pouco a falta de espaço no solo. Assim, existirão pistas elevadas para automóveis e ônibus (que serão mais raros que hoje!), trens, metrôs e zepelins. O pesquisador e especialista Joel Garreau, enfatizou: "O transporte por dirigíveis (zepelins) só não se popularizou ainda por causa dos acidentes que chocaram o público no começo do século XX, mas agora, com novos materiais e novas tecnologias, eles serão muito úteis inclusive para o transporte de cargas especiais que não podem ser levadas nas estradas por causa das pontes, dos viadutos ou dos túneis inadequados."

» **Redução significativa das chaminés e valorização dos parques** – As cidades terão muitos parques, os carros não usarão mais petróleo e o lares receberão energia elétrica de fonte renovável.

Atualmente, os telhados já ocupam um quinto da superfície urbana e começaram a ser usados para instalar painéis solares ou turbinas eólicas.

Por sinal, os planejadores urbanos estão se voltando cada vez mais para as microturbinas, que são pequenos geradores eólicos instalados em cima de prédios comerciais ou residenciais para aproveitar as características típicas do vento nas grandes cidades.

Essas turbinas são bem pequenas, com uma capacidade de um a três quilowatts cada uma. Mas, quando instaladas em série e combinadas com painéis de energia solar de alta eficiência conseguem gerar uma grande quantidade da eletricidade que um prédio necessitará, especialmente quando as estruturas forem equipadas com um conjunto completo de recursos para economizar luz.

Por enquanto, os telhados dos prédios são bem pouco utilizados, porém isso não será mais assim nas próximas décadas. Cobrir o alto dos edifícios com gramíneas, arbustos e outras plantas também irá gerar muitos benefícios.

Embora um telhado verde seja bem mais caro que uma cobertura tradicional, ele proporcionará um melhor isolamento e reduzirá significativamente as necessidades tanto de aquecimento como de resfriamento do edifício.

Ele absorverá a água da chuva reduzindo a carga do sistema de drenagem de águas pluviais e filtrará o restante da água que poderá ser usada para diversas necessidades domésticas.

Esse telhado também filtrará muitos poluentes do ar, mas será, acima de tudo, o local onde as pessoas vão querer ficar sentadas num banco, como se estivessem numa praça ou num jardim, admirando a natureza, descansando e relaxando...

Bem, caro(a) leitor(a), você está preparado para viver em uma cidade criativa e inteligente (ou mudar-se para uma)?

Fantástico, essa foi uma das intenções do livro: que você queira viver num local que lhe agrade e o(a) faça feliz!

Capítulo 2 – As grandes cidades criativas do mundo

A seguir serão descritas 45 cidades de todos os continentes, cujas características lhes garantiram a denominação de **cidades criativas**.

Nesse livro, a escolha inicialmente recaiu sobre as grandes cidades do mundo – algumas muito antigas e com muita história, outras com apenas alguns séculos de existência, e outras ainda com somente décadas de vida –, mas todas com um incrível desenvolvimento nos diversos setores da EC.

Naturalmente, isso não esgota de forma alguma a apresentação das cidades criativas que existem no mundo, e especialmente no Brasil, até porque, como já foi dito, o século XXI é o da urbanização e do predomínio das cidades!!!

Assim, num outro livro que será publicado brevemente tratarei somente das cidades criativas brasileiras, ou seja, aquelas nas quais a sua economia se desenvolve substancialmente em torno das indústrias criativas e dos bens culturais.

E, em seguida, a intenção é apresentar a **cidade atraente**, na qual se tenha empregabilidade, habilidade, mobilidade, visitabilidade (incrementada pelos diversos setores da EC) e sustentabilidade.

Pode ser que a cidade atraente, com todos esses atributos, seja algo utópico, mas é nessa direção que se deve caminhar e trabalhar, nesse **século das cidades** no qual, o que mais irão desejar os seres humanos é morar numa cidade em que tenham excelente qualidade de vida!!!

E aí vão as 45 cidades criativas em ordem alfabética. **Boa leitura!**

Os espetaculares arranha-céus de Abu Dhabi.

2.1 - Abu Dhabi

PREÂMBULO

Pollyane Martins que vive em Abu Dhabi destacou: "É uma cidade na qual cerca de 90% da população é expatriada o que propicia um contato contínuo com culturas diferentes o tempo todo, além da própria cultura árabe. Morar em Abu Dhabi é como estar em um grande aeroporto, rodeado de pessoas de todos os jeitos, falantes de várias línguas.

Resguardadas as devidas proporções do conceito de liberdade leva-se uma vida praticamente normal para os padrões ocidentais e as mulheres podem dirigir carros e andar desacompanhadas."

É importante sentir como Abu Dhabi está querendo ser uma cidade criativa nas palavras do Sultan bin Tahnoon al Nahyan, presidente da Autoridade de Turismo do emirado: "Assinamos um acordo com o Museu do Louvre de Paris para se ter aqui uma unidade remota com obras do seu acervo, que vai custar US$ 1 bilhão."

A HISTÓRIA DE ABU DHABI

Abu Dhabi é um dos sete emirados que compõem os Emirados Árabes Unidos (EAU), além de ser sua capital com uma população estimada em 2016 de 2,9 milhões de habitantes. A cidade de Abu Dhabi está no nordeste do golfo Pérsico, na península arábica. Localizada em uma ilha a menos de 250 m do continente, está ligada a ele por diversas pontes, como as de Maqta, Mussafah e Sheikh Zayed, esta última projetada pela famosa arquiteta Zaha Hadid (1950-2016), e inaugurada em 2010.

A ilha de Abu Dhabi também está ligada à ilha Saadiyat por uma autoestrada de cinco pistas de rolamento.

A ponte Al-Mafraq liga a cidade à ilha Reem, tendo sido concluída em 2011. Trata-se de uma ponte de intercâmbio que consiste de múltiplas camadas de pistas. Suas 27 vias permitem a circulação de cerca de 25 mil veículos por hora.

Nesses últimos anos outras três grandes pontes foram inauguradas na região. O objetivo é dar vazão ao intenso tráfego e facilitar a ligação entre as ilhas e o continente.

No final do século XIX e início do século XX o comércio de pérolas foi intenso em Abu Dhabi, uma vez que o golfo Pérsico era a melhor região para encontrá-las. Mergulhadores costumavam procurar pérolas submergindo até 30 vezes por dia, sendo que na época não existiam tanques de oxigênio, tampouco qualquer outro dispositivo mecânico que auxiliasse os profissionais em sua coleta. Eles contavam apenas com uma espécie de clipe de couro para o nariz e um revestimento para proteger os dedos das mãos e dos pés.

O pagamento desses mergulhadores não ocorria por dia de trabalho, mas com uma parcela do valor daquilo que colhiam.

Na década de 1930, várias razões levaram a uma grande decadência no comercio de pérolas. Então, para sobreviver, as autoridades de Abu Dhabi voltaram-se para a possibilidade de encontrar petróleo na região.

Depois de algumas décadas sem resultados práticos convincentes, a D'Arcy Exploration Company – braço de exploração da British Petroleum

(BP) – finalmente obteve uma concessão no mar, que foi então transferida para uma empresa criada para operar a mesma, ou seja, a Abu Dhabi Áreas Marinhas (ADMA), uma *joint venture* entre a BP e a Compagnie Française des Pétroles (mais tarde denominada Total S.A.).

Em 1958, usando uma plataforma de perfuração marítima, a ADMA alcançou numa profundidade de cerca de 2.689 m o campo de Umm Shaif, uma grande reserva de petróleo.

Nos anos seguintes ocorreu a descoberta de petróleo e de gás, tanto em campos *off-shore* (afastados da costa) quanto nos *on-shore* (em terra firme).

Desse modo Abu Dhabi enriqueceu bastante, principalmente com o aumento substancial no preço do petróleo extraído. Sabe-se que a grande riqueza dos EAU está nos hidrocarbonetos – geralmente obtidos a partir do petróleo e presentes em seus derivados [gasolina, querosene, óleo diesel, GLP (gás liquefeito de petróleo), gás natural, parafina, vaselina, vários polímeros (como os plásticos e as borrachas)]. Os EAU gerem um dos maiores PIBs *per capita* do mundo, mas o fato é que sozinha Abu Dhabi detém a maioria dos recursos – 95% do petróleo e 92% do gás natural da região e, segundo estimativas de empresas especializadas, 9% das reservas comprovadas de petróleo do mundo, e quase 5% de gás natural do planeta.

Sendo o maior produtor de petróleo dos EAU, a cidade de Abu Dhabi colheu, a partir dessa riqueza, o máximo de benefícios. Assim, assumiu também um programa de diversificação e liberalização ativa para justamente reduzir a dependência do país do setor dos hidrocarbonetos.

Isso ficou evidente na ênfase que se deu à diversificação industrial, com a conclusão de zonas francas, como o **distrito industrial** de Abu Dhabi.

Houve também um forte estímulo para promover o turismo e o setor imobiliário, com a Abu Dhabi Tourism Authority e a Companhia de Desenvolvimento de Turismo dando início a vários projetos portentosos que incluíram a ampliação e modernização do aeroporto, a criação da empresa Etihad Airways – que se tornou uma das melhores do mundo –, a ligação ferroviária entre Abu Dhabi e Dubai, e a significativa melhoria do porto da cidade.

É claro que os turistas precisam se hospedar, assim, surgiram ali muitos novos hotéis, inclusive o **Emirates Palace**, o 5º mais luxuoso hotel **sete estrelas** do mundo.

Na ilha de Saadiyat construiu-se o distrito cultural, para o qual foi alocada uma verba de US$ 27 bilhões. Nele estão sendo erguidos o Museu Guggenheim de Abu Dhabi, o museu do Louvre de Abu Dhabi – projetado pelo famoso arquiteto Jean Nouvel –, e o National Zayed Museum, concebido pela famosa empresa londrina de arquitetura, Foster & Partners.

Abu Dhabi é sem dúvida o emirado mais rico dos EAU, tendo investido nesses últimos 20 anos mais de US$ 1,2 trilhão na cidade.

A tributação em Abu Dhabi, como no resto dos EAU, é nula para os residentes e para empresas que não sejam bancos ou ligadas ao setor de petróleo.

O fundo soberano de Abu Dhabi, a Autoridade de Investimentos de Abu Dhabi (ADIA, na sigla em inglês) tem atualmente um valor estimado em US$ 980 bilhões. Trata-se do maior fundo soberano do mundo em termos de valor dos ativos totais. Com ele o país tem muitos recursos capazes de tornar a cidade cada vez mais criativa, para que ali floresçam muitos dos setores da EC e se atraiam mais talentos para ela.

Esse é o caso, por exemplo, dos vários esportes que têm sido atraídos para realizarem ali suas competições. Dentre eles estão desde os grandes eventos do tênis – o World Tennis Championship tem ocorrido na cidade desde 2009 – até a realização de combates de MMA (sigla em inglês para artes marciais mistas) – com o ABW, Abu Dhabi Warriors Fighting Championship; do acolhimento, desde 2005, de uma etapa do campeonato mundial de automobilismo – a Fórmula 1, cujo vencedor em 2016 foi o britânico Lewis Hamilton – ao de jogos de futebol.

A **família dominante** em Abu Dhabi é a Nahyan, cujos membros são primos da família Maktoum, que manda em Dubai. O xeque (chefe árabe) Zayed bin Sultan al Nahyan (1918-2004), soberano de Abu Dhabi, foi o primeiro presidente dos EAU. Ao mesmo tempo, Rashid bin Saeed al Maktoum (1912-1990), de Dubai, tornou-se o primeiro-ministro, em 1971, quando da criação dos EAU. Após a morte do xeque Zayed, o poder passou ao seu filho mais velho, xeque Khalifa bin Zayed al Nahyan, que se tornou presidente; o xeque Mohamed bin Zayed al Nahyan, por sua vez, passou a ser o príncipe herdeiro, assumindo a administração do dia a dia em Abu Dhabi. Mohammed formou-se na prestigiosa academia militar britânica de Sandhurst e usou seu controle sobre as Forças Armadas dos EUA para obter a influência econômica necessária para tornar-se o herdeiro de Khalifa.

Mohammed é tremendamente empreendedor e criativo, e um dos seus primeiros projetos foi o de criar a empresa aérea de Abu Dhabi, a Etihad

Airways, com a ideia de replicar (ou superar) o sucesso da Emirates – companhia aérea que, por causa de seus serviços de alta classe, ajudou muito a colocar Dubai no mapa como destino turístico.

A Etihad colocou logo no início de suas operações um pedido de US$ 8 bilhões junto à Airbus, que incluiu a compra de quatro aviões *A380*. A ideia é que estando no "meio do mundo" Abu Dhabi poderia fazer o papel de uma ponte nas viagens entre a Europa, a Ásia, os EUA e, por que não, até a América do Sul.

Claro que a condição necessária para isso é ter um bom aeroporto e uma excelente empresa aérea que possa levar as pessoas a qualquer lugar.

Mas Abu Dhabi precisava ainda de um marco. Este surgiu na forma de um hotel, o **Emirates Palace**, com diárias mínimas de US$ 1 mil pelos quartos e US$ 10 mil pelas suítes. Essa foi outra resposta criativa que os empreendedores de Abu Dhabi encontraram para o famoso hotel **Burj Al Arab** (hotel sete estrelas em forma de vela, e o mais luxuoso do mundo) de Dubai, que custou US$ 1 bilhão e tornou-se uma grande atração turística daquela cidade. O plano deu certo, em parte, e começaram a chegar os turistas endinheirados, principalmente os europeus. Contudo, Abu Dhabi tem uma população mais tradicional e religiosa (cerca de 650 mil habitantes são cidadãos dos EAU), assim, teve início a construção da maior mesquita do mundo – a mesquita Xeque Zayed.

Em 2007, o xeque Sultan bin Tahnoon al Nahyan, presidente da Autoridade para o Turismo de Abu Dhabi, ressaltou:

> "Criamos inicialmente a companhia aérea, que chegava a 37 destinos e possuía 21 aeronaves novíssimas. Colocamos à disposição dos turistas 15 mil quartos de hotel distribuídos entre cerca de 100 hotéis.
>
> Aqui temos excelentes hospitais e universidades, além de museus de primeiro mundo, com convênios assinados com a Sorbonne, a Cleveland Clinic, o Guggenheim e o Louvre. Vamos investir mais US$200 bilhões nos próximos dez anos para termos cada vez mais **atrações** e a melhor infraestrutura do mundo.
>
> Estamos criando um destino turístico exclusivo e de alto nível, algo que nem Dubai – a 'Pérola do Golfo' – possui. Não vamos celebrar apenas as nossas tradições. Em Abu Dhabi também ofereceremos a modernidade e a diversão criteriosa para todas as idades e todos os gostos. As atrações que estamos projetando serão inigualáveis e praticamente

todas poderão ser classificadas como **mega**. Um exemplo disso é a **ilha Saadiyat**, um projeto de US$ 30 bilhões que inclui 29 hotéis, três marinas, dois campos de golfe e residências para 150 mil pessoas.

Estamos também construindo um enorme **distrito cultural**, cujos projetos foram idealizados por alguns dos mais renomados arquitetos mundiais, incluindo Zaha Hadid, Jean Nouvel, Tadao Ando e, a pedido especial do príncipe herdeiro, Frank Gehry, que tentará superar o que fez no Museu Guggenheim em Bilbao, na Espanha.

Nós acabamos de firmar um acordo com o Museu do Louvre, de Paris, para termos aqui uma unidade remota com as obras do seu acervo, para muitos anos, e custando algo próximo de US$ 1 bilhão."

Haja criatividade e riqueza em Abu Dhabi, não é?

Um exemplo interessante de como em Abu Dhabi busca-se incrementar a visitação é aquele que levou a construção do complexo tendo como núcleo principal o autódromo e o Museu da Ferrari.

De acordo com Abu Dhabi MotorSports, que administra o autódromo, o modelo de gestão funciona bem porque é "híbrido"!!!

O presidente dessa empresa, Al Tareq al Ameri declarou: "O governo de Abu Dhabi continuamente cobra resultados, o faturamente e o público de visitantes,

Em 2016 foram cerca de 15 milhões de visitantes, mas a perspectiva é chegar a 21 milhões em 2021.

Além do autódromo e do Museu da Ferrari, o novo complexo tem um hotel de luxo – o Yas Viceroy –, uma marina, um campo do golfe, um *shopping-center*, uma escola para pilotos e outros empreendimentos imobiliários.

Estamos abertos cerca de 300 dias por ano e qualquer habilitado que pagar R$ 1,5 mil poderá no decorrer de 20 min andar no nosso circuito a uma velocidade próxima de 220 km/h."

Muitos dos projetos idealizados em Abu Dhabi como esse já foram realizados, ou então, estão em execução e seguramente serão concluídos.

Lá tudo acontece rápido, pois não faltam recursos e os seus mandatários são inteligentes e sofisticados. Agora resta saber em quanto tempo Abu Dhabi começará a atrair mais negócios e turistas que Dubai.

De qualquer modo, isso tornará os EAU como um todo ainda mais atraentes.

A LIÇÃO DE ABU DHABI

Uma óbvia lição que Abu Dhabi dá a outras cidades (e nações) do mundo é que elas devem preocupar-se com a maneira como irão sobreviver no futuro e, assim, buscar novas alternativas para que sejam não apenas atraentes o bastante para as pessoas que vivem nelas, mas, ao mesmo tempo, capazes de atrair um grande número de visitantes.

Naturalmente, um caminho adotado foi torná-la um atrativo para os turistas, construindo hotéis espetaculares, erguendo museus com acervos incríveis, facilitando o acesso a ela com um moderno aeroporto e uma companhia aérea que opera em muitos lugares importantes do mundo, e assim por diante.

Os dirigentes do emirado de Abu Dhabi sabem que um dia as suas reservas de petróleo irão acabar ou, o que é pior, a demanda por ele talvez caia muito e, desse modo, os recursos que têm mantido Abu Dhabi pungente desaparecerão.

Em Abu Dhabi, o calor é abrasador, não há água potável, o seu mar está bastante poluído e não existe solo arável. O que existe e o que se vê, é uma extensa cobertura de areia, ou seja, a cidade se parece com **uma catastrófica visão do futuro**. Não é, portanto, muito difícil imaginar os danos que o aquecimento global poderão infligir a Abu Dhabi.

Foi por isso mesmo que o governo do emirado resolveu construir a sua pequena **cidade ecológica**, ou seja, uma **cidade sustentável** denominada Masdar (que em árabe significa "origem" ou "princípio").

Com ela a **"capital do petróleo"** está procurando mostrar ao mundo em que tipo de ambiente se poderá – ou se deverá – viver.

Para esse projeto o governo de Abu Dhabi investiu inicialmente US$ 22 bilhões, bancados pela Abu Dhabi Future Energy Company. O planejamento de Masdar ficou também a cargo da Foster & Partners, que tem à sua frente o notável arquiteto Norman Foster.

Masdar ocupará 6 km^2 e terá somente 52 mil moradores e 40 mil empregos. Ela será a primeira cidade do mundo com **emissão zero de carbono e totalmente autossustentável**, de todas as formas concebíveis. Ela gerará sua própria energia elétrica com a combinação do uso das energias solar e eólica (a pretensão é, inclusive, "exportar" o excedente), e reciclará todo o seu lixo e a sua água.

A cidade não terá arranha-céus – o projeto de seus edifícios foi inspirado nas cidades tradicionais do Oriente Médio, como Damasco, Bagdá etc. cuja altura máxima é de cinco andares – e será murada, um artifício para reduzir seus limites e, dessa forma, conter o seu crescimento desordenado. O mais importante, entretanto, é protegê-la dos ventos muito fortes que sopram do deserto.

As ruas de Masdar não serão amplas avenidas, mas praticamente vielas. Ali existirá um mercado ao ar livre na região central – um antídoto para os *shopping centers*.

Os pátios e as lojas serão "sombreados" por telas inspiradas nos tradicionais muxarabis (*mashrabiyas*), redes bordadas que permitem a passagem da brisa, mas filtram a luz do sol.

Haverá muitos ornamentos de pedra e padronagens islâmicas, palmeiras e piscinas. As ruas estreitas e "quebradas" em intervalos auxiliarão na circulação do ar.

O mais incrível de tudo (?!?!) é que as ruas são projetadas para pedestres, não para automóveis. Será uma cidade livre de carros, porém, possuirá um sistema de **"transporte pessoal rápido"**. Esses veículos circularão sob o solo e contarão com pontos de parada dispersos pela cidade. Eles usarão uma tecnologia desenvolvida na Holanda.

Masdar será densa, plana e de uso misto. Um modelo de cidade bem tradicional, com mesquita e escolas no seu centro, que, apesar de inspirar-se na arquitetura do passado, será tão sustentável quanto possível.

Encontram-se em Masdar a sede interna da Agência Internacional de Energias Recicláveis e o Masdar Institute – uma *joint venture* com o Instituto de Tecnologia de Massachusetts (MIT, sigla em inglês) de Boston (EUA) –, a primeira IES do mundo unicamente dedicada às tarefas **alternativas de energia** e à **sustentabilidade**, ou seja, um centro para o desenvolvimento de ideias ecológicas e tecnologias verdes que sirvam ao mundo como um todo.

Masdar pretende se tornar a mais ecológica cidade do mundo, e esse empreendimento é sem dúvida o primeiro passo na produção de outros locais ecologicamente corretos. Com o seu pioneirismo ela tornará todas as outras cada vez mais viáveis em termos econômicos.

Você não acha que a própria Masdar é uma cidade criativa? **Claro que é!**

As outras cidades do mundo que desejam se tornar mais ecológicas devem inspirar-se nas tentativas e ideias bem-sucedidas de Masdar, replicando-as e aperfeiçoando-as para que se possa ter um mundo cada vez mais sustentável.

Em tempo, convém destacar que por causa da crise financeira mundial que abalou o mundo em 2008, muitas das obras planejadas para estarem prontas em 2017 foram adiadas e talvez só venham a ser concluídas na próxima década.

Mesmo assim, os estudantes do Masdar Institute – uns 400, dos quais a metade é dos EAU – perambulam por uma cidade inacabada que ainda tem poucos bares e restaurantes, e utilizam o seu complexo esportivo bastante ocioso.

Vamos torcer para que Abu Dhabi conclua Masdar, não é?

Pontes sobre os canais de Amsterdã no outono.

2.2 - Amsterdã

PREÂMBULO

Há muitos motivos para amar Amsterdã a começar dos seus lindos canais que servem para muitas distrações, como vias de passagem e inclusive abrigam muitas moradias flutuantes.

Aliás o cinturão dos canais de Amsterdã foi declarado pela Unesco, patrimônio da humanidade.

Mas o mais importante é entender o lema oficial de Amsterdã: **"Valente, decidida e misericordiosa"** *("Heldhaftig, Vastberaden, Barmhartig")* essas três palavras são provenientes da declaração oficial dita pela rainha Guilhermina dos Países Baixos, em 1947, em homenagem à coragem da cidade durante a 2ª Guerra Mundial.

A HISTÓRIA DE AMSTERDÃ

Amsterdã é a capital cultural e a cidade mais populosa da Holanda – o reino dos Países Baixos –, tendo no fim de 2016 uma população de aproximadamente 850 mil pessoas, um número que chega a 2,5 milhões de pessoas se incluída sua região metropolitana (RMA). Amsterdã é a capital da Holanda, embora a sede governo esteja em Haia.

Vale a pena responder logo as seguintes questões:

- ↣ **Por que a Holanda é também chamada de Países Baixos?** Porque mais de 40% do país está abaixo do nível do mar!!! São os poldêres, ou seja, as áreas drenadas.
- ↣ **E por que não seria então País Baixo, no singular?** Porque a Holanda é dividida em 12 províncias, que seriam os tais países, no plural. Duas dessas províncias – chamadas de Holanda do Norte e do Sul – acabaram virando sinônimo de toda a região em alguns idiomas, como o português e o espanhol.

O nome Amsterdã deriva de Amstelredamme, uma indicação de sua origem como uma represa do rio Amstel, que banha a cidade. Na realidade, a cidade se originou de uma pequena vila de pescadores que surgiu no fim do século XII. Com o passar do tempo, Amsterdã se tornou um dos portos mais importantes do mundo, isso já no século XVII, considerado o século de ouro dos Países Baixos, que, de fato, promoveram ações inovadoras no comércio mundial.

Aliás, durante essa época a cidade transformou-se no principal centro financeiro e de diamantes do mundo. Nos séculos XIX e XX a cidade se expandiu muito, quando surgiram novos bairros e desenvolveram-se os subúrbios.

Os canais de Amsterdã e a linha de defesa da cidade (grandes diques) que a protegem do mar, são hoje considerados patrimônio da humanidade pela Unesco.

Como já mencionado, Amsterdã é a capital cultural da Holanda. É uma cidade **global alfa**. As grandes instituições holandesas mantêm suas sedes na cidade (inclusive sete das 500 maiores empresas do mundo, entre as quais estão a Philips, a Shell, a ABN Amro e a ING), sendo que em 2012 ela foi considerada pela Economist Intelligence Unit (EIU) a 2ª melhor cidade para se viver no mundo. Amsterdã tem a mais antiga bolsa de valores do planeta, criada em 1561.

Entre os residentes famosos de Amsterdã, em várias épocas, estão o pintor Vincent van Gogh, o filósofo Baruch de Spinoza e Anne Frank, só para citar três. Além dos seus canais históricos, as grandes atrações da cidade são os museus, os *coffee shops* permissivos e a zona de meretrício (que conseguiram muita fama e atraem cerca de 5,5 milhões de visitantes estrangeiros que chegam à cidade por ano).

No início do século XVIII a população da cidade já era superior a 200 mil amsterdamêses. Entretanto, pelo fato de ter abrigado a Revolução Industrial e também por causa da expansão do império britânico em todo o mundo, que estabeleceu muitas colônias, Londres sobrepujou Amsterdã.

Por outro lado, a França ocupou a região de 1755 a 1813. O bloqueio continental imposto por Napoleão Bonaparte afetou gravemente a economia de Amsterdã, que era muito dependente do comércio e, para isso, utilizava o mar.

A partir de 1830 a Revolução Belga foi motivo da ação revitalizadora de parte de Antuérpia e também do porto concorrente de Roterdã, que evoluiu muito. Isso contribuiu bastante para o declínio de Amsterdã. Todavia, os novos canais abertos para a navegação foram a salvação do porto da cidade, que atualmente é um dos mais ativos da Europa.

De fato, Amsterdã começou a se expandir com rapidez após 1900, quando uma grande quantidade de áreas fabris e novas casas foram surgindo na parte meridional, após a 1ª Guerra Mundial (1914-1918).

De 1940 a 1945, durante a 2ª Guerra Mundial, as tropas nazistas ocuparam Amsterdã, promovendo a perseguição de seus habitantes, que em grande número eram judeus.

Nos últimos dias de guerra os alemães destruíram as instalações portuárias, entretanto, a cidade se recuperou e se expandiu para a parte ocidental. No fim da década de 1950, Amsterdã voltou a se destacar como o centro financeiro e industrial dos Países Baixos.

A maior parte das cidades é constituída por pôlderes (terrenos baixos, planos e alagáveis protegidos continuamente de alagamentos por meio de diques). O tamanho da área urbana inteira de Amsterdã atinge 897 km^2, porém, só 718 km^2 são propriamente terra.

Já a área conhecida como Grande Amsterdã inclui a região urbana e as cidades satélites, chegando a um total de 1897 km^2. Destes, somente 1447,36 km^2 constituem-se de terra.

2.2 - AMSTERDÃ

O relevo de Amsterdã é de uma região que se encontra abaixo do nível do mar. Um sistema bem projetado de canais em forma de círculos, que se interligam, é a base do sistema de drenagem urbana.

Esses canais, que escoam à sombra de árvores, são as vias de transporte que dividem Amsterdã em ilhas. Mais de 400 pontes conectam essas ilhas.

Quase a totalidade das residências em Amsterdã foi construída em cima de estacas, devido ao encharcamento e à pouca consistência do solo.

Aliás, Amsterdã está 4 m abaixo do nível do mar, por isso as plantas que ali existem precisaram se adaptar à salinidade da água.

A composição étnica de Amsterdã é formada por praticamente 50% de estrangeiros (marroquinos, indonésios, turcos, italianos e muita gente do Suriname, depois que ocorreu sua independência em 1975), sendo que os outros 50% são holandeses.

O lema oficial de Amsterdã é: **"Valente, decidida e misericordiosa"** (***Heldhaftig, Vastberaden, Barmhartig***), e essas três palavras são provenientes da declaração oficial dita pela rainha Guilhermina dos Países Baixos, em 1947, em homenagem à coragem da cidade durante a 2ª Guerra Mundial.

Amsterdã é considerada a quinta cidade europeia no mundo dos negócios, atrás de Londres, Frankfurt, Paris e Bruxelas, pois estão ali muitos bancos e empresas poderosas.

Concentram-se nela muitas indústrias importantes que produzem alimentos, roupas, medicamentos, navios, joias etc.

Não se pode esquecer que, desde o século XVI, ela é um importante centro industrial responsável pela lapidação de diamantes.

Amsterdã é um dos portos mais importantes do mundo, sendo que em 1952 abriu-se um canal que ligou a cidade ao famoso rio Reno. Isso aumentou a sua relevância, uma vez que muitos produtos vindos da Alemanha chegam até o porto por essa via fluvial.

No aeroporto internacional Schiphol fica um dos setores operacionais da KLM na Holanda. De trem, é possível chegar a ele em cerca de 20 min a partir do centro da cidade. Note-se que, em 2004, a Air France comprou a KLM – companhia aérea dos Países Baixos –, tornando-se a maior companhia aérea da Europa, cuja nova sede fica no aeroporto Charles de Gaulle.

Schiphol é o terceiro mais movimentado aeroporto da Europa [ficando atrás de Heathrow (Londres) e Charles de Gaulle (Paris)], pelo qual teriam passado em 2016 mais de 63 milhões de passageiros. É também o 3º maior da Europa em relação à quantidade de operações em carga.

O aeroporto de Schipol é um dos mais modernos do mundo, que em março de 2017 implementou um novo sistema de "embarque biométrico", que permite a entrada de passageiros nos aviões apenas com o reconhecimento facial.

Outra inovação introduzida em 2017 foi a tecnologia de escanear os calçados dos passgeiros, eliminando a incomôda necessidade de se ter que tirar os sapatos para passar pelas máquinas de raios X, com o que diminui-se consideramente o tempo gasto por cada pessoa nos postos de fiscalização. Quando é que vamos ter essas tecnologias nos aeroportos internacionais do Brasil?

O transporte público é constituído por diferentes meios de locomoção: metrô, ônibus, barco, taxi, bondes elétricos (*tram*), trem normal e até trem de alta velocidade.

E não se pode esquecer que Amsterdã tornou-se **referência mundial no uso de bicicletas**. Quase todas as ruas principais têm vias para ciclistas, podendo-se deixar a bicicleta em qualquer lugar (desde que devidamente protegida). Acredita-se que existam cerca de 900 mil magrelas na cidade (mais de uma para cada habitante).

Amsterdã possui quatro importantes universidades: a Universidade de Amsterdã, a Universidade Livre, a Universidade de Ciências Aplicadas de Amsterdã (Hogeschool van Amsterdam) e a Universidade Artística para Ciências Aplicadas de Amsterdã (Amsterdamse Hogeschool voor de Kunsten).

Outras IESs são a Academia de Arte (Gerrit Rietveld Academie) e o Instituto Internacional de História Social (Institut voor Sociale Geschiedenis), que é um centro internacional de pesquisa e possui um grande acervo, voltado especificamente para a história do movimento operário.

É no campo cultural que Amsterdã brilha muito, e o seu grande orgulho é o Rijksmuseum, o museu nacional, que, depois de dez anos de reforma, finalmente reabriu ao público em 2013.

Agora as suas mais de 8 mil obras expostas estão divididas em salas cronológicas, abrangendo cerca de 800 anos de arte.

Entre as obras expostas estão as de Vermeer, Jan Steen e Frans Hals, grandes expoentes da chamada era de ouro da pintura holandesa no século XVII.

A obra mais famosa é a *Ronda Noturna*, de Rembrandt, a única a permanecer em seu lugar original depois da reforma.

O visitante brasileiro terá a oportunidade de notar que o Brasil desempenhou um capítulo de peso na história holandesa, por conta da invasão do nosso Nordeste.

De qualquer modo, a peça mais fotografada está mesmo é do lado de fora do Rijksmuseum: é o seu letreiro branco e vermelho: **"I Amsterdam"** (*Sou Amsterdã*), bem em frente ao museu!!!

Na *Museumplein*, ou seja, nessa enorme praça conhecida como o centro nervoso da cultura amsterdamesa, fica também o Van Gogh Museum. Nos últimos tempos ele também passou por uma breve reforma para comemorar seus 40 anos de existência.

O acervo em homenagem ao mais famoso pintor holandês tem 200 pinturas, 500 desenhos e 700 cartas escritas por ele. Entre as suas obras-primas estão as telas *Os Comedores de Batatas*, *Girassóis* e *Campo de Trigo com Corvos*.

Quem for a esse museu terá uma verdadeira aula de pós-impressionismo.

Logo ao lado, ainda na *Museumplein* está o Stedelijk, o museu de arte moderna da cidade, com uma fachada futurista.

Outro nome de peso das artes holandesas, Rembrandt, também tem seu próprio museu na casa onde morou por 21 anos.

Muitos quadros foram produzidos no estúdio do primeiro andar que, a exemplo dos demais cômodos, reproduz a decoração original do século XVII, expondo desenhos, gravuras e autorretratos.

É claro que a Casa de Anne Frank é um dos locais mais importantes para se entender o holocausto (a perseguição que os nazistas fizeram aos judeus).

Geralmente ali se formam grandes filas e devido a grande procura, não cabe tanta gente ao mesmo tempo nos estreitos corredores e nos cômodos claustrofóbicos do anexo, onde a jovem e sua família se esconderam por dois anos na década de 1940 – e que agora estão vazios, exceto pelas fotos penduradas nas paredes.

O **espírito liberal** que Amsterdã herdou da idade de ouro justifica o fato de nela existirem alguns cafés – os chamados *coffee shops* – onde **o consumo de drogas leves** é autorizado, e de haver na cidade **uma indústria legalizada do sexo.**

Por isso, muitos turistas vão a Amsterdã **com uma coisa em mente** (não que seja a única, naturalmente.)

É justamente por isso que a cidade não aderiu à lei que proíbe o uso da maconha por moradores, como fizeram outras cidades holandesas.

Amsterdã sabe que muito de sua atração vem daí, dos *coffee shops*. Então por que negá-los, ou proibi-los?

E, seguindo algumas regrinhas, as coisas até se desenrolam bem dentro deles.

Muitos *coffee shops* estão no bairro boêmio De Pijp, e quem entrar em um deles vai encontrar um "cardápio" por meio do qual pode fazer suas escolhas (ressaltando que do lado de fora do *coffee shop* é proibido colocar qualquer tipo de anúncio ou fazer divulgação sobre o que consta desse cardápio.).

Se o visitante não entende direito o que está no cardápio, obviamente recebe as explicações ou sugestões do atendente. E quem não quiser tragar pode deliciar-se com o famoso *space cake*, um bolinho que não deixa de ser um potente alucinante.

É verdade que nos últimos anos, cerca de 45% dos 350 *coffee shops* que existiam na cidade foram fechados sob dois pretextos: combater a existência dessas cafeterias nas proximidades de escolas e reduzir o turismo internacional ligado ao consumo da erva.

Estima-se que 30% dos 5,5 milhões de turistas estrangeiros que vem a cidade acabam indo aos *coffee shops*, deixando durante a sua estadia em Amsterdã algo próximo de US$ 1,8 bilhão anualmente.

Será que alguém vai querer abrir mão dessa receita?

Outro local que alicerça a fama amsterdamesa é o Red Light District (ou bairro da Luz Vermelha), cujas ruas estão lotadas de *sex shops* (lojas que vendem artigos eróticos), bares onde se apresentam espetáculos eróticos, cinemas eróticos e até um museu do sexo.

Não se deve esquecer que a prostituição nos Países Baixos é completamente legal em locais designados pelo governo para essa prática.

Nesse bairro se enfileiram prostíbulos com vitrines escancaradas, onde as moças se exibem em roupas mínimas...

Quem estiver andando em alguma dessas ruas verá muitos homens perguntando o preço e entrando para valer na casa. Em seguida, a mocinha fecha a cortina para a coisa acontecer ali mesmo, naquele quarto separado da rua apenas por uma camada de vidro e geralmente protegido por algum segurança brutamontes.

Se alguém não tem o despudor necessário para aproveitar os prazeres oferecidos no Red Light District pode optar por um "relaxamento" menos agressivo, ou seja, voltar-se para a **degustação de cerveja**.

Nesse caso, o bom programa é ir para um dos chamados *bruine cafés*, que na realidade são bares antigos, escuros, apertados, geralmente lotados, nos quais você pega a cerveja direto no balcão, repleto de torneiras espumantes.

Em tempo, *bruin* é marrom em holandês, referência à cor das paredes tingidas pela fumaça do tabaco ao longo dos anos (a maconha em nenhum deles é permitida).

Os melhores *bruine cafés* também se concentram no bairro De Pijp, que já foi uma região degradada, mas hoje é um redutinho bem *pop* onde se encontra o maior mercado a céu aberto da Europa – o Albert Cuyp Market –, que abre todos os dias, exceto aos domingos.

Os bares se enfileiram por uma rua onde só passam pedestres.

São muitos, mas destacam-se o tradicional **Café Drull** e o moderninho **Het Paardje**.

Assim como beber, os holandeses sabem sem dúvida como fazer uma boa cerveja. Dessa maneira, é impossível deixar de provar uma Heineken, uma Amstel ou uma Grolsch.

Aliás, a primeira virou uma atração bem concorrida fora das mesas dos bares, por meio da **Heineken Experience**.

Para isso, uma velha fábrica em De Pijp foi transformada em um museu interativo sobre a história da marca, mostrando a produção passo a passo, inclusive com um simulador 4D (que faz com que o visitante se sinta como a própria cerveja...)

Também há uma série de pequenas cervejarias artesanais, como a Brouwerij 't IJ, que fica em um icônico moinho de vento à beira do lago IJ.

Além de poder visitar essa fábrica gratuitamente, dá para provar cervejas no *biergarten* ("*jardim da cerveja*") anexo, ao ar livre e com um sistema *self-service* (ato de servir a si mesmo).

Por outro lado, não se pode esquecer que Amsterdã é um centro de cultura, fundamentalmente, não apenas do que se mostra nos seus museus.

Ela possui a Orquestra Real do Concertgebouw, a Companhia Teatral da Cidade e a Ópera do Estado.

Entre as atrações turísticas de notoriedade que se localizam no centro histórico da cidade está o palácio Real, a principal construção da praça Dam, que foi erguida no século XVII para ser o prédio da prefeitura. Hoje é um dos três palácios da Holanda a sediar eventos oficiais da família real, sendo que alguns de seus aposentos são abertos para a visitação pública.

A praça Dam é o coração histórico de Amsterdã, na qual está o Monumento Nacional, um obelisco que serve como memorial da 2ª Guerra Mundial.

Nos seus arredores ficam a filial holandesa do Museu de Cera Madame Tussauds e a Bijenkorf, uma loja de departamento do século XIX, que é a maior da cidade com seis andares.

Existem diversos museus que contam a história de Amsterdã, como o Het Grachtenhuis, um museu interativo instalado em uma casa burguesa do século XIV, que se propõe a contar a história dos 400 anos dos canais da cidade em 40min, e o Amsterdam Museum, que tem um acervo bem grande e um forte apelo interativo, reunindo telas, estátuas, artefatos navais e cartografia.

A Holanda é um país em que é grande a quantidade de agnósticos e ateus, assim, muitas das suas igrejas ganharam outros usos.

A Nieuwe Kerk, por exemplo, que foi erguida no século XIV, deixou de ser um local para celebrar missas e passou a receber eventos da família real e a ter exposições variadas.

Há também templos marcantes, como Oude Kerk, o prédio mais antigo da cidade com cerca de 800 anos.

Vale a pena apreciar também o que se mantém em Begijnhof, onde ao redor de um pátio estão residências do século XIV que abrigaram mulheres de uma irmandade católica, sendo que a de número 34 é a casa mais antiga da cidade – a única a conservar a fachada de madeira original.

A 10 km de Amsterdã está o Zaanse Schans, um museu a céu aberto que reproduz uma antiga vila, com moinho de vento, vacas pastando, fábricas de queijos e de *clogs* (tamancos feitos de madeira desde, pelo menos, o século XIII e usados até hoje no campo).

2.2 - AMSTERDÃ

As casas ali são de fachada reta, com grandes janelões, e vale muito alugar uma *bike* e pedalar nesse local um pouco, ou, para quem não quer se esforçar, fazer um passeio de barco.

Quem for a Amsterdã não pode deixar de conhecer a produção do famoso queijo *gouda* e aí a sugestão é visitar a "fábrica" Henri Willig, que tem quatro propriedades nos arredores da cidade.

O *tour* (passeio) é gratuito e seu agendamento inclui a visita a uma instalação que produz *clogs*. No final dele, chega-se a uma loja de queijos, chocolates, mostardas, vinhos e *stroopwafels* (os biscoitos mais antigos da Holanda).

Não há quem resista a esse chamamento de coisas saborosas para satisfazer o seu lado *gourmet*!!!

E já que se invadiu o campo gastronômico, vale a pena citar algumas cozinhas incríveis que se encontram na cidade, como o *Moeders*, onde se deve pedir o *rice dish*, uma combinação de todas as especialidades holandesas da casa; o *Café Loetje* (que tem diversos endereços na cidade), conhecido há mais de 30 anos pelo seu *biefstuk* (bife com batata frita); o *Haesje Claes*, que ocupa um prédio histórico do século XVI e tem como como carro-chefe as almôndegas com molho de pimenta e sopa de feijão; o *Greetje*, com foco na comida caseira e ingredientes orgânicos, destacando-se o sanduíche grelhado de pão açucarado com *terrine* de fígado de pato e xarope de maçã; *Hap-Hmm*, que desde 1935 serve refeições com preços acessíveis, como as "almôndegas da vovó" e o *steak* com molho tipo estrogonofe; *D'vijff Vlieghen*, em um elegante prédio do século XVII, autointitulando-se de "museu culinário", ao servir receitas clássicas como o *waterzooi* (guisado de peixe e vegetais).

Normalmente o (a) leitor (a) já ficou com água na boca com essa pequena amostra do que se pode comer nos mais variados restaurantes de Amsterdã, inclusive algumas refeições bem exóticas!!!

O que se recomenda, em especial para quem for para Amsterdã, é que faça antes longos passeios para gastar bastante energia (depois ou antes das lautas refeições que se oferecem na cidade.)

Talvez o que menos consuma energia seja o passeio de barco. Isso, entretanto, permite ao visitante conhecer muito bem a cidade e admirá-la sob outro ângulo. A bordo de um barco é possível percorrer uma parte dos mais de 100 km de canais concêntricos que fazem parte de um engenhoso sistema envolvendo diques e moinhos de vento para conter o avanço da água do mar.

Uma sugestão para isso é comprar o bilhete para o Canal Bus, que é uma embarcação tipo *hop on/hop off* (em que se pode embarcar e desembarcar quantas vezes quiser no decorrer de um prazo de tempo limitado, 24h a 48 h).

Já por terra sem dúvida vale a pena conhecer os locais caminhando, usando uma *bike* ou, para distâncias maiores, pegar um eficiente *tram*.

A cidade não tem um sistema de aluguel de bicicletas com várias estações, como o *Vélib* (de Paris) ou o *Citi bike* (de Nova York), afinal, cada morador já tem a sua própria bicicleta e 58% da população pedala todos os dias. Entretanto, há empresas especializadas em aluguel de bicicletas para turistas (como a *MacBike*, que inclusive oferece passeios guiados pela cidade.)

Por incrível que pareça **furtos** de bicicletas são **bem comuns**, não sendo uma boa deixá-las estacionadas sem alguma proteção enquanto se vai a algum lugar. (A bem da verdade esses episódios representam o máximo de "criminalidade" que se observa com certa frequência na cidade!)

Porém, o turista deve estar bem atento ao pedalar, uma vez que os amsterdameses são tão *experts* nessa prática que não têm lá muita paciência com novatos no emaranhado de gente, *bikes* e bondes que compartilham os mesmos espaços.

Apesar de não parecer, tudo é bem organizado e regrado no trânsito em Amsterdã.

Isso torna possível pedalar pelo Vondelpark – a área verde queridinha dos locais, com oito hectares – sem medo de ser atropelado.

É ali, num recanto superfamília, que línguas fofoqueiras e pervertidas dizem que fazer sexo no local é permitido por lei. Mas o visitante não deve cair nessa história, pois, na realidade, ela se originou de uma boataria divulgada principalmente em 2007.

O fato é que Amsterdã é uma cidade para todos, com muitas liberalidades, parecendo assim especialmente para quem vive nas cidades brasileiras, mas nela tudo tem regras e disciplina, de maneira que tudo acontece com muito respeito aos outros.

Os holandeses gostam de esporte, especialmente de futebol. Existem no país famosas equipes, como: AFC Ajax, de Amsterdã, Feyenoord, de Roterdã, e PSV, de Eindhoven.

Por sinal, a Holanda conseguiu grande destaque no cenário mundial, tendo inclusive conquistado três vezes o vice-campeonato mundial (1974,

2.2 - AMSTERDÃ

1978 e 2010). A equipe celebrizou-se pelo seu estilo de jogo denominado de "laranja mecânica," quando foi comandada pelo notável jogador Johan Cruyff. Ele atuou durante um bom tempo na equipe do Barcelona (assim como fizeram outros jogadores holandeses famosos), que, aliás, após assimilar o esquema holandês tornou-se por diversos anos a melhor equipe do mundo. Todavia, o maior sucesso de Cruyff no Barcelona não foi como jogador, mas como técnico. Ele permaneceu no cargo por 8 anos.

Nesses últimos anos, graças às boas equipes que existem em Amsterdã e em outras cidades holandesas, outras modalidades esportivas ganharam bastante destaque, como o voleibol, o hóquei na grama e o handebol, particularmente o jogado pelas mulheres, assim como os esportes de inverno, com as conquistas nos Jogos Olímpicos de Verão e de Inverno.

Comecemos pelo hóquei na grama, no qual as equipes masculina e feminina em sua participação nos Jogos Olímpicos conquistaram 17 medalhas (5 de ouro, 6 de prata e 6 de bronze). A Holanda superou no total a Índia, país no qual esse é o segundo esporte mais popular, que conquistou 11 medalhas (8 de ouro, 1 de prata e 2 de bronze) somando todas as edições em que participou.

Foi incrível a participação da Holanda nos Jogos Olímpicos de Inverno de 2014, em Sochi, na Rússia. O país ficou em 5º lugar com a conquista de 24 medalhas (8 de ouro, 7 de prata e 12 de bronze). O destaque foi Ireen Wűst, patinadora de velocidade, que conquistou cinco medalhas (2 de ouro e 3 de prata), mais do que qualquer outro atleta que participou desse evento.

Nos Jogos Olímpicos de Verão de 2016, no Rio de Janeiro, a dupla holandesa formada por Alexander Brouwer e Robert Meeuwsen, conquistou a medalha de bronze no vôlei masculino de praia; já no voleibol de quadra feminino a Holanda ficou em 4º lugar, à frente do Brasil que terminou em 5º lugar.

É incrível como um país relativamente pequeno como a Holanda tenha um desempenho espetacular em tantos esportes, não é?

Sem dúvida, e o que é pior de tudo é o fato de a seleção de futebol do Brasil ter um retrospecto negativo diante do time da Holanda, ou seja, quando se enfrentaram mais perdeu do que ganhou!?!? Em 12 confrontos, foram 3 vitórias do Brasil, quatro da Holanda e cinco empates.

A LIÇÃO DE AMSTERDÃ

Sem dúvida, a maior lição de Amsterdã é sua luta contra o avanço das águas, que impede que o país seja alagado, uma vez que está abaixo do nível do mar. Comparativamente, em muitas cidades brasileiras nós não conseguimos ainda combater de modo adequado as enchentes provocadas pelas chuvas e pelos rios que "saem" dos seus leitos e alagam tudo.

Outro legado incrível dessa cidade europeia é a influência dos pintores holandeses no mundo das artes visuais. As obras de seus mestres estão entre as mais admiradas e valorizadas do mundo.

Quanto às drogas, não seria o caso de proibir efetivamente o tabaco e liberar de forma controlada a maconha? Aliás no Uruguai recentemente regulamentou-se a venda e a produção da maconha.

Nesse país e especificamente na sua capital Montevideu, os usuários – só os cidadãos uruguaios, para evitar o "turismo canábico" – são cadastrados e compram o narcótico diretamente nas farmácias. Por incrível que pareça, especificamente em Montevidéu isso trouxe alguns benefícios, inclusive a "diminuição" do número de viciados e de conflitos entre os vendedores de droga.

E nos EUA, mais de duas dezenas de Estados, que legalizaram a maconha para fins medicinais estão vivendo um *boom* imobiliário, pois fábricas antigas, armazéns e instalações para estocagem de produtos estão sendo readaptadas para possibilitar o cultivo e o processamento de plantas e derivados da maconha, com que o preço desse imóveis subiu muito...

Naturalmente isso não significa que quem fuma marijuana fica normal, pois, na realidade, além de sentir uma euforia suave, o usuário terá uma perda de coordenação muscular, um aumento de batimentos cardíacos, e poderá sofrer tonturas e alucinações.

De modo geral, o que os nossos gestores municipais deveriam copiar, ou ao menos tentar adaptar, inspirando-se em Amsterdã, são as regras e as normas que são aplicadas no seu trânsito e, de forma inteligente, procurar criar ciclovias e ciclofaixas, sem esquecer nunca das eventuais diferenças topográficas e do modo como já está estruturado o transporte público.

Não se pode querer que, de repente, o morador das cidades brasileiras concentre-se no uso da bicicleta, como já se conseguiu em Amsterdã.

Parque Guell em Barcelona, um local muito visitado.

2.3 - Barcelona

PREÂMBULO

Barcelona dá uma lição incrível para muitas cidades do mundo de como ela consegue atrair tanta gente para a cidade com os incríveis eventos que aí ocorrem.

Aí vão dois exemplos de setores bem diferentes. O primeiro é a realização anualmente do *Mobile World Congress*, o maior do mundo sobre celulares, no qual se divulgam todos os avanços disponíveis nos novos modelos.

Não se pode esquecer que o *smartphone* é o equipamento indispensável para as pessoas...

O segundo são os jogos do Barcelona, ocupando nos últimos 30 anos a posição de uma das melhores equipes do mundo (em certo anos a melhor), capaz de milagres, como aquele de ganhar do time do Paris Saint-Germain por 6 a 1 (!!!) emocionando 95 mil espectadores no seu estádio e atraindo a atenção de centenas de milhões no mundo vendo o jogo pela televisão!!!

A HISTÓRIA DE BARCELONA

Barcelona é a maior cidade catalã e um bom exemplo de cidade criativa, na qual estimulou-se bastante o surgimento de *start-ups*, em especial no campo tecnológico. Entretanto, também prevalece nessa cidade um ambiente propício para o desenvolvimento de empresas voltadas para a **EC**, uma vez que ali existe uma excelente qualidade de vida, o que facilita e impele os próprios habitantes a envolver-se em eventos culturais e artísticos. Existem em Barcelona inúmeras faculdades. Entre elas estão as que oferecem formação para *designers*, desenvolvedores de aplicativos (*apps*), produtores de filmes e arquitetura (o que permite aos alunos conviver com *designers* de obras icônicas feitas na cidade pelos mais famosos arquitetos do mundo.

Barcelona é a 2ª maior cidade da Espanha, na qual no final de 2016 viviam cerca de 1,9 milhão de pessoas. Já em sua área metropolitana o número de habitantes ultrapassa 5,4 milhões.

É a maior metrópole da costa do mar Mediterrâneo, entre as fozes dos rios Llobregat e Besòs.

Barcelona é cidade-irmã de São Paulo e Rio de Janeiro, e tem um convênio de amizade e cooperação com Salvador. Ela foi, historicamente, uma cidade muito ligada à indústria, e a primeira cidade na Espanha a acolher a Revolução Industrial. Apesar de ter passado por diversas crises econômicas, é atualmente o maior centro industrial do país, que, por sua vez, está se automatizando de forma muito significativa e necessita de cada vez **menos gente** a cada ano!?!?

Recordando o passado de Barcelona, vale salientar que os primeiros vestígios de povoamento remontam ao final do período neolítico (2000 a 1500 a.C.).

Barcelona situa-se perto do rio Rubricatus – atualmente conhecido como rio Llobregat. Uma lenda atribui sua fundação a Hércules, 400 anos antes da fundação de Roma (?!?!) Porém, a cidade foi supostamente refundada por Amílcar Barca, que lhe teria dado o nome.

Os cartagineses ocuparam a região durante a 2ª Guerra Púnica.

Aparentemente, nessa mesma época teria existido na região uma colônia grega (Kallipolis), apesar de os historiadores discordarem sobre a sua localização exata.

Acredita-se que Barcelona tenha sido fundada pelos romanos no final do século I a.C., sobre o mesmo assentamento ibérico onde já se haviam instalado anteriormente, desde o ano 218 a.C. Ela teria então sido convertida em uma fortificação militar. Durante a Idade Média, quando foi ocupada por muitos povos, especialmente os muçulmanos em 985 d.C., a cidade ficou conhecida por vários nomes: Barchinona, Barçalona, Barchelona e Barchenona

A partir do século XIV a cidade, que já ostentava certa relevância sob o comando dos muçulmanos, adentrou numa era de decadência, que se estenderia por alguns séculos.

A tensão entre catalães e castelhanos se intensificou com a união dos reinos de Aragão e Castela, que se tornou oficial após o casamento entre os reis Fernando de Aragão e Isabel de Castela. De fato o momento mais crítico ocorreu com a guerra dos Segadores (de 1640 a 1652) e, em seguida, com a guerra da Sucessão Espanhola (de 1702 a 1714). Esta terminou com a abolição das leis institucionais da Catalunha, a destruição de boa parte do bairro da Ribera e a construção sobre ele da fortaleza conhecida como Cidadela, onde atualmente se localiza o parque da Cidadela.

A partir do fim do século XVIII, teve início em Barcelona uma recuperação econômica que, no século seguinte, favoreceria um processo progressivo de industrialização.

A segunda metade do século XIX coincidiu com o projeto de derrubada das antigas muralhas que cercavam a cidade. Foi então que cidades próximas foram incorporadas – Gràcia, Horta, Les Corts, Sant Andreu de Palomar, Sant Gervasi de Cassoles, Sant Martí de Pronvençals, Sants e Sarrià – e surgiu a Grande Barcelona.

Isso permitiu que a cidade colocasse em prática o projeto Eixample – caracterizado pelo desenho regular de suas ruas, formando quadrados quase perfeitos; as ruas paralelas ou perpendiculares ao mar e os extremos dos quarteirões coincidindo com os pontos cardiais – e se desenvolvesse sua indústria. Por sua vez, essa prática lhe possibilitou adentrar o século XX como um dos centros urbanos mais avançados da Espanha, e, também, sediar duas exposições universais (em 1888 e 1929).

2.3 - BARCELONA

O panorama tornou-se novamente desfavorável para Barcelona com a escalada da Guerra Civil Espanhola e a derrota das forças republicanas. No final de 1939 as tropas do general Franco ocuparam a cidade, no que seria a última fase da guerra.

O período pós-guerra foi difícil para Barcelona, mas, sob o comando do competente prefeito Josep María de Porcioles i Colomer (1904-1993), logo a cidade iniciaria uma incrível fase de desenvolvimento. Ele permaneceu no cargo de 1957 a 1973.

Toda a região próxima à cidade que ainda mantinha alguma tradição agrícola e rural foi aos poucos se urbanizando e surgiram grandes bairros repletos de imigrantes procedentes de outras partes da península ibérica.

Após a morte do ditador Franco (1892-1975) a democracia foi restaurada e teve início um novo desenvolvimento cultural e urbanístico, com a crescente participação da população civil. A cidade ganhou infraestrutura digna de uma metrópole moderna, cosmopolita e atraente para o turismo.

E foi justamente nessa etapa que ocorreram na cidade os Jogos Olímpicos de Verão (1992) e o Fórum Universal das Culturas (2004).

Nos últimos anos, o porto de Barcelona se transformou no mais importante do mar Mediterrâneo, tanto em tonelagem de mercadorias e contêineres quanto no número de cruzeiros que fazem escala na cidade.

O aeroporto de Barcelona sofreu uma remodelação e ampliação em 2009, seguindo um projeto de Ricardo Bofill. Assim, todos que vieram para os Jogos Olímpicos já puderam desfrutar de maiores comodidades e facilidades.

Em 2016, o movimento de passageiros nesse aeroporto ultrapassou os 44 milhões de pessoas.

A seguir mais algumas considerações sobre Barcelona, que demonstram porque ela é de fato uma **cidade criativa**.

1ª) Barcelona é, sem dúvida, um importante centro cultural, além de sua grande importância econômica e política, em particular para a Espanha.

Ela possui muitos museus, como é o caso do que existe na Fundação Joan Miró, que abriga algumas das obras desse pintor.

O Museu Picasso conta com uma importante coleção de obras pouco conhecidas de Pablo Picasso, sobretudo dos períodos iniciais.

Já no Museu Nacional de Arte da Catalunha encontra-se exposta uma importante coleção de arte romana.

O Museu de História de Barcelona, conhecido pela sua sigla MUHBA, é responsável pela conservação, documentação, divulgação e exposição do patrimônio histórico, desde as suas origens (os primeiros vestígios de povoamento de Barcelona remontam a 2000 a.C.) até o presente.

A arte mais atual está no Museu de Artes Contemporânea de Barcelona.

Também são de grande relevância o Centro de Cultura Contemporânea de Barcelona, situado em El Raval, além do museu da Fundação Antoni Tapies, o CaixaFórum e o Museu de Ciência, denominado agora CosmoCaixa.

2ª) Barcelona encanta seus visitantes com a sua arquitetura. E justamente por isso ela é conhecida como a capital do modernismo catalão!!!

A cidade, onde viveu e trabalhou o arquiteto **Antonio Plácido Guillhermo Gaudi i Cornet,** ou simplesmente **Gaudi (1852-1926)**, conta com algumas de suas obras mais relevantes e, a cada ano, recebe cerca de 32 milhões de visitantes de todo o mundo.

Entre a maioria dos prédios baixos e marrons de Barcelona, a herança de Gaudi atrai pelas formas inesperadas e caprichosas, coloridas e harmoniosas.

Ele ensinava que "a curva é a linha de Deus". E, em seu mundo não havia retas. Segundo ele, "originalidade é voltar às origens."

Entre esses trabalhos alguns dos mais conhecidos são o parque Gűell, *La Pedrera* (ou casa Milá) e casa Batló.

Todavia, sua obra mais representativa é o templo Expiatório da Sagrada Família (ou apenas Sagrada Família, como é mais conhecido), que ficou inacabado e segue sendo construído lentamente, com previsão de término para 2026 (isso, aliás, aconteceu com as catedrais na Idade Média). Vale ressaltar que o corpo do pintor está enterrado justamente na cripta dessa igreja, que é visitada por quase 1,6 milhão de turistas todo ano.

Gaudi, dedicou-se à Sagrada Família por 43 anos, sendo que nos últimos 12 anos de sua vida o fez em tempo integral. Nos derradeiros dois anos viveu num estúdio dentro do canteiro de obras. Toda tarde, lá pelas 17 h, ele ia a pé até a igreja de San Felipe Neri, ao lado da catedral (centro de Barcelona), onde rezava.

Era uma boa caminhada, recomendada contra recaídas de uma febre reumática que já lhe tinha tirado a infância na rua com outras crianças.

Parecia um eremita. De barba branca e roupa puída, lembrava um mendigo. Talvez essa tenha sido a razão para três táxis terem se recusado a oferecer-lhe socorro quando foi atropelado por um bonde em 7 de junho de 1926.

"Amén, Déu méo! Déu méo!" ("Que assim seja, meu Deus"), foram suas últimas palavras, em catalão, três dias depois do atropelamento. Ele não quis que o transferissem para outro hospital ao recobrar a consciência.

Gaudi, chamado de **"o arquiteto universal catalão"** e **"o gigante do gótico"** foi, sem dúvida, a glória de Barcelona. O século XX foi definitivamente marcado por seus trabalhos.

O cronista F. Folch escreveu o seguinte elogio fúnebre no *Diário de Barcelona*: "**Só lhe faltava, para ir direto ao céu, morrer como um pobrezinho de Cristo!!!**"

Por ordem médica, Gaudi foi vegetariano durante toda a vida. Depois de seu falecimento, foi grande o movimento em Barcelona para transformá-lo em **santo**, o que ainda não aconteceu.

Pode-se dizer que Gaudi foi um profundo conhecedor da liturgia católica, religioso de missa e comunhão diárias, aprendiz de canto gregoriano, pobre e humilde no fim da vida, mas ele não fez nenhum milagre...

Aliás, Gaudi não teve uma vida digna de santo até 1900, ou seja, até os 48 anos de idade, quando as pessoas começaram a compará-lo a são Francisco de Assis e a Gandhi. De fato, toda a sua humildade somente desabrochou a partir de 1911, quando retornou de sua estadia nos Pirineus – onde buscou cura para sua febre reumática – decidido a abandonar tudo e se dedicar obsessivamente à **"catedral dos pobres"** – a Sagrada Família.

Na realidade, não existe um momento-chave de "revelação" na vida do **"arquiteto de Deus"** que seja aceito por seus biógrafos. O que se sabe é que durante muito tempo ele adorou a fama conquistada com a construção da casa Vicens, e dos edifícios para o conde Eusebi Güell, um mecenas e seu amigo.

Durante essa fase, Gaudi fumava charutos de qualidade, tinha pavio curto e comportava-se de forma arrogante.

Ele se vestia com elegância, mas só usava sapatos já amaciados pelo irmão, pois os novos o machucavam. Costumava frequentar os melhores restaurantes da cidade.

No que diz respeito à vida íntima, nunca se provou que tenha tido uma paixão. Acredita-se que tenha amado em segredo uma mulher sem ser correspondido. Um amigo, que só se casou depois de sua morte, levantou a suspeita de uma relação homossexual. Para os devotos, o arquiteto das linhas curvas divinas, ou sensuais, morreu casto!!!

Além das obras de Gaudi, Barcelona possui outras joias do modernismo catalão, com o hospital de São Paulo e o palácio da Música Catalã, do arquiteto Lluís Domènech i Montaner, assim como o palácio Macaya, do arquiteto Josep Puig i Cadafalch, entre muitas outras de suas obras.

Por outro lado, além das **obras modernistas**, também é possível admirar em Barcelona trabalhos pertencentes a outros estilos e períodos históricos.

Assim, dentro do período medieval, destacam-se especialmente as obras góticas que proliferaram no seu centro histórico – no denominado **bairro gótico** –, como a catedral de Barcelona.

Nesse mesmo estilo tem-se a igreja de Santa Maria do Mar, caracterizada por sua austeridade e harmonia nas medidas.

Já na **arquitetura contemporânea**, destacam-se alguns exemplos notáveis, como o pavilhão alemão do arquiteto Ludwig Mies van der Rohe, que foi construído para a Exposição Universal de 1929, bem como a Fundação Jean Miró, do arquiteto catalão Josep Lluís Sert.

3ª) Também não se pode esquecer o trabalho do arquiteto Oriol Bohigas Guardiola, que comandou uma ampla reforma na cidade para sediar os Jogos Olímpicos de 1992.

Ele foi polêmico em tudo o que fez, especialmente na reordenação urbana de cidades como Lyon (França) ou Parma (Itália).

Em, Barcelona, sua terra natal, ele foi tão bem-sucedido que se tornou consultor **permanente** da prefeitura.

E realmente a cidade nunca mais saiu da moda desde os Jogos Olímpicos de 1992, atraindo eventos e talentos de todas as partes do mundo, e merecendo dessa forma a denominação de **cidade criativa**.

Um dos exemplos disso foi o prêmio que no final de 1999 a Real Academia Britânica de Arquitetura deu a Barcelona – uma honraria concedida pela primeira vez a uma cidade inteira, e não a uma obra isolada. Nas palavras de Oriol Bohigas: **"Isso não é uma vitória pessoal, mas da arquitetura voltada para o povo!"**

2.3 - BARCELONA

Devido aos Jogos Olímpicos a cidade viveu uma etapa de grandes transformações. Assim surgiram as construções do palácio São Jorge, pelo arquiteto Arata Isozaki, da torre Collserola, do arquiteto Norman Foster, da torre de Montjuic, pelo arquiteto Santiago Calatrava, só para citar algumas edificações imponentes.

Após a Olimpíada a cidade seguiu mantendo seu desenvolvimento arquitetônico, construindo o Museu de Arte Contemporânea, um projeto de Richard Meier e a torre *Agbar*, de Jean Nouvel. Outras construções, como o edifício *Fórum* dos arquitetos Jacques Hersog e Pierre de Meuron, foram motivadas pela realização do Fórum Universal das Culturas.

4[a]) Na área de entretenimento esportivo, um destaque é o F.C. Barcelona, que para alguns críticos especializados tornou-se a mais vitoriosa equipe da última década. Por ela passaram e brilharam jogadores brasileiros como Romário, Rivaldo, Ronaldinho Gaúcho, Ronaldo "Fenômeno" e, mais recentemente, Neymar (que ainda joga na equipe), só para citar os que mais se notabilizaram. Não se pode esquecer, entretanto, que o Barcelona também tem extraordinárias equipes de futebol de salão, basquete e handebol, que, aliás, têm conquistado muitos títulos nacionais e internacionais e, com isso, atraído multidões para acompanhar seus jogos.

O estádio do Barcelona, *Camp Nou*, tem uma capacidade para quase 100 mil espectadores, sendo o **maior estádio da Europa** (e normalmente está repleto de torcedores...).

A cidade de Barcelona também tem outra equipe de futebol na principal divisão espanhola. Ele se chama RCD Espanyol, e tem seu próprio estádio com capacidade para 40 mil espectadores.

Existe ainda o estádio olímpico Lluís Companys, que foi feito para a Olimpíada de 1992, cuja capacidade é de 55 mil pessoas.

Tem ocorrido nessa cidade catalã outras importantes competições esportivas como as etapas da Fórmula 1 – vencida em 2016 pelo holandês de 18 anos Max Verstappen – e do Campeonato Mundial de Motociclismo – vencido pelo italiano Valentino Rossi –, no circuito da Catalunha.

Vale ressaltar ainda o amor de todos os espanhóis pelo tênis, principalmente depois do surgimento de Rafael Nadal, que já foi o n$^{\underline{o}}$ 1 do *ranking* dos tenistas profissionais durante um bom tempo. Ele ganhou os mais importantes torneios de tênis (os *Grand Slams*), em especial aquele que talvez seja o mais charmoso de todos, o de Roland Garros (Paris) – foram nove vitórias no saibro francês. Além disso ele também foi campeão olímpico nos Jogos de Pequim (simples, 2008) e nos Jogos do Rio de Janeiro (duplas, 2016).

Agora, para os que gostam de passear navegando ou de praticar esportes náuticos, em Barcelona estão algumas das melhores marinas da Europa, o que estimula os proprietários de iates de todos os tamanhos a visitarem a cidade. Afinal, ela atrai tanto pelos seus bens culturais quanto pela sua vibrante vida noturna.

Esse é o caso do Real Club Náutico, de Barcelona, cuja marina oferece diversos serviços e pode acomodar iates grandes de até 40 m de comprimento.

Já na marina Port Vall é possível ancorar **iates enormes**, ou seja, aqueles com até 180 m. Com serviços de classe mundial essa marina é capaz de encantar clientes-proprietários e também seus convidados.

Também existe a marina Port Forum na região da avenida Diagonal, a partir da qual se tem acesso rápido ao centro da cidade. Ali podem ser atracados iates de até 80 m e obviamente são oferecidos serviços de reparo e/ou de reabastecimento, com tecnologia de ponta.

O mesmo pode-se dizer também da Vilanova Gran Marina, na qual também é possível ancorar iates de até 80 m de comprimento.

Já no porto de Tarragona, que fica próximo de Barcelona, há uma marina em que é possível acomodar iates de até 160 m.

Como se nota, muita gente chega a Barcelona em seus iates, mas também é possível alcançar a cidade por trem, avião ou de carro, de maneira bem cômoda.

5ª) Barcelona é uma cidade que atrai muitos estudantes, pois ali estão IESs incríveis.

Uma delas é a Universidade Autônoma de Barcelona (UAB), ou em catalão, *Universitat Autònoma de Barcelona*.

Ela foi criada oficialmente por um decreto legislativo em 6 de janeiro de 1968. Durante a Segunda República Espanhola, começaram então os planos para a construção de uma segunda universidade em Barcelona, mas por causa da guerra civil espanhola – e aos anos de pobreza que se seguiram sob o regime do ditador Francisco Franco – não foi possível que esses planos se tornassem realidade.

A UAB é uma IES pública que tem cerca de 3.900 docentes, atendendo a um total de 56 mil alunos em 2016. Seu lema é: **"Promovendo o conhecimento, encorajando a inovação."**

A Universidade de Barcelona (UB) foi criada em 1450 por decreto real de Afonso V de Aragão, mas foi forçada a mudar-se para Cervera, no século XVIII, onde permaneceu por cerca de 150 anos, somente retornando a Barcelona no século XIX.

No século XX, por um breve período, teve o nome modificado para Universidade Autônoma de Barcelona. Contudo, ela não deve ser confundida com a UAB.

Os *campi* da UB, hoje uma instituição pública, estão distribuídos pela cidade: Plaça de la Universitat, Diagonal, Mundet e Sants, havendo um *campus* em Bellvitge, L'Hospitalet de Llobregat, e o Hospital Clínico, em Barcelona.

Estima-se que tenham estudado na UB 53 mil alunos em 2016, e que ela tenha cerca de 4.500 docentes.

Outra IES importante é a Universidade Pompeu Fabra, que é pública e foi fundada em 18 de junho de 1990, recebendo esse nome para homenagear um eminente linguista catalão.

Em 2010, de acordo com o *ranking* da revista inglesa *Times Higher Education*, ela era a **2ª melhor universidade espanhola**.

Nesse mesmo ano, a universidade recebeu a qualificação de **"*campus* de excelência internacional"**, conferido pelos ministérios da Educação e da Ciência da Espanha.

Apesar do fato de que as bibliotecas das IESs sofrerão uma mudança radical ao longo século XXI, deve-se destacar que sua biblioteca *El Depòsit de les Aigües* está num edifício do arquiteto Josep Fontserè, sendo considerada de **notável interesse** pela revista *Classical Library Buildings of the World*.

Ela foi construída entre 1874 e 1880 para servir de depósito de água para a fonte do parque da Cidadela, que fica ao lado, transformando-se posteriormente em biblioteca, mas retendo o antigo nome.

A Escola de Llotja, ou simplesmente a Llotjia, são as formas para referir-se ao que atualmente se denomina *L'Escola Superior de Disseny i Art Llotja* (ESDA Llotja).

Entre os anos de 1768 e 1787 foi grande a expansão das fábricas de estamparia de tecidos. Foram as necessidades derivadas dessa indústria que levaram à fundação da escola Llotja, em 1775, pela Junta de Comércio de Barcelona, com o nome de Escola Gratuita de Desenho.

Originalmente, foi pensada para ser o local de formação de ajudantes de estamparia para a indústria têxtil da seda e do algodão. Com os anos ela foi ampliada e passou a oferecer cursos de artes plásticas.

Foi no século XX que aconteceram as mais importantes mudanças na parte pedagógica das artes, especialmente no primeiro terço do século XX, quando o professor de modelagem e artes plásticas Anjo Ferrant ganhou uma bolsa de estudos em Viena e voltando de lá, após conhecer bem o sistema educacional artístico austríaco, apresentou uma proposta de alteração curricular bem ousada, que modificou a forma de ensino artístico não só em Barcelona, mas em outras IESs da Espanha.

A sua configuração atual é fruto da separação que em 1940 ocorreu na antiga escola Llotja, que se bifurcou entre Escola de Artes Aplicadas e Ofícios Artísticos e a Escola Superior de Belas Artes de Santo Jordi.

A partir da eclosão da importância do *design*, em especial nos anos 1990, e que surgiu o nome da Escola Superior de Artes Plásticas e Desenho da Catalunha, e em 2011, finalmente tem-se a ESDA Llotja, na qual, especificamente para o *design*, existem quatro cursos de grau superior, para as artes plásticas, há 17 cursos diferentes de grau superior e são oferecidos ainda cinco cursos de artes plásticas e *design*, de grau médio.

Como se pode notar, há muito tempo formam-se na ESDA Llotja profissionais demandados para diversos setores da EC. Ela já teve muitos alunos que se tornaram celebridades, como os pintores Pablo Picasso, Joan Miró i Ferrà, Joan Llimona, Josep Maria Sert, Manolo Hugué etc.; ilustradores como Graça Llimona; escultores tais como Damià Campeny y Estrany, Pere Punti y Terra, José Sanchéz Lozano etc.; arquitetos como Òscar Tusquets, Josep Fontserè e Maestre etc.; fabricantes e *designers* de móveis, como Joan Busquets e Jané; cartunistas como Carles Fontserè Carriò, Martí Bas Blasi; *designers* gráficos, como Ricard Giralt Milagre, Hernan Picó y Ribera, Josep Artigas etc; teóricos da arte como Alexandre Cirici Pellicer, Arnau Monte Grau; escritores como Pere Calders.

Pela ESDA Llodja passaram também algumas centenas de professores brilhantes, que foram os responsáveis pelos notáveis profissionais que ensinaram e encaminharam para o sucesso em suas carreiras.

6ª) Barcelona implementou uma forma bem criativa de lidar com o lixo! Você acredita que logo abaixo de muitas ruas de Barcelona existe uma rede de tubulações por onde o lixo é transportado a mais de 70 km/h para ser tratado ou reciclado em locais apropriados?

Pois é, essa é a pura verdade, e a cidade está ampliando cada vez mais esse sistema!

A uma profundidade de 5 m, o lixo das residências, dos escritórios e até mesmo dos hospitais da capital catalã é movimentado por cerca de 130 km de tubulações (dados de 2015), numa rede a vácuo que literalmente suga os resíduos produzidos pelos habitantes da cidade. Todas essas tubulações acabam em centrais de armazenamento do lixo, onde o mesmo é processado, estocado em contêineres e, por fim, levado para estações de reciclagem ou de incineração.

A coleta pneumática de lixo, iniciada em 1990, foi desenvolvida pela empresa sueca Envac, que transformou radicalmente a gestão de resíduos de Barcelona.

Atualmente, 55% do lixo de Barcelona é coletado dessa forma e enviado a oito locais diferentes. Cada uma dessas malhas subterrâneas é independente, e conectada por dutos a uma central específica.

Pode parecer que Barcelona fez algo inédito, mas, na realidade, há cerca de 160 cidades em todo o planeta que já utilizam esse sistema (ainda nenhuma no Brasil). Apesar de parecer extremamente inovador, o recolhimento subterrâneo do lixo a vácuo existe desde 1961, quando o sistema foi instalado para atender a um hospital sueco em Sollefteå. Desde então, ele começou a ser aplicado em outras partes da Suécia, mas só ganhou novos mercados na Europa a partir dos anos de 1990.

As vantagens ambientais são muitas: o fim dos caminhões de lixo, a diminuição das pilhas de sacos nas ruas e o estímulo à coleta seletiva, visto que cada tipo de resíduo – reciclável, não reciclável e orgânico – é lançado na rede separadamente e vai para contêineres próprios. A ausência de caminhões de lixo elimina odores e o acúmulo de lixo, além de melhorar o tráfego.

O vice-presidente da Envac Iberia, Albert Mateu, que gerencia os sistemas existentes nas cidades da Espanha e Portugal, declarou: "O objetivo é que a coleta a vácuo cubra 70% de Barcelona – que produziu em 2016 cerca de 1,2 milhão de toneladas de lixo por ano – até 2019, ano em que a empresa espera concluir as outras redes de coleta projetadas para a cidade. Infelizmente não será possível chegar a 100%, pois muitos bairros da cidade estão em colinas, onde as irregularidades no terreno inviabilizam a instalação de dutos.

Barcelona instalou o primeiro sistema de coleta subterrânea na época dos Jogos Olímpicos de 1992. O sistema criado para a Vila Olímpica foi construído com tecnologias sustentáveis no bairro El Poblenou, a noroeste da cidade, e atende até hoje 4,4 mil residências. O bom exemplo da vila deu origem a outras sete redes de coleta que, 25 anos depois, beneficiam aproximadamente 930 mil moradores. O que não se pode deixar de ressaltar é que o **sistema é eficiente, mas não é barato.** Já foram investidos quase € 270 milhões em Barcelona na instalação dessas redes de coleta de lixo."

A LIÇÃO DE BARCELONA

Barcelona percebeu claramente que ela deve elevar cada vez mais o seu grau de "visibilidade" e, por isso, toda semana ocorrem nela alguns eventos de repercussão nacional e internacional, mantendo-se, particularmente, grandes exposições culturais ou feiras tecnológicas no seu centro de convenções, ou disponibilizando o que nessas duas últimas décadas tornou-se algo trivial: eventos esportivos, em especial, jogos de futebol do F.C. Barcelona, mas também torneios de outras modalidades esportivas que atraem multidões para os estádios (inclusive muita gente que não mora na Grande Barcelona).

Aí vão dois exemplos recentes.

Mobile World Congress é o maior congresso de celulares do mundo que aconteceu nos dias 27 e 28 de fevereiro de 2017. Além da apresentação de celulares de última geração e robôs com inteligência artificial, o que mais impressionou os milhares de inscritos e as milhões de pessoas do mundo com as novidades divulgadas, foi relativo aos carros do futuro.

Automóveis com processadores de celular embarcados, veículos operados remotamente e orientados com movimentos programados previamente por meio de relógio de pulso foram algumas das novidades apresentadas pelas montadoras em parceria com empresas de tecnologia, operadoras e aplicativos de mapas.

Milagre! Esta talvez seja uma boa definição para o que aconteceu em 8 de março de 2017 no estádio *Camp Nou*, quando a equipe do Barcelona venceu o Paris Saint-Germain por 6 a 1, superando a derrota que tinha sofrido em Paris por 4 a 0 e com isso se classificando para as quartas de final da Liga dos Campeões.

Esse feito é inexplicável?

Ao contrário, o Barcelona é um dos melhores times de futebol do mundo e acreditou sempre na possibilidade de reverter a desvantagem, apesar do famoso jornal espanhol *El Pais* ter publicado na véspera que nunca tinha ocorrido uma virada desse tipo!!!

Para quem esteve presente no estádio (cerca de 95 mil pessoas...) pode ter sido o dia mais emocionante da sua vida esportiva, assim como foi para milhões de espectadores que viram pela televisão. Neymar e seus companheiros tiveram um desempenho extraordinário com uma vitória histórica, o que aumentou mais ainda o número de fãs dessa equipe catalã. Infelizmente em seguida a equipe italiana do Juventus eliminou o Barcelona.

Os congressos e os jogos de Barcelona, levam milhões de pessoas a visitar a cidade todos os anos!!!

Barcelona tornou-se também um símbolo, como uma cidade que soube alavancar um grande progresso após a realização de Jogos Olímpicos em 1992 e, com isso, obter muitos benefícios – além, é claro, de impulsionar o próprio esporte na Espanha como um todo. Isso não ocorreu em muitas outras cidades-sede, especificamente em Atenas (Jogos de 2004), que se endividou enormemente, e até mesmo no Rio de Janeiro (2016), que viu o surgimento de diversas melhorias em termos de mobilidade urbana, mas, ao mesmo tempo, houve a realização de incríveis gastos. Isso sem contar o posterior abandono, por exemplo, do icônico estádio do Maracanã (local da final da Copa do Mundo de Futebol de 2014, e cenário da conquista da medalha de ouro olímpica pela equipe de futebol masculino brasileira em 2016). O estádio adentrou 2017 em clara decadência, sem nenhum cuidado com sua manutenção.

A cidade catalã também é uma atração pelo grande conjunto de IESs ali sediadas, que agora recebem alunos de intercambio do mundo todo, com destaque obviamente para estudantes da América Latina, pela facilidade com o idioma e também do Brasil, embora muitos cursos sejam ministrados em catalão, o que dificulta bastante para os brasileiros.

Estima-se que no final de 2016 havia em Barcelona cerca de 28 mil alunos de outras nacionalidades.

Barcelona é também uma cidade que busca a **sustentabilidade**, cuidando como poucas do meio ambiente. Isso, aliás, já foi destacado na forma criativa como lida com o lixo.

Também é incrível o que Barcelona já conseguiu em termos de eficiência hídrica, diminuído muito o custo do seu processo de dessalinização de água do mar, que é depois usada pelos seus munícipes para várias finalidades.

Barcelona é uma cidade belíssima, que todos em algum momento deveriam visitar e aproveitar para apreciar a comida típica espanhola. Inclusive, se a pessoa tiver recursos para isso, seria interessante ela jantar em algum de seus restaurantes que obtiveram estrelas do *Guia Michelin*.

A única coisa que Barcelona não deveria almejar é separar-se da Espanha, o que, aliás, é algo difícil de não acontecer. O fato é que é enorme o orgulho dos que vivem na Catalunha, por saber falar e escrever em catalão, uma língua bem diferente do espanhol.

No mundo global, nota-se claramente que as nações gigantescas irão preponderar – como já é o caso da China e, em breve, da Índia, do Brasil (assim que o país sair da crise econômica, talvez a partir de 2018) e da Indonésia. Isso se deve a vários fatores, sendo um deles o enorme mercado interno.

Sem dúvida, se Barcelona (a comunidade autônoma da Catalunha, no caso) se afastar da Espanha, transformando-se a cidade na nova capital de um novo país, é provável que seu brilho diminua.

Ainda bem que no Brasil todos falam português (embora com fortes sotaques em algumas regiões) e, dessa maneira, não existe nenhuma dificuldade para se manter boa comunicação e integração do País. Com isso, busca-se levar para as regiões (cidades) menos desenvolvidas o que já deu certo em alguns Estados e, principalmente, nas **cidades criativas** e **globais**, como São Paulo e Rio de Janeiro.

O Portão de Brandemburgo, um dos monumentos icônicos de Berlim.

2.4 - Berlim

PREÂMBULO

Com disse o professor emérito e ex-reitor da Universidade de São Paulo, José Goldemberg: "A Universidade Humboldt de Berlim, criada em 1810 influenciou não só o que aconteceu na Alemanha, mas em outras nações do mundo.

Para convencer os mais céticos de que, além de produzir especialistas que desempenharam papel fundamental no sistema produtivo e na governança, essa universidade foi o caldeirão das novas ideias que consolidaram a civilização ocidental. Por ela passaram Schopenhauer, Hertz, Koch, Weber, Einstein, os irmãos Grimm, Hegel, Marx, Engels, Heinsenberg e tantos outros expoentes da ciência e da cultura dos séculos XIX e XX."

Por seu turno, Pierre-Laurent Aimard, pianista que é um expoente da música contemporânea e membro fundador do Ensemble InterContemporain ressaltou: "É interessante morar numa cidade que passa por mudanças permanentes. As coisas não estão completamente resolvidas aqui. O que eu acho muito positivo é que Berlim carrega sua história com alto grau de inteligência, reflexão e senso de justiça. Acho isso uma grande lição para a humanidade."

A HISTÓRIA DE BERLIM

Berlim é a capital e um dos 16 Estados da Alemanha. No final de 2016 tinha uma população de quase 4,4 milhões dentro dos limites da cidade, sendo assim, a região mais populosa do país.

Ela está situada no nordeste da Alemanha, sendo o centro da área metropolitana de Berlim-Brandemburgo, que inclui, aproximadamente, 6,5 milhões de pessoas de mais de 190 nações. Uma diversidade incrível, um dos ingredientes vitais para se desenvolver a EC, ou seja, ser uma **cidade criativa**.

Berlim tem um clima temperado sazonal e cerca de um terço da área da cidade é composta por florestas, parques, jardins, rios e lagos

Berlim foi sucessivamente a capital do reino da Prússia (1701-1870), do império alemão (1871-1918), da república de Weimar (1919-1933) e do Terceiro Reich (1933-1945).

Após o término da 2ª Guerra Mundial em 1945, a cidade foi dividida em Berlim Oriental e Ocidental. A primeira tornou-se capital da Alemanha Oriental, enquanto entre os anos de 1961-1989, Berlim Ocidental se transformou num enclave da Alemanha Ocidental, cercada pelo muro de Berlim – cuja construção foi iniciada na madrugada de 13 de agosto de 1961. Nessa época, a cidade de Bonn passou a ser a capital da Alemanha Ocidental.

Depois da reunificação do país no ano de 1990, a cidade recuperou seu *status*, tornando-se a capital da República Federal da Alemanha, sede de 147 embaixadas.

Atualmente Berlim é uma **cidade global**, além de ser um dos mais influentes centros urbanos do mundo, pela sua cultura, ciência, mídia e política.

Sua economia se baseia principalmente no setor de serviços, abrangendo uma variada gama de indústrias criativas.

Encontram-se em Berlim grandes corporações de mídia, e a cidade é local constante de importantes convenções e congressos.

Berlim é hoje um importante *hub* continental, tanto ferroviário quanto aéreo, o que facilita bastante a chegada de turistas à cidade.

Nela estão instaladas importantes empresas de TIC, engenharia, eletrônica, engenharia de tráfego, *design* e energia renovável, além das farmacêuticas e biomédicas.

Berlim é sede de importantes universidades. Nela acontecem importantes eventos esportivos e incríveis apresentações de orquestras. A cidade também possui alguns dos mais importantes museus do planeta.

O rápido desenvolvimento da metrópole garantiu-lhe uma reputação internacional. Isso, graças aos seus festivais, à sua arquitetura contemporânea e à vida noturna.

A cidade tem o Parque Científico e Tecnológico de Berlim-Adlershof, que está na lista dos maiores parques tecnológicos do mundo.

Desde janeiro de 2017, um pequeno ônibus **sem motorista** circula pelo bairro de Schöneberg, nos arredores de Berlim, num trajeto com cinco curvas, pouco menos de um **quilômetro**, percorrido de ponta a ponta várias vezes por dia.

No caminho, ele passa pela maior estação de carregamento para carros elétricos da Alemanha, por geradores eólicos, carros compartilhados e prédios inteligentes, que só consomem a energia estritamente necessária.

O ônibus em questão se chama *Olli*, e é uma das principais propostas de transporte público autônomo em teste no mundo.

O espaço em que ele circula é o de um antigo gasômetro do século XIX, onde desde 2008 funciona o Europäisches Energieforum, conhecido como Euref. O que começou com um projeto imobiliário para reunir empresas com pesquisa de ponta nas áreas de mobilidade, transporte, energia e sustentabilidade é atualmente uma grande concentração de oficinas e escritórios. São 65 mil m², no qual trabalham diariamente cerca de 2.600 pessoas de mais de 100 companhias.

Os inquilinos vão desde *start-ups*, que desenvolveram estações para recarregar carros elétricos, até empresas gigantes como a norte-americana Cisco ou a francesa Schneider Electric, que desenvolveu o projeto de redes inteligentes que controla a produção e o consumo de energia de um complexo com uma dezena de prédios.

Desde 2012, o Euref também funciona como *campus* para a Universidade Técnica de Berlim, e ministra cursos de mestrado, inclusive em inglês, focados em temas como gestão de energia e edifícios sustentáveis.

O Euref é um grande laboratório para as cidades do futuro!!!

As indústrias que atuam nos setores criativos – que incluem música, cinema, publicidade e propaganda, arquitetura, artes cênicas e visuais, moda, *design*, editoração, pesquisa e desenvolvimento (P&D), *software*, TV e rádio, *videogames* – eram cerca de 32 mil no final de 2016 e, entre elas, predominavam as de pequeno e médio porte.

No total, esses setores obtiveram no final de 2016 uma receita de € 26,6 bilhões, o que representava algo próximo de 22% do PIB da cidade.

Berlim abriga muitos eventos incríveis. Esse foi o caso, por exemplo, da 66ª edição do festival de cinema da cidade – *Berlinale* –, que tem a fama de ser o mais politizado do planeta. Em 11 de fevereiro de 2016 a abertura se deu com a apresentação da comédia dos irmãos Ethan e Joel Coen, denominada *Hail Caesar!* (*Ave, Cesar!*), que trouxe no elenco George Clooney e Scarlett Johansson, entre outros.

Nessa edição a presidente do júri foi a famosa atriz norte-americana Meryl Streep, que pediu aos seus companheiros de júri que "assistissem a todos os filmes com um **olhar virgem!!!**"

Já na 67ª edição do *Berlinale*, que ocorreu de 9 a 19 de fevereiro de 2017, o Brasil compareceu com 12 títulos, o que espelha o momento atual da produção brasileira, muito rica e diversificada. Vale lembrar que o nosso País não participava do evento desde 2014.

Apesar de o *Berlinale* ostentar, sim, uma conotação mais política, o que não lhe falta é *glamour*. E embora o seu tapete vermelho não se compare ao de Cannes – o rigoroso inverno alemão contribui para isso ao inibir os generosos decotes que provocam tanto furor na cidade francesa –, o *Berlinale* de 2017 recebeu grandes astros e estrelas, como: Richard Gere, Penélope Cruz, Ethan Hawke, Kristin Scott Thomas, Hugh Jackman, entre outros.

Sem dúvida, a programação da 67ª edição do *Berlinale* respondeu à crise que se vive no mundo – em que os pobres estão mais pobres e os ricos, mais ricos – com **humor, confiança e coragem!!!**

No que se refere à promoção de convenções, exposições e congressos, Berlim está entre as três principais cidades da Europa.

Várias feiras de grande escala comercial – como a IFA (feira tecnológica); a Grüne Woche (semana verde); a Inno Trans (feira de tecnologia de transportes), a Artforum (fórum de arte), ITB (feira de turismo), só para citar algumas – são realizadas anualmente na cidade, atraindo um número significativo de visitantes na área de negócios.

O turismo também traz grandes receitas para a economia de Berlim. Em 2016 a cidade recebeu mais de 32 milhões de turistas que foram acomodados nos quase 800 hotéis. Estes, por sua vez, possuem aproximadamente 125 mil camas.

Esses turistas naturalmente podem chegar à capital alemã dirigindo (ou usando) um automóvel, mas não se pode deixar de destacar a facilidade de acesso a Berlim por transporte ferroviário ou aéreo.

Linhas férreas de longa distância ligam Berlim a todas as principais cidades alemãs, assim como a muitas cidades de países europeus. Ferrovias regionais dão acesso a regiões vizinhas de Brandemburgo e ao mar Báltico.

A Berlin Hauptbahnhof é a maior estação de trem da Europa. Ela atende a quase todas as cidades alemãs importantes, como Hamburgo, Munique, Colônia, Frankfurt, Leipzig etc., e também possibilita uma chegada confortável de trem a destinos internacionais, como: Viena, Praga, Zurique, Amsterdã, Varsóvia etc.

Berlim tem agora dois aeroportos comerciais internacionais: o aeroporto de Tegel, localizado nos limites da cidade, e o aeroporto Schönefeld, que fica fora das fronteiras ao sudeste de Berlim, no Estado de Brandemburgo. Ambos movimentaram no ano de 2016 mais de 32,45 milhões de passageiros, atendendo a 69 companhias aéreas, que, por sua vez, servem a 170 destinos em 51 países.

O aeroporto de Tegel é um importante *hub* de transferência para a Air Berlin, bem como para a Lufthansa e a Eurowing.

Já o Schönefeld é um destino importante para companhias aéreas como a Germania, a Easy Jet e a Ryanair.

A previsão é de que o novo aeroporto de Berlim-Brandemburgo (o Hauptstadtflughafen, ou aeroporto da capital) – que irá integrar uma parte das antigas instalações de Schönefeld – comece a operar no segundo semestre de 2017.

Berlim também se tornou conhecida como uma metrópole com um sistema altamente desenvolvido de ciclovias. Estima-se que na cidade existam 710 bicicletas para cada 1000 habitantes. Diariamente, pelo menos 680 mil ciclistas transitam pela cidade, o que representa quase 14% do tráfego total na região.

Esses ciclistas têm acesso a 690 km de ciclovias, que incluem 165 km de ciclovias obrigatórias, 200 km de ciclovias fora de estrada, 80 km de pistas para ciclistas nas estradas e 90 km de corredores de ônibus comuns que também estão abertos para ciclistas, 100 km de caminhos para pedestres e bicicletas compartilhados e 55 km de ciclovias marcadas em pavimentos de estradas (ou calçadas).

Berlim teve um passado muito belo, mas que, por outro lado, também já foi horrível. O fato é que a cada ano que passa pouco existe na capital alemã que lembre dessas trevas.

Pode-se dizer que boa parte (não toda...) do orgulho e da pompa dos tempos imperiais – de todo o mito de Berlim – foi devastada pela tempestade de fogo, ou seja, pelos terríveis bombardeios que a cidade sofreu na 2ª Guerra Mundial (1939-1945).

Terminada essa guerra, uma nova cidade começou a surgir no lugar da antiga e, com a queda do muro, ela adquiriu uma dinâmica vertiginosa. Nenhuma cidade do planeta mudou tanto seu aspecto e seu astral em tão poucas décadas, ou seja, após a reunificação das duas Alemanhas, ocorrida em 3 de outubro de 1990.

Por isso a Berlim de hoje é uma **mescla singular de história e modernidade!**

Berlim é atualmente um lugar repleto de energia, com atrações incríveis em diversos pontos da cidade. Aqui vão alguns destaques:

1º) Em Berlim tem-se agora algumas dezenas de hotéis luxuosos, mas nenhum deles é tão emblemático como o **Adlon**, que é mais que um hotel – é um **mito berlinense.**

Ele foi inaugurado em 1907, e na lista de hóspedes constam: o *kaiser* (imperador) Guilherme II, que muitas vezes preferia passar a noite no Adlon que usar um dos quartos de seus palácios (!?!?); Theodore Roosevelt, presidente dos EUA; Albert Einstein, o gênio da física; e Charles (Carlitos) Chaplin, o inesquecível ator de cinema.

O prédio foi reduzido a uma montanha de entulho no final da 2ª Guerra Mundial, mas reabriu as portas, ainda que parcialmente, após a guerra. Depois de uma série de renovações e, inclusive, da demolição do edifício em 1964, o hotel acabou sendo finalmente reerguido – em toda a sua pompa e esplendor – em 1997.

Hospedar-se no hotel Adlon é como aninhar-se no **"coração da cidade"**.

Pelas janelas do seu salão de café pode-se ver o símbolo da vitória: a deusa Irene na parte mais alta do portal de Brandemburgo comandando a sua quadriga, e pronta para levar você (!!!) a uma cavalgada pela cidade.

Sugiro, entretanto, que você recuse esse convite e experimente atravessar o portal a pé, bem lentamente, passando por entre as colunas centrais. Afinal, no passado, apenas a família real tinha esse privilégio.

Depois que a cidade foi dividida em duas partes – separando o lado comunista da Alemanha Ocidental – passaram-se décadas sem que ninguém andasse por ali. Hoje, restaurado e fechado para automóveis, além dos cidadãos berlinenses comuns, todos os anos mais de 8 milhões de turistas estrangeiras transitam livremente por esse famoso símbolo da Alemanha dividida!

Outro símbolo-mor da cidade encontra-se à direita do portal. Trata-se do Reichstag, o antigo e novo Parlamento alemão, que marca a silhueta da cidade com sua reluzente cúpula, feita de 1.200 t de vidro e aço.

2º) Em Berlim é sempre uma boa ideia conhecer os bons restaurantes, afinal, existem centenas deles pela cidade. Porém, há um em especial que foi aberto pelo ex-bailarino clássico brasileiro, Hugo de Carvalho. Ele se destaca dos demais pelo fato que seu estabelecimento não tem placa de do nome *Weinerei* (algo como "Casa de Vinhos"), tampouco "preços" no cardápio. O restaurante é um sucesso em Berlim.

No lugar de uma caixa registradora, o restaurante tem apenas um vaso de cristal dentro do qual os clientes **depositam** o valor que consideram **justo pela refeição**.

Eles comem, bebem e calculam quanto gastariam em um restaurante normal, então pagam o total correspondente.

Hugo de Carvalho explicou:

"A relação com nossos clientes se baseia no respeito. Eles sabem que esse é o nosso negócio e que, se pagarem muito pouco não continuaremos no mercado. O valor que eles geralmente depositam varia entre € 30 e € 45, pois é isso que comumente se paga em Berlim por um jantar de qualidade acompanhado de uma boa garrafa de vinho.

Os brasileiros, quando ficam sabendo desse conceito costumam aproveitar para pagar o mínimo possível. O mesmo acontece com os espanhóis, mas 80% dos clientes pagam um valor justo, a não ser os estudantes, que geralmente não têm dinheiro."

Já existem outros restaurantes em Berlim usando o conceito **"pague quanto quiser"**.

Tem muita coisa interessante no campo gastronômico em Berlim, mas vamos nos restringir a uma das suas especialidades: **a cerveja!!!**

Quem for à cidade não pode deixar de complementar as mais diversas refeições com a famosa *Berliner Weisse*, adicionando a ela xarope de frutas e de flores (framboesa e aspérula são as mais comuns) para promover o equilíbrio.

A *Berliner Weisse* é uma cerveja leve, com 2% a 4% de álcool, final seco e bastante frisante. Ela leva trigo e cevada e tem uma marcante acidez láctica (aquela do iogurte, não do vinagre ou do limão).

Essa acidez, sua característica principal, vem do fato de o mosto (água mais açúcares de malte) ser acidificado pela ação dos lactobacilos.

É isso o que a diferencia de outras cervejas. Depois que o mosto é acidificado, o processo de produção é igual àquele das demais cervejas.

Vale ressaltar que esse estilo nasceu em Berlim, sendo que os primeiras registros da *Berliner Weisse* datam do século XVI.

Até Napoleão Bonaparte apelidou a *Berliner Weisse* de "champagne do norte", quando invadiu a região no século XIX.

Naquela época, já se tornara a bebida mais popular da cidade, com mais de 700 cervejarias se dedicando à sua produção.

O estilo foi quase extinto após a 2ª Guerra Mundial, mas, felizmente não parou de ser produzida. Atualmente, é uma das queridinhas das cervejarias e os EUA são os grandes responsáveis pela repopularização, pois em Nova York a variedade das ácidas *Berliner Weisse* predomina nos menus de seus restaurantes, tomando o lugar das cervejas extremamente alcoólicas e amargas.

Atualmente, como essa cerveja tem receita livre, é bem mais raro encontrar a versão original que as inventivas, como as que levam "frutas naturais", malte defumado ou lúpulos aromáticos."

O mais importante é que todo aquele que for a Berlim não saia de lá sem tomar vários copos da *Berliner Weisse*.

3º) Vale a pena caminhar pela Unter den Linden, a mais importante avenida de Berlim. Esse "bulevar do *kaiser*" é realmente impressionante pela arquitetura dos diversos prédios que ali se encontram.

A Unter den Linden leva à ponte do Palácio (Schlossbrücke), que, por sua vez, dá acesso a uma verdadeira **ilha de tesouros**: a Museumsinsel ("**ilha dos museus**"), um complexo museográfico único no mundo, inspirado nas acrópoles gregas e nos foros imperiais.

Nos seus cinco templos estão preciosidades da arte mundial que abrangem os últimos 6 mil anos.

Quem for a Berlim, não pode deixar de admirar a coleção de antiguidades de Pergamonmuseum (Museu de Pérgamo). Nele estão reconstruções monumentais de um altar grego, de portais babilônicos e da fachada inteira de um castelo no deserto da Jordânia.

Tudo isso é realmente maravilhoso e capaz de tirar o fôlego até mesmo dos que não são grandes entendidos de arte.

A Berlim do futuro está na Potsdamer Platz, onde se pode admirar a *Daimler City* e o *Sony Center*. Trata-se de um excelente lugar para compreender quem no final das contas ganhou a Guerra Fria.

O bairro todo voltou a ser o que já havia sido nos anos 1920 – um dos centros de lazer e compras mais movimentados da Europa.

A sua marca mais expressiva é, sem dúvida, o futurista telhado "guarda-chuva" do *Sony Center* – milagrosamente leve, mesmo com as suas 2.500 t de peso – sob o qual estão cinemas, bares, restaurantes, um museu cinematográfico e, é claro, uma multidão de pessoas sempre alegres e agitadas.

Aliás, nos quatro andares do Sony Style Store você pode experimentar os mais novos brinquedos da marca; no novo *Café Josty* – parada obrigatória –, os fragmentos de um hotel da época imperial lembram uma cidade que já não existe mais.

Berlim abriga muito mais atrações exóticas e excêntricas, construídas pelos alemães (o que, aliás, apenas enfatiza quão criativa é a cidade)!

4º) Sem dúvida, uma cidade criativa é uma cidade **sustentável**, pois é nesse sentido que se deve utilizar os talentos dos profissionais que vivem nela.

Usemos mais uma vez como exemplo o prédio da Daimler: ele ostenta uma fachada amarelada cuja textura não revela que o revestimento é de cerâmica. Isso não é apenas um capricho arquitetônico, mas um recurso que garante umidade e boa temperatura ambiente. Lamelas espalhadas por todo o interior do prédio funcionam como escamas que refletem a luz natural, levando-a aos escritórios. A tinta utilizada nas paredes não tem poluentes capazes de comprometer a qualidade do ar.

No interior do edifício, o pé direito altíssimo termina com um teto transparente. O fato é que cada feixe de luz natural é bem-vindo ali. O clima é muito agradável e não se nota a presença de ar condicionado.

No subsolo, 19 materiais comumente descartados nos edifícios são reciclados. Da cobertura – que fica 20 andares acima e conta com um jardim suspenso e um sistema natural de coleta de água de chuva – é possível ter uma visão panorâmica dos arredores bastante atraentes.

Vale ressaltar que, além desse edifício, há outros ícones de **sustentabilidade** na lendária Potsdamer Platz. E todos são exibidos com orgulho pelos alemães.

Nota-se que depois de passar pela prancheta de um grupo estelar de arquitetos (coordenado pelo notável italiano Renzo Piano), de enfrentar dez anos de construção e contar com centenas de investidores, a versão moderna da Potsdamer Platz se transformou num complexo de 19 prédios, 10 ruas, mais de 130 lojas, dois hotéis, cinemas, três teatros, cassino e *shopping*. Existem ali cerca de 30 restaurantes, bares e cafés; no local vivem pelo menos 15 mil pessoas. Isso tudo foi inaugurado em 2000, e é um modelo de eficiência energética: a reutilização da água, o uso de materiais sustentáveis e a reciclagem de lixo são geridos como um negócio lucrativo. No subsolo, por exemplo, há um labirinto de 5 km por onde chegam os artigos das lojas, os mantimentos dos restaurantes e os equipamentos dos escritórios. Todos os dias, aproximadamente 400 *vans* deixam os mais variados produtos nas suas 90 rampas. E mesmo com o trânsito diário de mais de 120 mil pessoas e das centenas de *vans* que abastecem o complexo da Potsdamer Platz não se registram congestionamentos em seus arredores. Isso quer dizer que a logística de subsolo funciona bem.

Voltando ao lixo, também é no subsolo da Potsdamer que são depositadas sobras de comida, pilhas, papéis e vidros. são 19 tipos diferentes e todos administrados pela empresa Alba. Só em termos de papel, são seis tipos distintos. Os contêineres têm balanças automáticas que recebem e pesam todo o lixo ali depositado. Os usuários desse serviço de recolhimento de lixo não pagam por aquilo que descartam, desde que o material seja de fato reciclado – vidros, plásticos e papéis. Caso o material deixado seja orgânico ou eletrônico (baterias, computadores, cartuchos de impressora etc.) um determinado valor terá de ser pago.

A 300 m dali uma usina produz calor e eletricidade a partir de gás natural e aquece (ou resfria) as lojas e os escritórios do complexo. Grandes janelas garantem que a atmosfera de fora se reproduza no interior dos escritórios. Um sistema elétrico inteligente indica quando é preciso acender a luz. A ventilação é natural, mas totalmente regulada por computadores. É devido a esse tipo de recurso tecnológico que a construção consome a metade da energia de um edifício convencional de dimensões idênticas.

Essa sustentabilidade alcançada na Potsdamer Platz é um modelo que as autoridades alemãs estão tentando espalhar por todas as outras cidades do país. A previsão é que, nas próximas duas décadas, 50% das moradias alemãs passarão por reforma com o objetivo de se atingir grande melhoria na eficiência energética. O total atual de casas a serem repaginadas é estimado em 20 milhões de unidades, o que significa 1 milhão de imóveis reformados por ano!

Neste sentido, a taxa de reformas sob o prisma da eficiência – conhecida no jargão do setor por *retrofit* (reforma com modernização ou atualização) – precisará saltar de 1% para 5% ao ano daqui em diante.

Deve-se lembrar que 75% das moradias na Alemanha foram construídas antes das primeiras legislações do país sobre **economia energética**, ou seja, antes de 1978. As fachadas de 80% dessas casas não têm isolamento; mais de 30 milhões de janelas não possuem vidros duplos e somente 12% dos sistemas de aquecimento existentes são modernos.

Já em outro importante ponto da cidade, o rio Spree – que atravessa a capital alemã –, não se nota nenhum lixo jogado, nenhum cheiro desagradável (como o que se percebe, por exemplo, em muitos trechos do rio Tietê em São Paulo), nenhuma garrafa plástica boiando, tampouco aquela típica espuma branca que se vê em muitos rios paulistas nas imediações da capital. Isso não significa que ele não fosse poluído, apenas que essa poluição não aparecia. Entretanto, numa análise de sua água constatou-se a existência de 900 mil bactérias por 100 mililitros de água, 150 miligramas de resíduos por litro, e 7 miligramas por litro de oxigênio dissolvido.

Com essa situação não era possível haver cardumes de peixes no Spree. Essa "morte" do rio se transformou numa das principais questões para a cidade, que procurou a todo custo parecer não só moderna e cosmopolita, mas ecologicamente correta.

A faxina para valer começou em dezembro de 2008 e representou um forte símbolo do processo de revitalização que, na realidade, Berlim já estava executando ao longo de quase de duas décadas. A Alemanha investiu, em 2008, cerca de R$ 500 bilhões em tecnologias verdes – uma cifra impressionante –, com a geração de energia elétrica limpa por meio de turbinas eólicas, da utilização de energia solar em edifícios, da proliferação de carros elétricos e da instalação de modernos incineradores. Com um financiamento inicial de 2 milhões de euros do Ministério de Pesquisa e Tecnologia alemão, desenvolveu-se o projeto *Spree 2011*, com o objetivo de purificar o rio. E a ideia até que era bem simples: instalar grandes reservatórios submersos para recolher toda a água suja trazida pelas tubulações de esgoto. Isso foi feito e a purificação do rio aconteceu em seguida. A geóloga Alexandra Beckstein, que fez parte do time de 20 especialistas do projeto *Spree 2011*, destacou:

"O grande problema da nossa cidade estava na prática de saneamento conjunto da água proveniente da descarga e da chuva. Quando chovia muito as tubulações não aguentavam a demanda e o esgoto das casas era despejado *in natura* no rio.

Desse modo, pelo menos três vezes por mês, o rio Spree recebia um significativo volume de esgoto sem tratamento. Por isso foram construídos esses reservatórios dentro do rio e nas saídas das tubulações. Eles tinham a capacidade de armazenamento de 1 milhão de litros dessa água suja, que inicialmente foi bombeada para as estações de tratamento. Numa segunda fase, esse esgoto foi tratado rapidamente dentro dos próprios reservatórios, limpando o rio em tempo real."

Em janeiro de 2009, foi inaugurado o primeiro desses reservatórios; em julho outros dois deles já estavam em funcionamento. Finalmente, em 2011 todas as 14 tubulações que desembocavam no Spree contavam com essa tecnologia.

Em cada reservatório existe uma pequena ilha com infraestrutura própria: jardins, bares e até um atracadouro para pequenas embarcações movidas por painéis solares. A **simplicidade do projeto** foi justamente a sua principal inovação e seu maior triunfo.

O custo do projeto *Spree 2011* é digno de destaque, pois cada reservatório custou somente **€ 1 milhão!**

Como se vê, em Berlim as autoridades não pensaram apenas em tornar o rio apto a receber pessoas para a prática de natação. Elas almejavam principalmente melhorar a qualidade de vida dos berlinenses. Para as próximas gerações Berlim não parecerá somente um lugar que soube lidar adequadamente com o seu passado, mas preparado também para enfrentar o seu futuro – e de **maneira sustentável**.

Que tal nos inspirarmos no que acontece em Berlim e em outras cidades sustentáveis alemãs para começarmos a adotar os mesmos procedimentos, com as devidas adaptações ao nosso País tropical, para, assim, consumirmos menos energia nas nossas residências, nos nossos prédios comerciais e também nos empreendimentos industriais?

5º) Berlim é conhecida mundialmente por suas várias instituições culturais, muitas das quais com reputação internacional.

A diversidade e vivacidade da metrópole alemã levaram ao estabelecimento de uma atmosfera liberal. Assim, um cenário inovador de música, dança e arte acabou se desenvolvendo, em especial no século XXI.

Os jovens, os artistas e os empresários internacionais, muito criativos, foram se estabelecendo de maneira contínua na cidade, transformando Berlim num grande centro de entretenimento popular mundial.

O desempenho cultural de Berlim foi incrementado quando o grupo Universal Music decidiu transferir sua sede para a cidade, ocupando um terreno na margem do rio Spree, agora bem limpo.

Com os seus imóveis a preços acessíveis e sua abertura ao experimentalismo, Berlim é conhecida atualmente como o **ímã das artes visuais e cênicas no mundo**. Os seus setores cada vez mais crescentes de cinema e moda estão também atraindo mais e mais profissionais ambiciosos de todo o mundo, que encontram na cidade um ambiente acolhedor no qual podem criar e se relacionar com outros artistas, com isso impulsionando também a EC, que ajuda muito o progresso de Berlim.

Recentemente, Berlim também virou um centro da música erudita, sendo que o selo francês Harmonia Mundi transferiu sua sede alemã de Heidelberg para Mitte em outubro de 2013.

A Sony e a Deutsche Grammophon também já montaram seus escritórios internacionais em Berlim.

Grandes empresas de gestão de artistas e de relações públicas abriram filiais em Berlim, e muitos compositores se radicaram na cidade, entre eles Olga Neuwirth, Mark Andre e Brett Dean.

Um fato interessante é que enquanto austeridade dificulta a vida artística em muitos países da Europa, o governo alemão continua a patrocinar (em Berlim) três teatros de ópera em tempo integral e sete orquestras.

A Filarmônica de Berlim sempre foi uma grande atração, mas instituições do antigo setor oriental, como a Konzerthaus Berlin e a Komische Oper, viram seu público crescer mais de 10% nas últimas temporadas. O turismo é um fator de demanda extra, e o Kozerthaus estima que 29% de seu público é composto por turistas.

Desde a queda do muro de Berlim e, mais recentemente, com a ascensão da Alemanha como a maior força econômica e cultural da UE, o fluxo de artistas para Berlim foi paulatinamente restaurando o dinamismo da cidade e deu-lhe o impulso necessário para ela se tornar cada vez mais uma cidade criativa. É importante salientar que isso inclui a chegada de um grande contingente de jovens artistas israelenses.

O crescimento de Berlim levou a Deutsche Grammophon a lançar um festival ao ar livre, no verão de 2014, para exibir o trabalho de seus artistas mais jovens.

O pianista Pierre-Laurent Aimard, um expoente da música contemporânea e membro fundador do Ensemble InterContemporain, considera Berlim a **capital cultural** e **intelectual** da Europa no momento, por diversos motivos, entre eles, pela importante posição geopolítica que ocupa. Ele se radicou na cidade há dois anos, vindo de Paris, onde vivia desde seus tempos de estudante.

Pierre-Laurent Aimard explicou:

"É interessante morar numa cidade que passa por mudanças permanentes. As coisas não estão completamente resolvidas aqui. O que eu acho muito positivo é que Berlim carrega sua história com alto grau de inteligência, reflexão e senso de justiça. Acho isso uma grande lição para a humanidade."

No que diz respeito a museus, Berlim conta atualmente com cerca de 138, além das mais de 410 galerias de arte. O principal conjunto museológico fica na chamada "**ilha dos museus**" que já foi designada pela própria Unesco como patrimônio mundial da humanidade.

Ainda em 1841, por um decreto real, a cidade foi designada para ter uma "área dedicada à arte e à antiguidades". Posteriormente foi construído o Altes Museum, no Lustgarten.

O Neues Museum, que exibe o busto de Nefertiti, a Alte Nationalgalerie, o Museu de Pérgamo e o Museu Bode foram também construídos lá.

E além desses museus, também foram construídos outros pela cidade.

Assim, a Gemäldegalerie concentrou-se nas pinturas dos "velhos mestres dos séculos XIII a XVIII", enquanto a Neue Nationalgalerie, construída por Ludwig Mies van der Rohe especializou-se em pintura europeia do século XX.

Já no Hamburger Bahnhof, localizado em Moabit, exibe-se uma importante coleção de arte moderna contemporânea.

O Deutsches Historische Museum foi reaberto no Zeughaus com uma visão geral da história alemã, que abrange mais de um milênio.

O Bauhaus Archive é um museu focado no *design* do século XX, a partir do que se pensava e ensinava na famosa escola Bauhaus. Vale lembrar que, em 2005 Berlim foi chamada pela Unesco de "**Cidade do *Design*.**"

O Museu Judaico tem uma exposição permanente sobre dois milênios de história judaico-alemã. O Museu Alemão de Tecnologia, em Kreuzberg, tem uma grande coleção de artefatos técnicos históricos.

O Museum für Naturkunde, perto de Berlin Hauptbahnhof, apresenta um acervo de história natural.

Ali encontra-se o maior dinossauro montado do mundo, (um *Giraffatitan*). Também estão em exibição espécimes bem preservados do *Tyranosaurus rex* e *Archaeopteryx*.

Em Dahlem existem diversos museus de arte e cultura, tais como o Museu de Arte Asiática, o Museu Etnológico, o Museu das Culturas Europeias, bem como o Museu dos Aliados. Por sua vez o Museu Brücke possui uma das maiores coleções de obras de artistas do movimento expressionista do início do século XX.

Em Lichtenberg, em razão do antigo Ministério para a Segurança do Estado da Alemanha Oriental, criou-se o Stasimuseum.

O local denominado *Checkpoint Charlie*, um dos pontos de passagem mais conhecidos do antigo muro de Berlim, ainda está bem preservado e conta com um museu privado. Este apresenta uma documentação abrangente das estratégias e dos planos detalhados concebidos pelas pessoas que tentaram fugir da Alemanha Oriental.

E não se pode esquecer do Beate Uhse Erotik Museum, que se considera **o maior museu erótico do mundo**!?!?

6º) Uma grande atração é a *Berliner Fernsehturm* (torre de televisão de Berlim), com 368 m de altura, que pode ser vista de todos os pontos da capital alemã. Ela está localizada em plena Alexanderplatz, principal centro onde se reúnem jovens moderninhos, turistas com seus *smartphones* e suas sacolas cheias de lembranças de cidade. E ali que os berlinenses se refrescam nos dias de calor, aproveitando as fontes que aí existem, transformando-as praticamente em "piscinas."

Deve-se ressaltar que essa torre foi construída no tempo em que a Alemanha estava dividida, entre 1965 e 1989. Foi essa a ideia que tiveram os mandatários comunistas da antiga Alemanha Oriental para transmitir melhor o sinal da televisão estatal.

Para subir até o ponto mais alto os adultos pagam cerca de US$ 15. Quem vê a torre a partir de uma certa distância – assim como qualquer um que entra nela – deve se recordar do ano de 1966, quando se desenvolveu o fascínio pela tecnologia e pelas viagens espaciais.

Isso é bem visível na sua arquitetura pois a seção transversal dessa torre de TV se assemelha a um foguete espacial, e a sua esfera lembra sem dúvida o primeiro satélite soviético *Sputnik*, até mesmo pela sua cor vermelha – **a cor do socialismo**.

Claro que isso mudou bastante nos últimos tempos, particularmente em 2006, quando aconteceu o jogo final da Copa do Mundo de Futebol no estádio olímpico. Na ocasião a esfera foi decorada como uma bola de futebol, com pentágonos na cor magenta, a cor corporativa do patrocinador oficial da competição, a Deutsch Telekom, proprietária da torre.

Ela é atualmente uma das mais populares atrações turísticas de Berlim, recebendo cerca de 1,8 milhão de pessoas por ano.

7º) A arquitetura da cidade de Berlim exibe expressivas quantidades de arte de rua urbana.

Ela tornou-se inclusive uma parte significativa do patrimônio cultural da cidade e isso tem suas raízes na cena do *graffiti* de Kreuzberg, da década de 1980.

Vale lembrar que o próprio muro de Berlim se tornou uma das maiores telas ao ar livre do mundo. E, por sinal, o trecho restante do muro que fica ao longo do rio Spree, em Friedrichshain, permanece com a East Side Gallery. Por isso, Berlim é constantemente classificada como uma importante cidade do mundo para a **cultura da arte de rua**.

8º) Na área de esportes, é indiscutível a força do esporte profissional. Ele é um ímã que atrai milhares de espectadores para as instalações onde são praticados, além de representar um excelente programa a ser retransmitido pelos canais de televisão. E isso não se aplica somente dentro da região, mas também nos âmbitos nacional e internacional, quando a competição é de qualidade.

Berlim já foi sede de importantes eventos esportivos, como os Jogos Olímpicos de 1936 e a final da Copa do Mundo de Futebol de 2006.

E, por falar em campeonato mundial, a Alemanha realizou uma Copa do Mundo incrível (que, aliás, o país também não ganhou, ficando em terceiro lugar).

Entre as várias atrações criativas que o prefeito de Berlim, Klaus Wowereit, elaborou para cativar os turistas antes e durante a realização da competição uma delas foi a inauguração da exposição sobe a trajetória de Pelé, na estação de metrô da Potsdamer Platz. A exposição *Peléstation* foi aberta no dia 7 de junho de 2006, pelo próprio Edson Arantes do Nascimento. Na ocasião Pelé afirmou:

"Não dá para dizer qual é a minha parte favorita da exposição. Muita coisa aconteceu nas Copas de 1958, 1962, 1966 e 1970. Mas houve um momento especial. Muita gente não sabe, pensa que bater pênalti é fácil. Mas quando fui cobrar aquele que resultaria no meu milésimo gol, no Maracanã, minhas pernas tremeram. Foi a primeira vez que isso aconteceu. Preciso compartilhar minha trajetória com todas as pessoas. É importante deixar alguma coisa para as novas gerações."

A *Peléstation* ocupou um espaço multimídia de 3.300 m², reunindo várias referências ao rei do futebol: filmes e objetos históricos. Também foi possível assistir Pelé jogando contra si mesmo. Centenas de milhares de pessoas visitaram a exposição.

Em Berlim acontece todos os anos a famosa BMW Berlin-Marathon, bem como o evento atlético da Golden League chamado Internationales Stadionfest Berlin (ISTAF).

A Fédération Internationale de Volleyboll organiza todos os anos em Berlim o *Smart Grand Slam* de vôlei de praia.

Berlim também é a "casa" do time de futebol profissional Hertha BSL Berlin, que participa do principal campeonato alemão. Há também a ALBA Berlin, equipe de basquete, também conhecida como Berlin Albatrosses, que ganhou o campeonato alemão muitas vezes; no hóquei sobre o gelo tem-se a equipe Eisbären Berlin; no handebol, a Füchse Berlin Reinickendorf HBC; e no voleibol, a Berlin Recycling Volleys.

9º) Berlim tem cerca de 880 escolas frequentadas por aproximadamente 340 mil crianças. A cidade tem um programa de educação primária de 6 anos de duração.

Depois de completar a escola primária, os alunos continuam na Sekundarschule (escola secundária bastante abrangente) ou no Gyminasium (escola preparatória).

Deve-se destacar que Berlim tem um programa especial de escola bilíngue embutido na Europaschule, no qual as crianças são ensinadas seguindo-se o currículo em alemão e em uma língua estrangeira, começando na escola primária e continuando na escola secundária.

Dessa maneira, um dos nove principais idiomas pode ser escolhido como língua estrangeira em 29 escolas.

Entre elas, destaca-se o Französisches Gymnasium (Liceu Francês), de Berlim, que foi fundado em 1689 para ensinar os filhos de refugiados huguenotes, oferecendo aulas em alemão e francês.

A Escola John F. Kennedy é uma instituição pública bilíngue germano-norte-americana localizada em Zohlendorf, sendo particularmente popular entre os filhos de diplomatas e a comunidade expatriada anglófona.

Existem ainda quatro escolas que ensinam o latim e o grego clássico. Duas delas são escolas estaduais – a Gymnasium Berlin-Steglitz, em Steglitz, e a Goethe Gymnasium, em Wilmersdorf, sendo uma delas protestante – e o Evangelisches Gymnasium zum Grauen Kloster, em Wilmersdorf, que é jesuíta, e a Canisius-Kolleg, no "bairro das embaixadas", em Tiergarten.

A região da capital Berlim-Brandemburgo é um dos centros mais prolíficos de ensino superior e pesquisa da Alemanha e da Europa como um todo, tendo historicamente o orgulho de ostentar 40 ganhadores do prémio Nobel filiados a alguma universidade com sede em Berlim.

A cidade tem quatro importantes universidades públicas – Universidade Livre de Berlim (FU Berlin); Universidade Humboldt; Universidade Livre (Freie Universität); Universidade Técnica (Technische Universität) e Universidade de Artes (Universität der Künste), todas bastante envolvidas na área de pesquisa, além de mais de 30 faculdades privadas, profissionais e técnicas (as *Hochschulen*), que disponibilizam uma ampla gama de cursos.

No período de inverno de 2015/2016, registrou-se o número recorde de 175.651 estudantes matriculados nas IESs de Berlim.

A LIÇÃO DE BERLIM

Berlim sem dúvida provoca muitas inspirações positivas em todo aquele que busca transformar o lugar onde vive em uma **cidade criativa**, em especial por suas IESs que tanto difundem o saber (formando **novos talentos**), pela variedade cultural (tudo o que é oferecido), pela existência de tantos museus (que exibem **tesouros** da humanidade), pelo apoio de seu governo e do setor privado para abertura de muitas *start-ups* (a maioria voltada para a **tecnologia**) e pela aceitação e convívio pacífico/produtivo entre alemães e migrantes de inúmeras nacionalidades (**tolerância**).

Nos últimos anos, Berlim envolveu-se cada vez mais com as *fintechs* – empresas de tecnologia voltadas para serviços financeiros. A cidade inclusive já conseguiu fazer com que algumas delas se mudassem de Londres para a capital alemã (uma grande perda de talentos para a capital britânica). Essa é uma tendência que São Paulo deveria adotar.

Hoje, após a reunificação, é notável observar o poder de reconstrução de Berlim, assim como a capacidade de recuperação da Alemanha no que diz respeito ao seu poder econômico – o país é a **4ª maior economia do mundo**!

Berlim apresenta atualmente um verdadeiro *boom* no empreendedorismo, tendo atraído para a cidade talentos de quase todos os setores da EC, que, inclusive, se instalam na capital.

Bem, se alguém quer uma prova de que uma cidade pode "ressurgir das cinzas" em poucas décadas, tornando-se **global** e **criativa**, basta olhar para Berlim, observando nela tudo o que foi feito a partir de 1990.

Os berlinenses, com a ajuda de seu governo, são o melhor exemplo do que vem a ser resiliência, pois esqueceram o que aconteceu de ruim, se reinventaram, e souberam manter o que sobrou de seus **tesouros**.

Um aspecto do distrito financeiro de Boston.

2.5 - Boston

PREÂMBULO

A história de Boston começou com os imigrantes puritanos que no ano de 1630 desembarcaram no local que atualmente é conhecido como baia de Massachusetts. A princípio a cidade foi fundada com o nome de Trimontaine, porém, depois de continuar crescendo com a chegada de muitos imigrantes ingleses oriundos de uma cidade inglesa chamada Boston, ela passou a se chamar Town of Boston.

Melvin G. Holli, no seu livro *The American Mayor*, explicou porque Boston cresceu tanto no século XIX destacando: "Isso se deve sem dúvida ao prefeito Josiah Quincy que no seu mandato de 1823 a 1828 transformou um vilarejo em uma cidade por meio de planejamento urbano e renovação urbana (expressões não conhecidas na época) construindo novas ruas, alargando as antigas, modernizando o corpo de bombeiros, recolhendo das ruas os pobres e cuidando deles, inaugurando presídio. Montado em seu cavalo fazia visitas de inspeção às 5h da manhã para verificar como estava sendo feito o recolhimento do lixo e a limpeza das ruas.

Retirou-se da política em 1828 e tornou-se presidente da Harvard College, que se tornaria depois em uma das melhores universidades do mundo."

A HISTÓRIA DE BOSTON

Boston é a capital e a cidade mais populosa do Estado de Massachusetts, nos EUA. Está localizada no condado de Suffolk, do qual é sede.

Ela ocupa uma área de 125 km², sendo bem compacta. Vivem ali cerca de 680 mil pessoas (uma estimativa do início de 2017).

A cidade, entretanto, é o núcleo central de uma região metropolitana – a chamada Grande Boston – na qual viviam no final de 2016 praticamente 5 milhões de pessoas.

Fazem parte da Grande Boston as cidades de Winthrop, Revere, Chelsea, Everett, Somerville, Cambridge, Watertown, Newton, Brookline, Needham, Dedham, Canton, Milton e Quincy.

É grande a população judaica que vive na Grande Boston, estimada em 252 mil pessoas.

O PIB da Grande Boston, no ano de 2016 chegou a US$ 380 bilhões, tornando a região a sexta maior economia dos EUA.

O modelo de administração da cidade fundamenta-se no esquema **prefeito-conselho da cidade**, em que o prefeito é eleito para um mandato de quatro anos, tendo forte poder executivo e os integrantes do conselho da cidade têm um mandato de 2 anos.

Muitas coisas importantes que foram feitas em Boston na década de 1990 e no início do século XXI, se deveram à eficaz administração do prefeito Thomas Menino (1942-2014), que ficou no cargo durante 20 anos (o mais longo governo de um prefeito na história da cidade até falecer). Ele foi substituído em 2014 pelo prefeito Marty Walsh, que também tem feito uma boa gestão.

A cidade inclusive usa um algoritmo criado por sua administração – o chamado *City Score* –, uma ferramenta que permite medir a eficácia dos vários serviços públicos realizados em Boston.

Essa avaliação está disponível para o público em um painel *on-line*, e isso permite que os gestores da cidade, os integrantes do corpo de bombeiros, da polícia, do sistema educacional, dos serviços de gestão de emergências etc., possam tomar ações de melhoria nas áreas mais criticadas ou preocupantes.

Vale a pena os gestores públicos municipais do Brasil tomarem mais conhecimento sobre os resultados que têm sido obtidos com o uso do algoritmo *City Score*!!!

A cidade de Boston é um importantíssimo centro financeiro, comercial e industrial do país, contudo, ela se destaca principalmente como centro universitário. Suas IESs mais famosas e reconhecidas são o **Instituto de Tecnologia de Massachusetts** (MIT) e a **Universidade de Harvard**.

Também fica na cidade uma das cinco melhores escolas de língua inglesa do mundo, a Escola de Inglês da Nova Inglaterra, localizada na praça Harvard.

Boston se destaca no cenário mundial por sua ousadia no setor de mobilidade. Com o objetivo de solucionar seus problemas de locomoção ela desenvolveu um projeto que ganharia o apelido de "***Big Dig***" (algo como "grande escavação", em tradução livre), no qual todo um conjunto de estradas interestaduais foi transferido de vias expressas de superfície para túneis de até 10 pistas.

Esse imenso projeto foi concluído em 2006, depois de 12 anos. Isso não significa que outras melhorias não continuem sendo feitas para garantir a Boston uma mobilidade urbana cada vez melhor.

A história de Boston começou com os imigrantes puritanos que no ano de 1630 desembarcaram no local que atualmente é conhecido como baia de Massachusetts. A princípio a cidade foi fundada com o nome de Trimontaine, porém, depois de continuar crescendo com a chegada de muitos imigrantes ingleses oriundos de uma cidade inglesa chamada Boston, ela passou a se chamar Town of Boston.

Mais de dois terços da área interna de Boston não existiam quando a cidade foi fundada. Com o passar do tempo, a região foi sendo preenchida com a terra retirada de um conjunto de três montanhas da região, o *Trimountain* (que daria nome à rua Tremont), e com o cascalho trazido de trem de Needham para aterrar a região de Back Bay.

O centro e suas imediações estão repletos de prédios baixos de alvenaria, que em termos arquitetônicos ostentam um estilo federal norte-americano (1780-1820). Estes são intercalados com edifícios altos e modernos, principalmente no distrito financeiro, no centro governamental e no sul de Boston.

Na região de Back Bay estão vários marcos proeminentes, como a Biblioteca Pública da cidade, a Primeira Igreja Cristã Científica, a praça Copley e os dois maiores prédios da cidade, a torre *John Hancock* e a torre *Prudential*.

Nas proximidades da torre *John Hancock* fica o antigo prédio *John Hancock*, com sua antena iluminada (que permite prever a condição do tempo conforme a cor). Já o distrito histórico de South End é o maior bairro sobrevivente da era vitoriana nos EUA.

O Boston Common, localizado perto do distrito financeiro e de monte Beacon, é o parque público mais antigo dos EUA. Juntamente com o Jardim Público de Boston, na região adjacente, completa o Emerald Necklace (algo como "colar de esmeraldas") – uma linha de parques projetada por Frederick Law Olmsted, para cercar a cidade.

O Emerald Necklace inclui também a lagoa Jamaica (a maior de Boston) e o parque Franklin (o mais amplo da cidade), que abriga o zoológico.

Outro grande parque é o Esplanade, que fica ao longo das margens do rio Charles. Bem próximo dali está o Hatch Shell, um local para a realização de eventos ao ar livre.

Existem ainda outros bons parques espalhados pela cidade, sendo os maiores os que estão localizados perto da ilha Castle, em Charlestown, e ao longo das costas de Dorchester, sul e leste de Boston.

O sistema de parques de Boston é muito bem avaliado. Tanto que na classificação do *Park Score* de 2016 a cidade de Boston apareceu com o **nono melhor sistema de parques entre as 100 cidades** mais populosas dos EUA.

O *Park Score* classifica os sistemas de parques das cidades por meio de uma fórmula que analisa a média de tamanhos dos parques, a área dos parques em relação à área da cidade, a quantidade de residentes no raio de meia milha (cerca de 805 m) do parque, o consumo dos serviços dos parques por parte dos residentes e o número de áreas de recreação por 10 mil residentes.

Uma cidade é **atraente** quando tem muitos parques. Isso propicia aos seus moradores uma melhor qualidade de vida e a possibilidade de curtir algumas horas de lazer e, ao mesmo tempo, fazer criativas introspecções sobre a vida pessoal, o trabalho e os negócios.

A cozinha bostoniana, por sua vez, dá muita ênfase aos frutos do mar, aos produtos lácteos e todos os alimentos recebem bastante sal.

Por causa de sua rica história, Boston tem atraído cerca de 2,2 milhões de turistas estrangeiros por ano (estimativa de 2016), o que injeta na economia da cidade cerca de US$ 10 bilhões.

Devido ao fato de ser um centro internacional de educação superior, muitos vêm para a cidade não apenas para estudar e se formar em direito, medicina, engenharia, administração, arquitetura etc. mas também para depois abrir seus próprios negócios.

Boston se orgulha de ser uma cidade líder em inovação e empreendedorismo, tendo em 2016 cerca de **2.200** *start-ups*.

A vinda de muita gente que se fixou em Boston foi provocando a elevação bem significativa dos custos de moradia, o que levou à gentrificação da área – a expulsão dos habitantes que viviam em locais mais degradados e, com a construção de novos edifícios, uma intensa reocupação por indivíduos de classe mais elevada!!!

A cidade é hoje o lar de um grande número de empresas de tecnologia, além de um *hub* para a biotecnologia. O Institute Milken, classificou Boston como a cidade que tem um dos principais *clusters* em que se pesquisam as **ciências da vida**, recebendo para isso um grande montante de recursos.

Os cerca de **350 mil alunos** que estudam em Boston também tem um impacto incrível para a economia da cidade, ou seja, contribuem com algo próximo de US$ 5,3 bilhões, anualmente.

Em Boston estão as sedes de algumas das principais empresas de material esportivo, como a Converse, a New Balance e a Reebook; a Rockport, a Puma e a Wolverine World Wide têm escritórios na Grande Boston.

Estão em Boston muitas empresas de capital de risco e a sede do banco Santander.

A cidade é o centro de publicação de livros, com muitas editoras estabelecidas dentro dela.

Em Boston são organizadas muitas convenções e conferências e, para isso, existem na cidade três grandes centros para essa finalidade, ou seja, o Hynes Convention Center, o Seaport World Trade Center e o Boston Convention and Exhibition Center.

Agora a grande multinacional General Electric (GE) tomou a decisão de ter a sua sede em Boston, explicando que isso se deve ao fato de que há muitos **talentos** na cidade, prontos para ser contratados, que lhe são imprescindíveis para desenvolver os novos negócios nessa 2ª década do século XXI.

Bem, agora seguem algumas complementações bem significativas para que se possa entender o motivo que garante a Boston a denominação de **cidade criativa**.

1 <u>a</u>) No que se refere a esportes, Boston possui equipes boas e famosas em diversas modalidades, o que influencia muito sua **visitabilidade**. Existe ali um forte envolvimento dos fãs do mundo esportivo, oriundos não apenas da Grande Boston, mas de cidades que ficam há centenas de quilômetros e cujos espectadores adoram assistir aos jogos espetaculares.

No beisebol, por exemplo, Boston tem uma das equipes mais famosas do país: o **Boston Red Sox**, que já venceu 8 vezes a World Series (série mundial). A equipe faz parte da Liga Principal de Beisebol (MLB, sigla em inglês para Major League Baseball). Na verdade, ela foi uma das fundadoras da liga. O estádio do Red Sox é o Fenway Park, que foi construído em 1912. Trata-se do estádio mais antigo em uso nos EUA.

Já a equipe de futebol norte-americano de Boston é o **New England Patriots**, cujo atual *quarterback* é o famoso Tom Brady (casado com a não menos famosa *übermodel* brasileira Gisele Bündchen). O New England Patriots já chegou 9 vezes à final do *Super Bowl* pela Liga Nacional de Futebol Americano (NFL, National Football League), tendo saído vitoriosa em cinco oportunidades (a última na temporada 2016-2017). Com uma atuação impecável, Tom Brady levou a sua equipe a uma reação incrível para vencer o Atlanta Falcons por 34 a 28, depois de estar perdendo por 28 a 3, transformando-se no mais notável *quarterback* desse esporte nos EUA!!!

No hóquei o time da cidade é o **Boston Bruins**, com seis conquistas da Stanley Cup pela Liga Nacional de Hóquei (NHL, National Hockey League).

No futebol como conhecemos no Brasil, a equipe de Boston é o **New England Revolution**, que disputa a Liga Principal de Futebol (MLS, Major League Soccer).

Mas sem dúvida, o esporte profissional em que Boston mais se destaca é o basquete. Sua equipe, o **Boston Celtics**, já ganhou 17 títulos pela Associação Nacional de Basquete (NBA, National Basketball Association), muitos durante o período em que o seu principal astro foi o excepcional Larry Bird. Nenhuma equipe nos EUA ganhou tantos títulos como o Boston Celtics.

A **Maratona de Boston** também é famosa e ganhou ainda mais divulgação em 2013, por causa do atentado terrorista que resultou em mais de **100 feridos e três mortos**. É impressionante como terroristas e ativistas dementes procuram evidenciar suas bandeiras no decorrer de eventos acompanhados por milhares de pessoas. Isso é lamentável quando se vive em pleno século XXI, uma época que alguns ainda se arriscam a definir como **"do conhecimento e da globalização harmoniosa"**.

2ª) Boston tem como uma de suas cidades-irmãs a capital brasileira, Brasília, e conta com um bom número de imigrantes do Brasil: estima-se que sejam mais de 45 mil na Grande Boston!?!?

E, falando em imigração, se no passado muitos dos que vieram para a cidade eram ingleses e irlandeses, atualmente Boston é bastante cosmopolita. Além da comunidade brasileira, existem as significativas colônias chinesa e portuguesa. Mas o que mais impressiona é o grande número de estudantes – oriundos de praticamente todas as partes do mundo – que permanecem pelo menos alguns anos na cidade, enquanto vão construindo sua profissão ou aperfeiçoando-a numa das famosas universidades bostonianas. O fato é que, com toda essa movimentação de estrangeiros, Boston é hoje uma **cidade multicultural**.

Como destacou o famoso urbanista **Richard Florida**, em Boston destacam-se muito bem os **3Ts** de uma **cidade criativa**: a **tolerância**, a **tecnologia** e o **talento**. Existe, entretanto, um **quarto T**, de **tesouro**, que vem sendo construído nessa notável cidade norte-americana, na medida em que ela procura ser **relevante** também no campo das **artes cênicas** e **visuais**.

3ª) A música granjeou um forte apoio da sociedade em Boston. Assim, a Orquestra Sinfônica de Boston faz parte das *"Big Five"* ("Cinco Grandes"), um grupo das maiores orquestras norte-americanas. A revista *Gramophone*, voltada para a música clássica, inclusive a classificou como uma das melhores orquestras do mundo!!!

Ela se apresenta no Symphony Hall, assim como a Orquestra Sinfônica de Jovens de Boston (a maior orquestra de jovens da nação) e a Orquestra Boston Pops.

O jornal *The Guardian* classificou o Boston Simphony Hall como: "Um dos melhores locais do mundo para a apresentação de música clássica, pois foi aí que a ciência se tornou uma parte essencial no *design* do salão de concertos.

Outros concertos também acontecem no Jordan Hall, principal espaço de eventos do New England Conservatory.

Já o balé de Boston faz suas apresentações na Boston Opera House.

Outros espetáculos de artes cênicas são aqueles criados pela Boston Lyric Opera Company, Opera Boston, Boston Baroque (a primeira orquestra barroca dos EUA) e a Sociedade Händel e Haydn (um dos mais antigos corais dos EUA).

A cidade é um centro para a música clássica contemporânea, com um grande número de grupos se apresentando, muitos deles associados com as universidades e conservatórios que existem em Boston, destacando-se entre eles o Boston Musica Viva e o Boston Modern Orchestra Project.

Vários teatros estão dentro ou próximas do chamado **distrito teatral**, que fica ao sul do parque Boston Common, estando ali o Cutler Majestic Theatre, o Citi Performing Arts Center, o Colonial Theater e o Orpheum Theatre.

No calendário de festividades que acontecem anualmente em Boston deve-se citar a *First Night*, que acontece na passagem de ano, o Boston Early Music Festival, o Boston Arts Festival, no parque Cristóvão Colombo, a parada do orgulho *gay*, as festas italianas, as celebrações de Independência durante o dia 4 de julho etc.

Como Boston teve um papel proeminente na revolução norte-americana para conquistar a sua independência, diversos locais históricos relacionados com esse período estão preservados, fazendo parte do parque Histórico Nacional.

Boston possui vários museus e muitas galerias, dentre os quais estão o Museu de Belas Artes e o Museu Isabella Stewart Gardner.

O Instituto de Arte Contemporânea está em um prédio contemporâneo, um projeto de Diller Scofidio + Renfro, que está no distrito marítimo.

Boston também é um destacado centro religioso, com grande predominância dos cristãos (58% da população), sendo os católicos romanos sua maioria (29%).

A mais antiga igreja de Boston data de 1630 e se chama First Church, mas muitas outras igrejas foram construídas nos séculos XVII, XVIII e XIX, e existem até hoje.

4[a]) Deve-se destacar que os bostonianos falam um inglês com sotaque único, além de usarem uma gíria típica da cidade, repleta de neologismos.

Boston já foi chamada de "Atenas da América" devido a sua cultura literária, ganhando assim a reputação de ser **"a capital intelectual dos EUA"**.

De fato, no século XIX viveram e escreveam suas obras em Boston, escritores como Ralph Waldo Emerson, Henry David Thoreau, Nathaniel Hawthorne, Margaret Fuller, James Russell Lowell e Henry Wadsworth Longfellow.

Algumas pessoas acreditam que a livraria Old Corner, onde esses escritores se encontravam e também onde foi publicado inicialmente *The Atlantic Monthly*, possa ser chamada de **"o berço da literatura norte-americana"**.

Em 1852, foi criada a primeira biblioteca pública na cidade e ela foi a primeira aberta ao público nos EUA.

A cultura literária continua até hoje, isso graças principalmente às muitas importantes IESs que existem na cidade e ao Boston Book Festival, que estimula muito o lançamento de novos livros.

5ª) O *The Boston Globe* e o *Boston Herald* são os dois principais jornais diários da cidade, que possui outras publicações como o *Boston Magazine*, *The Improper Bostonian*, *Dig Boston* etc.

Um fato interessante, é a publicação do *The Boston Globe* destinada aos adolescentes que cursam o ensino médio público.

Devido ao crescente público latino existente na cidade, são publicados jornais em espanhol como o *El Planeta*, *El Mundo* e *La Semana*.

Na cidade há uma grande comunidade LGBT e para esse público tem-se uma publicação específica *The Rainbow Times*.

Em Boston estão concentradas muitas estações de rádio bem como de televisão (algumas independentes e outras afiliadas às maiores redes que atuam nos EUA).

Aliás, tem-se também aquelas estações de TV que transmitem seus programas em espanhol como as da Univision, Telemundo e Uni Más.

Além disso, os bostonianos podem assistir muitos programas produzidas pelas estações de TV canadenses, inclusive em francês, pois a cidade está relativamente perto de Quebec.

6ª) No que se refere ao transporte aéreo, Boston é atendido pelo aeroporto internacional Logan, que em 2016 recebeu 36 milhões de passageiros.

Mas a cidade ainda tem os aeroportos de Norwood Memorial (no sul), Hanson (no oeste) e Beverly (no norte).

Cerca de um terço dos bostonianos utilizam o transporte público para ir ao trabalho, deixando a cidade em quinto lugar no uso desse tipo de meio de locomoção nos EUA.

O metrô em Boston é o mais antigo dos EUA e o 4º mais movimentado do país.

Os trens da Amtrak, empresa estatal federal de transporte ferroviário dos EUA, ligam a cidade a outras importantes como Chicago, Nova York, Washington etc.

Um apelido do qual Boston se orgulha é de ser a **"cidade para andar"**, pois nela tem-se seguramente as melhores calçadas que todas as outras cidades dos EUA.

Além disso, a cidade é bem compacta e tem uma grande população de estudantes (sendo a maioria de fora da cidade e do país) que não possuem veículos próprios e por isso precisam (ou gostam de) caminhar.

Aliás, 14% da população desloca-se de um lugar para outro andando, sendo essa a maior porcentagem do que em qualquer grande cidade dos EUA.

Apesar de ter uma grande quantidade de ciclistas, Boston não tem boas ciclovias e muitas coisas precisam ser melhoradas para que as pessoas usem as "magrelas" como um meio de transporte!!!

7ª) **Educação** – O grande destaque de Boston é, sem dúvida, o **espetacular conjunto de IESs**, que, a cada ano, forma novos **talentos** para todos os setores da **EC**. As três principais estão fora de Boston, na área conhecida como Cambridge/Somerville, e formam o **"triângulo do poder cerebral"**.

→ **Universidade de Harvard.** Ela foi fundada em 1636 pela Assembleia Estadual de Massachusetts e recebeu esse nome em homenagem ao seu primeiro benfeitor, John Harvard.

Com o passar do tempo e por causa de sua boa gestão, a universidade acumulou muita riqueza. Ela também conquistou grande renome por conta da excelência de seu processo de ensino, das pessoas que se formaram nela e que se tornaram célebres em vários campos (pesquisa e inovação, medicina, política, economia, gestão etc). Harvard influencia atualmente o ensino superior do mundo todo, não apenas pelos avanços nos seus "currículos", mas principalmente pelo fato de que, continuamente, ela aparece entre as cinco mais importantes universidades do mundo. Ela é afiliada da Ivy League, que é constituída pelas **oito melhores universidades** da costa leste dos EUA (Brown University, Columbia, Cornell, Dartmouth, Harvard, University of Pennsylvania, Princeton University e Yale University, por ordem alfabética).

Ela está organizada em 15 unidades acadêmicas diferentes – **14 faculdades** e o **Instituto Radcliffe de Estudos Avançados** – com *campi* em toda região metropolitana de Boston.

Estudaram em Harvard em 2016 cerca de 22 mil alunos, sendo 8 mil em graduação e 14 mil em pós-graduação.

O *campus* principal ocupa 85 hectares no Harvard Yard, em Cambridge, a cerca de 4,8 km a noroeste de Boston.

As instalações das faculdades de negócios e atletismo, bem como o estádio da Harvard, estão localizadas do outro lado do rio Charles, no bairro Allston, em Boston; as faculdades de medicina, odontologia e saúde pública estão localizadas na área médica de Longwood.

Oito presidentes dos EUA se formaram na universidade de Harvard, e cerca de 151 ganhadores de prêmios Nobel estão ou estiveram filiados a ela como estudantes, professores ou funcionários.

Harvard também é a *alma mater* (universidade que alguém frequentou) de cerca de 65 bilionários que vivem em sua maioria nos EUA, como **Mark Zuckerberg** (fundador do Facebook) e **Bill Gates** (ex-presidente da Microsoft, que não concluiu o curso). Ambos doaram vultosas somas para essa IES.

A universidade inclusive possui uma biblioteca com cerca de 152 milhões de títulos, sendo a quarta maior do mundo, atrás apenas da Biblioteca do Congresso dos EUA, em Washington, da Biblioteca Britânica, em Londres, e da Biblioteca Nacional da França, em Paris.

Harvard tem o maior orçamento que qualquer outra IES privada no mundo: em 2016, chegou em cerca de US$ 3,2 bilhões. O custo anual para um estudante de graduação em 2016 foi de cerca de US$ 55 mil, sem incluir o custo de moradia.

Em 2007, Harvard escolheu pela primeira vez uma mulher para ocupar a presidência da instituição. Trata-se da historiadora Catharine Drew Gilpin Faust.

→ **Instituto de Tecnologia de Massachusetts** (MIT na sigla em inglês). O **MIT** é uma IES privada localizada na Grande Boston, mais especificamente em Cambridge.

Ele foi fundado em 1861 para atender à demanda de profissionais para a crescente indústria dos EUA, adotando o modelo europeu de uma universidade politécnica, mas focando sua instrução laboratorial nos campos de engenharia e ciências aplicadas.

Durante a 2ª Guerra Mundial e a Guerra Fria, os pesquisadores do MIT concentraram-se no trabalho com computadores, radares e sistemas de navegação inercial. No período pós-guerra, toda essa pesquisa da defesa contribuiu para a rápida expansão do corpo docente e do *campus*, que estava sob o comando de James Killian.

O novo *campus* (atual) foi inaugurado em 1916. Ele se entende por uma área de 1,6 km ao longo da margem norte do rio Charles.

Em 2016, o. MIT contava com aproximadamente **11,4 mil** estudantes, distribuídos por **seis** faculdades: Arquitetura e Urbanismo; Engenharia; Humanidades, Artes e Ciências Sociais; Gestão (Negócios); Ciências; e a Escola Whitaker de Ciências da Saúde e Tecnologia.

Além do corpo discente, um grande número de professores e pesquisadores participam de programas em seus laboratórios e centros de pesquisa. De fato, até o fim de 2016, foram 87 laureados com o prêmio Nobel, 52 contemplados com a Medalha Nacional de Ciências, 34 astronautas e dois ganhadores da Medalha Fields.

Esta IES tem uma forte cultura empreendedora. Para se ter uma ideia, se fossem combinadas as receitas das empresas fundadas por ex-alunos do MIT, o valor total alcançado seria equivalente ao **PIB da 11ª economia do mundo**, como a da Coreia do Sul, cujo total estimado para 2016 foi de US$ 1,321 bilhões.

Conseguir entrar no MIT é bem difícil. Em média, cada ano cerca de 2.300 estudantes estrangeiros de mais de 120 países solicitam admissão, mas somente 110 são aceitos.

Além disso, quase todos os que são admitidos no MIT precisam ter um desempenho destacado nas áreas de pesquisa científica, artes, música ou esportes em âmbito regional, nacional e/ou internacional. Os estrangeiros também precisam demonstrar o domínio do idioma inglês, além de bons conhecimentos nas áreas de história, matemática, biologia, química, física e estudos sociais.

Ou seja, quem é aceito no MIT já se revela um pequeno gênio, não é?

→ **Universidade Tufts**, cujo *campus* principal fica ao norte da cidade de Boston, em Somerville e Medford, onde estão localizadas as suas faculdades de medicina e odontologia.

Aliás, na Tufts University School of Medicine, que foi fundada em 1893, se formaram médicos famosos, como Glenn Cooper, Priscilla White e Robert Ray.

Já a Tufts University School of Dental Medicine foi fundada em 1868 e entre os seus alunos notáveis estão Leonardo Horowitz e Chiann Fan Gibson.

A Tufts School of the Museums of Fine Arts foi fundada em 1876 e entre os seus ex-alunos notáveis convém citar David Lynch, Nan Goldin, Cy Twombly e Elssworth Kelly.

→ Uma outra IES muito importante é a **Universidade de Boston** (BU, sigla em inglês para Boston University). Com cerca de 32 mil alunos, a **BU** é a quarta maior universidade privada dos EUA, além de uma grande empregadora: são aproximadamente **4.400 professores** e alguns **milhares de funcionários**.

Embora tenha sido estabelecida em 1869, a universidade tem suas raízes no Instituto Bíblico Newbury, em Newbury, no Estado de Vermont, em 1839. Por essa razão ela celebrou seu centenário duas vezes, em 1939 e 1969.

Essa instituição oferece cursos de graduação e pós-graduação (mestrado e doutorado) em **18 faculdades** e **escolas**, tendo dois *campi* urbanos.

O *campus* principal está situado às margens do rio Charles, nos bairros Fenway-Kenmores e Allston; já o *campus* da Boston University Medical fica em South End.

Entre os ex-alunos famosos da BU estão as atrizes Julianne Moore e Geena Davis, o pastor e pacifista Martin Luther King Jr., e o jornalista Bill O'Reilly.

Bem, essas são as quatro maiores e mais conhecidas IESs de Boston, contudo, existem dezenas de outras na cidade, bastante especializadas, o que a transforma na cidade mais acadêmica dos EUA – na **cidade dos talentos**!!!

Sem dúvida Boston é uma cidade sem igual no mundo. Isso se confirma pela variedade de IESs que existem nela.

8ª) Uma das coisas mais criativas que ocorre anualmente em Boston é a entrega do prêmio Ig Nobel, sempre no outono. Essa láurea humorística tem como objetivo premiar a "descoberta científica mais estranha do ano", contemplando estudos e experiências que primeiro **"fazem as pessoas rir, depois, fazem pensar"**. O nome, pronunciado nas cerimônias de premiação como "aigui-noubél", é um trocadilho com o "Nobel" de Alfred Nobel e a palavra anglófona *ignobel* (ignóbil, que representa algo "não nobre" ou infame).

O evento é realizado no teatro Sanders, na Universidade de Harvard, cujos 1.200 lugares são disputados com antecedência pelos espectadores ansiosos para ver os excêntricos vencedores da **"ciência bem-humorada"**.

Os vencedores do prêmio IgNobel são recepcionados por Marc Abrahams, seu criador, editor e cofundador da revista de humor científico *Annals of Improvable Research (Anais de Pesquisas Improváveis)*, que quase sempre diz na sua função de mestre de cerimônia: **"Se você não foi escolhido este ano – e especialmente se foi –, mais sorte na próxima vez."**

O evento em cada ano apresenta uma mini-ópera, interpretada por cantores de ópera profissionais e a laureados com os prêmios Nobel (sim, muitos deles comparecem e participam do evento...)

Ressalta-se que já houve um pesquisador, o russo-holandês Andre Geim, que em 2000 ganhou o Ig Nobel por **fazer um sapo levitar usando magnetismo**; e em 2010, ele ganhou o prêmio Nobel de Física, por estudos sobre o **grafeno**.

Antes da entrega dos prêmios Ig Nobel, ocorre uma série de eventos performáticos e um que agrada a todos pela sua consistência e criatividade são as **lições de sapiência**, isto é, as *24/7 Lectures*. O termo **24/7** é a forma norte-americana de se referir a uma atividade que jamais é interrompida, ou seja, que prossegue durante as 24h dos sete dias da semana, consecutivamente. Então, a simples menção de *24/7 Lectures* (o significado de *lecture* é palestra ou aula), deve dar calafrios a qualquer aluno universitário. Entretanto, na cerimônia da entrega do IgNobel, a expressão tem um significado diferente. Ela designa uma atividade que consiste em expor um tema científico razoavelmente complicado em apenas 24s e, em seguida, resumir a explicação em não mais de sete palavras que qualquer leigo possa entender. Daí a explicação dessa palestra "ultrarrápida" é a seguinte: **24 (segundos) / 7 (palavras)**.

Por exemplo, na cerimônia de 2011, a rapidíssima palestra que mais impressionou foi a da doutora em Psicologia, Susan Lindquist, sobre o tema *Stress Response (Reação ao Estresse)*. Ela conseguiu comprimir o seu tema em 24s, usando palavras bem técnicas, mas aí concluiu com as seguintes sete palavras: *"What doesn't kill you make you strong* (O que não o mata, torna-o mais forte)".

No dia 26 de setembro de 2016, aconteceu a 26ª edição da cerimônia de entrega dos prêmios Ig Nobel aos novos agraciados em 10 categorias, a saber:

- **Economia** – Atribuído a três pesquisadores da Nova Zelândia, por terem estudado profundamente a **"percepção que se tem da personalidade das rochas desde a perspectiva de vendas e *marketing*"**.

- **Física** – Dado para um grupo de cientistas de países europeus por descobrir que **"os cavalos brancos são os que atraem menos moscas"** e demonstrar que **"libélulas são muito atraídas por lápides pretas"**.
- **Química** – Concedido à empresa montadora de carros Volkswagen por resolver o problema da **"emissão excessiva de poluentes pelos automóveis, fazendo com que os veículos reduzam essas emissões quando forem medidas!?!?"**
- **Medicina** – Dado para um grupo de estudiosos alemães que descobriram que, **"caso você tenha uma coceira do lado esquerdo do corpo, pode se livrar dela olhando para o espelho e coçando o lado direito, e vice-versa"**.
- **Paz** – Os vencedores foram as cientistas do Canadá e dos EUA, por causa de seu estudo **"sobre a recepção, a detecção de besteira pseudo-profunda"**. Entre as inspirações para a pesquisa eles citaram a apresentadora de TV Oprah Winfrey e o então candidato à presidência dos EUA, Donald Trump (que é agora o presidente do país...)
- **Biologia** – Foi atribuído conjuntamente a dois ingleses: Charles Foster, por viver na selva, em momentos diferentes, com um texugo, uma lontra, um veado, uma raposa e um pássaro; e para Thomas Thwaltes, por ter criado próteses de extensão para seus membros, que lhe permitiram se mover e viver na companhia de cabras nas colinas.
- **Literatura** – O vencedor foi o sueco Frederik Sjöberg, que escreveu uma trilogia sobre a coleta de moscas e o prazer de captura-las vivas ou mortas.
- **Psicologia** – Para o grupo multinacional de pesquisadores (um de cada país: Bélgica, Holanda, Alemanha, Canadá e EUA), que **"que perguntaram para mil mentirosos quantas vezes eles mentiram e se acreditavam em suas mentiras"**.
- **Prêmio Percepção** – Os japoneses Atsuki Higashiyama e Kohei Adachi foram os contemplados, por investigarem **"que as coisas se parecem diferentes quando você se curva e as vê por entre as pernas"**.
- **Prêmio Reprodução** – Foi concedido ao egípcio Shafic Ahmed (que já faleceu) por **"testar os efeitos do uso de um tipo de 'calças' de poliéster, algodão ou lã na vida sexual dos ratos"**. Ele posteriormente testou se havia efeitos similares nos humanos.

Deu para perceber que o prêmio Ig Nobel é entregue para **honrar** estudos e experiências raras, com imaginação exagerada ou até aparentemente desconexas da ciência, da medicina e da tecnologia.

E assim que tem sido desde 1991, quando na 1ª edição o prêmio de Biologia foi dado a Robert Klark Graham, pela criação de um banco de sêmen que aceitava doações de esperma de ganhadores de outro prêmio Nobel, o verdadeiro.

A ideia até que pareceu ser boa, mas soava também como um segregacionismo aos modos do ditador nazista Adolf Hitler.

Além disso, o fato de alguém ter sido gerado com o sêmen de um gênio não significa que essa criança receba como herança essa virtude...

Aliás, nesse mesmo ano o prêmio em Biologia foi para o médico norte-americana Cecil Jacobson, pelo seu método de controle de qualidade de sêmen na inseminação artificial. **Ele só inseminava mulheres com o próprio sêmen!!!**

Em 1993, os ganhadores foram os "precavidos" médicos James Nolan, Thomas Stilwell e John Sands Jr.

Eles desenvolveram trabalhos, publicados em duas revistas de medicina de boa reputação, explicando aos seus colegas de profissão como se deve proceder nos casos em que um pênis fica preso em um zíper!?!?

Em 1994, o Ig Nobel de Física foi atribuído a uma agência de meteorológica japonesa, pelo seu estudo que durou sete anos, **"sobre" possíveis terremotos causados pelo movimento dos peixes rebolando suas caudas"**.

Em 2008, os brasileiros Astolfo Gomes de Mello Araújo e José Carlos Marcelino, pesquisadores da Universidade de São Paulo, tornaram-se os primeiros brasileiros a ganhar um Ig Nobel ao mostrar o **"impacto do tatu nas pesquisas arqueológicas"**.

Em 2010, o prêmio em Economia foi para os bancos Goldman Sachs, Lehman Brothers e outros envolvidos na crise financeira global que se iniciou em 2008, por promoverem investimentos que **"aumentam os ganhos e reduzem os riscos para a economia mundial ou parte dela"!!!**

Em 2011 o prêmio de Literatura foi para John Perry, professor emérito de Filosofia da Universidade de Stanford (EUA), por sua teoria da procrastinação estruturada, segundo a qual **"para se obter muitos êxitos, sempre devemos trabalhar em algo importante, usando isso para evitar algo ainda mais importante"**???

John Perry conquistou a reputação de ser uma admirável fonte de saber e em seu trabalho que lhe rendeu o Ig Nobel escreveu: "Eu pretendia escrever este ensaio há meses. Por que eu o estou escrevendo? Porque eu afinal consegui algum tempo livre? **Errado!!!** No momento, tenho diversos trabalhos para analisar; uma proposta de financiamento de pesquisa para revisar; vários rascunhos de dissertações para corrigir e orientar, que precisam ser lidos com calma. Estou escrevendo este trabalho como um motivo para não estar cumprindo qualquer uma dessas obrigações. O que estou fazendo é a **aplicação da procrastinação estruturada**."

Caro(a) leitor(a), seria interessante que pesquisasse mais sobre os estudos ou as pesquisas que já ganharam o Ig Nobel, no passado, pois no mínimo vai sorrir no presente quando ficar sabendo que os "buracos negros têm os requisitos fundamentais para serem a porta de entrada para o inferno" ou então, que "já se sugeriu a criação de um sutiã que também serviria como máscara contra gases?!?!"

Claro que muitos dos estudos (temas) já premiados, foram bem cômicos e, em muitos casos, inúteis.

Mas só o tempo dirá se eles não serão o ponto de partida para alguma coisa bem maior?!?!

Em Boston, de fato desenvolveram-se muitos trabalhos que levaram ao prêmio Nobel, mas não podemos deixar de ficar perplexos com a imaginação de Mark Abrahams quando criou o Ig Nobel, não é?

A LIÇÃO DE BOSTON

Para compreender porque os EUA se tornaram o país mais importante do mundo no século XX – e continuam sendo no século XXI – basta verificar a ênfase que o seu governo e sua sociedade deram (e dão) à **educação**. Foi isso que tornou o país inventivo e capaz de formar uma multidão de talentos nas mais variadas áreas, como: administração pública, arquitetura, artes, economia, educação, literatura, *marketing*, medicina, política etc. Isso fez com que a nação passasse a liderar em quase todos os setores e, em especial, naqueles que compõem a EC.

Naturalmente é muito difícil imaginar ter-se uma Boston – **cidade supercriativa** – no Brasil, visto que nela a grande maioria das IESs surgiu no fim do século XIX e início do século XX. Todavia, em especial no Estado de São Paulo, se fosse possível reunir num só lugar as IESs que existem em Ribeirão Preto (com destaque para a área da saúde), Campinas, São Carlos e São José dos Campos (com o espetacular Instituto Tecnológico de Aeronáutica), chegaríamos a algo parecido com o que se verifica em Boston.

A grande diferença, porém, é que o nível de desenvolvimento dos EUA é muito superior ao nosso. Assim, os norte-americanos conseguem estabelecer um **círculo virtuoso**, desenvolvendo-se ainda mais na medida em que o país mantém em seus limites a maioria dos alunos talentosos oriundos de outros países. A verdade é que é muito difícil para esses estrangeiros talentosos resistir às ofertas e oportunidades que lhes são oferecidas e, desse modo, os formandos estrangeiros optam por fixar-se em solo norte-americano, trabalhar nas empresas de lá, iniciar suas próprias *start-ups* naquele país e, posteriormente, disponibilizar seus produtos/serviços revolucionários ao mundo, a partir dos EUA.

Foi isso que os EUA conseguiram: criar o melhor sistema de educação superior do mundo, atraindo para lá todo ano cerca de **750 mil alunos estrangeiros**; observar os novos talentos e oferecer-lhes imediatamente propostas irrecusáveis, mantendo um grande contingente deles no país, o que acaba levando ao nascimento, a partir de suas mentes e de seus braços, de um número substancial e contínuo de inovações. É isso o que obviamente auxilia muito essa nação a se manter na liderança mundial em um grande número de setores.

O que precisamos urgentemente é conseguir fazer com que os talentos brasileiros que concluem seus estudos de graduação e/ou pós-graduação nas IESs de Boston retornem ao nosso País para que desenvolvam os seus projetos no Brasil, inclusive ajudando a tornar as nossas cidades mais criativas.

Um aspecto espetacular da capital argentina, Buenos Aires.

2.6 - Buenos Aires

PREÂMBULO

O prefeito de Buenos Aires, Horacio Rodríguez Larreta implementou em 2016 a plataforma *on-line Participación Ciudadana*, por meio da qual o governo convoca os moradores para que sejam debatidos temas polêmicos como o fechamento de um zoológico ou o nome a ser dado a uma nova estação do metrô.

Explicou Horacio Rodríguez Larreta: "A plataforma tem sido muito útil pois agora contamos realmente com a participação do povo em algumas decisões, como foi o caso sobre a presença de *pets* dentro dos vagões do metrô. O resultado foi esmagador, pois 72% votaram a favor desde que os bichos de estimação estejam dentro de gaiolas."

Por sua vez a *chef* portenha Paola Carosella, que tanto sucesso faz em São Paulo, enfatizou: "Sem dúvida, Buenos Aires é uma cidade lindíssima, com forte apelo turístico. Ela também refinou as suas ofertas na gastronomia. Hoje há muitos lugares interessantes para se comer, com pessoas fazendo trabalhos lindos na cozinha."

A HISTÓRIA DE BUENOS AIRES

Buenos Aires é a capital e a maior cidade da Argentina, além de ser a segunda maior região metropolitana (RMBA) da América do Sul, depois da Grande São Paulo.

Ela está localizada **na costa ocidental do estuário do Rio da Prata**, na costa sudeste do continente.

A conturbação da RMBA, que também inclui vários distritos da província de Buenos Aires, **constitui a terceira maior aglomeração da América Latina**, com uma população estimada no início de 2017 em quase **15,2 milhões de pessoas**.

A cidade de Buenos Aires não é parte da província de Buenos Aires, nem é sua capital. Conforme estabelecido na emenda constitucional de 1954, ela é a **Cidade Autônoma de Buenos Aires (CABA)**, cujos limites foram ampliados e incluíram as cidades de Belgrano e Flores, que se transformaram em bairros.

Em 1996, os moradores de Buenos Aires elegeram pela primeira vez seu chefe de governo, ou seja, seu prefeito.

Estimava-se que no início de 2017 Buenos Aires contasse com uma população de 3,4 milhões de habitantes, que vivem numa metrópole que já foi chamada de **"Paris da América do Sul"**.

Ao lado de poucas cidades latino-americanas, Buenos Aires é considerada uma **cidade global alfa**.

Ela se transformou em um dos mais importantes destinos turísticos do mundo, ficando muito conhecida não apenas por sua arquitetura de estilo europeu, mas por sua rica vida cultural, com a **maior concentração de teatros do mundo!**

As pessoas nascidas em Buenos Aires são referidas como **portenhos** (pessoas do porto) e duas delas se tornaram bastante famosas: **o atual papa Francisco** (ex-arcebispo de Buenos Aires) e **Máxima Cerruti**, atual **rainha consorte da Holanda**.

Um grande evento vai ocorrer em Buenos Aires **em 2018**: a cidade sediará os **Jogos Olímpicos de Verão da Juventude**.

Retrocedendo no tempo, a cidade foi fundada em 3 de fevereiro de 1536 por Pedro de Mendoza, com o nome de Nuestra Señora Santa Maria del Buen Aire, para cumprir a promessa que ele fizera para a patrona dos Navegantes na Confraria dos Marinheiros da Triana, da qual era membro.

Com efeito, "**Buen Aire**" é a castelanização do nome da Virgem da Bonária. Assim diz-se da Virgem da Candelária, para quem os padres da Ordem da Nossa Senhora das Mercês haviam levantado um santuário em nome dos navegantes em Cagliari, na Sardenha. Além disso, ela também era venerada pelos navegantes de Cádiz, na Espanha.

Todavia, a cidade foi abandonada, arrasada pelos índios e então refundada em 11 de junho de 1580 por **Juan de Garay**, com o nome de Ciudad de la Santísima Trindad y Puerto de Nuestra Señora del Buen Aire.

Buenos Aires teve um escasso desenvolvimento até 1776, quando foi designada como a capital do vice-reino do Rio da Prata.

Desde esse momento começou a evoluir rapidamente, devido ao impulso comercial que a beneficiou, desenvolvendo-se não apenas econômica, mas também culturalmente.

A chegada de ideias liberais fomentou a criação de movimentos emancipadores que desencadearam, **em 1810, a Revolução de Maio** e a criação do primeiro governo pátrio.

Logo depois das guerras civis e da reunificação do país, Buenos Aires foi eleita lugar de residência do governo nacional!

Foi, porém, a partir do fim do século XIX e princípio do século XX que a cidade começou a sentir as transformações mais importantes.

Isso se deu por conta da prosperidade econômica que o país atravessava, somada aos preparativos para a comemoração do centenário da Revolução, celebrada em 1910, quando a sua infraestrutura foi significativamente melhorada.

Isso incluiu não apenas a construção de novos edifícios, novas praças e novos monumentos, mas também à melhoria geral dos serviços públicos, que lhe permitiu inclusive ter o seu **metrô em 1913, o primeiro ibero-americano**. Não se pode esquecer que no início do século XX a **Argentina era um dos países mais ricos do mundo, e um dos mais prósperos do hemisfério sul.**

Infelizmente, nos últimos 25 anos a Argentina passou por várias crises, o que obviamente se refletiu na sua capital, com o aumento da desigualdade social e o surgimento de muitas *villas miserias* (ou favelas).

Quatro cidades brasileiras – Porto Alegre, Rio de Janeiro, Brasília e São Paulo – são consideradas cidades-irmãs de Buenos Aires e, de fato, elas poderiam se inspirar mais nos bons exemplos da capital *hermana*, que inclusive, estabeleceu essas mesmas relações com mais de seis dezenas de outras cidades do mundo, adaptando algumas boas práticas delas, especialmente no período em que Maurício Macri foi o seu prefeito. Buenos Aires certamente evoluiu com essa prática.

Há uma grande esperança de que tudo melhore nos próximos anos em Buenos Aires, pois, em 2015 Maurício Macri foi eleito presidente da Argentina.

E aqui vão alguns destaques interessantes, em especial os que mostram a razão pela qual Buenos Aires é uma **cidade criativa**:

1º) Estima-se que **em 2016 o PIB da RMBA** tenha sido de **US$ 178 bilhões**, o que representou praticamente **42% do PIB nacional**. Isso demonstra o quanto a Grande Buenos Aires é fundamental para a nação.

O setor mais importante para a economia da cidade é o de **serviços**, responsável por cerca de 78% do PIB de Buenos Aires.

Os ramos mais importantes estão relacionados aos serviços comerciais, financeiros, imobiliários e de profissionais liberais.

Note-se que os bairros do norte e noroeste da cidade transformaram-se significativamente graças à intensa atividade de construção civil que criou ali um centro de riqueza, com lojas exclusivas e várias áreas residenciais de alta classe, como se viu em **Recoleta, Palermo, Belgrano**, bem como em **Puerto Madero**, localizado no sul.

Graças ao auge imobiliário, emergiu num outro bairro do sul, especificamente **Barracas**, uma população de classe média e média alta.

Devido à **constante desvalorização do peso argentino**, a cidade foi aos poucos se convertendo em polo turístico, estimulando assim a vinda de estrangeiros pelo **baixo custo para os visitantes**.

Com isso, o **número de estabelecimentos hoteleiros** durante os últimos 15 anos **cresceu** numa média de **5% ao ano**.

2º) Na cidade existe agora um importante desenvolvimento do setor de serviços relacionados à **informática e alta tecnologia**.

Já no início de 2017, cerca de **73%** de todas as empresas da Argentina **criadoras de *softwares*** estavam instaladas **em Buenos Aires**, tendo a cidade exportado algo próximo de US$ 4,5 bilhões em 2016.

3º) A cidade de Buenos Aires conta com o **aeroporto internacional Ministro Pistarini**, conhecido como **Ezeiza** (que dista 35 km do seu centro), e com um aeroporto doméstico, o **Aeroparque Jorge Newbery**, nos quais chegam os turistas estrangeiros e os nacionais, respectivamente.

Em 2016, **Ezeiza** movimentou cerca de **14 milhões de passageiros**. A cidade possui um grande terminal rodoviário – **Retiro** –, de onde partem e chegam muitas linhas de ônibus para todas as regiões da Argentina e também para cidades do Chile, Peru, Bolívia, Paraguai, Uruguai e Brasil, transportando muitos turistas que visitam a cidade portenha.

Devido à proximidade, também pode-se usar o *ferry-boat*, que conecta Buenos Aires às cidades de Colônia de Sacramento e Montevidéu, no vizinho Uruguai. Aliás, esse serviço é bastante utilizado principalmente pelos uruguaios ao longo do ano, seja para fazer compras de artigos não encontrados em seu solo, ou para participar de eventos, em especial para assistir às **excelentes apresentações teatrais em Buenos Aires**.

4º) Buenos Aires oferece mais de **280 diferentes possibilidades de alojamento** clássico, o que representa a existência de pelo menos **50 mil camas** para acomodar os visitantes. Isso nada tem a ver com o Airbnb ou outros serviços de compartilhamento de quartos (na verdade, aluguel) em residências particulares.

Estão disponíveis em Buenos Aires algumas dezenas de hotéis cinco estrelas, muitas dezenas de hotéis com quatro e três estrelas, além de muitos *apart*-hotéis.

Esses hotéis se encontram em sua maioria na **zona central da cidade**, com fácil acesso aos principais pontos turísticos.

Também existem muitas **hospedarias** e diversos **alojamentos alternativos** para quem busca algo **mais econômico**.

Estes estabelecimentos geralmente estão situados em bairros mais distantes, porém, o sistema de transporte público permite o traslado de forma fácil e barata.

Como a cidade é um **polo universitário**, existe uma grande quantidade de **albergues juvenis** e **residências universitárias**, com custos acessíveis para os estudantes provenientes tanto do interior do país quanto dos países limítrofes.

Muitos brasileiros estudam em Buenos Aires não só para aprender espanhol, mas, inclusive, para adquirir uma competência profissional, uma vez que as IESs privadas são bem mais baratas na Argentina que no Brasil, e oferecem um **ensino de qualidade**!!!

5º) Os **pontos turísticos** mais importantes se encontram no centro histórico da cidade, um setor formado praticamente pelos bairros de **Monserrat** e **San Telmo**.

A cidade começou a se construir em torno da **Plaza Mayor** (praça Maior), hoje chamada **Plaza de Mayo** (praça de Maio), lugar onde ocorreram muitas manifestações contra o governo.

A praça tem em sua volta cinco pontos turísticos que devem ser visitados: a **Casa Rosada**, sede do governo da Argentina; o **Museu Bicentenário**; a **Catedral Metropolitana de Buenos Aires**; o **Museu Nacional Del Cabildo e da Revolução de Maio**; e o **Museu da Administração Federal de Buenos Aires**.

A **avenida de Maio** é considerada o **eixo cívico** da cidade, visto que liga a Casa Rosada ao palácio do Congresso, respectivamente as sedes dos poderes executivo e legislativo.

Quem anda a pé por essa avenida consegue observar em detalhes alguns edifícios de grande interesse cultural, arquitetônico e histórico, pois estão ali a **Casa da Cultura**, o palácio **Barolo** e o *Café Tortoni*, entre outros.

Abaixo dessa avenida está a linha A do metrô, que foi inaugurada em 1913 e conserva ainda os trens que foram utilizados no princípio do século XX.

Ao chegar ao fim da artéria pode-se observar um conjunto de praças decoradas com vários monumentos e esculturas, dentre os quais o palácio do Congresso e o edifício da famosa confeitaria *El Molino*.

Na área de San Telmo uma visita interessante é ir à *plaza* **Dorrego**, onde aos **domingos** acontece a famosa **Feira de Antiguidades**, que conta com a presença de vários estabelecimentos de antiquários.

Encontra-se ali também um complexo jesuíta formado pela igreja **Nossa Senhora de Belém**, a paróquia de **São Pedro** e o **Museu Penitenciário Antonio Ballvé**.

O **Museu Histórico Nacional** e o parque **Lezama**, nos quais estão várias esculturas e muitos monumentos, situam-se na mesma área.

No bairro de **Recoleta** estão muitos pontos turísticos de grande valor cultural, como a sede principal do **Museu Nacional de Buenos Aires**, a **Biblioteca Nacional**, o **Centro Cultural Recoleta**, a **Faculdade de Direito da Universidade de Buenos Aires**, a basílica **Nossa Senhora de Pilar**, o bar *La Biela*, e o **cemitério da Recoleta**, onde estão alojados os restos mortais de muitas celebridades, como o de **Maria Eva Duarte de Perón**.

No bairro do Retiro pode-se visitar a estação rodoviária e percorrer vários monumentos e edifícios emblemáticos da cidade, como o **monumento dos Caídos** na guerra das Malvinas, do general San Martin, bem como a **torre Monumental** e o edifício *Kavanagh*, um dos mais altos da cidade.

O **Museu de Arte Latino-Americana de Buenos Aires** é um dos mais importantes do país e se encontra no bairro de Palermo, onde estão os bosques de **Palermo**, o **Planetário** e o **Zoológico**.

Outro ponto turístico de importância, dado o seu relevo cultural é a avenida **Corrientes**, pois nela estão instalados muitos **teatros**, inclusive o teatro **San Martin** – a cidade conta com **mais de 300 teatros**. Há ainda outros locais de interesse na região, como o estádio **Luna Park** (palco de incríveis lutas de boxe), localizado na avenida Madero.

Na intersecção da avenida Currientes com a 9 de Julho etá o *Obelisco*, o principal emblema da cidade.

Uma das torres que se destacam em Buenos Aires é a **torre** *Espacial*, de **220 m**, a estrutura mais alta da cidade **construída em 1980**, encravada na zona sul, mais especificamente no parque de diversão da cidade.

Próximo do centro da cidade está o colorido bairro de **La Boca**, que constitui também um emblema dos imigrantes. Ele é muito visitado pelos turistas, ainda que careça de melhor segurança e infraestrutura, como já existem em outros bairros importantes.

Entre seus principais atrativos está o passeio pelo **Caminito**, onde existem vários museus e teatros, lojas de bons artistas plásticos, além da sede do popular clube de futebol **Boca Juniors**, com o seu estádio *La Bombonera*.

Vale também ressaltar que, dentro de uma política de liberdade de escolha sexual, Buenos Aires converteu-se no principal destino da comunidade LGBT.

6º) É muito importante a atenção que se dá à educação na cidade de Buenos Aires. Salvo no caso das escolas primárias, onde há mais estabelecimentos estatais, nos outros níveis predominam as IEs (instituições de ensino) privadas – embora a quantidade de matriculados em estabelecimentos educativos de gestão privada seja ainda um pouco menor que nos governamentais.

A **educação primária** abarca crianças de 6 aos 12 anos, sendo **obrigatória** em toda a Argentina. O país tem hoje um **índice de analfabetismo** tendendo a **zero**.

Em todas as IEs que oferecem educação primária se ensina um **segundo idioma**. Somente naqueles de gestão pública isso começa a partir do 4º ano (sendo inglês naquelas de jornada simples e inglês, francês ou italiano nas de jornada completa ou integral).

A educação média é aquela oferecida majoritariamente para jovens entre 13 e 18 anos de idade, mas pode alcançar os 19 anos em algumas escolas técnicas.

Ela está organizada em um ciclo básico, que inclui os 3 primeiros anos, e um ciclo de especialização, que inclui o período restante.

Já no ensino superior as mais importantes IESs do país estão em Buenos Aires, destacando-se três universidades públicas: a **Universidade de Buenos Aires** (UBA, fundada em 1821), uma das mais importantes da América Latina (e 11ª no *ranking* latino-americano); a Universidade Tecnológica Nacional e a Universidade Nacional de General San Martín.

Existem ainda mais de duas dezenas de excelentes IESs particulares, dentre as quais destacam-se: **Universidade Austral, Universidade de Palermo, Universidade Torcuato Di Tella, Pontifícia Universidade Católica Argentina, Universidade Argentina John F. Kennedy, Universidade de Belgrano** e **Fundación Universidade del Cine**.

Como se pode notar, nessas IESs se formam muitos **talentos**, inclusive um bom contingente de estrangeiros que acaba ficando em Buenos Aires, impulsionando entre outras coisas a sua EC.

7º) No fim de 2007, Maurício Macri assumiu seu mandato de chefe de governo da CABA, e logo começou a cumprir uma de suas promessas de campanha: promover o desenvolvimento da zona sul da cidade – historicamente postergada e com enormes déficits em matéria de infraestrutura e oportunidades econômicas.

Já em 2008, ele conseguiu aprovar o projeto de criação de um **distrito tecnológico** em **Parque Patrícios**, um bairro que vivia em uma situação de crescente decadência e agora tem mais de 200 novas empresas instaladas. Situado ali, a nova sede do **Banco Ciudad** é um edifício inteligente e ecologicamente correto, projetado pelo escritório do famoso arquiteto inglês **Norman Foster**.

Algumas IESs também foram instaladas nesse bairro para ofertar **cursos de capacitação** de pessoal para a **indústria tecnológica**.

Assim que se consolidou o sucesso desse distrito tecnológico, a política de criação de novos distritos criativos ganhou um grande impulso.

No fim de 2011, criou-se o **distrito audiovisual** de **Palermo** e nele, já no final de 2016 estavam estabelecidos cerca de 50 empresas produtoras de filmes e vídeos.

Em 2013, foi aprovado o **distrito das artes**, que trouxe muito desenvolvimento para os tradicionais bairros de **La Boca**, **San Telmo** e **Barracas**.

Aliás, a inauguração da **Usina de Arte**, um gigantesco espaço cultural em uma estação elétrica remodelada, incrementou significativamente a evolução desse distrito.

Já existe há um bom tempo em Buenos Aires o **Centro Metropolitano de *Design*** (CMD), que ocupa um edifício de 15.000 m², encravado no bairro de Barracas, ocupando o antigo espaço do Mercado de Peixes, cuja reciclagem começou em 2000. Uma parte do edifício foi habilitada para os trabalhos de CMD já em 2001.

Vale ressaltar que o CMD fica bem próximo da Villa 21-24, a maior e a mais populosa favela da cidade.

E assim, com o apoio do CMD começou no final de 2013 a criação do **distrito de *design***, que está ficando cada vez mais pujante, pois o próprio CMD funciona como centro cultural e produtivo vinculado às indústrias criativas e, especificamente, ao *design*. Nele já se formaram alguns milhares de profissionais para ofícios ligados a esse setor, sendo a maioria dessas pessoas proveniente da *villa* 21-24.

Pois é, em um cenário de crescente concorrência mundial por recursos, investimentos e talentos, a cidade de **Buenos Aires** tem uma rota claramente planejada para ser um grande *hub* em alguns dos setores mais dinâmicos da EC.

Atualmente, Maurício Macri é o presidente da Argentina e seguramente levará essa mesma política para outras grandes cidades do país, cada uma delas com suas vantagens intrínsecas.

Aliás, é justamente isso que nossos gestores públicos (prefeitos, governadores e presidente) deveriam assimilar, pois **é na EC que se criarão muitos dos novos empregos do século XXI**.

8º) Na arquitetura, Buenos Aires evolucionou a partir de diversas correntes imigratórias oriundas de diferentes culturas e, como consequência, **criou-se na cidade um notável ecletismo**. Isso se evidencia em sua própria arquitetura, na qual notam-se expressões que vão do frio academicismo, ou *art déco*, até a alegre *art nouveau*; do neogótico moderno, passando pelo estilo *Bourbon* francês até os arranha-céus modernos feitos com fachada de vidro. Ou ainda os estilos muito pessoais, como, por exemplo, o do colorido bairro de La Boca.

O fato é que, geograficamente, a cidade se encontra num excelente local e tem uma base geológica. O território de Buenos Aires é plano e não sofre com as complicações de temperaturas extremas, fortes ventos ou nevascas, tampouco com terremotos. Além disso a região possui abundância de água potável.

O traçado da cidade é bem regular. Seu centro histórico e financeiro possui quadras perfeitamente quadradas (!!!), estendidas de norte a sul e de leste a oeste, tal como o seu fundador Garay as estabeleceu.

Esse traçado de ruas perpendiculares (o chamado "*damero*") se estendeu em grande parte para o resto da cidade. A metrópole é fértil em áreas de visível qualidade urbanística e arquitetônica.

Buenos Aires possui lindos espaços públicos, com destaque para os seus parques, como o de Palermo (ou parque Três de Fevereiro), o Almirante Brown e os da **reserva ecológica** da cidade: Andrés Borthagaray e Manuel Ludueña.

Uma característica natural da cidade é a diversidade das árvores e das cores das flores nesses locais. E grande parte disso é consequência do inteligente trabalho de Carlos Thays, o paisagista francês criador, entre outras coisas, do Jardim Botânico de Buenos Aires, que plantou árvores como jacarandás e tabebuias.

Outra característica destacada em relação às construções são os coroamentos em cúpulas, torres e mansardas que possuem os seus edifícios.

Em princípio foram o resultado da influência europeia na arquitetura portenha, sobretudo pelo trabalho realizado por muitos arquitetos franceses, italianos e alemães, que projetaram centenas de edifícios entre o fim do século XIX e princípio do XX, como uma substituição da arquitetura colonial.

No início foi apenas um elemento simbólico, porém, logo se transformou em uma expressão da suntuosidade da burguesia que detinha o poder nacional.

E talvez a principal característica dessas cúpulas tenha sido a sua variedade: há aquelas com forma de meia laranja, de uma pinha acebolada e muitos outros aspectos.

9º) A cidade tem um **espectro cultural** muito amplo devido à **diversidade** de quem a habitou ao longo de sua história.

Um exemplo disso é o **lunfardo**, que se desenvolveu a partir de meados do século XIX, nas zonas pobres de Buenos Aires e também em Rosário e Montevidéu (Uruguai).

Esse tipo específico de linguagem possuía influências idiomáticas provenientes da Itália, da França, de Portugal e, particularmente, da Galícia (Espanha), assim como da população crioula e negra.

O lunfardo ficou imortalizado em letras de música popular, especialmente no **tango**.

Outra manifestação cultural própria do portenho é o **fileteado**, uma **arte decorativa bem popular**, nascida nas primeiras décadas do século XX, que acabou aparecendo no tango, nos desenhos e na publicidade.

Em 2006, a legislatura portenha declarou o fileteado como **patrimônio cultural** da cidade.

10º) Quando alguém diz que quer ir para Buenos Aires, mais do que ouvir um tango que foi cantado por Carlos Gardel, sem dúvida deseja **comer**. Essa pessoa deseja envolver-se com o delicioso pecadinho da gula, que, aliás, pode-se cometer em muitos locais na capital argentina.

2.6 - BUENOS AIRES

Trabalhando no Brasil há mais de duas décadas, jurada do famoso programa *Master Chef* e "comandante" do restaurante **Arturito**, em São Paulo, a *chef* portenha Paola Carosella destacou:

"Sem dúvida, Buenos Aires é uma cidade lindíssima, com forte apelo turístico. Ela também refinou as suas ofertas na gastronomia. Hoje há muitos lugares interessantes para se comer, com pessoas fazendo trabalhos lindos na cozinha."

A **gastronomia portenha** também se destaca por sua **diversidade**, ainda que o denominador comum seja o emprego de carnes e a influência da culinária italiana, muito difundida pelas correntes migratórias que ocorreram no início do século XX.

A variedade da mesa portenha tem os representantes da tradição, como as *parrillas* e os cortes de carne que, em alguns endereços, beiram a perfeição. O cozimento na brasa é uma instituição local.

Em Buenos Aires o visitante tem muitas opções que se estendem pela influência italiana das *pizzas*, pelas **empanadas**, pelos **sanduíches no pão de miga** etc.

E tem-se agora uma nova cena, alinhada com tendências como a **valorização de ingredientes locais**, o *boom* de coquetelaria e a onda de novas cafeterias.

Como ilustração aí vão três exemplos de locais que um turista antenado deveria visitar:

➡ **La Brigada** – Mesmo que alguém queira fazer um roteiro novidadeiro pela gastronomia de Buenos Aires, não pode deixar de se deliciar com uma *parrilla*, pois ela seduz inclusive pelo cheiro de carne na brasa. No bairro de San Telmo tem-se um local espetacular para degustar uma *parrilla*: o *La Brigada* oferece carne tenra, preparada à perfeição e com um serviço impecável para honrar o nome do restaurante.

Serve-se ali, de entrada, pimentões assados, uma corretíssima empanada de carne, deliciosas *morcillas* (o nosso chouriço) e *longanizas* (linguiças picantes).

Porém, o foco são as carnes, que, numa eficiente estratégia de *marketing*, são cortadas pelos garçons à mesa só com uma colher, independentemente do tamanho do corte pedido – da *tapa de cuadril* (picanha) ao *ojo* de bife (parte dianteira do contra filé).

Nesse restaurante sente-se que o seu dono, Hugo Echevarrieta, é um fanático pelo futebol argentino. Seu estabelecimento transformou-se em um verdadeiro altar para os principais times e jogadores do país, tendo camisetas e troféus espalhados por todo o ambiente.

E a carta de vinhos do *La Brigada* é realmente elogiável e inesquecível.

➡ **Pizzaria Gűerrin** – Pode até não ter a melhor *pizza*, o melhor serviço ou o melhor ambiente, mas os clássicos existem por algum motivo.

O intuito principal do *Gűerrin* é evidente: conduzir o visitante a uma Buenos Aires nostálgica, em que comer *pizza* antes ou depois de assistir a algum espetáculo de teatro em um fim de noite é uma maneira de manter vivo um estilo de vida.

A *pizzaria* fica na avenida Corrientes, onde está a maioria das casas de *show*.

É um programão fazer uma caminhada nessa avenida, cuja vida noturna é intensa, e chegar a essa *pizzaria* inaugurada em 1932.

Depois de se sentar numa das disputadas cadeiras (ou comer de pé no balcão, um hábito bem local), e pedir uma das versões da *fugazzeta* – a famosa *pizza* argentina feita basicamente de queijo e cebola, ou em opções com presunto ou linguiça – essa pessoa realmente vai acreditar que sua gula será abrandada!!!

Importante ressaltar que por ali não há nada de massas fermentadas ou ingredientes especiais, mas, ainda assim, a *pizza* é muito boa.

➡ **Tegui** – Eleito pela revista inglesa *Restaurant* o melhor restaurante da Argentina – na lista dos 50 melhores da América Latina –, trata-se da casa mais autoral do *chef* German Martitegui (que também dirige o *Olsen*, a algumas quadras dali).

Martitegui é um dos jurados do programa *Master Chef* local e comanda uma cozinha sem firulas.

O visitante desavisado pode até achar que chegou ao lugar errado, diante da parede coberta por grafite. Mas logo que a porta se abre nota-se um restaurante sóbrio, no qual o *chef* serve receitas que mudam de acordo com os ingredientes que tem em mãos.

Numa semana, ele pode incluir um hambúrguer de carne argentina no cardápio, dando ao menu ares de lanchonete, e, na semana seguinte, dedicar o menu inteiro à culinária francesa.

Mas há sempre um toque autoral ligado às raízes do país, o que explica receitas como o escabeche de coelho e purê de batata no carvão de quebracho (árvore encontrada no norte da Argentina) ou *mollejas* (uma glândula do pescoço do boi) com salsa verde e cogumelos nativos.

Pois é, no *Tegui* o jogo sempre muda, mas a diversão gastronômica é sempre garantida.

11º) Buenos Aires conta com uma grande oferta de espetáculos cênicos oferecidos em teatros incríveis como: Colón, General San Martin, Alvear, Regio, Sarmiento e o De La Ribera, administrado pelo governo.

A atividade teatral se estende pelos vários bairros da cidade, com as companhias independentes, como o Teatro Nacional Corrientes, o Centro Cultural Recoleta, o Centro Cultural General San Martín e o Teatro Maipo, entre outros.

O governo da CABA administra também dez museus que abarcam diferentes temáticas: desde as artes plásticas (Museu de Artes Plásticas Eduardo Sívori) até de história (Museu Histórico de Buenos Aires Cornelio de Saavedra), passando pelo cinema (Museu de Cinema Pablo Ducrós Hicken).

Além disso, tem-se o Museu Nacional de Artes Decorativas e o Museu da Casa Rosada.

12º) Buenos Aires distingue-se ainda como o maior centro editorial do país, estando aí sediadas as editoras mais relevantes, que publicam os jornais diários e as revistas de maior tiragem.

Todos os anos é realizada a Feira Internacional do Livro de Buenos Aires, uma das seis mais importantes do mundo, juntamente com a de Frankfurt, São Paulo, Londres, Nova York (Book Expo America) e Guadalajara (México).

13º) Uma tradição importante é a dos festejos de Carnaval, quando reúnem-se em média 1 milhão de pessoas para desfrutar da música, dança e do canto, que oferecem mais de 100 grupos de *murgas*, na grande quantidade de corsos que realizam nos bairros portenhos.

A cidade conta também com um seleto grupo de 50 bares denominados *Bares Notáveis*, que se caracterizam por terem sido protagonistas de uma parte importante da história da cidade. Eles recebem uma ajuda da CABA.

14º) O esporte mais popular na cidade, como em todo o país, é o **futebol**. A maior parte das equipes que conquistaram o campeonato argentino são de Buenos Aires, como: Boca Juniors, River Plate, Vélez Sarsfield, San Lorenzo, para citar os mais importantes.

Há, entretanto, mais uma dezena de clubes que disputam as quatro divisões de futebol argentino, inclusive alguns deles alternadamente chegam à primeira divisão (e saem dela).

A Copa do Mundo de Futebol de 1978 foi realizada na Argentina, e vencida por ela, sendo que na final a seleção *albiceleste* derrotou a seleção da Holanda no estádio do River Plate.

Aliás, a Argentina foi campeã mundial mais uma vez, em 1986, e vice-campeã em outras três oportunidades: 1930, 1990 e 2014.

Equipes argentinas foram várias vezes disputar a Copa do Mundo de Clubes da Fifa, torneio cujo vencedor é declarado campeão do mundo. Infelizmente, todavia, elas somente conseguiram ficar com o vice-campeonato (Boca Juniors, San Lorenzo, River Plate etc.).

A cidade possui agora um excelente estádio multiesportivo, o Parque Roca, sendo utilizado para a Copa Davis de tênis. Por sinal, a Argentina conquistou esse torneio em 2016, vencendo a Croácia por 3 a 2 em Zagreb, com uma participação espetacular do tenista Del Potro.

Aliás, nessas últimas três décadas a Argentina revelou muitos tenistas que figuraram entre os melhores do mundo e atraíram milhares de espectadores, em especial nos torneios da Associação de Tenis Profissional (ATP), realizados no Buenos Aires Lawn Tennis Club.

Os argentinos têm se destacado nas competições de polo, sendo que o Campeonato do Mundo de Polo, de 1987, foi em Buenos Aires. O autódromo Oscar Alfredo Galvez sediou 20 vezes uma etapa de Fórmula 1, o Grande Prêmio da Argentina e, por 10 vezes, o Grande Prêmio Argentino de Motociclismo.

Não se pode esquecer do Campeonato Mundial de Basquete, que foi realizado em Buenos Aires nos anos de 1950 e de 1990. A Argentina foi a campeã em 1950. Os argentinos também foram os campeões olímpicos de basquete em 2004, em Atenas.

Eles também têm agora experientes e competitivas equipes de vôlei, rúgbi, além de serem grandes vencedores em âmbito mundial com a sua equipe de hóquei na grama, principalmente a feminina.

Os argentinos ganharam no hóquei na grama a medalha de ouro nos

Jogos Olímpicos do Rio de Janeiro em 2016, sendo que as mulheres já conquistaram 2 medalhas de prata e 2 de bronze em outras edições.

Tudo isso talvez se deva ao fato de haver na cidade um Centro Nacional de Alto Rendimento Desportivo (CeNARD), um complexo estatal que abriga esportistas de todo o país e possibilita a eles a evolução na prática de diversas modalidades esportivas. Nele existem quadras de futebol, hóquei, handebol, tênis e vôlei; pistas de patins, piscina olímpica, campo de rúgbi, ginásios, instalações para halterofilismo e duas pistas de atletismo, onde técnicos especializados e especialistas em medicina esportiva dão as orientações necessárias para o surgimento de atletas para competições internacionais.

A LIÇÃO DE BUENOS AIRES

Uma das lições que deveria servir de orientação, em especial para as cidades-irmãs da capital argentina, é a de **"acompanhar"** e implementar algo similar ao que existe lá em seu sistema educacional, notando particularmente a importância que se dá para que o aluno tenha pleno domínio de pelo menos uma língua estrangeira.

É verdade que em fevereiro de 2017, o presidente Michel Temer sancionou a lei que flexibiliza o ensino médio, o que provavelmente levará esse ciclo de ensino a ficar mais próximo das aspirações e demandas das novas gerações!!!

A outra é sem dúvida o sucesso obtido na implantação dos distritos voltados para os diversos setores da EC, com decisivo apoio do governo da CABA, o que indubitavelmente incrementou a economia da cidade, criando-se assim dezenas de milhares de novos empregos.

Desde 2015 o prefeito de Buenos Aires é o economista Horácio Rodriguez Larreta, e tudo indica que muitas experiências bem-sucedidas em zeladoria, mobilidade urbana e EC, que deram certo na capital argentina poderiam ser replicadas na capital paulista.

O prefeito de São Paulo, João Doria Jr., fez uma visita ao prefeito de Buenos Aires em outubro de 2016. A respeito do prefeito portenho, Dória comentou:

"Ele é um jovem e tem um elevado grau de informalidade, que também teremos na prefeitura de São Paulo. Ele não usa gravata, como também usarei muito pouco, e passa um bom tempo nas ruas, o que pretendo fazer também."

Será muito bom que em São Paulo surjam projetos voltados para a EC que já deram certo em Buenos Aires, não é?

Uma vista panorâmica de Cairo, a maior cidade da África.

2.7 - Cairo

PREÂMBULO

Conhecida pelos egípcios como a **"mãe de todas as cidades"** e a **"cidade dos mil minaretes"**, Cairo foi fundada no ano 116 a.C., no local atualmente conhecido como Velho Cairo, quando uma fortaleza foi construída pelos romanos próxima do rio Nilo.

Como diz Chrisanne Beckner no seu livro *Cidades que Mudaram a História do Mundo:* "Em Cairo existem excelentes IESs, com o que se atrai milhares de estudantes do país todo e de outras nações africanas.

Já os milhões de turistas são atraídos pelo Museu Egípcio, no qual estão muitos tesouros – estátuas, múmias, sarcófagos, papiros, joias etc. – entre eles a máscara mortuária do faraó Tutancâmon que morreu com 19 anos, toda feita de ouro."

A HISTÓRIA DE CAIRO

Cairo – cujo significado literal é **"a forte"**, **"a vitoriosa"** em copta (língua do antigo Egito) – é a capital não apenas da província do mesmo nome, mas também do Egito.

Ela é a maior cidade do mundo árabe e também da África, sendo que no início de 2017 contava com uma população estimada de 12,2 milhões de habitantes e a sua região metropolitana (RMC) já estava com mais de 22 milhões de pessoas, sendo a 13ª mais povoada do mundo.

Conhecida pelos egípcios como a **"mãe de todas as cidades"** e a **"cidade dos mil minaretes"**, Cairo foi fundada no ano 116 a.C., no local atualmente conhecido como Velho Cairo, quando uma fortaleza foi construída pelos romanos próxima do rio Nilo. Até então, a capital do império faraônico.

No século X d.C., Cairo fui refundada por Jawhar al-Siqilli, "o Siciliano", o mais importante líder militar da dinastia Fatimida, para servir como capital do Egito árabe.

Cairo está muito associada ao Egito antigo, pois fica próxima das antigas cidades de Mênfis, Gizé e Fustat, que, por sua vez, fica bem perto da grande esfinge e das pirâmides do planalto de Gizé. De fato, existem no Cairo muitos monumentos erguidos para servirem de túmulos para os faraós.

A cidade sofreu várias ocupações. Ela foi conquistada pelos turcos em 1517; já entre os anos de 1798 e 1801, foi ocupada pelos franceses. Estes, aliás, levaram muitos de seus **tesouros** para Paris!?!?

Composta por uma mescla do antigo e do moderno – que convivem nos seus bairros e becos, em suas ruas e vielas –, Cairo é um **verdadeiro museu a céu aberto**.

No que diz respeito à religião, a capital do Egito está repleta de contrastes, sendo uma cidade cosmopolita em culturas e pessoas, revelando assim diferentes civilizações.

A cidade de Cairo se tornou tão congestionada que o governo egípcio iniciou um projeto que faria os faraós pararem para pensar: **construir do nada duas megacidades!!!**

Até 2020, os urbanistas esperam que elas abriguem pelo menos um quarto dos 24 milhões de habitantes da metrópole egípcia. Cerca de um milhão de pessoas já tinha se mudado em 2010 para a Cidade 6 de Outubro, a oeste do Cairo, assim denominada em alusão à data de guerra de 1973 entre Egito e Israel, ainda celebrada como uma vitória árabe. E um número semelhante já se transferiu para uma nova cidade batizada de Novo Cairo, a leste.

Os planos originais do governo previam que as novas cidades recebessem principalmente, os cairotas da classe trabalhadora. Mas até agora, a maioria dos moradores dessas duas novas cidades é oriunda dos estratos econômicos mais elevados do Egito. Pois é, parece que esses novos assentamentos passaram a ser o grande desejo, a maior cobiça dos egípcios mais **ricos**!

O governo egípcio já gastou alguns bilhões de dólares na construção de novas estradas e redes de água e luz em áreas desérticas destinadas a um futuro desenvolvimento. Vendeu enormes terrenos a empreendedores envolvidos em negócios escusos e construiu só algumas moradias de baixa renda. Está dependendo completamente dos empreendedores privados para erguer as mansões e condomínios mais caros nessas duas cidades, bem como a construção de prédios de escritórios e os *shopping-centers*.

Por outro lado, muitos cairotas ricos que adquiriram mansões junto aos campos de golfe e em condomínios fechados estão começando a ter, nas proximidades de suas propriedades, uma população egípcia bem mais pobre, atraída pelos empregos industriais e pela construção civil, ou ainda para trabalhar para os próprios ricos.

Outros pobres foram trazidos à revelia pelo próprio governo para viverem nas casas populares. Porém, eles continuam trabalhando no Cairo e se queixam que o custo para pegar o ônibus dessas cidades para os seus empregos é quase igual ao que ganham em um dia de trabalho.

Dessa maneira, esse desenvolvimento fragmentado criou diversos problemas. Os novos empreendimentos carecem de metrô, escolas e serviços médicos. As empresas, no entanto, estão se mudando para as duas novas cidades. De fato, alguns quilômetros adiante, deserto adentro, os empreendedores da construção civil estão levantando algo que parece uma réplica do centro de Beirute, que servirá como um núcleo urbano para todos os condomínios fechados de outros empreendimentos que têm se proliferado no deserto. O governo também pretende fazer sua parte e instalar em breve vários Ministérios em ambas as cidades, sendo que o ministério do Interior já se mudou para Nova Cairo em abril de 2016.

Como Cairo está lotada, congestionada e muito quente, mudar-se para um refúgio arborizado e próximo do rio Nilo tem sido uma opção não só para os egípcios mais abastados, mas também para aqueles que constituem a classe média. A ideia é: **"Não há nada a perder e muito a ganhar se todo mundo se mudar para fora do Cairo!"**

Estranho, não? É assim que se pode acabar com as metrópoles agressivas e poluídas.

Veja a seguir diversas facetas que caracterizam Cairo como uma **cidade criativa bem atraente!!!**

1ª) **Religião e leis** – Predominam no Cairo a fé islâmica e a *charia*, que é a lei canônica do Islã, fundamentada no Alcorão.

Além da maioria sunita (de muçulmanos ortodoxos) – estima-se que eles componham 90% da população muçulmana do Cairo –, também vive na cidade uma minoria cristã (os coptas, cristãos monofisistas) cujo número exato é desconhecido. O fato é que, embora seja obrigatório ao indivíduo declarar sua religião no passaporte, inexiste no país um recenseamento oficial de cristãos – o que é **proposital** (!?!?)

Além desses dois grupos principais, a cidade conta ainda com uma pequena comunidade de judeus e um grupo reduzido de cristãos ortodoxos gregos.

A sede dos cristãos é a catedral de São Marcos (supostamente, o evangelizador do Cairo), que está localizada no distrito de Abbassia. Trata-se da 2ª maior catedral da África.

Essas comunidades religiosas vivem lado a lado de forma relativamente pacífica, demonstrando bastante **tolerância**.

2ª) **Crescimento** – O Cairo tem experimentado um crescimento inacreditável, em especial no século XXI. Para se ter uma ideia, um em cada dez edifícios da cidade tem menos de 15 anos.

Todavia, esse assombroso progresso também tem sobrecarregado diversos serviços da cidade, como: energia elétrica, água, telefonia, transporte e segurança, que não evoluíram de modo concomitante para serem capazes de acompanhar a **hiperurbanização** da cidade.

3ª) Turismo – Estima-se que em 2016 a cidade do Cairo tenha recebido aproximadamente **13 milhões de turistas**. Estes se aglomeraram principalmente no centro histórico da cidade, que, aliás, é considerado pela Unesco como patrimônio da humanidade.

É claro que existem ali muitos outros pontos interessantíssimos que estimulam o turismo cairota, mas não estão situados no centro histórico de Cairo. Por exemplo, a uns 20 km do sudoeste da capital estão as pirâmides na esplanada de Gizé, sendo que a grande pirâmide de Quéops é considerada uma das **sete maravilhas do mundo antigo** – juntamente com as de Quéfren e Miquerinos!!!

Quéops foi construída com a finalidade de acolher o sarcófago do faraó de mesmo nome. Acredita-se que para a sua construção foram utilizados cerca de 2,5 milhões de blocos de pedra!!!

Deve-se visitar a mesquita de Ahmad ibn Tulun que é a mais antiga da cidade, tendo sido construída em 879 d.C. Atualmente ela se encontra em razoável estado de conservação.

Essa mesquita tornou-se referência no Oriente Médio por ocupar 2,4 hectares. Apesar de ter sido restaurada, ela ainda mantém elementos originais, como o arco, os suportes e a configuração geral.

Também é notável a mesquita de Madraza, do sultão Hassan, que é uma das maiores do mundo, com uma área ocupada de 7.900 m². Trata-se de um edifício de origem mameluca que foi construído entre 1356 e 1363. Vale recordar que 1.250 soldados escravos chamados mamelucos dominaram o Egito e governaram o Cairo até 1517, quando acabaram derrotados pelo império otomano.

Existem ainda outras mesquitas históricas, bem como outros monumentos islâmicos incríveis no Cairo.

Para os turistas que chegam ao Cairo, é indispensável visitar os mercados e *zocos* (feiras periódicas ou zonas comerciais nos países árabes) cairotas. O mercado mais importante deles é o de Khan al-Khalili, onde as sedas e as especiarias são os presentes mais procurados, além, é claro, das joias e dos sapatos.

Já em relação aos *zocos*, o de An-Nahassin é um dos mais populares por conta de sua grande oferta de objetos de cobre e latão. Outro bem importante é o *zoco* de das-Sagha.

4ª) Educação – No que se refere ao sistema educacional, a cidade do Cairo não é somente a mais importante do país, mas de todo o mundo árabe. Isso ocorre em função de seus excelentes colégios e suas ótimas IESs.

Aliás, no Cairo existem muitos colégios em que o ensino é oferecido em outras línguas, como o inglês, francês, alemão etc.

Também existem muitas IESs com orientação internacional, como, por exemplo, a Universidade Russa do Cairo; o Canadian International College; a Universidade Alemã do Cairo; a Universidade Americana do Cairo etc. Entretanto, não podemos deixar de mencionar as egípcias, como: a Universidade de Ciências Modernas e Artes; a Academia Árabe de Ciência, Tecnologia e Transporte Marítimo; a Universidade de Al-Azhar, a Universidade Ain Shams, Universidade Sekem etc. Como se percebe, é possível contar de maneira contínua com grandes talentos, formados nessas escolas e, inclusive, atuando com proficiência na **EC**.

5ª) Transporte – Cairo conta com um bom aeroporto internacional, localizado no distrito de Heliópolis, a uns 22 km, a nordeste da cidade. Passaram por ele em 2016 cerca de 19 milhões de passageiros. Isso o transformou no segundo em tráfego aéreo no continente, atrás apenas daquele de Joanesburgo, na África do Sul.

A cidade também se conecta com as principais cidades do país por um razoável sistema ferroviário e por uma rede de rodovias.

Pode-se ainda utilizar o metrô – o primeiro da África, que começou a operar em 1987 e se encontra em expansão –, ônibus de várias empresas (sempre superlotados) micro-ônibus e taxis.

Outra alternativa para a locomoção é dirigir o próprio automóvel, embora isso não seja uma tarefa fácil na cidade do Cairo. O fato é que os motoristas não seguem normas de trânsito, pois raramente são punidos (!?!?). Na hora de pico (e praticamente a qualquer hora do dia) os congestionamentos são monumentais.

No período da noite a condução se torna ainda mais perigosa ainda, uma vez que os condutores cairotas utilizam os faróis de seus veículos de maneira assustadora, praticamente cegando os que trafegam no sentido contrário.

6ª) Entretenimento – O Cairo possui muitos museus, teatros e cinemas. O Museu Egípcio é o mais importante de todos. Situado na praça Tahrir, ele abriga a melhor coleção de objetos do Egito Antigo, de todo o mundo.

O epicentro da vida cultural cairota encontra-se no Centro Cultural Nacional, situado na ilha de Gezira, um complexo de edifícios de caráter cultural, dedicados ao teatro, à dança, à ópera e à música.

Neste centro destaca-se a Ópera do Cairo, inaugurada em 10 de agosto de 1988 pelo então presidente Hosni Mubarak. O local inclusive recebeu em janeiro de 2007 a Orquestra Filarmônica Real Britânica, em sua primeira apresentação na África.

Em geral, a música clássica predomina na Ópera do Cairo, embora também seja possível apreciar ali música clássica árabe. Esta é mais difundida no Instituto de Música Árabe, localizado na rua Ramsis.

Um programa incrível é o que acontece em novembro, ou seja, o Festival de Música Árabe, apresentado na Ópera do Cairo.

A Companhia de Balé do Cairo, também se apresenta na Ópera e nos recintos mais importantes da cidade, com os seus espetáculos de dança folclórica. Dentre os ritmos mais populares estão a dança do ventre e a dança *sufi* (mais conhecida no mundo ocidental como a dança dos dervixes giratórios). Ambas encantam os turistas. Como se diz no Cairo: "A condição fundamental de nossa existência é girante. Tudo gira, e o ser humano vive pelo girar do sangue no seu corpo, o girar dos estágios de sua vida, pelo seu vir da terra e retornar a ela."

O Festival Internacional do Filme do Cairo é um dos acontecimentos culturais mais importantes da cidade. Nele, que ocorre durante o mês de dezembro e se tornou um dos festivais cinematográficos mais importantes do mundo, são apresentados diversos filmes de vários países.

Diga-se de passagem, Cairo já foi conhecida como a **"Hollywood do Oriente"**, embora tenha perdido esse *status* para Mumbai – antiga Bombaim –, na Índia, cujo apelido é Bollywood.

O evento foi criado em 1976 e recebeu ao longo do tempo atores e atrizes famosos, como: Gina Lollobrigida, Sophia Loren, Elizabeth Taylor, Catherine Deneuve, Nicholas Cage, John Malkovich, Morgan Freeman etc.

Nos cinemas cairotas são apresentadas as superproduções de Hollywood, mas as produções nacionais também têm um certo êxito com o público local.

7ª) **Literatura** – Na parte literária, destaca-se, sobretudo, Naguib Mahfouz (1911-2006), autor da *Trilogia do Cairo*, uma obra marcante pela qual ele recebeu o prêmio Nobel de Literatura em 1988.

Apesar do seu êxito literário, o célebre escritor foi acusado por fundamentalistas de blasfemar contra o mundo muçulmano e apunhalado em 1994. Felizmente ele conseguiu resistir aos ferimentos.

Outra grande figura da literatura do Cairo é a escritora feminista Nawal al-Saadawi, fundadora da Associação da Solidariedade de Mulheres Árabes, que escreveu intensamente sobe a sociedade árabe.

Ela também foi extremamente criticada e perseguida por extremistas islâmicos, e acabou se exilando nos EUA, onde lecionou em várias universidades.

Outros eventos importantes no panorama cultural da cidade do Cairo, são: a Feira do Livro (em janeiro); a Feira de Exposições do Cairo (em março); o Festival Internacional da Canção do Cairo (em agosto) e o Festival de Teatro Experimental (em setembro).

8ª) **Esporte** – O **futebol** é o esporte mais popular entre os cairotas, onde existem equipes muito poderosas, dentre as quais: o Al-Ahly Sporting Club, equipe da classe média e trabalhadora; e o Al Zamalek – cujos torcedores pertencem à classe mais rica. É grande a rivalidade entre essas equipes, tanto que, quando se encontram no estádio internacional do Cairo (com capacidade para 75 mil pessoas), seus torcedores acabam lotando-o e, às vezes, surgem conflitos entre eles. A equipe do Al-Ahly já se tornou campeã da África e participou do Campeonato Mundial de Clubes promovido pela Fifa.

A Associação Egípcia de Futebol é uma das federações mais importantes da África, o que fez com que a Confederação Africana de Futebol estabelecesse sua sede nos arredores do Cairo, em 2007.

9ª) **Empreendedorismo** – Especialmente nessa última década, desenvolveu-se no Cairo um ambiente bem dinâmico para a abertura de empresas. Isso foi graças a dois fatores: o aparecimento de milhares de jovens empreendedores e a boa vontade de investidores no sentido de apoiar essas *start-ups*. Com isso criaram-se muitas "pontes" sobre o vácuo que existia no empreendedorismo local, o que fez surgir muitos negócios dentro da **EC!!!**

A LIÇÃO DE CAIRO

Quem mais deveria se aproveitar do que há de espetacular no Cairo é São Paulo. A maior cidade do Brasil é a **cidade-irmã** da capital egípcia (desde 2005), assim, ambas poderiam no mínimo estabelecer boas parcerias, inclusive entre as duas prefeituras.

Um acordo interessante, por exemplo, seria trazer para os nossos melhores teatros, alguns programas relativamente extensos do país africano, com espetáculos de dança folclórica – em particular a dança do ventre e a *sufi*, que agradam muito aos turistas que vão ao Cairo e, com certeza, agradariam imensamente aos paulistanos, e por que não dizer, aos paulistas como um todo. Esses espetáculos poderiam ter preços módicos, para que muita gente pudesse assisti-los!!! **Não é uma boa ideia?**

Outra sugestão seria montar uma mostra com peças do Museu Egípcio, com duração de alguns meses, o que obviamente também atrairia um grande público. Desde a tenra infância, as pessoas recebem informações sobre os faraós e seus milenares sarcófagos, repletos de tesouros...

Será que o prefeito-empreendedor João Doria Jr., no decorrer do seu mandado de 2017 a 2020, não conseguiria trazer para cá algo do Egito? Isso aumentaria o fluxo de turistas para São Paulo e eles, por sua vez, poderiam apreciar na capital paulista o que só existe no Cairo!?!?

Chicago, que sem dúvida foi a cidade que ensinou as outras do mundo a construir arranha-céus.

2.8 - Chicago

PREÂMBULO

No seu livro *The American Mayor*, Melvin G. Holli escreveu: "Richard J. Daley que foi prefeito de Chicago durante **seis mandatos** consecutivos de 1955 a 1976 (faleceu no início do sexto mandato vítima de um ataque cardíaco), merece estar no 7º lugar entre os melhores prefeitos dos EUA, até o fim do século XX.

Ele foi responsável pela revitalização do centro da ciadade, pela construção dos grandes arranha-céus como o *Sears Tower, John Hancock Center* etc., pela expansão do aeroporto internacional O´Hare (que tornou-se um dos mais movimentados do mundo), pela ampliação da Universidade de Illinois e pela modernização do departamento de polícia e do corpo de bombeiros."

Quem visitar Chicago agora verá que a arte é uma das marcas registradas da cidade pois ela é exibida nos seus parques (muitos), nas calçadas, nas praças, na entrada dos edifícios, e, é claro, nos vários museus da cidade. Ela está presente em quase todas as partes, provocando, questionando e estimulando. Atualmente, são mais de 6 mil obras espalhadas somente por seus espaços públicos.

A HISTÓRIA DE CHICAGO

Chicago é a capital do condado de Cook. Com quase 2,7 milhões de habitantes (de acordo com estimativas para 2016), é a maior cidade do Estado de Illinois e a terceira mais populosa dos EUA, depois de Nova York, no Estado de Nova York, e Los Angeles, na Califórnia.

A cidade possui diversos apelidos, dentre os quais estão os mais populares: *Windy City* (cidade do vento); *Chi-town* (usado por caminhoneiros em trânsito) e *Second City* (por ter sido a segunda maior região metropolitana do país ao longo de praticamente todo o século XX). Todos eles refletem impressões e opiniões históricas e contemporâneas sobre a cidade, que, aliás, é considerada a "**mais norte-americana entre todas.**"

Sua área metropolitana, conhecida como Grande Chicago, é a 27ª aglomeração urbana do mundo, abrigando um número estimado de pouco mais 9,5 milhões de pessoas em 2016.

Com moradores das mais variadas ascendências (estima-se que existam na cidade mais de 80 comunidades étnicas), é natural que influências multiculturais tenham ajudado a caracterizá-la como uma **cidade plural** e a torná-la um importante **centro criativo**.

O clima em Chicago é continental úmido. As quatro estações do ano são muito bem definidas, e as amplitudes térmicas normais são elevadas. Com isso, a média chega a 25ºC em julho – no verão –, mas despenca para bem abaixo de zero – no inverno. Assim, a cidade pode sofrer ao longo do ano com intensas ondas de frio e de calor, sendo que ambas podem durar vários dias consecutivos.

Há também muitos dias mais suaves no inverno e no verão, quando obviamente os moradores de Chicago aproveitam muito os seus parques!!! Outono e primavera são estações de transição.

Vejamos agora alguns dados interessantes sobre a *Windy City*.

1º) O aeroporto internacional O'Hare - Ele aparece como o 4º mais movimentado do mundo em termos de tráfego, com um volume de quase 77 milhões de passageiros, só em 2015. A empresa aérea United Airlines possui um *hub* (centro de conexões) na *Windy City* e é ela a responsável por ligar Chicago a São Paulo (cidade-irmã) por meio de voos diretos.

2º) Visitantes - Dos 57 milhões de turistas que vieram para Chicago em 2016, 13 milhões deles estavam em viagens de negócios (trata-se da terceira cidade do país mais utilizada para a realização de grandes convenções) e quase 2 milhões eram de fora dos EUA.

Em termos de economia, os visitantes movimentaram mais de US$ 18 bilhões (bem mais que o PIB de muitas nações juntas, e o equivalente ao PIB que foi projetado para o Afeganistão em 2016).

A cidade mantém atualmente seu *status* como importante polo industrial nos setores de telecomunicações, transporte e infraestrutura, sendo que em 2016 ela apresentou o 8º maior PIB em todo o mundo (quase US$ 525 bilhões).

3º) Entretenimento - Como já mencionado, Chicago é também uma **cidade criativa**. Isso se deve àquilo que ela oferece em termos de arquitetura, artes, entretenimento, gastronomia, turismo e sistema educacional.

Chicago está classificada como uma **cidade global alfa**.

A notoriedade da cidade expressa na cultura popular é encontrada em romances, peças teatrais, nos filmes, na música, nos vários tipos de revistas especializadas (em esportes, entretenimento, negócios etc.), nos meios de comunicação e na arte. Aliás, a arte é uma das marcas registradas de Chicago. Neste sentido, existem muitas alternativas, dentre elas assistir aos muitos espetáculos cênicos e ouvir *jazz* **da melhor qualidade**.

A oferta de lugares para se ouvir *jazz* e *blues* de boa qualidade em Chicago é farta, cobrindo desde os *speakeasy bars* (bares instalados nos fundos de restaurantes ou porões de padarias, na época da Lei Seca) mais moderninhos até os escurinhos em alguns dos bairros étnicos da cidade, em Bronzeville. Há ainda os festivais anuais que ocorrem nos meses de junho e agosto.

Há também casas focadas em públicos variados, com apresentações ao vivo a semana toda. Na *Kingston Mines*, por exemplo, a atmosfera é descontraída e há uma área para dançar, já no *B.L.U.E.S.* o clima é bem mais intimista.

Entretanto, *jazz* e *blues* também podem ser ouvidos gratuitamente pelas ruas, calçadas e estações de metrô. Eles são executados pelos artistas locais e também por imigrantes que se apresentam para o público frequentemente em troca de moedas ou de um sorriso escancarado – **a cara da cidade**!!!

A arte é uma das marcas registradas de Chicago: nos seus parques (muitos), nas calçadas, nas praças, na entrada dos edifícios, e, é claro, nos vários museus da cidade. Ela está presente em quase todas as partes, provocando, questionando e estimulando. Atualmente, são mais de 6 mil obras espalhadas somente por seus espaços públicos.

Dos muitos museus, o Art Institute – anexo ao Millenium Park – é uma visita obrigatória. O próprio prédio que o abriga, cujas alas nova e antiga ostentam estilos arquitetônicos totalmente distintos entre si, fornece uma amostra da variedade de criação que o visitante encontrará dentro dele – de Picasso a Giacometti, incluindo nomes menos conhecidos da arte contemporânea.

O Museu de Arte Contemporânea também merece uma visita, tanto pela sua coleção permanente como pelas exibições temporárias.

Já quem viaja com as crianças e adolescentes, os excelentes Shedd Aquarium, The Field, Adles Planetarium e Museu da Ciência e Indústria, todos com propostas bastante interativas, são ótimos programas para se fazer em família, com propostas .

Outro destaque especial é o My Al Capone Museum, inaugurado em 1995, cujo foco é o mais famoso *gangster* do país e também a era do grande banditismo que engolia a cidade.

4º) Moradores famosos - Não se pode esquecer que Chicago foi responsável pelo primeiro presidente negro dos EUA, Barack Obama. De fato, Chicago e Obama são velhos conhecidos. Em 1992, o então futuro presidente norte-americano aceitou um estágio em uma empresa de advocacia na cidade, conheceu Michelle, que nasceu e foi criada ali.

Quem estiver visitando a cidade pode até dar uma espiada na casa onde o casal viveu antes de se mudar para a Casa Branca – e para onde deve retornar depois que a filha se formar em Washington – Condomínio East View Park, na rua 54 com o Hyde Park Boulevard.

A propósito, a sede da Fundação Obama também fica em Chicago, no Jackson Park, representando mais um marco arquitetônico a se destacar dentre os muitos já existentes na metrópole.

5º) Turismo - São diversas as opções de lazer e divertimento disponibilizadas pela cidade. Dentre elas destacam-se o passeio pela grande artéria da área central da cidade, a avenida Michigan, mais conhecida como *Magnificent Mile* (ou *Mag Mile*). Ao longo de uma milha de comprimento (o que justifica o apelido) estão enfileirados endereços de consumo e moda, que vão desde marcas populares a ícones do luxo. Também estão ali os três principais *shopping centers* da cidade. É o endereço perfeito para quem não dispensa boas compras.

Já no caminho para o aeroporto existem ainda *outlets* (centros comerciais populares) e um grande mercado de Natal, o Christkindlmarket, que funciona do fim de novembro até as vésperas do Natal.

É difícil até mesmo para os menos consumistas dos viajantes não se deixar render frente a tanto apelo.

Outro ponto que deve ser visitado é o **Navy Pier** (localizado na área do lago Michigan) é um cais de 910 m de comprimento. Ao longo dele existem muitos restaurantes, casas noturnas, salas de jogos e espaços para descanso. Ali também está localizada uma roda gigante de 46 m de altura, que atrai cerca de 8 milhões de visitantes por ano (embora já existam outras bem mais altas em outras cidades norte-americanas, como Orlando e Las Vegas, por exemplo).

A **Willis Tower** (antigamente conhecida como **Sears Tower**) também continua sendo um destino muito popular entre os turistas. O prédio possui um observatório no último andar, de onde é possível ver a cidade e boa parte do lago Michigan. Ele inclui também uma sacada de vidro que avança para fora do prédio e de onde é possível olhar abaixo dos pés!

Vale a pena conhecer o caráter multicultural da cidade. Isso se reflete na visita a alguns bairros étnicos, que incluem desde a clássica Chinatown aos pitorescos Greektown, Albani Park e Humboldt Park (originalmente uma área de grande concentração de porto-riquenhos).

Dá para explorar os bairros fora do circuito comum por conta própria ou fazendo bom uso do sistema de *tours* gratuitos oferecidos pela cidade, denominados *Chicago Greeter*.

Wicker Park, Lincoln Park e Logan Square são atualmente as grandes vedetes nesse sentido, reunindo cafés com um toque *hipster* (indivíduos com estilo próprio e que gostam de inventar moda), butiques independentes, brechós e pequenas galerias de arte em suas ruas.

Lake View, um lugar antigamente conhecido apenas pela localização do estádio de beisebol Wrigley Field, hoje é adorado por fãs de nanocervejarias artesanais e jovens *designers* locais.

Chicago também possui a maior área destinada a **parques** nos EUA: são cerca de 220 espalhadas pela cidade, o que representa uma área total de 30 km². De fato, Chicago é a cidade norte-americana que mais investe em seus parques (*per capita*). Os mais famosos são:

- **Millenium Park**, que ocupa uma grande área (cerca de 101.000 m²) entre o centro financeiro e a margem do lago. Foi aberto em 2004.
- **Grant Park**, construído em 1901 sobre um antigo aterro sanitário.
- **Lincoln Park**, que ocupa 4,9 km² no norte da cidade, ao longo da margem do lago Michigan. Além de possuir diversas instalações para práticas esportivas e de lazer, esse parque tem um zoológico (de acesso livre para a população o ano inteiro) e, inclusive, um campo de golfe.
- **Garfield Park**, que ocupa 748.000 m² e fica no oeste da cidade.

Como se pode ver, não é por acaso que em um estudo feito em 2011 Chicago foi classificada como a quinta melhor cidade para se conhecer a pé nos EUA. De fato, a respeitada revista *Condé Nast Traveler*, elegeu Chicago uma das dez cidades dos EUA, que todo turista, em especial o norte-americano, precisa visitar algum dia.

6º) Alimentação - O que não falta em Chicago é boa comida. A cidade oferece pratos não apenas de várias regiões dos EUA, mas também de muitos países do mundo.

Uma das opções mais famosas em termos de comida popular é a internacionalmente conhecida *deep dish pizza*, ao estilo de Chicago, cujas receitas foram criadas pela *pizzaria* **Uno Chicago**. O melhor endereço para degustá-la é o *Gino's*. A cidade também possui o seu próprio estilo de *hot-dog* ("cachorro quente"), com picles, cebola, mostarda, tomate e ervilha.

A cidade também já possui uma filial da popular casa *Eataly*, nos mesmos moldes da unidade de Nova York, e com direito a uma *birrieria* (cervejaria) entre os seus estandes de comida feita na hora.

Já para os que gostam de sofisticação, os maiores *chefs* de cozinha do mundo possuem filiais de seus restaurantes em Chicago. Isso inclui Rick Tramonto, Charlie Trotter, Rick Bayless, Grant Achatz, só para mencionar alguns. Vale ressaltar que a cidade já tem tantos restaurantes com estrelas do *Guia Michelin* quanto Nova York – em 2016 eles acumularam 29 estrelas desse guia, uma evidência indiscutível de que não falta na cidade lugar para se comer bem!!!

Uma sugestão é o pequeno e discreto *Goosefoot*, que justifica o deslocamento para além da Lincoln Square, onde o *chef* Chris Nugent e sua esposa brasileira Nina, recebem os clientes para jantar no sistema *BYOB* (*bring your own bottle*), ou seja, você mesmo pode levar o que quer beber durante sua refeição, sem pagar nada a mais por isso!?!?

O menu degustação oferecido pela casa todas as noites é delicado e impecável, tanto na apresentação quando no sabor.

Instalado no 16º andar da *Trump Tower*, um dos edifícios-símbolo de Chicago (e sua fama deve crescer mais ainda com o seu proprietário sendo o presidente dos EUA...), ir no *Sixteen* é uma outra aposta certeira na alta gastronomia.

O seu *chef* Thomas Lents oferece diariamente duas opções de menu degustação para serem apreciadas enquanto o visitante se deslumbra com a beleza da cidade por detrás das paredes envidraçadas.

Os cardápios mudam conforme as estações do ano e a reserva para jantar é obrigatória.

No badalado bairro de West Loop, o restaurante *Grace* ganhou sua terceira estrela *Michelin*, em pouco tempo de funcionamento.

Sob o comando do *chef* Curtis Duffy, abre somente para o jantar e seus menus degustação têm entre oito e 12 passos, planejados para serem apreciados sem pressa, num programa que dura boa parte da noite.

Bastante ousado e criativo, Curtis Duffy pode servir seus pratos em pedaços de troncos de árvore ou recipientes feitos de gelo!?!?

Em 2003 a famosa revista *Robb Report* elegeu a cidade como o **melhor destino gastronômico da América**!!!

Para quem gosta de beber, uma boa pedida é visitar as **cervejarias e destilarias artesanais** localizadas na cidade.

Inspirado na célebre *Goose Island*, a cerveja local tipo exportação, o culto às cervejarias artesanais retornou com força total à cidade.

Hoje essa bebida está disponível nos mais variados tamanhos. Por exemplo, na *Dry Hop*, as cervejas são servidas não apenas nos tradicionais *pints* (copos de cerveja estilo europeu) e canecas, mas também em *flights*, semelhantes às doses servidas na degustação de vinho. Isso dá ao visitante a chance de provar diferentes tipos de cerveja sem excessos.

Com tantos arranha-céus na cidade, Chicago também é terra dos *rooftop bars*, bares que ficam no topo de edifícios a partir dos quais você pode ver a belíssima linha do horizonte da cidade enquanto bebe algo bem saboroso, como é o caso do *ROOF on theWit*, com teto retrátil e paredes de vidro, instalado no 27º andar de um hotel.

7º) Arquitetura - Chicago tem uma das mais importantes arquiteturas do mundo, além é claro de ser a mais influente dos EUA. Essa tradição da cidade como pioneira mundial nas áreas de arquitetura e engenharia surgiu a partir de 1871, quando boa parte dela foi destruída no que ficou conhecido como **"o grande incêndio de Chicago"**.

Na ocasião, arquitetos e engenheiros de renome ajudaram a reconstruí-la, e o trabalho desses profissionais produziu um estilo arquitetônico único que se tornou famoso e conhecido como **Chicago Style**. Para isso, eles removeram os alicerces e muros feitos de pedra, para dar espaço aos novos edifícios.

A partir do fim do século XIX foram construídos os primeiros arranha-céus do mundo, localizados bem no centro financeiro da cidade. A cidade foi a pioneira nessa área, erguendo esqueletos centrais totalmente de aço. O primeiro deles foi construído em 1884: o *Home Insurance Building*, com 10 andares (demolido em 1931).

Essas novas técnicas de engenharia e os novos estilos arquitetônicos foram bastante usados na cidade antes de se espalharem por outras regiões do planeta. O fato é que a *Windy City* foi e continua sendo bastante visitada por engenheiros, arquitetos e *designers*, que se esforçam para analisar e compreender como foram levantados seus diversos edifícios.

Um desses prédios a chamar atenção foi o então **Sears Tower**. A torre – projetada e construída em 1973 pelo arquiteto Bruce Graham e pelos engenheiros Srinivasa Iyengar e Fazlur Khan, da Skidmore, Owings & Merrill – tornou-se na ocasião o prédio mais alto do mundo. Isso se manteve até o ano de 1998, quando surgiram as *Petronas Towers*, em Kuala Lumpur, na Malásia. Vale ressaltar que nesses últimos 20 anos as torres malaias também foram ultrapassadas (e em muito...) por várias edificações gigantescas!!!

8º) Transporte – Em Chicago, uma das opções para se entender a urbanização local é vê-la do rio Chicago. O passeio de barco que parte da Chicago First Lady Dock é uma excelente opção para se ver a cidade a partir de outra perspectiva. Os *tours* arquitetônicos realizados na hora do pôr do sol são os melhores e mais disputados, pois oferecem ao visitante a oportunidade de ver e ouvir as explanações dos guias com maior riqueza de detalhes, enquanto o barco desliza pelo rio.

O transporte de Chicago tem ainda um outro ícone: o *Chicago Elevated – In Loop* ou simplesmente *"L"* para os moradores – é uma figurinha bem batida em quase todas as produções hollywoodianas, e têm a cidade como cenário.

O trem que circula pela região sobre trilhos suspensos, além de uma excelente forma de se deslocar pela região ou chegar aos bairros mais turísticos (!?!?), é **a cara de Chicago**.

Se o seu plano for simplesmente passear, a opção pelo *Chicago Loop Train Tour* é uma visita guiada de 40 min, bem divertida – apesar do preço salgado do bilhete, que custa US$ 20 por pessoa –, em especial para quem estiver interessado em arquitetura e em aprender sobre os edifícios mais icônicas da região.

9º) Educação – Quando o assunto é educação pública, Chicago possui o terceiro maior sistema de escolas dos EUA, superado apenas pelos de Nova York e Los Angeles. A cidade é responsável pela administração de mais de 660 escolas, o que por sua vez representa mais de 440 mil alunos.

Já no que se refere ao ensino superior, a maior IES de Chicago é a Universidade de Chicago, com cerca de 30 mil estudantes.

Além disso, também estão localizadas na cidade outras três universidades estaduais: a Chicago State, a Northeastern Illinois e a Universidade de Illinois, assim como a Universidade Roosevelt (uma IES privada). Existem ainda outras duas instituições católicas, a Universidade DePaul e a Universidade Loyola.

O The School of the Art Institute of Chicago, considerada uma das melhores IESs de belas artes do EUA, também está localizado na cidade.

Chicago é o maior centro de treinamento médico e dentário dos EUA, com cerca de seis faculdades voltadas para essa área. Isso lhe garantiu a liderança nos campos da educação e pesquisa médica. Com os seus quase 1.500 estudantes, a Universidade de Illinois é o maior centro de formação e treinamento médico dos EUA. Vale ressaltar ainda que quatro grandes associações médicas norte-americanas estão sediadas em Chicago.

10º) Esportes – No que se refere a esportes, a cidade possui times profissionais nas principais modalidades praticadas no país: uma equipe profissional de basquete, o **Chicago Bulls**, diversas vezes campeã pela Associação Nacional de Basquete (NBA) – que contou com o maior jogador da história do esporte no país, **Michael Jordan** –; duas equipes de beisebol, o **Chicago Cubs** (da MBL) – que foi o grande campeão da temporada 2016, mesmo ano em que o estádio da equipe, o Wrigley Field, completou o seu centenário–, e o **Chicago White Sox** (ABL); uma equipe de hóquei no gelo, o **Chicago Blackhawks** (NHL); um time de futebol norte-americano, o **Chicago Bears** (NFL) e, mais recentemente, o **Chicago Fire** (MLS).

Para quem visita a cidade e gosta de esporte, sempre vale a pena assistir a alguma partida dessas equipes, mesmo que você não entenda bem as regras do esporte escolhido.

11º) Televisão – Nova York e Los Angeles, cidades cujas populações são bem maiores que a de Chicago, têm sido cenários frequentes para muitas séries de TV. Todavia, isso parece estar mudando nesses últimos anos. A *Windy City* está inspirando muitas séries para TV, e os temas são o **fogo** e a **violência**.

Tudo começou com a série *Chicago Fire*, lançada em 2012 e exibida pelo canal Universal. A série chegou à 6ª temporada em 2017 e apresenta as peripécias dos bombeiros de Chicago.

Depois dela vieram *Chicago P.D.*, focada na ação de sua polícia, *Chicago Med*, sobre o que acontece dentro de um hospital e, finalmente, *Chicago Justice*, sobre o sistema judiciário.

O responsável por colocar Chicago novamente no mapa das produções televisivas – e, assim, na mente do telespectador, que poderá dessa maneira programar passeios nessa cidade – foi Dick Wolf. Ele se tornou famoso depois da série *Law & Order*, que durou 20 temporadas. Nas palavras dele:

"Chicago é um grande personagem, com seu ambiente favorável para todas essas produções. Acredito que se essas séries tivessem sido feitas em

Nova York ou Los Angeles, o cinismo teria se infiltrado, prejudicando-as. Mas tendo sido feitas em Chicago, os personagens podem dizer coisas que representam o que há de melhor nos EUA!!!

O sucesso de audiência de *Chicago Fire*, *Med* e *P.D.*, com uma média de 8 milhões, 7 milhões e 6 milhões de telespectadores por episódio, respectivamente, refletiu-se no dinheiro que a cidade arrecadou.

De acordo com Michael Brandt, o *showrunner* (produtor responsável pelas decisões criativas) de *Fire*, essa série já investiu sozinha US$ 300 milhões. O dinheiro foi gasto em cenários e, principalmente, no aluguel de locais naturais que foram utilizados durante as gravações na cidade.

Aliás, antes de iniciar a série conversamos com o prefeito Rahm Emanuel, que facilitou o nosso trabalho. Ele assimilou logo que isso além de trazer uma receita para os cofres da prefeitura, promoveria a cidade e atrairia para ela mais turistas."

Derek Haas, que divide a posição de *showrunner* com Michael Brand, completou:

"Em Chicago temos uma grande variedade de paisagens. O bom é que a cidade tem todo tipo de bairro, um centro, um rio, um lago enorme, arranha-céus, casas de família, museus etc.

Dá para ter todo tipo de história.

Além disso, é uma cidade muito **amigável** e nos permitiu filmar em todas as partes, até no topo da *Willis Tower*."

Chicago também vive um momento de índices elevados de violência. Só em 2015 ocorreram 492 homicídios e foram registradas 2.988 vítimas de tiroteios, números que infelizmente foram superados em 2016.

A situação é tão grave que levou a cidade a ser apelidada de **"Chiraq"**, uma mistura de Chicago com Iraque.

Por essa razão, situações reais como brigas entre gangues e a violência contra negros, foram abordadas nas séries, especialmente em *Chicago P.D.* e *Chicago Med*.

O produtor Matt Olmstead salientou:

"Lamentavelmente tivemos nesses últimos anos muitas agressões contra negros, por isso também apresentamos vários episódios sobre violência não apenas entre negros e brancos, mas também entre os próprios negros.

Selecionamos muito bem as histórias que contamos, pois não desejamos mascarar o que realmente tem acontecido..."

Uma das marcas dessas séries foi o *crossover* (entrelaçamento de personagens) institucionalizado.

Enquanto outras séries anunciam quando as personagens de uma série específica irão se encontrar com os de outra, no mundo de Chicago isso acontece em todos os episódios.

O superprodutor Dick Wolf explicou:

"Não quero parecer intelectual, mas o meu modelo é a Londres de Charles Dickens, quando o mesmo personagem podia aparecer em outros livros do autor.

Foi essa a ideia que segui nas minhas produções."

O ator Taylor Kinney, que interpreta o bombeiro-galã Kelly Severide em Chicago Fire, disse:

"Policiais e bombeiros trabalham constantemente juntos. Não estamos forçando a barra. Isso é uma realidade e deu certo!!!

Tivemos um episódio em *Fire* e três *spin-offs* (desmembramentos) bem-sucedidos!!!

Nós, de *Fire*, nos sentimos meio paternalistas em relação aos outros."

Já nas palavras de Christian Stolte, que interpreta o bombeiro Mouch:

"Na verdade, nem tanto...

Torcemos pelas outras séries e seus personagens, mas não queremos que sejam mais bem-sucedidas que a gente!?!?"

Até 2017 parece que a harmonia de sucesso continuou para todas as séries de Chicago...

Chicago é de fato pura arte, seja na própria aparência de seus edifícios, seja em suas grandes esculturas – como a icônica *Cloud Gate*, de Anish Kapoor, no Millenium Park; nos musicais encenados no centro, nos artistas de rua e também nos principais esportes ali disputados (as grandes paixões locais). Assistir a um jogo *in loco* ou a uma apresentação de *jazz* ou *blues* na cidade é como imergir profundamente em sua cultura.

A cidade de Chicago também é realmente muito especial e *high tech*, não devendo nada nem a Nova York (que pertence ao mundo) nem a Miami (considerada uma praia cercada de gente que quer ver e ser vista), sendo tão divertida quanto ela.

Sem dúvida, ela é a mais norte-americana entre todas as suas metrópoles e representa o que há de mais puro e substancial no país.

Então, o que lhe falta?

Talvez uma melhor divulgação de tudo o que possui!!!

A LIÇÃO DE CHICAGO

Claro que a primeira coisa que se deve aprender com Chicago é sua capacidade de ressurgir das cinzas. Mesmo depois do grande incêndio de 1871 que a destruiu parcialmente, a cidade se reergueu bem mais **pujante** e **criativa**. Para isso ela contou com o esforço e o talento de muitos arquitetos e engenheiros que colaboraram construindo obras monumentais. Estes, por sua vez, inspiraram a construção de grandes arranha-céus em outras cidades norte-americanas e em centenas de outras pelo mundo.

Felizmente, nunca tivemos no Brasil catástrofes que tenham destruído partes significativas de nossas cidades. Contudo, deve-se mirar na recuperação de Chicago mesmo nos abalos menores que acabam trazendo prejuízos e mortes, como por exemplo os causados por intensas chuvas que provocam enchentes e/ou deslizamentos. É preciso implementar soluções duradouras que não permitam que tais fatos se repitam. Neste sentido, Chicago agora faz uma grande propaganda de como seus bombeiros são eficientes em lidar com catástrofes na série para TV, *Chicago Fire*.

Também é impressionante como o aeroporto internacional O'Hare – um dos mais movimentados do mundo – colabora para a economia de Chicago, ao viabilizar a chegada de dezenas de milhões de turistas, especialmente os vindos do exterior, fazendo dela uma **aerotrópole**, ou seja, uma cidade que depende muito do aeroporto.

No Brasil isso será percebido em breve com o intenso progresso de Campinas, graças ao desenvolvimento cada vez maior do aeroporto de Viracopos. Acredita-se que em uma década ele inclusive irá superar o de Guarulhos – aeroporto internacional Governador Franco Montoro, no qual trabalham cerca de 170 mil pessoas (de forma direta ou indireta, em sua maioria moradores de Guarulhos) e que segundo estimativas, recebeu em 2016 cerca de 44 milhões de passageiros.

Finalmente, é muito importante destacar a visitação que a cidade recebe – em especial dos que vivem na Grande Chicago ou nas cidade próximas – de pessoas interessadas em **esportes**. Elas chegam à cidade para assistir às partidas das equipes profissionais que competem ao longo do ano nos quatro esportes preferidos nos EUA – beisebol, basquete, futebol e hóquei no gelo. Essa programação esportiva deixa os torcedores muito entusiasmados, particularmente como foi no caso das partidas da equipe do Chicago Cubs que, finalmente em 2016, depois de 108 anos, venceu na final a equipe Cleveland Indians e se tornou campeã da principal liga de beisebol dos EUA.

Aliás, algo semelhante aconteceu em São Paulo quando o Palmeiras finalmente se tornou campeão nacional, depois de 22 anos.

O que no Brasil não se aprendeu ainda é que não se pode ter só o futebol como esporte preferido.

Nos EUA, os quatro esportes que são a paixão dos norte-americanos seguem atraindo multidões durante todo o ano. Os calendários esportivos aproveitam as quatro estações do ano, sendo que o basquete e o hóquei no gelo são disputados quando chega o frio, em ginásios modernos e calafetados.

Existem ainda as cidades norte-americanas que atraem grandes contingentes de espectadores com torneios de tênis, vôlei de praia, atletismo, natação etc.

Nos EUA, como em poucos países do mundo, eles exploram o entretenimento oferecido pelas competições esportivas de forma incrível. Além das dezenas de milhares de pessoas que vão aos estádios e ginásios, dezenas de milhões acompanham as partidas principalmente pelas TVs, pelos *tablets* e *smartphones*. Isso permite a exibição de muita propaganda, o que, por sua vez, estimula cada vez mais as pessoas a comprarem os produtos anunciados...

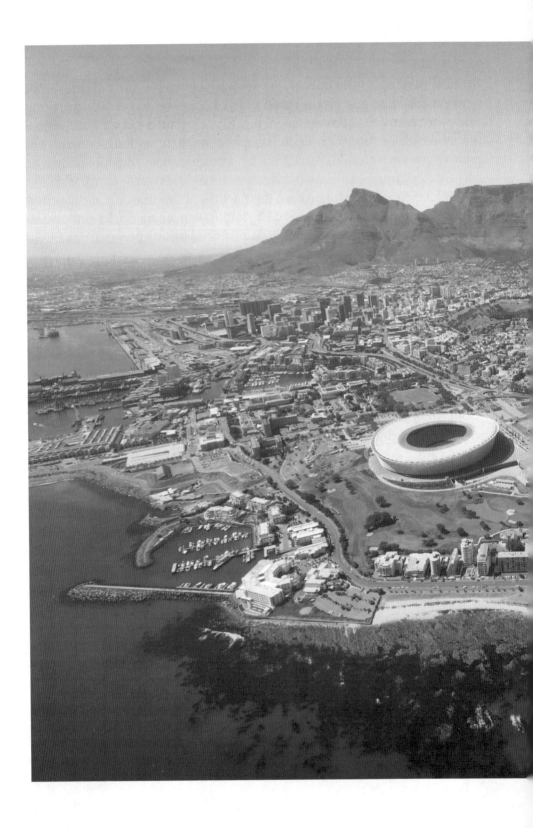

Vista aérea da Cidade do Cabo.

2.9 - Cidade do Cabo

PREÂMBULO

O mais famoso apelido da Cidade do Cabo é *Mother City* ("Cidade Mãe"), pelo fato de ela ter sido a primeira a ser fundada na África do Sul. Assim o significado de *my boet* pode ser: **a cidade é uma mãe**.

Carol J. Moré, editora do *Follow the Colours* destacou: "Em 2014, a Cidade do Cabo foi declarada Capital Mundial do *Design*, pois de fato nela utiliza-se o *design* como ferramenta de transformação da cidade. Nela há muitos estilistas *designers*, artistas e organizam-se conferências e exposições o tempo todo.

Um bom exemplo disso é possível ver no distrito de Fringe, que foi totalmente transformado e hoje é uma alavanca do EC."

A HISTÓRIA DA CIDADE DO CABO

Cidade do Cabo (Cape Town, em inglês; Kaapstad, em africâner; e Ikapa, em xhosa) é a capital legislativa da África do Sul, onde estão localizados o Parlamento do país e muitos órgãos do governo.

Ela é também a capital da província do Cabo Ocidental, e a 2ª cidade mais populosa do país, com um total de 3,8 milhões de habitantes em 2016, atrás apenas de Joanesburgo. A Cidade do Cabo também ocupa a segunda posição como centro financeiro e cultural da África do Sul, mais uma vez atrás de Joanesburgo.

A Cidade do Cabo tornou-se famosa (e um dos mais populares destinos turísticos do mundo) pelo seu porto natural e sua incrível baía da Mesa. Esta, aliás, foi utilizada pela Companhia Holandesa das Índias Orientais como uma estação de abastecimento de navios holandeses que navegavam para a África Oriental, a Índia e o Extremo Oriente.

Jan van Riebeeck chegou à região em 6 de abril de 1652, onde estabeleceu o primeiro assentamento europeu permanente na África do Sul. Todavia, a primeira menção a essa região ocorreu de modo explícito ainda durante a **era dos descobrimentos**, quando o explorador português Bartolomeu Dias passou pelo local em 1486. Onze anos mais tarde (em 1497) outro explorador português, Vasco da Gama, também navegou por ali.

Ao longo da segunda parte do século XVII a cidade cresceu lentamente, sobretudo por causa da falta de mão de obra local. Entretanto, paulatinamente foram trazidos escravos da Indonésia e de Madagascar para ajudar no desenvolvimento da região.

Vale lembrar que durante a Revolução Francesa e as guerras napoleônicas, a Holanda controlava a Cidade do Cabo. Porém, por conta de várias ocupações que o país sofreu pela França, ele acabou deixando a sua colônia africana desprotegida e o Reino Unido se aproveitou da ocasião para ocupar o território em 1795.

Um tratado assinado entre esses dois países determinou que a cidade voltasse em 1803 para o domínio holandês. Contudo, apesar do acordo, três anos depois – em 1806 – o Reino Unido voltou a invadir o local e a ocupá-lo, dessa vez em caráter definitivo.

A partir dessa data, a Cidade do Cabo passou a ser a capital da colônia de Cabo, um território ultramarino do Reino Unido.

Foram a descoberta de diamantes na região mais próxima de Joanesburgo, em Griqualand West (em 1867), e a Witwatersrand Gold Rush (corrida do ouro, em 1886), que resultaram no grande desenvolvimento da região. O grande fluxo de imigrantes que seguiu para a África do Sul aumentou significativamente a população da Cidade do Cabo.

Em termos sócio-políticos, foi nas eleições de 1948 que a discriminação racial ganhou ênfase no país com a vitória do National Party (Partido Nacional) nas eleições, com a plataforma do *apartheid* (segregação racial).

E para que o segregacionismo fosse de fato implementado, foram **determinadas zonas específicas para brancos e para negros**, tanto na Cidade do Cabo como em outras cidades do país!?!?

Com isso, alguns subúrbios multirraciais da cidade foram demolidos para que a ação de *apartheid* fosse efetivamente cumprida.

O exemplo mais flagrante dessa medida ocorreu no District Six, de onde mais de 60 mil pessoas foram obrigadas a se mudar depois que, em 1968, o local foi declarado como zona **"apenas de brancos"**.

A Cidade do Cabo foi o "lar" de muitos dos líderes dos movimentos *antiapartheid*. Por sua vez, a ilha Robben, a 10 km da costa da cidade, abrigou uma prisão para receber os presos políticos. Nela estiveram em cativeiro alguns dos mais famosos ativistas desses movimentos, dentre os quais Nelson Mandela.

O fim do *apartheid* ocorreria somente em 1990. E, num dos mais famosos momentos que marcaram esse acontecimento, Nelson Mandela fez o seu primeiro discurso em público horas depois de se tornar um homem livre. Foi no dia 11 de fevereiro de 1990, na varanda principal do edifício da Câmara Municipal da Cidade do Cabo. Essa fala foi o início de uma nova era para o país – as primeiras eleições livres aconteceriam pouco mais de quatro anos depois, no dia 27 de abril de 1994.

Porém, nem todos os problemas da Cidade do Cabo se resolveram com essas eleições. Desde que elas aconteceram, a cidade luta contra graves adversidades que afetam a saúde pública, dentre os quais estão: a existência de muitas pessoas com tuberculose e o significativo aumento dos problemas relacionados com drogas.

Apesar dessa insegurança e dos contratempos com a saúde de seus habitantes, ocorreu um *boom* no setor imobiliário e também o crescimento significativo do **turismo** na região, o que, por seu turno, impulsionou fortemente a economia da cidade.

No âmbito geográfico, o centro da cidade está localizado no extremo norte da península do Cabo. A montanha Mesa (Table Mountain, em inglês), cuja altitude é de mais de 1000 m, desenvolve-se na forma de encostas quase verticais, ou seja, é um enorme paredão que protege a cidade dos ventos oriundos do Ocidente.

A Cidade do Cabo é constituída por pessoas consideradas mulatas, ou *coloured* (**44%**); negros africanos (**31%**); brancos (**19%**); e asiáticos, que formam o restante da população.

No que se refere à língua, **42%** dos habitantes da Cidade do Cabo falam o africâner em casa, **29%** o *xhosa*, e **28%** o inglês, mas diversos outros idiomas também são usados.

A Cidade do Cabo é o centro econômico da província do Cabo Ocidental, além de representar um centro industrial para toda a região. Ela também possui o porto e o aeroporto principais do Cabo Ocidental.

Há uma grande presença governamental na cidade, uma vez que ali se encontra a sede do Parlamento nacional. As receitas da Cidade do Cabo também cresceram em função da presença de industrias que atendem ao governo.

Atualmente a cidade recebe muitas conferências, e, para isso, foi inaugurado em 2003 um excelente local para essa finalidade: o Cape Town International Convention Center.

A maioria das empresas com sede na cidade tem ligação com a EC – editoras, escritórios de *design* e arquitetura, agências de publicidade e diversas casas de estilistas de moda. Além disso, em seus quatro grandes polos comerciais – Cape Town Central Business District, Century City, Bellville/Tyger Valley e Claremont – estão companhias de seguro e diversos grupos que atuam no varejo. Grande parte da produção da cidade é comercializada através do porto e do aeroporto internacional.

A maioria das grandes empresas de construção naval tem escritórios e indústrias na Cidade do Cabo.

Além disso, a província é o centro de produção de energia para o país. Está aí a usina nuclear Koeberg, que atende à demanda de energia elétrica de Cabo Ocidental.

Nesses últimos anos desenvolveram-se a exploração de petróleo e gás natural ao longo da costa do oceano Atlântico.

A região do Cabo Ocidental é uma importante área turística da África do Sul, sendo que a indústria do turismo foi responsável em 2016 por **11,7%** do PIB da província e pelo emprego de 10,4% dos seus trabalhadores, que atendem cerca de 6,7 milhões de turistas que visitaram a Cidade do Cabo em 2016.

A cidade possui um sistema bem desenvolvido de ensino superior, sendo servida por três universidades públicas: a Universidade da Cidade do Cabo, a Universidade do Cabo Ocidental e a Universidade de Tecnologia da Península do Cabo. Esta última foi constituída em 1º de janeiro de 2005 com a fusão de duas IESs – a Cape Technikon e a Península Technikon–, e oferece aulas principalmente em inglês, embora o aluno possa cursá-la em qualquer uma das línguas oficiais do país.

A Universidade da Cidade do Cabo e a Universidade de Stellenbosch (que fica a 50km do centro da cidade) estão no topo do *ranking* das melhores do país, ocupando, respectivamente, a 1ª e 3ª posições.

Isso é, em grande parte, o resultado das contribuições financeiras substanciais feitas pelos setores público e privado a essas IESs.

A Universidade da Cidade do Cabo é uma IES anglófona, possuindo mais de 23 mil estudantes. Seu programa de MBA já foi classificado pelo jornal inglês *Financial Times* como o 51º melhor do mundo.

Devido à existência dessas excelentes universidades e dos qualificados cursos de pós-graduação, muitas *start-ups* foram abertas na Cidade do Cabo, que, inclusive, já foi classificada como **"cidade mais empreendedora da África do Sul"**.

O aeroporto internacional da Cidade do Cabo é a porta de entrada para a cidade, tanto para voos domésticos como internacionais, sendo o 2º maior aeroporto do país, atrás apenas do Tambo International Airport, em Joanesburgo.

Desde junho de 2006 o aeroporto da Cidade do Cabo foi sendo ativamente melhorado, em especial para atender aos organizadoras da Copa do Mundo de Futebol. O evento foi realizado na África do Sul em 2010, ocasião em que o país recebeu um grande número de visitantes.

Em termos de mobilidade, existe na Cidade do Cabo uma vasta rede de trajetos que são feitos pelos ônibus. Todavia, também circulam pela cidade dois tipos de táxis: o individual – que não é autorizado a circular pela cidade sem passageiros (?!?!) – e o "coletivo" – um tipo de micro-ônibus que transporta várias pessoas.

A cidade está conectada a outras cidades do país não apenas por três estradas, mas também por linhas férreas. Além disso, existe ainda o Metrorail, um serviço que explora o transporte ferroviário, sobretudo na Cidade do Cabo e nos arredores, com mais de 100 estações.

Finalmente, deve-se destacar que a Cidade do Cabo tem uma longa tradição no transporte marítimo. Seu porto fica na baía da Mesa que, por sua vez, está localizada num dos mais importantes corredores marítimos do mundo.

No quesito **esportes**, os mais populares, mais praticados e que atraem o maior número de espectadores são: o críquete, o futebol, a natação e o rúgbi.

Na Cidade do Cabo encontram-se as equipes de rúgbi Stormers e Western Province.

A seleção sul-africana de rúgbi também tem atuado na cidade. Isso, aliás, aconteceu no campeonato mundial de 1995, sediado na África do Sul.

No que se refere ao futebol – mais conhecido no país com *soccer* –, existem duas equipes que se sobressaem na Cidade do Cabo e atuam na principal liga do país (a Premier Soccer League – PSL): o Ajax Cape Town (formado em 1999, com a fusão das equipes Seven Stars e Cape Town Spurs) e o Santos Football Club (uma evidente homenagem à renomada equipe brasileira).

A Cidade do Cabo sediou alguns jogos da Copa do Mundo de Futebol de 2010 e, para isso, foi construído ali um novo estádio de futebol – o Green Point Stadium – com capacidade para 70 mil espectadores.

Com relação ao críquete, cabe ao Cape Cobras representar a Cidade do Cabo atuando no Newlands Cricket Ground. Essa equipe surgiu da fusão entre o Western Province Cricket e o Boland Cricket, e participa do Supersport e também da Standard Bank Cup Series.

Saindo do gramados, a África do Sul sempre se destacou nos campeonatos de natação. Entre seus mais famosos nadadores estão Chad le Clos e Cameron van der Burgh, ambos ganhadores de medalhas de prata nos Jogos Olímpicos do Rio de Janeiro de 2016.

Só por curiosidade, vale lembrar que a atual princesa de Mônaco, Charlene Lynette Wittstock – casada com o príncipe Alberto II – foi uma destacada nadadora na sua juventude, tendo feito parte da equipe olímpica da África do Sul.

Quem for à Cidade do Cabo, poderá ouvir "*Aweh, my bru!*" ("Olá, meu amigo"), "*Howzite, boet!*" ("Como vai?"), ou algo em uma das outras 11 línguas oficiais faladas na cidade (além do *zulu* e das já mencionadas africâner, inglês e *xhosa*) para saudar um **amigo**!!!

O fato é que, se alguém quiser dar uma elevada no astral, ampliar radicalmente a esperança, acreditar que o mundo além de vasto e diverso, também possui lugares aconchegantes, precisa visitar a **Cidade do Cabo**!!!

Existem algumas teorias sobre essa energia mágica da cidade. Todas evocam o seu cardápio multicultural oriundo dos tempos em que o povoamento da Cidade do Cabo lhe deu a alcunha de **"Taverna dos Sete Mares,"** um local que reunia os marinheiros de países europeus e do Oriente.

Mas há também os que utilizam um critério mais alternativo, que recorre ao *feng shui*. O fato é que as pessoas devem inspirar-se na Cidade do Cabo, sentadas confortavelmente numa poltrona e admirando o mar a seus pés...

Suas costas estão protegidas pelo paredão da Table Mountain e, ao mesmo tempo, a cidade é abraçada pelas montanhas Lion's Head ("cabeça de leão") e Devil's Peak ("pico do diabo"), permanecendo aberta para o oceano à sua frente, com o que a Cidade do Cabo conjuga *yin* e *yang* de um jeito peculiar.

A Table Mountain também tem um formato próprio, denominado *jumen* associado aos conceitos de **nutrição** e **prosperidade**.

O mais famoso apelido da Cidade do Cabo é **Mother City** ("Cidade Mãe"), pelo fato de ela ter sido a primeira a ser fundada na África do Sul.

Localizada numa estreita península, num país naturalmente matriarcal, sua posição é privilegiada. Nelson Mandela – o Madiba – sempre pensou na Cidade do Cabo como mãe e musa!!!

Já homem livre – após ter ficado preso 27 anos – ele confessou que, na prisão, olhava através da Table Bay, na direção da silhueta da Table Mountain, sempre que podia: "Para nós na prisão em Robben Island, Table Mountain era um raio de esperança. Representava o local para o qual sabíamos que iríamos voltar..."

E ele não só voltou, como reformulou todo o país e mudou muita coisa na Cidade do Cabo. Aliás, foi aos pés da Table Mountain que Madiba se instalou quando foi libertado...

Quem visitar a Cidade do Cabo naturalmente perceberá que os anos do *apartheid* estão presentes nos museus, nos musicais, nas visitas a Robben Island (para ver a cela de 4m^2 em que Madiba ficou tanto tempo trancado, iluminada por uma diminuta janela e decorada com uma cama, um banquinho e uma moringa), e nas reportagens de jornais que repetem os duros tempos de discriminação contra os negros, concentrando-se em alguns personagens.

Quem visitar a Cidade do Cabo notará claramente que nela não se esquece do passado, apenas se deseja virar a página. Muitas pessoas repetem uma máxima de Mandela, segundo a qual: **"Não dá para ficar se lamentando quando se está ocupado com coisas construtivas."**

E o cenário favorece bastante, seja por ostentar uma das sete novas maravilhas do mundo – a Table Mountain –, seja por contar com uma população que recebe muito bem o turista, e que intuiu que **somente a arte transforma**. Aliás, não é por acaso que a cidade foi a **Capital Mundial do Design** em 2014.

Em 2016, chegaram à África do Sul, 9,5 milhões de estrangeiros, das quais 70% passaram pela Cidade do Cabo (só para efeito comparativo, em 2016 vieram ao Brasil 6,6 milhões de turistas estrangeiros, e isso com o apelo dos Jogos Olímpicos realizados no Rio de Janeiro) que curtiram intensamente o local, fossem eles aventureiros, baladeiros, bons garfos, "bons copos", colecionadores de histórias tocantes ou garimpeiros de lojas e galerias.

Pois bem, *my bru* (meu amigo), localizada num local incrível, a Cidade do Cabo é bem atraente. Então, aqui vão mais algumas sugestões de lugares incríveis para visitar ou se divertir para quem for à Cidade do Cabo.

1ª) Sem dúvida, a opção mais procurada é subir a Table Mountain, que, conforme já mencionado, se eleva a mais de 1000 m acima do nível do mar, e de onde se tem uma vista incrível quando não há alguma nuvem encostada na montanha.

Para acessar o pico, a melhor opção é pegar o *cable way*, um teleférico que opera desde 1929 e transporta 65 pessoas por viagem, o que dá cerca de 800 pessoas por hora. E ele está sempre lotado.

A subida dura uns 5 min, tempo suficiente para se tirar fotos incríveis e, inclusive, acompanhar aqueles que sobem a montanha a pé – uma opção interessante para quem tem pernas fortes e está disposto a levar 3h para chegar da base até o topo...

No platô existem alguns passeios guiados e, naturalmente, desfruta-se de uma vista majestosa. De lá é possível, por exemplo, admirar, o Cape Town Stadium – um dos elefantes brancos da Copa do Mundo de Futebol de 2010, realizada na África do Sul, em que hoje se apresentam *shows* musicais e outros eventos para que se possa arcar com os seus custos de manutenção. Do topo também se pode apreciar o imponente prédio do Parlamento, além de ver pessoas com um certo grau de insanidade descendo centenas de metros do penhasco penduradas em cabos junto aos instrutores de *rapel* (que as orientam para que não se assustem caso se deparem com lagartos).

2ª) Para quem quer conhecer a noite da Cidade do Cabo, uma parada obrigatória é na Long Street, que fica no distrito central de negócios (*central business district – CBD*). Lá existem muitos prédios superiluminados no estilo vitoriano. É um lugar muito interessante para se compreender as tribos que existem na cidade.

Enquanto na esquina do *Cappelo* negros e negras descem quase ao chão, executando uma espécie de *kuduro* estonteante, na diagonal desse prédio descendentes de holandeses e britânicos fazem um verdadeiro torneio de "levantamento de copo", na *Beerhouse*, que oferece 99 marcas de cerveja.

Na mesma calçada está a *169*, a casa noturna mais barulhenta do local, que possui uma varanda bem comprida que permite acompanhar quem passa na rua (e também ser visto também, é claro....).

Já o *De Waterkant* é o *hub* para os que amam estar na moda. O lugar lembra um pouco Greenwich Village, em Nova York. Os *gays* gostam muito do local, havendo ali uma megaoferta de bares e casas noturnas.

E a redondeza confirma quão receptiva é a cidade em relação à comunidade LGBT (lésbicas, gays, bissexuais, travestis, transexuais e transgêneros).

Já em Camps Bay tem-se um ambiente bem mais sofisticado e atraente, o que atraiu celebridades como Leonardo di Caprio, Scarlet Johansson, Charlize Theron e até o príncipe britânico Harry.

Ali, o *Café Caprice*, com a sua vasta carta de drinques, é o mais demandado e geralmente ostenta uma grande fila na entrada.

Um aviso para o qual se deve atentar é o seguinte: seja em que ponto estiver nas altas horas da noite na Cidade do Cabo, cuidado com carteira e celular, pois, apesar de os policiais estarem vigiando as áreas de maior aglomeração, os furtos acontecem. Assim, por precaução, saia como faria em qualquer cidade grande brasileira: levando **somente com o essencial**!!!

3ª) Como toda ex-colônia britânica, a África do Sul é **farta em chás e infusões**, O mais famoso é o *rooibos*, ou chá vermelho, que fica ótimo com mel e uma rodela de limão.

Obviamente se alguém quiser tomar um chá da tarde individual a pedida é ir ao hotel Belmond Mount Nelson, carinhosamente chamado de Nellie. Ali o chá se transformou numa verdadeira instituição na cidade: sentado de frente para um jardim de rosas, o cliente pode saborear seu chá ao som de um piano; degustar uma sequência de minissanduiches de rosbife, salmão defumado, rúcula, maionese de ovo ou pepino, acrescidos de minilanches e miniempanadas crocantes, tudo isso seguido de uma mesa de tortas, merengues e sonhos, além de uma miríade de outros docinhos.

A carta de chá é tão longa que é difícil escolher um só!?!? Uma sugestão é o *blend* da casa, que leva *darjeeling, kenya, assam, keemun, ceyllon* e pétalas de rosa do jardim que fica do lado de fora.

Para quem prefere o café, graças à disseminação da rede de *coffee shops* pela cidade, é possível encontrar um *mix* de grãos brasileiros, ugandenses e guatemaltecos no *Black Insomnia*. Já no *De luxe* utilizam-se grãos etíopes misturados aos porto-riquenhos. Ali também é possível ouvir uma boa música de fundo.

Mas vale a pena também conhecer o *Café Nood*, o *Truth Coffee*, o *Rcaffe*, o *Rosetta*, a *Jason Bakery* ou o *Dailly Buzz* etc – eles todos provam que na Cidade do Cabo os viciados em cafeína serão bem atendidos.

4ª) No que se refere às artes e eventos culturais na Cidade do Cabo tem-se agora um clima muito *lekker* (do holandês, "gostoso" ou "bacana").

Tudo começou em 2012, com seis galerias, mas no fim de 2016 elas já somavam 43 unidades.

Entre tantas, uma que chama atenção é a *Chandler House*, um pequeno estúdio de *design* que também funciona como loja e galeria. O seu proprietário, Michael Chandler, faz belos bustos de cerâmica com a cabeça aberta aos quais chama de **vasos frenológicos**. Também são muito bonitos os pratos com o logo da Companhia Holandesa das Índias Orientais e as canecas escorridas de dourado.

A *Chandler House* fica na Church Street, um endereço que também abriga outras galerias, como a *Smith*, a *99 Loop* e a *Olive Green Cat* (esta última mistura diamante – a pedra do país – com resina).

Além disso, em setembro de 2017 finalmente foi inaugurado na Cidade do Cabo um megamuseu de arte contemporânea, o Zeitz MOCAA.

Por outro lado, na Bree Street, perpendicular com a Church, estão a *Skinny LaMinx*, a *YoungBlood* e a *Villa 47* (com sua culinária que mescla as comidas mediterrânea e asiática), além, é claro, de outros bons restaurantes.

Quem prefere *shopping centers*, entretanto, irá se esbaldar no V&A Waterfront, que possui mais de 450 lojas. Uma sugestão bem interessante é dar uma olhada na Waterfront, na feira de artesanato e *design* com cerca de 150 estandes, que é instalada no piso térreo aos sábados.

Uma das coisas mais curiosas que uma visitante mulher vê ali são os vestidos que, de um jeito ou de outro, servirão nela. Isso porque a vendedora faz os ajustes necessários **na hora**, usando uma máquina de costura portátil que fica escondida atrás de um manequim, e assim não há como escapar da compra!

De quebra, ela emenda um turbante na cabeça da cliente, mesmo que isso signifique, pelo menos para ela – a privilegiada – uma apropriação indevida de cultura africana.

O mais difícil será a cliente que comprar o vestido reproduzir sozinha, seja em casa ou no hotel, aquela amarração complicada.

5ª) Apesar de ficar a cerca de 90 min de carro da Cidade do Cabo, quem estiver na região (em especial se for português ou brasileiro) não pode deixar de prosseguir até o cabo da Boa Esperança. É uma viagem que vale a pena não somente pelo aspecto histórico, mas pela paisagem em si, que apresenta vegetação rasteira e altivos avestruzes ao longo do percurso.

Várias placas na estrada alertam também para o fato de que os *baboons* (babuínos) são **"perigosos animais selvagens"**. De fato, os biólogos afirmam que os babuínos se tornam agressivos quando recebem comida dos humanos...

Quando o visitante chega ao cabo da Boa Esperança, nota-se imediatamente porque logo no início Bartolomeu Dias o chamara de cabo das Tormentas – é que venta muito no local. Já a denominação Boa Esperança surgiu quando o rei dom João II soube que, ao cruzá-lo, finalmente se fazia a ligação entre os oceanos Atlântico e Índico. Aquilo representava a possibilidade de se chegar mais rápido às Índias.

Existe no local um funicular que leva os turistas até o farol de Cape Point, 87 m acima, onde uma placa fornece a seguinte informação: o Rio de Janeiro está a 6.055 km de distância daqui!!!

No lugar também funciona um museu que esclarece o fato de aquela região não ser o ponto mais extremo do continente – esse mérito cabe ao cabo das Agulhas, a verdadeira junção entre os dois oceanos.

Na volta, existem muitas placas ao longo da estrada que convidam o visitante a parar e conhecer as colônias de pinguins africanos, como aquela de Simon's Town.

Estas aves estão ameaçadas de extinção, em especial por causa da destruição de seu *habitat*, dos vazamentos de óleo, do aquecimento global e de atitudes insanas por parte dos turistas.

Mais uma vez, são muitos os alertas que encorajam as pessoas a conterem seu instinto afetivo e não alimentarem os bichos. Vale ressaltar que, apesar do seu jeito muito fofo, esses animais possuem bicos tão afiados quanto lâminas de barbear e, caso se percebam ameaçados, eles não terão o menor problema em bicar o seu dedo ou nariz. Isso machuca muito...

A LIÇÃO DE CIDADE DO CABO

Uma grande lição que a Cidade do Cabo e, a bem da verdade, todas as outras cidades grandes da África (Joanesburgo, Durban, Nairóbi, Lagos, Cairo etc.) têm para as cidades brasileiras é como elas estão solucionando de forma racional as tensões criativas e, com isso, sentindo que a EC está progredindo nelas.

Deve-se, para tanto, tomar as seguintes medidas (que já estão em andamento na Cidade do Cabo):

- Oferecer incentivos (por parte do governo) para o crescimento e o êxito das empresas criativas, e, assim, garantir que elas possam alcançar padrões competitivos em caráter global.
- Envolver o maior contingente possível de cidadãos na geração de ideias para se conseguir uma cidade criativa, garantindo a eles a possibilidade de se manifestarem especialmente nos espaços públicos. Isso ajudará a revelar os potenciais líderes para projetos e programas voltados para a EC.

- Espalhar por toda a cidade projetos e espaços voltados para atividades vinculadas a EC, em vez de concentrá-los apenas nas áreas centrais. Em especial eventos como os que são promovidos por exemplo, em São Paulo, ou seja: a *Virada Cultural*, a *Virada Esportiva* e a *Virada Sustentável*, que já estabeleceram esse padrão e acontecem em diversas regiões da cidade.
- Balancear as necessidades da comunidade artística (espaço, financiamento etc.) e as da cidade (empregos, turismo etc.)
- Garantir um investimento essencial do setor público, antes de buscar compromissos com o setor privado (por exemplo, para montar uma orquestra, um grupo de dança, uma exposição, auxiliar um cineasta etc.). Alguns projetos talvez nunca sejam viáveis em termos financeiros, porém, isso não deveria depor negativamente contra o seu impacto ou a sua importância. O poder público tem obrigação de destinar fundos para a cultura e a arte, inclusive a fundo perdido.
- Mostrar claramente que existe uma infraestrutura básica de apoio (edifícios públicos, ruas, calçadas, parques, iluminação, mobiliário urbano etc.), que seja adequada para o progresso de planos e projetos que busquem o desenvolvimento da EC.
- O governo, particularmente o municipal, deve ser criativo no envolvimento dos marginalizados (pobres, moradores das favelas, integrantes do setor informal) nos quadros institucional e de planejamento, permitindo-lhes que prestem serviços nas atividades dos setores da EC.
- Ao tornar a cidade segura e atraente, tanto para os moradores como para os turistas – os grandes responsáveis pela visitação temporária – é vital evitar marginalizar, ou pior, criminalizar os pobres e os sem-teto.
- É fundamental balancear os resultados imediatos conseguidos com os investimentos feitos em EC e as suas necessidades básicas, não esquecendo nunca da sustentabilidade de longo prazo da cidade, que resulta dos programas de apoio às empresas (especialmente as criativas), dos investimentos feitos em infraestrutura e dos processos de planejamento urbano mais amplos e afins.

- Desenvolver cada vez mais a *expertise* (competência) da cidade criativa e analisar o seu impacto não apenas no desenvolvimento econômico, mas também no incremento no turismo.
- Elaborar uma estratégia urbana para a EC, apoiando-se muito na possível replicação das melhores práticas em outras cidades criativas com perfil semelhante, e disseminar esse conhecimento para todos os envolvidos em atividades nos setores criativos.

Portanto, num projeto para tornar uma cidade criativa é preciso dar uma grande atenção à excelência na gestão urbana, focando em ser criativa e na forma como ela responde à grande quantidade de desafios e problemas que precisa enfrentar diariamente – dos transportes à segurança; do meio ambiente à saúde; da educação à habitações inadequadas.

Claro que numa cidade criativa as indústrias dos setores criativos deviam também participar no desenvolvimento de soluções para essas dificuldades, no intuito de torná-la atraente, excelente e global, ou seja, de **classe mundial**.

Uma das metas seria que ela ostentasse cada vez mais verde, o que lhe daria maior sustentabilidade.

Isso significa proteger os ativos naturais e ambientais da cidade e, obviamente, garantir os aspectos técnicos da gestão urbana, para que a cidade seja também mais equitativa, integrada, eficiente e sustentada.

Para se conseguir isso é imprescindível valer-se continuamente de meios inovadores e criativos para responder aos crescentes desafios de caráter urbanístico em que vivem as cidades agora.

Uma visão do centro da Cidade do México

2.10 - Cidade do México

PREÂMBULO

Quem visitar a Cidade do México, obviamente irá ver as obras de Frida Kahlo, que disse: "Pensaram que eu era surrealista, mas nunca fui. Nunca pintei sonhos, só pintei a minha própria realidade."

A educadora da rede pública Daniela Nogueira que tornou-se fanática por "conhecer o mundo" relacionou muitas razões para se ir a Cidade do México, conhecida atualmente como CDMX. Entre elas destacou: "Tem um metrô eficiente e barato – 12 linhas – que permite ir a qualquer lugar da cidade de forma rápida. Por toda a cidade estão espalhadas belas esculturas o que dá um ar de beleza e de acessibilidade cultural muito interessante.

Tem o bosque Chapultepec, quatro vezes maior que o parque Ibirapuera e dentro dele há seus museus, um Jardim Botânico, o Zoológico etc.

E finalmente há bons bares típicos onde se pode beber a tequila acompanhada de *sangrita* (um suco de tomate temperado e apimentado)."

Como é caro(a) leitor(a), ficou empolgado com essas "dicas"?

A HISTÓRIA DA CIDADE DO MÉXICO

Cidade do México (em espanhol, Ciudad de México) – também conhecida como México, Distrito Federal –, é a capital do México e a sede dos poderes federais da República Mexicana. Ela representa uma das 32 unidades federativas que formam o país, sendo a mais importante entre todas as entidades urbanas.

Estima-se que no início de 2017 viviam na Cidade do México cerca de 9,4 milhões de habitantes, o que a torna a cidade mais populosa do país. Por sua vez, su a região metropolitana (RMCM) – que também é denominada de Grande Cidade do México – reúne cerca de 60 cidades, além da própria capital, abrigando mais de 23 milhões de habitantes (algo próximo a 20% da população mexicana).

A capital mexicana foi fundada por volta do século XIV, mais especificamente em 1325. Ela foi a capital do império asteca e seu nome na ocasião era Tenochtitlán.

Ocorre que esta foi completamente destruída pelos colonos espanhóis na 3ª década do século XVI e então reconstruída ao longo das décadas seguintes, conforme os padrões de colonização implementados pelo império espanhol.

Foi no século XVI que o local foi batizado como Ciudad de México, quando já estava praticamente reconstruída. E é esse o nome que a acompanha até os dias atuais.

Nos dois séculos seguintes a cidade se transformou num importante núcleo político-administrativo do império espanhol, atuando como principal centro financeiro e urbano de suas colônias na América.

Depois de o México se tornar independente da Espanha, o que ocorreu por volta de 1821, a Cidade do México foi designada como capital da República Mexicana. Nessa ocasião é que foi criado o distrito federal do qual faz parte.

A Cidade do México é uma cidade **global alfa**. Em 2016 ela respondia por 23% do PIB total do país (lembrando que a RMCM é responsável por quase 37% do PIB mexicano).

Segundo a lenda asteca, o local específico onde a cidade deveria ser construída foi indicado pelo seu principal deus, Huitzilopochtli, que o apresentou simbolicamente com "uma águia empoleirada num cacto nopal, que trazia em seu bico uma serpente."

Tenochtitlán foi conquistada pelo explorador espanhol Hernán Cortés. Mas depois de anos de escaramuças com os astecas, ele acabou praticamente destruindo a cidade em 1521.

Os próprios espanhóis a reconstruíram. O formato básico das ruas foi mantido, assim como os palácios dos governantes astecas, que foram reaproveitados pelos novos ocupantes. Nos locais dos templos astecas, entretanto, foram erguidas igrejas católicas!!!

A partir daí o império espanhol procurou manter afastados os índios astecas dos espanhóis. Todavia, pelo fato de El Zócalo – a praça principal, local de onde partiam todas as ruas – ser um centro comercial importante para os índios, eles eram uma presença constante na região. Isso não permitia que a rigorosa segregação étnica fosse cumprida.

El Zócalo também foi o palco não apenas de muitas celebrações, mas também de execuções. Ela também foi o local de duas grandes rebeliões, uma em 1624 e outra em 1692.

Em termos econômicos, a Cidade do México prosperou basicamente como resultado de seu intenso comércio. Ao contrário do que acontecia no Brasil ou no Peru, o México tinha fácil acesso aos oceanos Atlântico e Pacífico, o que permitia um fluxo constante de comércio pela Cidade do México.

No âmbito hierárquico, a cidade também era a capital do vice-reino da Nova Espanha e, obviamente, possuía um vice-rei. Este foi nomeado pelo rei da Espanha e vivia no palácio vice-real na praça El Zócalo!!! Assim, o conceito de nobreza foi florescendo na Nova Espanha, de uma forma que não aconteceu em nenhuma outra parte da América Latina.

Apesar de os seus títulos não terem valor político na Espanha, as famílias reais da Nova Espanha (ou seja, do México colonial) fizeram fortunas. Muitas construíram para si residências bem extravagantes, verdadeiros palácios. Tanto que, ao ser visitada pelo pesquisador alemão Alexander von Humboldt, ela ganhou dele o apelido de **"cidade de palácios"**.

Mas não foram só palácios que proliferaram na Cidade do México. A bem da verdade, alguns desses nobres também construíram igrejas e até instituições de caridade...

A ocupação espanhola durou três séculos, até que Miguel Hidalgo, um padre do povoado de Dolores, proclamou o célebre **"grito de Dolores"**, dando início à guerra da Independência. Esta terminou com a proclamação da independência em 27 de setembro de 1821, embora os conflitos tenham perdurado até o fim do século XIX, o que dificultou muito o desenvolvimento da cidade.

De fato, foram vários os conflitos que abalaram o México: a guerra Mexicana-Norte-Americana; a intervenção francesa; e a guerra da Reforma. Porém, a despeito dos contratempos a Cidade do México foi relativamente poupada, em especial durante o governo do presidente Porfírio Diaz (1884-1911).

Durante esse período a capital mexicana até começou a desenvolver uma infraestrutura mais moderna, com a construção de avenidas, escolas e um melhor sistema de transporte. O governo, entretanto, concentrou recursos demais na cidade, enquanto o resto do país infelizmente definhava na pobreza.

Em 1913, um golpe de Estado derrubou o presidente Francisco I. Madero e seu vice, Jose Maria Pino Suárez (que foram posteriormente assassinados), e o general Victoriano Huerta assumiu o poder.

Mas isso não trouxe paz para o país. Foram muitos anos de conflitos e assassinatos de mandatários, que acabaram culminando com a Revolução Mexicana.

A despeito de toda essa confusão, a cidade continuou crescendo e desenvolvendo alguns marcos históricos, até que em 19 de setembro de 1985, foi arrasada por um forte terremoto de magnitude 8,1 na escala Richter.

Embora o sismo não tenha sido tão mortal ou destrutivo quanto os muitos eventos subsequentes que aconteceriam em países da Ásia ou da América do Sul (Chile, Peru etc.), ele transformou-se num gigantesco desastre político para o governo unipartidário que já comandava o México há muitas décadas.

Na ocasião da catástrofe, o governo de Miguel de la Madrid Hurtado ficou paralisado por sua própria **burocracia** e **corrupção** (este último, um mal que infelizmente assolou o Brasil na 2ª década do século XXI...). Isso fez com que os cidadãos comuns se vissem obrigados a criar soluções e promover a reconstrução de boa parte das edificações destruídas, por meio dos próprios esforços.

A seguir algumas características e alguns atributos que evidenciam que a Cidade do México é uma **cidade criativa**, inclusive por conta de ações que nela se desenvolveram para que fosse cada vez mais **sustentável**.

1ª) **Poluição** – Na década de 1990, a Cidade do México ganhou bastante notoriedade em todo o mundo por ser uma das **mais poluídas** do mundo. Todavia, não demorou muito para que ela fosse encarada como um **modelo** de como se deve proceder para reduzir os níveis de poluentes!!!

No ano de 2014, por exemplo, houve uma queda drástica da poluição provocada pelo monóxido de carbono (CO). Enquanto isso, os níveis de dióxido de enxofre e dióxido de nitrogênio ficaram três vezes menores que os registrados em 1992.

É bem verdade que, a despeito de todos esses esforços na RMCM, os níveis de poluição nela ainda estão acima do que é recomendado pela OMS. Porém, sempre que os níveis de alguns poluentes alcançam patamares críticos, o governo implementa ações de contingência, como: o fechamento temporário de algumas fábricas; a mudança do calendário escolar; a ampliação do programa "um dia sem carro" para dois dias por semana, para citar algumas.

Também foi instituída pelo governo a obrigação por parte das indústrias de introduzir melhorias tecnológicas que visem a redução da poluição. E para garantir isso, uma rigorosa inspeção bianual é feita para verificar as emissões dos veículos e a reformulação dos combustíveis, como gasolina e diesel.

A introdução do Metrobus, um conjunto de linhas de BRT (*bus rapid transit*), a primeira inaugurada em 2005, que transportou cerca de 1 milhão de passageiros por dia em 2016, permitiu a desativação dos micro-ônibus que faziam os mesmos percursos. Com isso, acredita-se também que dezenas de milhares de veículos tenham deixado de ser usados por seus proprietários.

No ano de 2010 lançou-se o programa EcoBice, um sistema de compartilhamento de bicicletas cujo objetivo era tornar a **cidade amigável para os ciclistas**. Assim, incentivou-se um tipo de transporte alternativo que também fosse capaz de reduzir o número de carros na cidade e, com isso, os enormes congestionamentos.

A distância entre as estações para a retirada/entrega das bicicletas é de aproximadamente 300 m. O sistema funciona com o pagamento pelo usuário de uma taxa anual, o que lhe garante o direito de tomar o veículo emprestado sempre que necessário.

Estimava-se que no início de 2017 houvesse mais de 350 dessas estações na cidade, com cerca de 5 mil bicicletas disponíveis.

Como se pode imaginar, o EcoBice transformou-se em um programa muito bem-sucedido. Conforme alguns entendidos, trata-se do maior sistema de compartilhamento da América do Norte.

2ª) População, idioma e religião – A maior parte dos habitantes da cidade é de mestiços (pessoas com descendência mista de europeus e indígenas) e *criollos* (descendentes de europeus). Já a população indígena pura chega a menos de 1% do total da população que vive na capital do país.

O idioma dominante na RMCM, assim como em todo o país, é o **espanhol**. Todavia, há grande **diversidade linguística** na região, uma vez que praticamente todas as línguas indígenas são faladas ali. As majoritárias são: *náhuatl, otomí, mixteco, zapoteco* e *mazahua*. Claro que a segunda língua mais falada é o **inglês**!!!

As maiores comunidades estrangeiras da Cidade do México, que se formaram no país por conta da imigração internacional, são a espanhola, a norte-americana, a argentina, a colombiana, a francesa, a alemã e a libanesa.

Considerando a segunda década do século XXI, **91%** da população da RMCM seguia a **religião católica**!!!

3ª) Economia – Segundo análise da empresa de consultoria PricewaterhouseCoopers (PwC), o PIB da RMCM em 2016 foi de US$ 360 bilhões. De acordo com o mesmo estudo, esse montante deverá aumentar muito nos próximos cinco anos, o que a transformará na 8ª região metropolitana mais rica do mundo.

4ª) Transporte – Além do Metrobus e do sistema de compartilhamento de bicicletas (o EcoBice), já mencionados anteriormente, a Cidade do México conta com um sistema de metrô que, em 2016, se estendia por 246 km, tinha 12 linhas e quase 200 estações, sendo, portanto, o maior da América Latina, transportando diariamente quase 5,6 milhões de passageiros.

A capital mexicana é servida pelo aeroporto internacional da Cidade do México, um dos mais movimentados do mundo. Ele atende tanto a voos domésticos como internacionais, e é bastante congestionado: somente em 2016 passaram por ali 37 milhões de passageiros. O presidente do México, Enrique Peña Nieto, está prometendo a construção de um novo aeroporto internacional que deverá operar até 2019. Segundo informações, ele custará aproximadamente US$ 10 bilhões, contará com 6 pistas e terá capacidade para movimentar cerca de 120 milhões de passageiros por ano!!!

Esse número **não parece muito exagerado?** Ou será que as pessoas realmente irão recorrer cada vez mais ao transporte aéreo na 3ª década do século XXI?

5a) **Música** – Uma coisa que não se pode deixar de mencionar em relação ao México é o de falar sobre *mariachi*, um gênero de música popular e, simultaneamente, um termo de origem incerta que se aplica a um conjunto popular mexicano vocal e instrumental composto por dois violinos, guitarra, dois trompetes, harpa, um pequeno violão etc.

Historicamente, tudo indica que *mariachi* tenha surgido no Estado de Jalisco, mais especificamente numa vila rural chamada Cocula, e florescido entre os lavradores e nativos como música popular. Ele incorpora ritmos e harmonia provenientes da Europa e dos astecas.

Com o passar dos anos os grupos de *mariachis* começaram a viajar como menestréis pelo país, utilizando-se de mulas, cavalos ou trens. Sem nenhuma instrução formal em música ou qualquer compreensão das notas escritas, os músicos mesclavam sua percepção auditiva ao lirismo da harpa, à doçura do violino e à profundidade da guitarra, tudo isso em uma ampla escala de melodias, algumas das quais com uma complexidade labiríntica.

Pouco a pouco os *mariachis* começaram a ocupar espaços nas praças e em frente aos bem frequentados cafés das cidades e vilas, onde cantavam e tocavam a pedido dos transeuntes e clientes. Eles se apresentavam também nas fazendas de ricos proprietários, em troca de pagamentos modestos (pelo menos a princípio) para animar festas locais, batizados, casamentos, celebrações patrióticas, missas, velórios e funerais (sendo que nestes últimos eles executavam as canções favoritas dos falecidos).

A pedido de namorados, os *mariachis* também costumavam fazer serenatas para jovens bonitas. Outra atividade deles foi apresentar-se pelo país junto com trupes regionais de dança.

Mais tarde os *mariachis* optaram pelos instrumentos da igreja, usando-os em canções que inicialmente não apenas desagradaram aos padres, mas os deixaram exasperados. Isso mudou depois e os *mariachis* acabaram sendo aceitos pela igreja e recebendo dos clérigos a permissão para tocar em missas e nas festividades mais populares da igreja, como, por exemplo, na festa da Virgem de Guadalupe.

Depois da revolta de 1910 a 1920, contra a ditadura de Porfírio Diaz, a música dos *mariachis* transformou-se numa expressão de patriotismo e orgulho mexicano.

A partir daí, promovidos pelo então presidente Lázaro Cárdenas – eleito em 1934 –, os *mariachis* começaram uma intensa migração das vilas e das fazendas para as cidades, em especial para a Cidade do México.

Sob a liderança de verdadeiras lendas, como por exemplo Rúben Fuentes, os *mariachis* passaram a profissionalizar-se e dedicar-se aos estudos. Desse modo, eles aprenderam a ler e escrever sua própria música e se tornaram aptos a tocar até mesmo com orquestras sinfônicas. Eles também se transformaram em figuras populares nos filmes mexicanos, nos programas de rádio e, posteriormente, de televisão...

O fato é que, assim como o *jazz* surgiu do espírito dos EUA, o *mariachi* surgiu da alma do México.

Logo o fenômeno aproveitaria a onda de imigração mexicana para os EUA, no início do século XX, e, aos poucos, começaria a aparecer em cidades da Califórnia (como Los Angeles), do Texas (San Antonio) e do Arizona (Tucson), locais onde havia grande concentração latino-americana.

De fato, as apresentações dos *mariachis* agradavam muito, em especial aos turistas cujo primeiro contato com o estilo ocorria por intermédio de festivais de música latino-americana.

Apesar de terem surgido críticas e reprovações na época, por parte de alguns tradicionalistas, com o tempo permitiu-se a **presença de mulheres** nos grupos *mariachis*. Inclusive, pode-se dizer que esse tipo de música alcançou seu ápice em 1988, justamente quando, valendo-se de sua raiz hispânica, a famosa interprete Linda Ronstadt produziu o álbum *Canciones de Mi Padre* (*Canções do Meu Pai*), destacando o que cantavam os *mariachis*!!!

6ª) Educação – A Cidade do México tem muitas escolas públicas e privadas. Ela conta com IEs que vão desde creches (*kinders*) até escolas primárias e secundárias, administradas pelo Ministério da Educação do país.

Estão também na capital as principais IESs do México, que, apesar de serem muitas, não são suficientes para atender a todos aqueles que querem estudar gratuitamente (como, aliás, também acontece em São Paulo e em todas as grandes capitais brasileiras...).

A Universidade Nacional Autônoma do México (UNAM) é a maior universidade do continente, tendo mais de 330 mil alunos. Entre os ex-alunos estão três prêmios Nobel, a maioria dos presidentes contemporâneos do México, e centenas de empresários que estão entre os principais do país.

É dentro da UNAM que se realizam 50% de todas as pesquisas mexicanas. A IES possui *campi* espalhados em várias cidades do país e, de acordo com a classificação universitária publicada pela *Times Higher Education*, ela já ocupou a posição de 74ª melhor IES do mundo, em 2006, sendo inclusive a melhor posicionada no *ranking*, de língua espanhola!!!

Seu principal *campus*, conhecido como Cidade Universitária, foi declarado patrimônio mundial pela Unesco em 2007.

Todavia, existem na Cidade do México *campus* de IESs de outras cidades, como é o caso do Instituto Tecnológico e de Estudos Superiores de Monterrey, reconhecido mundialmente, e da prestigiosa Universidade da Califórnia, cuja instalação na cidade é conhecida como "Casa da Califórnia."

7ª) **Artes e museus** – Como já mencionado, a Cidade do México foi capital de um vasto império pré-hispânico e também do mais rico vice-reino dentro do império espanhol. Hoje ela é a capital dos Estados Unidos Mexicanos e, por isso mesmo, guarda uma rica história de expressão artística. Por exemplo, os habitantes dos assentamentos em torno do lago Texcoco – Tenochtitlán foi construída em uma ilha dentro dele – produziram muitas obras de arte e artesanato, sendo que hoje algumas delas são inclusive exibidas nos mundialmente famosos Museu Nacional de Antropologia e Museu do Templo Mayor.

Durante o século XIX, uma importante produtora de arte foi a Academia de San Carlos, fundada durante a época colonial. Mais tarde ela se tornaria a Escola Nacional de Artes Plásticas, que inclui pintura, escultura e *design* gráfico, uma das faculdades de artes da UNAM.

Muitos dos trabalhos produzidos por alunos e professores daquela época encontram-se à mostra hoje no Museu Nacional São Carlos. Um desses estudantes foi José Maria Velasco Gómez, considerado um dos maiores pintores de paisagens mexicanas do século XIX.

Após a Revolução Mexicana, teve origem na Cidade do México um movimento vanguardista denominado **muralismo**.

Muitas das obras de muralistas como José Clemente Orozco, David Alfaro Siqueiros e Diego Rivera podem ser vistas em diversos edifícios da cidade, mais notadamente no palácio de Bellas Artes.

Frida Kahlo, a esposa de Diego Rivera, também foi uma das mais famosas pintoras mexicanas. Sua casa inclusive tornou-se um museu, no qual estão expostas muitas de suas obras.

No que se refere a museus, a Cidade do México tem vários dedicados à arte, incluindo a colonial mexicana, a moderna e a arte contemporânea.

A maioria dos cerca de 150 museus da Cidade do México fica aberto de terça-feira a domingo, sendo que a visita no domingo em quase todos é **gratuita**. Que grande ideia, para quem quer que todos possam apreciar as artes visuais, não é?

O Museu Tamayo, inaugurado em meados da década de 1980 para abrigar a coleção de arte contemporânea internacional doada pelo famoso pintor mexicano Rufino Tamayo, inclui obras de Picasso, Klee, Kandinsky, Warhol, entre muitas outras. De fato, a coleção é tão grande que a maior parte fica armazenada enquanto as diversas mostras são realizadas.

O Museu de Arte Moderna abriga uma coleção de artistas mexicanos do século XX, incluindo Rivera, Orozco, Siqueiros, Kahlo, Gerzso, Carrington, Tamayo e outros. Todavia, nele também são organizadas regularmente exposições temporárias de arte moderna internacional.

Já o Museu de Arte Carrillo Gil, localizado no sul da cidade, reúne um acervo com artistas de vanguarda. O mesmo acontece com o Museu Universitário de Arte Contemporânea, projetado pelo famoso arquiteto mexicano Theodoro Gonzalez de Léon e inaugurado no fim de 2008.

O Museu Soumaya, por sua vez – cujo nome herdou da falecida esposa do magnata mexicano Carlos Slim, que já foi o homem mais rico do mundo – ostenta a maior coleção privada de esculturas originais de Rodin fora de Paris. No Soumaya encontra-se ainda uma grande coleção de esculturas de Salvador Dali e, mais recentemente, teve início ali a exibição de obras de grandes mestres, como: El Greco, Velázquez, Picasso e Canaletto.

A Coleccion Jumex é um museu de arte contemporânea localizado no terreno da empresa de sucos Jumex, no subúrbio industrial do norte de Ecatepec. Nele encontra-se a maior coleção privada de arte contemporânea da América Latina. O museu realiza inclusive exposições itinerantes em várias cidades do México.

No Museu de San Ildefonso – localizado no antigo colégio de São Ildefonso, um edifício do século XVIII no centro histórico da cidade do México – são feitas exposições de arte mexicana e internacional, como as de David LaChapelle e Ron Mueck.

O Museu Nacional de Arte, também localizado em um antigo palácio no centro histórico, é outro que abriga uma grande coleção de obras de todos os grandes artistas mexicanos dos últimos 400 anos, apresentando regularmente excelentes exposições.

8ª) Esportes – Na RMCM estão as mais importantes instituições esportivas mexicanas, como o Comitê Olímpico Mexicano, a Escola Nacional de Educação Física e a Escola Nacional de Treinadores Esportivos, essencial para quem deseja ter um bom desempenho nas competições internacionais e naquelas de alto rendimento.

A cidade conta com várias importantes instalações esportivas, dentre as quais a maior é a de La Magdalena Mixhuca, construída em Iztacalco, onde habitava um povo com o mesmo nome. E é justamente nesse espaço que estão as instalações do autódromo Hermanos Rodriguez, o Palácio de los Deportes, o velódromo olímpico etc.

Em outros lugares encontram-se a piscina e o ginásio olímpicos (em Benito Juárez), a raia olímpica para canoagem (em Xochimilco), bem como três importantes estádios – Azteca, Azul e Olímpico Universitário – perfeitos para a prática do esporte favorito dos mexicanos: o **futebol**.

Em 1968 os Jogos Olímpicos de Verão foram disputados na Cidade do México, que, aliás, também foi sede dos Jogos Pan-Americanos de 1955 e 1975, e da Universíade de 1979, entre os eventos esportivos mais importantes.

Além disso, a cidade sediou partidas das Copas do Mundo de Futebol de 1970 e 1986, vencidas respectivamente pelo Brasil e pela Argentina.

É na Cidade do México que estão algumas das principais equipes da primeira divisão da liga mexicana de futebol, a saber: Club América, Cruz Azul e Club Universidad Nacional.

A LIÇÃO DA CIDADE DO MÉXICO

A Cidade do México é a **cidade-irmã** de **São Paulo** e do **Rio de Janeiro**, o que é bem adequado, pois os grandes problemas nas três cidades são bem parecidos: enormes congestionamentos, falta de boas habitações para todos e, sem dúvida, graves problemas de segurança, em especial no que se refere ao comércio de drogas.

Mas nesses últimos anos ocorreram na RMCM interessantes avanços que, inclusive, podem ser adaptados às nossas realidades.

Talvez isso esteja acontecendo pelo fato de o México ter crescido nos últimos cinco anos, enquanto a partir de 2014 tanto São Paulo como o Rio de Jnaeiro sofreram muito com a falta de recursos (com exceção, é claro, das obras que foram feitas no Rio de Janeiro para a Copa do Mundo de Futebol de 2014 e, especialmente, para os Jogos Olímpicos de 2016).

Espera-se que em São Paulo o prefeito João Dória Jr. consiga (com o apoio do governo estadual) ampliar significativamente o metrô paulista, que é quase 3,5 menor que o da capital mexicana!!!

Gastando menos tempo para se deslocar ou viajar de metrô, e, ao mesmo tempo, fazendo-o de maneira confortável, muitos paulistanos ficariam menos estressados e, assim, mais tranquilos, sendo capazes de elaborar ideias novas para a melhoria da vida na cidade, inclusive voltando-se mais para os negócios de **EC**!!!

Porém, o que deveria surgir entre alguns multimilionários e bilionários brasileiros, é o ímpeto e a ação demonstrados por Carlos Slim ao ajudar a Cidade do México por meio de aportes financeiros visando o desenvolvimento de atividades culturais gratuitas para todos os cidadãos. Note-se que Carlos Slim criou uma fundação dedicada a restaurar prédios coloniais totalmente degradados no centro histórico da Cidade do México, onde ele próprio passou a infância.

Ele mantém mais duas fundações da sua empresa Telmex e do grupo Carso, cada qual com US$ 1 bilhão de recursos que são investidos em educação, saúde e cultura.

Elas também pagam fiança de presos que cometeram crimes leves, evitando assim que essas pessoas fiquem anos na cadeia aguardando até que o lento sistema judiciário mexicano resolva suas pendências.

Além disso, essas fundações desenvolveram programas de nutrição para crianças que vivem nas regiões mais pobres e cobrem despesas cirúrgicas de pessoas necessitadas que vivem em zonas rurais.

Será que a melhor solução seria naturalizar Carlos Slim, dando-lhe cidadania brasileira, ou quem sabe algum dia os nossos ultrarricos se sensibilizarão e, de fato, começarão a colaborar mais com os projetos sociais e culturais?

A incrível Cingapura, um exemplo de sustentabilidade e criatividade aplicadas a vida urbana.

2.11 - Cingapura

PREÂMBULO

Há muitos motivos para se conhecer Cingapura e aí vão três que não são nada comuns para outras cidades grandes de mundo!?!?

1ª) Nela não é preciso fingir que não se é um turista, a fim de espantar olhares ou abordagens não desejadas.

2ª) Destaca-se pela sua limpeza e pela preocupação com a higiene em diversos aspectos da vida cotidiana, incluindo a preocupação com a fiscalização da comida de rua. Assim, em Cingapura se tem o bairro indiano mais limpo do planeta, sem perder a sua cultura, aromas e agitação que só a Índia tem.

3ª) É uma grande metrópole que se reinventa a cada dia, sem deixar de ser verde, que toma conta de suas ruas, parques e jardins.

E quem for a Cingapura não pode esquecer o que disse o seu arquiteto Lee Kuan Yew: "É muito mais importante ser correto do que politicamente correto."

A HISTÓRIA DE CINGAPURA

Cingapura (em inglês, Singapore) é uma cidade-Estado insular localizada no extremo sul da península malaia, no sudeste asiático.

Constituída por 63 ilhas, Cingapura está separada da Malásia pelo estreito de Johor, ao norte, e das ilhas Riau (que pertencem a Indonésia) pelo estreito de Cingapura, no sul.

O país é o que apresenta o mais elevado Índice de Desenvolvimento Humano (IDH) dos países asiáticos (o 8º melhor do mundo em 2017, com 0,912).

Seu território ocupa 719 km², e é muito urbanizado – quase metade está coberto por vegetação. Vale mencionar que sua área vem aumentando continuamente, à medida que mais terras são criadas por meio de um processo de aterramento de suas praias!?!?

A região de Cingapura integrou diversos impérios locais desde que surgiu, aproximadamente no século II.

Considera-se, entretanto, que tenha nascido em 1819 – pelo menos na forma de cidade – com a instalação no local de um posto comercial da Companhia Britânica das Índias Orientais, por *sir* Thomas Stamford Raffles e com a permissão do sultanato de Johor.

O império britânico obteve a soberania completa da ilha em 1824, e a cidade se tornou um dos "estabelecimentos" dos estreitos no ano de 1826.

Durante a 2ª Guerra Mundial (1939-1945), Cingapura foi ocupada pelos japoneses, sendo que após o conflito, em setembro de 1945, ela voltou para o domínio britânico.

Em maio de 1959, o território de Cingapura tornou-se um Estado autônomo dentro da Commonwealth. Na ocasião, assumiu como primeiro-ministro Lee Kuan Yew. Já o governador de Cingapura, *sir* William Allmond Codrington Coode tornou-se seu primeiro chefe de Estado. Isso se manteria até dezembro de 1959, quando ele foi sucedido por Encik Yusof bin Ishak, que mais tarde se tornaria o primeiro presidente de Cingapura.

Em 1963, o país uniu-se a outros ex-territórios britânicos para formar a Malásia. Dois anos mais tarde, em 9 de agosto de 1965, ele se tornou um Estado independente e ficou conhecido como República de Cingapura (permanecendo na Commonwealth). Na época seu presidente era Encik Yusof bin Ishak, enquanto Lee Kuan Yew ocupava o cargo de primeiro-ministro.

Yew foi o grande responsável pelo espantoso crescimento do país, assim como pelo aumento maciço da riqueza que transformaria Cingapura em um dos quatro tigres asiáticos, ao lado de Hong Kong, Taiwan e Coreia do Sul.

Instalou-se ali uma república parlamentar, cujo governo revelou-se bastante empenhado, forte e rígido na aplicação de leis com os infratores. Ele também instituiu um excelente sistema educacional, com ênfase na **realização** e na **meritocracia**.

É claro que toda essa firmeza fez com que surgissem críticas por parte dos conservadores internacionais, que qualificaram o governo de Cingapura como **"muito autoritário e demasiadamente restritivo quanto à liberdade individual"**.

O fato é que esse país (na realidade uma cidade-Estado), em que no ano de 2006 viviam quase 6 milhões de pessoas, alcançou destaque em diversas áreas, tornando-se: o 4º principal centro financeiro do mundo; o 3º maior centro de refino de petróleo do planeta; e o 2º maior mercado de cassinos da face da terra. Além disso, seu porto tornou-se um dos cinco mais movimentados do mundo. Cingapura também é o lar do maior número de famílias milionárias (em dólares) *per capita* do planeta!!!

Desse modo, o Banco Mundial passou a considerar a cidade como o melhor lugar do mundo para se fazer negócios!!!

O PIB de Cingapura em 2016 foi de US$ 370 bilhões, e o PIB *per capita* ficou em US$ 61.667.

Em Cingapura a maior parte do poder executivo cabe ao Conselho de Ministros, órgão chefiado pelo atual primeiro-ministro que é Lee Hsien Loong, filho de Lee Kuan Yew. Vale ressaltar que o cargo de presidente de Cingapura é historicamente cerimonial, cabendo a ele somente alguns poderes de veto.

O ramo legislativo do governo é o Parlamento. Seus membros são eleitos e atuam como uma ponte entre a comunidade e o governo, garantindo que as preocupações de seus eleitores sejam ouvidas.

Apesar de as leis de Cingapura terem sido herdadas do Reino Unido e da Índia Britânica, e incluírem elementos de direito comum (*common law*, em inglês), seu governo estabeleceu uma linha de ação que não acompanha exatamente alguns elementos dos valores democráticos liberais.

Certas leis restringem a liberdade de expressão das pessoas e, em diversos casos, não há sequer julgamentos (!?!?). Isso obviamente poderia produzir insatisfação ou causar desarmonia dentro de uma sociedade multirracial e multirreligiosa (chineses, malaios, indianos, árabes, euroasiáticos etc.). Por outro lado, qualquer atividade criminosa é punida com pesadas sanções, que podem ocorrer na forma de multas elevadas ou até de cárcere. Também existem leis que permitem a aplicação da pena capital, no caso de um homicídio qualificado ou tráfico de drogas, por exemplo.

O governo de Cingapura alega que o país tem o direito soberano de determinar o seu próprio sistema judicial e impor o que considera uma punição adequada, incluindo-se a **pena de morte** para os crimes de maior gravidade.

E talvez seja justamente por conta desse sistema judicial que Cingapura venha sendo avaliada como o país menos corrupto da Ásia. De acordo com a organização não governamental Transparência Internacional o país está entre os dez mais livres da corrupção.

Cingapura tornou-se um **destino turístico** muito popular. Este, aliás, é um setor que tem contribuído bastante até agora para a economia da nação.

Para atrair mais turistas, há mais de uma década o governo decidiu legalizar o jogo e permitir o desenvolvimento de seus espetaculares *resorts*, com cassinos na Marina Sul e em Sentosa, isso em 2005.

Para competir com cidades rivais regionais, dentre as quais estão Kuala Lumpur (Malásia), Bangkok (Tailândia), Hong Kong (China), Tóquio (Japão), Xangai (China) e Macau (China), diversas áreas da cidade receberam atrações incríveis, como uma enorme roda gigante, um futurístico parque suspenso, a construção de prédios com hotéis exuberantes que, inclusive, são iluminados de uma forma espetacular.

Claro que além disso foram criados diversos eventos, como o *Singapore Sun Festival* (um festival que celebra a música e o estilo de vida do país, com duração de aproximadamente 10 dias), o *Christmas Light Up* (no período de Natal), o *Singapore Jewel Festival* (mostra de joias), o *Singapore Food Festival* (que acontece em julho e serve para celebrar a culinária da cidade).

Em 2016, estima-se que o número total de visitantes a Cingapura tenha superado os 13 milhões, sendo que uma parcela importante foi de pessoas envolvidas no **"turismo médico"** (principalmente daqueles que desejam melhorar sua estética...). Acredita-se que a quantidade de pacientes estrangeiros tenha, inclusive, superado 1 milhão e, com isso, gerado mais de US$ 3,5 bilhões para a economia local.

Em Cingapura, por existir uma alta densidade populacional, o número de carros particulares nas ruas é **restrito**. O objetivo dessa medida é diminuir a poluição e os congestionamentos.

Neste sentido, os compradores de carros têm de pagar **uma vez e meia** o valor de mercado do veículo e ainda "batalhar" para conseguir um **certificado de titularidade** (COE, na sigla em inglês), documento que permite que o automóvel possa rodar pelas ruas, avenidas e estradas de Cingapura por **uma década**.

Como se pode perceber, andar de carro em certas áreas não é nada barato, além de não ser nada fácil estacionar. Tanto que em 1975 foi implementado ali o primeiro sistema de pedágio urbano.

Para facilitar a mobilidade, encontram-se à disposição dos residentes linhas de ônibus e um excelente sistema de trens. Além disso, 6 empresas de taxi operam uma frota de cerca de 27 mil veículos. Estes são muito utilizados, uma vez que as tarifas são relativamente baratas em comparação às praticadas em outros países desenvolvidos.

Cingapura é um *hub* (centro de conexão) da aviação no sudeste asiático, sendo escala obrigatória na rota entre Londres e Sidney.

Há vários aeroportos na cidade, mas o principal é o aeroporto de Changi, que abriga mais de 110 companhias aéreas que ligam Cingapura a cerca de 380 cidades em 80 países. Estima-se que em 2016 o aeroporto tenha recebido 55 milhões de pessoas. Trabalham nele aproximadamente 40 mil funcionários. Esse aeroporto foi considerado em 2016 como o **melhor do mundo**.

As companhias aéreas de Cingapura são a Singapore Airlines (uma das melhores do mundo), a Silk Aire e a Scoot.

Uma vez que Cingapura é uma pequena e relativamente moderna amálgama principalmente de chineses, indianos e malaios, existe pouco de uma cultura especificamente cingapuriana. Porém, de uma forma inteiramente única, os diversos grupos étnicos têm total liberdade para celebrar suas próprias culturas. Por exemplo, Cingapura é provavelmente o único lugar do mundo onde um casamento malaio pode ocorrer no mesmo local em que também é celebrado um casamento chinês!!!

Ao contrário de muitas outras sociedades multiculturais, seus principais feriados públicos incluem o Ano-Novo do calendário gregoriano, o Ano-Novo chinês (com dois dias de comemoração), o *Hari Raya Haji* ("festa do sacrifício") e o *Deepavali* (o festival das luzes).

No que se refere a esportes, principalmente àqueles populares no Ocidente, Cingapura não tem grande destaque.

Todavia, a partir de 2008 a cidade passou a sediar uma etapa do Campeonato Mundial de Fórmula 1, inaugurando a primeira corrida em período noturno e com **iluminação artificial** na história da categoria (de dia é muito quente e úmido). Nessa ocasião o vencedor da prova foi o espanhol Fernando Alonso, corrida que foi marcada pelo acidente com o piloto brasileiro Nelson Piquet. Em 2016 a corrida foi vencida pelo alemão Niko Rosberg, da equipe Mercedes.

Veja a seguir mais alguns detalhes que permitem compreender melhor porque a cidade-Estado de Cingapura está deixando pasmos não somente os pequenos países, mas também os grandes – em população, território e poder econômico –, que estão sendo superados em vários aspectos por essa nova nação!!!

1º) Cingapura é atualmente uma referência para todas as cidades do mundo. Isso se deve principalmente à fantástica administração implantada na região por Lee Kuan Yew, por mais de três décadas. Yew nasceu em 16 de setembro de 1923 e morreu no dia 22 de março de 2015, aos 91 anos. Quando jovem ele estudou Economia numa faculdade local, mas depois licenciou-se em Direito pela famosa Universidade de Cambridge, no Reino Unido.

Quando Cingapura foi fundada, em 1965, a renda *per capita* do país era de US$ 400 ao ano. Mais de cinquenta anos depois, essa renda individual subiu para mais de US$ 60 mil por ano (e continua subindo...), o que representa uma verdadeira revolução econômica.

Pois é, graças ao governo liderado por Lee K. Yew, essa pequena ilha equatorial – que surgiu como um entreposto comercial britânico bem pobre no estreito de Malaca, sem recursos naturais, tampouco língua definida – transformou-se em uma potência mundial das finanças, do comércio, da produção de artigos eletrônicos, da oferta de variados serviços e da educação. Isso se deve principalmente ao **comportamento disciplinado de seu povo!!!**

O segredo do milagre está em um tripé relativamente elementar, mas não tão simples de ser implementado.

- **Ter um governo íntegro e eficiente!**
- **Criar políticas econômicas favoráveis aos negócios e ao empreendedorismo!!**

› **Implementar a ordem social, com restrita obediência às leis aplicadas, ou seja, mantendo a disciplina!!!**

Nos últimos 52 anos, Cingapura tornou-se uma sociedade multicultural, multirracial, multirreligiosa e repleta de empresas multinacionais.

Trata-se de um país, ou seja, uma cidade-Estado, formada por imigrantes de centenas de países, nas quais a **diversidade** não é apenas **tolerada**, mas acima de tudo, **incentivada**.

Com isso, Cingapura é hoje, um dos países mais abertos do mundo para o convívio e os investimentos, para milhares de expatriados.

Um dos aspectos marcantes do país é o seu pesado **investimento em educação**, e a **promoção da cultura da meritocracia**.

Suas escolas púbicas são excelentes e muito exigentes.

Não é por acaso que os alunos cingapurianos têm se destacado continuamente nos mais importantes testes de qualidade de ensino do mundo.

É muito visível para quem visita e óbvio para quem vive lá: a **qualidade e a agilidade do setor público**, que adotou uma **interessante** política de salários elevados para atrair os melhores talentos da sociedade, além de estabelecer uma boa governança e um **combate drástico e muito eficiente da corrupção**.

Todavia, trabalhar para o governo não é uma opção para pessoas despreparadas ou para aqueles que encaram o serviço público como algo aborrecido, a ser feito sem entusiasmo...

Os funcionários públicos em Cingapura são escolhidos pela aptidão e recebem pelo seu trabalho uma remuneração que esteja de acordo com o que é pago por um serviço similar no setor privado.

Com esses princípios em mente, Lee Kuan Yew reuniu milhares de mentes brilhantes e implementou em seu sistema de governo os padrões mais exigentes de qualidade.

Outro aspecto marcante foi a opção pela língua. Dessa maneira, num país que nasceu há 52 anos como uma verdadeira torre de Babel, Lee Kuan Yew definiu que cada família **optaria pela língua que quisesse dentro de casa**. Contudo, o **inglês** seria a segunda língua obrigatória de todos, ensinada desde cedo nas escolas e falada nas ruas, o que facilitaria a comunicação com o resto do mundo... E, por falar em línguas, não se pode esquecer que

Lee Kuan Yew falava fluentemente o mandarim, o japonês, o malaio, o tâmil (idioma falado na Índia meridional) e o inglês.

Assim, em cerca de duas décadas o inglês virou a **primeira língua**, enquanto o mandarim, o malaio e o tâmil, além de muitas outras, tornaram-se línguas secundárias.

Sem dúvida, essa medida muito inteligente teve um papel central na **atratividade** que Cingapura passou a exercer na região e no mundo.

Lee Kuan Yew, o **arquiteto de Cingapura**, viveu com hábitos bem frugais numa residência bem simples, que, aliás, ele pediu que fosse demolida após sua **morte, "para evitar o indesejável culto à personalidade"**. Sua principal obra, entretanto, está visível em todos os cantos, uma vez que Cingapura é um modelo de sociedade limpa, segura e com instituições fortes, bem no coração do sudeste asiático, constituída por uma incrível mistura de grandes culturas ocidentais e orientais.

O importante político norte-americano Henry Kissinger sintetizou: "Lee Kuan Yew não foi nem sedutor nem bajulador. Ele sempre soube colocar claramente o seu ponto de vista, com força e inteligência, não para pedir uma ação específica, mas para realmente traduzir a essência do mundo em que vivemos."

Sua grande admiradora foi a ex-primeira-ministra da Grã-Bretanha, Margaret Thatcher (1925-2013), que disse: "Li e analisei cada discurso de Lee Kuan Yew. Ele tinha um jeito muito especial para atravessar a névoa da propaganda e expressar com singular clareza as grandes questões do nosso tempo e nos dizer como enfrentá-las.

Eu sempre o admirei pela força de suas convicções, a clareza de suas percepções, a retidão de seus discursos e sua visão estratégica, muito à frente do seu tempo. Ele nunca esteve errado!!!"

De fato, Lee Kuan Yew foi um gestor muito pragmático e objetivo, e a frase que melhor sintetiza o seu jeito de ser é: **"É muito mais importante ser correto do que politicamente correto."**

Foi emocionante como os cingapurianos se despediram de Lee Kuan Yew. Jovens e velhos, esperando **mais de dez horas na fila** (!!!) no velório público, para prestar uma última homenagem ao seu maior líder.

Com flores, bandeiras e longas cartas de agradecimento, sob intensa chuva, cidadãos encheram as ruas para acompanhar o cortejo fúnebre, seguido de discursos sinceros e emocionantes de familiares e colegas de jornada.

Lee Kuan Yew já tem seu lugar garantido na história, como um dos maiores estadistas do nosso tempo.

No mundo globalizado em que vivemos, o Brasil precisa urgentemente de uma boa dose das ideias e realizações desse grande líder, que deu lições para todas as outras cidades do mundo!!!

2º) São muitas as pessoas que fazem a si mesmas a pergunta: **por que Cingapura progrediu tanto?**

Quem deu uma boa resposta para essa questão foi o seu vice-primeiro ministro, Tharman Shanmugaratnam, que também exerceu o cargo de ministro das finanças de Cingapura.

"O segredo de tudo que nos **sustenta** e possibilita o contínuo progresso é o que se vê na superfície!!! E o que se vê na superfície é um vibrante centro financeiro, um setor industrial avançado, talvez os melhores porto e aeroporto do mundo!!! **Isso é a marca de Cingapura!!!**

Entretanto, o que conta, é o que sustenta essa vitalidade econômica.

E isso é, em primeiro lugar, a **educação** da nossa população, em contínuo aprimoramento. Em segundo lugar, um modelo de desenvolvimento urbano que assegura a **integração** de pessoas de raças e classes sociais diferentes nos mesmos bairros residenciais.

Isso é crítico para o **coesão social** de Cingapura, mas também é vital para o nosso avanço econômico!!!

O fato é que todos sentem que existe um interesse próprio no sucesso de Cingapura; não temos em nossa cidade pessoas que pensam se tratar de uns contra os outros, mas, ao contrário, **que todos podem e devem avançar juntos!!!**

Por isso, quase 90% de nossa população de seis milhões de pessoas vivem em bairros integrados por vários grupos étnicos e econômicos.

Assim, pessoas de renda mais baixa vivem bem próximas de pessoas de classe média-alta. **Não há comunidades cercadas;** não há muros nem portões!!!

Essa é a fonte, a base social do sucesso de Cingapura.

Infelizmente em São Paulo, assim como em praticamente todas as outras grandes e médias cidades brasileiras nota-se claramente a **segregação social**.

Mas o Brasil não está sozinho nessa situação!?!? Muitas outras sociedades são assim, sendo que os EUA são um exemplo clássico de segregação.

Nós decidimos lutar contra a segregação, ou seja, o nosso objetivo é juntar as pessoas.

Aliás, essa é a principal responsabilidade de nosso governo. Dessa maneira, as nossas crianças vão para as mesmas escolas, recebem educação de alta qualidade, independentemente de sua origem. Buscamos dessa forma que haja sempre essa interconexão.

Isso poderia até soar como uma proposta de extrema esquerda no Brasil, porém, acreditamos que de fato a nossa estratégia, em especial a econômica, é **liberal**!!!

Nosso mercado de trabalho é extremamente flexível, mas nós provemos o trabalhador médio, o cidadão médio com alguma segurança do lado social.

Assim, ele possui a sua casa, seus filhos recebem educação de alta qualidade, e isso assegura que nossa sociedade se mantenha coesa.

Essa é a base para se ter uma economia flexível.

Como estamos abertos ao mercado global, as pessoas as vezes perdem o seu emprego e aí o governo entra para ajudá-las a conseguir novos empregos!!!

Somos economicamente liberais, porém, na sociedade achamos que é a nossa responsabilidade intervir para tentar minimizar divergências, não só de renda, mas de estilo de vida, que surgem naturalmente na maioria das sociedades.

Nossa arrecadação fiscal é de apenas 17% do PIB, que **deve crescer** para 18,5% nos próximos anos, visto que nossa população está envelhecendo e os gastos com saúde estão subindo (e no Brasil essa arrecadação fiscal chega a 37% do PIB...).

Em Cingapura nós nos orgulhamos de ter funcionários públicos muito dedicados, e isso acontece primeiro porque **pagamos salários de mercado e bem competitivos**.

Nossos professores, nossas enfermeiras, os servidores públicos em geral, são muito bem pagos. Em compensação, conseguimos ter uma força de trabalho no setor público **bem enxuta**!!!

Eles são bem pagos, mas têm de justificar seu emprego com base no mérito, no bom desempenho.

E, algo muito importante, todos em Cingapura sabem que não se tolera a **corrupção**. Seja ela pequena ou grande, sempre será **punida rigorosamente**.

De modo irônico, é por causa disso que se faz necessário pagar bem as pessoas pelo seu trabalho. Buscamos, assim, encorajar a responsabilidade pessoal e familiar.

Pouca coisa é **de graça** em Cingapura!!!

Da escola primária ao hospital, há subsídio do governo, entretanto, **todo cingapuriano** tem de pagar alguma coisa.

O acordo é: nós taxamos você o menos possível, e, em troca, quando você consome um serviço paga um pouco. Caso seja muito pobre, nós o auxiliamos a pagar.

A baixa taxação em Cingapura não é uma questão de concorrência internacional, mas sim de equidade entre as gerações.

Em Cingapura tentamos recompensar ou subsidiar as pessoas para assegurar que a responsabilidade pessoal seja mantida. Comprar uma casa, por exemplo, é um ato de grande responsabilidade. Quando você compra uma casa, tem um grande estímulo para manter o seu emprego, pois precisa dele para poder pagar o financiamento. E ninguém quer perder a sua casa!!!

Nós asseguramos que até mesmo os mais pobres possam comprar suas casas. Assim, dos 20% com menor renda, 80% possuem casa própria. O uso de recursos do governo para reforçar a **responsabilidade pessoal** é a essência de nossa estratégia fiscal. Costuma-se dizer que Cingapura é um país pequeno, fácil de administrar, e que sua experiência não é 'exportável' – **o que em parte é verdade!!! Mas isso não significa que nenhuma lição seja aproveitável!?!?**

Cingapura é um típico exemplo de um país que não inventou muita coisa em políticas social e econômica. Tudo o que fizemos implicou estudar o resto do mundo, **tentando aproveitar todas as boas lições e, se possível, fazer melhor!!!**

Nós somos pequenos, o que é uma vantagem. Mas isso também é uma desvantagem, pois o nosso mercado interno é muito limitado.

Isso nos força a **olhar para fora**, o que acabou se tornando uma força de Cingapura. É isso o que faz com que continuemos buscando modos de sermos melhores que nossos concorrentes, desejando sempre adicionar valor para o consumidor global.

O problema que impede alguns países do Ocidente de alcançarem o mesmo sucesso de Cingapura não é que neles não exista a democracia, pois esse continua sendo o sistema político mais sustentável no mundo moderno.

Os problemas em muitos países são o **'curto-prazismo'** e o **populismo**. A democracia não deveria ser isso, mas está se tornando cada vez mais assim!!!

Não há nenhuma razão pela qual os políticos devam pensar só no curto prazo e esconder das pessoas os desafios de longo prazo.

Isso requer liderança política e cultura política.

Lamentavelmente, há uma tentação bem comum em voga. A de se eleger com base em promessas de curto prazo.

Porém, isso não pode durar para sempre. Os eleitores já se cansaram de políticos que fazem isso. Eles foram aprendendo com as suas decepções e tornando-se mais responsáveis, votando para os diversos cargos governamentais naqueles que são de fato competentes, honestos e preparados para exercê-los como bons servidores públicos."

Bem, sem dúvida a lição mais dolorosa que não conseguimos ainda aprender com Cingapura diz respeito à educação: ocupando as últimas posições entre os 70 países avaliados em 2016 pelo Programa Internacional de Avaliação de Estudantes (Pisa, na sigla em inglês), no qual o Brasil ficou em 59º lugar em **Leitura**, em 63º em **Ciências** e em 65º em **Matemática**.

É tudo muito triste, mas esse estudo mostra que a maioria dos nossos alunos de 15 a 16 anos não sabe calcular o básico, tem pouca noção de interpretação de texto e apresenta capacidade insatisfatória para resolver questões científicas.

E dá para adivinhar quem foi classificado em 1º lugar? Pois é, nas **três categorias** o **primeiro lugar** ficou com os alunos de **Cingapura**!!!

Mas no Brasil, diante dessa tragédia, fica difícil aprovar novos currículos, investir de fato para se ter no decorrer de um processo de ensino e aprendizagem uma melhor cultura escolar. É verdade que em 7 de dezembro de 2016 a Câmara dos Deputados aprovou o texto básico da reforma de ensino médio, que recebeu depois muitas emendas, no mínimo conservadoras. Ocorreu então a sanção pelo presidente Michael Temer em fevereiro de 2017.

3º) Em fevereiro de 2008 foi inaugurada em Cingapura a roda gigante denominada *Singapore Flyer*, com 165 m de altura (equivalente a um prédio de 42 andares), tendo 30 m a mais que a famosa roda gigante britânica, a *London Eye*. Ela conta com 28 cabines, cada uma do tamanho de um ônibus urbano, nas quais podem ser servidos jantares panorâmicos para até 28 pessoas!!!

Em dias claros, é possível ver a partir da *Singapore Flyer* o território da Malásia e Indonésia, países vizinhos de Cingapura.

Uma interessante intervenção marcou a história da *Singapore Flyer*, pois cerca de cinco meses depois de sua inauguração, a rotação da roda teve o seu sentido alterado!?!? **E por que isso?** Porque especialistas de *feng shui* – uma técnica milenar chinesa de harmonização de ambientes – declararam que o sentido em que ela girava até então estava tirando a boa fortuna da cidade-Estado!?!?

4º) Em abril de 2010, Cingapura foi palco da inauguração de um dos maiores hotéis do mundo, o Marina Bay Sands, com 2.561 suítes, distribuídas em três torres de 55 andares cada (o equivalente a pouco mais de 10,5 prédios do hotel Copacabana Palace, no Rio de Janeiro, que é o mais famoso do Brasil internacionalmente e possui apenas 243 aposentos).

Em cidades como Las Vegas, nos EUA, há vários hotéis com mais quartos que o Marina Bay Sands. Em Macau, na China, também existem hotéis gigantescos. Porém, um hotel do tamanho do Marina Bay Sands acaba virando uma atração turística pelas coisas que possui e oferece.

Nele a área de exposição e eventos tem 120,7 mil m², incluindo 250 salas de reuniões e um salão principal para 6.600 pessoas almoçarem (ou jantarem), ou 11 mil acomodados no formato auditório (até agora não temos nada similar, nem próximo, em nenhuma cidade do Brasil).

O *shopping center* dentro do hotel tem 74,3 mil m², com lojas de grifes famosas como Chanel, Cartier, Salvatore Ferragamo, Gucci, Louis Vuitton etc.

Na sua área de compras o consumidor pode até passear de gôndola, imaginando estar em Veneza.

Obviamente, o *shopping* também possui um cassino com cerca de 600 mesas de jogos e mais de 1.500 máquinas caça-níqueis (*slot machines*).

Há ainda um museu em forma de lótus, o Art Science Museum, com quadros originais de Salvador Dalí, reproduções de Van Gogh e outras obras bem atraentes.

É um verdadeiro **hotel-cidade**, no qual não falta **entretenimento**, compras, circulação de muita gente e o que é muito importante: **a realização** de **muitos negócios!!!**

5º) E Cingapura agora está mais próxima do Brasil, pois pode-se ir até ela num excelente voo da Singapore Airlines, que sai de São Paulo e chega a essa cidade-Estado depois de 26 h de voo. Durante os longos voos, tanto os passageiros da primeira classe quanto aqueles da econômica recebem toalhas quentes para se limpar e oito refeições para mantê-los sem fome.

Essa companhia aérea de Cingapura é uma das que cresceu mais rapidamente no mundo, e é famosa pelas suas comissárias de bordo, as *Singapore girls*.

O uniforme delas é o sarongue *kebaya* (uma tradicional combinação de blusa e saia) da grife Pierre Balmain (criativo, não é?), e assim que elas entram na empresa, tiram todas as medidas para que a indumentária tenha acabamento e caimento perfeitos.

Aliás, todas as mulheres que querem ser comissárias da Singapore Airlines, antes de serem aceitas, frequentam aulas de postura e aprendem a andar, sentar e a esticar corretamente os braços, para alcançar o bagageiro do avião usando o sarongue.

Elas têm aulas de degustação de vinho e maquiagem, e hoje em dia, meninas cingapurianas de sete anos em diante já sonham se tornar *Singapore girls* quando crescerem.

Os comissários homens também participam de cursos de qualidade de serviço. A empresa tem hoje cerca de 7.500 comissários de bordo, sendo que cerca de 65% são mulheres!!!

Dessa maneira, a emoção de visitar Cingapura começa na própria viagem de avião pela Singapore Airlines, no excelente atendimento que se recebe durante o voo!!!

Isso é que se pode chamar de encantar o cliente desde o começo...

6º) Incrível o que fez o governo de Cingapura, ao implementar uma forma inovadora de tratar o lixo, criando no sul da cidade uma ilha artificial para esse fim, depois que o último depósito de lixo foi fechado!?!?

Neste sentido, duas pequenas ilhas foram juntadas e foi criado o depósito de Semakau. O local se transformou em seguida em um local para passeios e, para visitá-lo, já existe inclusive uma lista de espera.

A instalação toda custou US$ 360 milhões, e inclui um dique marítimo de 7km de comprimento e uma geomembrana de polietileno que reveste a periferia da ilha para evitar **vazamentos**.

O lixo incinerado no continente chega em barcas e a cinza úmida é depositada em poços ou "células" que, mais tarde, são cobertas com terra. Neles as plantas crescem naturalmente!!!

Na época de sua inauguração, o aterro era o único ativo no mundo que recebia lixo incinerado e industrial, enquanto, ao mesmo tempo, desenvolvia e sustentava um ecossistema pujante, que inclui mais de 700 tipos de plantas e animais, inclusive de diversas espécies ameaçadas.

Até 2016 foram colocadas em Semakau mais de 16 milhões de toneladas de lixo incinerado, que estão depositados logo abaixo da superfície que se transformou em uma reserva natural.

O número de visitantes ao aterro de Semakau em 2016 (que foi ampliado no lado leste da ilha e começou a aceitar lixo desde 2015...) ultrapassou 30 mil visitantes, que puderam ver aí garças de bico largo, as batuíras da Malásia e os golfinhos brancos, ameaçados na China, que podem ser vistos no litoral.

Com o sistema de aterro de Semakau conseguia-se reduzir o volume do lixo em 90% e gerar quase 3% da energia elétrica da cidade com os incineradores usados no continente.

Isso mostra o quanto Cingapura é uma **cidade criativa** ao desenvolver uma forma incrível de depositar o lixo num lugar onde as pessoas vão depois para passear.

Em alguns países do mundo, já se começou a replicar esse aterro marítimo de Cingapura. E a pergunta que não cala, é: quando é que as autoridades brasileiras irão se inspirar nesse exemplo de Semakau e implementar práticas mais criativas na gestão do lixo para substituir práticas como as que ocorrem por exemplo em Caraguatatuba: de coletar e transportar depois o lixo por mais de 100 km para depositá-lo em algum aterro?

7º) Cingapura é uma cidade repleta de **empreendedores**, sendo que muitos deles estruturam suas empresas, bem longe de Cingapura, como foi o caso da Grab – um aplicativo de transporte individual – que nasceu na Harvard Business School, onde Anthony Tan conheceu Hooi Ling Tan (eles não são parentes) e criaram a *start-up* (que em 2017 tinha um valor estimado de US$ 3 bilhões). Note-se que o pai de Anthony comanda um conglomerado, a Tan Chong Motors, que reúne fábricas de veículos e concessionárias, entre outros negócios, figurando entre os maiores grupos privados da Malásia, se bem que ele não colocou dinheiro da *start-up* do filho. A Grab além de operar e ter sede em Cingapura está presente em países como Vietnã, Indonésia, Tailândia, Filipinas etc., tendo nessas nações um megaconcorrente, ou seja, o Uber. Mesmo assim, os fundadores acham que os seus serviços são melhores!!!

Esse é o espírito que deveriam ter os nossos empreendedores, em especial os de São Paulo e Rio de Janeiro, em relação a todos os aplicativos de compartilhamento que já se notabilizaram no mundo.

E aí vai um outro exemplo de como é bom investir nas novas empresas de Cingapura.

Assim, em 2014, a gigante chinês do comércio eletrônico Alibaba, pagou US$ 250 milhões para ter uma participação societária de 10% na Singapore Post (ou simplesmente Sing Post), que seguindo o modelo da Amazon dos EUA, está centrada na logística do comércio eletrônico no sudeste asiático, tendo já dezenas de depósitos nos países aí localizados.

Wolfgand Baier, o diretor-executivo da Sing Post explicou: "Além de suas tarefas postais, também oferecemos um pacote de serviços para empresas incluindo o desenvolvimento de *sites*, o *marketing on-line*, atendimento ao consumidor.

Mais de 600 milhões de consumidores vivem na região ao redor de Cingapura e 2,2 bilhões de pessoas estão a no máximo 5h de voo, para as quais mandamos as suas encomendas com bastante eficiência e rapidez."

No século XXI é praticamente certa a morte dos correios, mas também é indiscutível o *boom* do comércio eletrônico o que fez os empreendedores escolherem Cingapura para nela ter a localização da Sing Post.

Aliás Cingapura, não deixa de ser uma aerotrópole com o seu espetacular aeroporto Changi.

A LIÇÃO DE CINGAPURA

A seguir vão dois exemplos de como se busca **"educar"** os que vivem em Cingapura, e que deveriam ser replicados nas cidades brasileiras:

O primeiro deles diz respeito a sujeira. Quem for pego sujando as ruas da cidade terá de pagar uma multa cujo valor se aproxima de mil dólares, e dobra em caso de reincidência. Além disso, o "porcalhão" será obrigado a assistir a vídeos educativos, com lições de cidadania e passar um dia recolhendo, digamos, as raríssimas bitucas de cigarro que encontrar nas ruas e nos parques da cidade.

Um detalhe que não se pode esquecer: o infrator deverá usar um colete berrante (na cor verde-limão) para que todos saibam que ele sujou a cidade.

Esta é uma medida que acaba dando certo. Ou seja, as pessoas não irão mais jogar lixo nas ruas pois sabem que terão de pagar a multa e ainda passar vergonha ao ser ridicularizado publicamente...

Quem sabe agora com a "guerra" que o prefeito de São Paulo João Doria Jr. abriu contra os pichadores e as suas pichações, se consiga implementar no nosso País a consciência de que não se pode sujar nada que seja um bem público ou privado.

Em segundo lugar, em Cingapura a lei é implacável com quem atravessa fora da faixa de pedestres. E, embora a multa seja pequena (pouco mais que uma dezena de dólares), em caso de contestação pelo infrator ou desacato à autoridade, ela poderá superar os US$ 100.

Os estrangeiros, entretanto, recebem apenas uma advertência verbal, pelo menos em um primeiro momento

O escritor peruano Mario Vargas Llosa, ganhador do prêmio Nobel de Literatura, e articulista de muitos jornais do mundo, escreveu em um artigo para O *Estado de São Paulo* (13/11/2016): "Hoje Cingapura é um dos países mais prósperos, limpos, avançados e seguros do mundo. É o primeiro que num prazo relativamente curto, extinguiu dois dos piores flagelos da humanidade: a **pobreza** e o **desemprego**!!!

Enquanto tantos outros países do mundo subdesenvolvido, alienados pelo populismo, optaram pelo pior, essa pequena ilha da Ásia escolheu o caminho contrário. Nela ninguém morre de fome, não existem paralisações forçadas e as pessoas não se veem impedidas de receber ajuda médica quando precisam.

Quase todos os cidadãos são **proprietários** das casas onde vivem e, não importa a renda familiar, qualquer pessoa que se esforce pode ter uma formação profissional e técnica do mais alto nível.

Valeria a penas os países pobres e atrasados aprenderem as várias lições que permitiram a Cingapura chegar a essa condição.

Cingapura também demonstra – contra todas as teorias de sociólogos e economistas – que raças, religiões, tradições e línguas diferentes não dificultam a coexistência social nem constituem um obstáculo ao desenvolvimento, sendo plenamente possível se conviver em paz, em estreita colaboração e desfrutando igualmente do progresso, sem renunciar às suas crenças e aos seus costumes.

As pessoas de diversas origens que vivem em Cingapura convivem sem nenhum problema, num clima de **tolerância** e compreensão recíprocos, o que contribuiu em grande parte para que esse país seguisse em frente, etapa por etapa, desde a sua independência em 1965, até se transformar no gigante que é atualmente."

O túmulo de Safdarjung é um mausoléu de arenito e mármore em Nova Délhi.

2.12 - Délhi e Nova Délhi

PREÂMBULO

As cidades de Délhi e Nova Délhi são amadas e ao mesmo tempo chegam a ser odiadas por turistas ocidentais. E isso em parte é normal, pois afinal de contas, o choque cultural é gigantesco. Mas na realidade só quem não conseguiu enxergar a beleza dessas cidades e assimilar a rica história das mesmas repletas de templos, palácios, mausoléus, bazares, santuários etc. é que pode ficar decepcionado ao visitá-las.

É verdade que duas coisas incomodam bastante os turistas ocidentais. Primeiro que os indianos olham para eles de forma intimidadora. E esse olhar é ainda mais intimidador quando observam as mulheres, que vem com outra conotação.

E a segunda, refere-se a barganha, um verdadeiro esporte nacional. Com exceção de restaurantes, hotéis, grandes lojas etc., o resto todo é "barganhável", ou seja, consegue-se um preço menor que a primeira oferta!!!"

Pelo fato de muitos grupos étnicos e culturais estarem representados em Délhi e Nova Délhi, as cidades são consideradas cosmopolitas. Elas têm atraído trabalhadores dos setores operacional e administrativo, oriundos de todas as partes do país. Isso apenas reforça ainda mais sua diversidade.

A HISTÓRIA DE DÉLHI E NOVA DÉLHI

A histórica importância da cidade de Délhi se origina de sua posição estratégica no norte da Índia. O fato de estar situada entre as colinas de Aravalli e o rio Yamuna, facilitava o controle das rotas comerciais que seguiam do noroeste até as planícies do rio Ganges.

Pelo que se sabe, Délhi é uma das cidades mais antigas do mundo. De fato, sua história remonta a mais de 3.000 anos. Comecemos, entretanto, por 1526, quando o imperador Baber fundou a dinastia dos mogóis, que governaria a Índia por muito tempo. Em meados do século XVII o imperador Shah Haham construiu a cidade de Shahjahanabad, que corresponde atualmente ao que se conhece como "Velha Délhi".

Délhi se tornou a capital do império mogol no ano de 1638 e, vinte anos mais tarde, em 1658, Aurangzeb coroou a si mesmo no jardim de Shalinar.

Quando o império britânico passou a dominar grande parte da Índia (Délhi foi conquistada em 1803), Calcutá transformou-se na capital do país. Porém, em 1912 Délhi voltou a ser a capital administrativa do Reino Unido na região.

Em 1947, no momento em que a Índia se declarou independente dos britânicos, construiu-se a cidade de Nova Délhi, ao sul da antiga Délhi. Ela surgiu de uma reurbanização do que já havia ali, e foi declarada capital e sede administrativa do governo indiano, passando a sediar seu Parlamento e outros órgãos importantes do governo do país.

Durante a divisão da Índia, milhares de refugiados hindus e siques oriundos de Punjab Ocidental e Sind (províncias do Paquistão) fugiram para Délhi, enquanto muitos residentes muçulmanos da cidade de Délhi migraram para o Paquistão.

Em 31 de dezembro de 1984 ocorreu no local uma grande manifestação anti-siques. Na verdade, foi um massacre que durou quatro dias e, na ocasião, aproximadamente três mil siques foram mortos. Isso aconteceu depois que a então primeira-ministra Indira Gandhi foi assassinada por seus próprios guarda-costas. Um detalhe: **eles eram siques**.

A migração para Délhi de indivíduos provenientes do restante da Índia prosseguiu, o que contribuiu para a progressiva ampliação da cidade.

Em 1991, a 69ª emenda à Constituição da Índia estabeleceu que o território de Délhi passaria a ser chamado formalmente de Território da Capital Nacional de Délhi (NCT, National Capital Territory of Delhi), e englobaria partes dos Estados de Haryana, Uttarakhand, Uttar Pradesh e Rajastão.

A Região da Capital Nacional (NCR, National Capital Region), corresponde à região metropolitana ou à conurbação de Délhi. Isso abrange toda a NCT e outras localidades ao sul e leste da fronteira da cidade – Noida e Gurgaon.

Délhi é margeada pelo rio Yamuna, que no hinduísmo é considerado sagrado. A NCT (que inclui Nova Délhi) fica a oeste desse mesmo rio; a leste está a NCR. Há uma boa conectividade entre ambas, por meio de várias pontes e um sistema de metrô.

Pelo fato de muitos grupos étnicos e culturais estarem representados em Délhi, a cidade é considerada **cosmopolita**. Ela é também o centro político e econômico do norte da Índia e, por isso, atrai trabalhadores dos setores operacional e administrativo, oriundos de todas as partes do país. Isso apenas reforça ainda mais sua **diversidade**. Délhi é também um centro diplomático e abriga cerca de 168 embaixadas; na cidade encontra-se ainda uma grande população de expatriados.

Apesar de o inglês ser a principal língua escrita, o hindustâni (formado por muitas palavras persas, árabes, turcas etc.) é a principal língua falada na cidade. Outras línguas faladas ali são dialetos do hindi, punjabi e urdu (que é a língua oficial do Paquistão).

As principais atividades relacionadas a serviços em Délhi incluem: a TI, as telecomunicações, os hotéis, os bancos, a mídia, a saúde, o setor imobiliário e o turismo.

Segundo algumas avaliações, adquirir ou alugar um escritório na região central de Délhi é muito caro – aliás, a área encontra-se entre as dez mais valorizadas do mundo!!!

No que diz respeito ao transporte público, em Délhi o sistema é formado pelos famosos "riquixás", pelo metrô e, principalmente, por um vasto sistema de ônibus. E por falar em ônibus, Délhi conta seguramente com a maior frota do mundo de veículos movidos a gás natural comprimido (GNC), uma mistura extraída do lixo.

Nos últimos anos a cidade passou a contar também com BRT, ou seja, ônibus de trânsito rápido.

Porém, apesar das várias opções, o riquixá continua sendo o transporte mais popular em Délhi, pelo fato de sua tarifa ser mais barata que a dos taxis. Se bem que agora vivemos na época do Uber e de outros sistemas de compartilhamento, o que vem alterando bastante o cenário para esse tipo de transporte.

Se observarmos o mapa ferroviário de Délhi, veremos que a cidade é um importante entroncamento, todavia, a cidade também está conectada a outros centros importantes por boas autoestradas.

Nas últimas décadas o sistema de metrô tem crescido bastante. De fato, espera-se que até 2020 ele apresente mais de 410 km de extensão. Vale ressaltar que, em alguns trechos, o sistema de metrô de Délhi é o mais moderno do mundo!!!

O aeroporto internacional Indira Gandhi também vem sofrendo ampliações. Afinal, somente no ano de 2016 ele recebeu cerca de 51 milhões de passageiros, e esse número tende a crescer. Acredita-se que até 2025 esse aeroporto precise ser capaz de receber cerca de 100 milhões de passageiros por ano.

Délhi possui uma cultura muito influenciada por sua longa história, o que pode ser exemplificado pelos muitos monumentos – seus **tesouros**.

O levantamento arqueológico da Índia reconhece como patrimônio nacional em Délhi um total de 1.200 edifícios históricos e 175 monumentos.

A Cidade Velha é o local onde os mogóis e os governantes turcos construíram várias maravilhas arquitetônicas, como a Jama Masjid, a maior mesquita da Índia, e o Forte Vermelho.

Três locais considerados agora como fazendo parte do patrimônio mundial pela Unesco – o Forte Vermelho, o Qutab Minar (maior minarete de tijolos do mundo), e o túmulo de Humayun – estão localizados em Délhi.

Outros monumentos incluem o Portão da Índia, o Jantar Mantar (observatório astronômico do século XVIII), e Purana Qila (uma fortaleza do século XVI).

Diversos imóveis, edifícios governamentais e residências oficiais retratam a arquitetura colonial britânica.

Estre as estruturas importantes estão o Parlamento da Índia, o palácio Rashtrapati Bhavan (obra construída em arenito e mármore que serve como residência oficial para o atual presidente Pranab Mukherjee), o Rajpath (famoso bulevar) e a Vijay Chowk (praça diante da residência oficial).

Délhi é uma das cidades mais antigas do mundo e foi palco de manifestações culturais ao longo da história.

Em Nova Délhi existem centenas de monumentos incríveis – **seus tesouros** – como a Porta da Índia, o templo de Akshardham etc.

Na zona histórica da Velha Délhi há muitas mesquitas incríveis, cercadas por uma muralha antiga.

A HISTÓRIA DE NOVA DÉLHI

Nova Délhi (New Delhi, em inglês) é a capital da Índia desde 1947, além da sede do governo indiano e do governo do NCT. Com apenas 42,7 km² de área, está situada dentro da região metropolitana de Délhi (RMD). A região metropolitana de Nova Délhi (RMND) foi projetada pelo arquiteto britânico Edwin Lutyens e por seu empreiteiro local *sir* Sobha Singh. É por essa razão que até hoje se tem na cidade de Délhi uma região que é chamada de Lutyens' Delhi ("Délhi de Lutyens"). O fato é que Délhi e Nova Délhi funcionam como **uma só**!!!

Além do palácio Rashtrapati Bhawan e de outros monumentos já mencionados, suas principais obras são o Arco Comemorativo da Primeira Guerra Mundial, construído em 1921, e os templos religiosos de Balmiki e Lakshminarayan – ambos frequentados por Mahatma Gandhi.

Na margem do rio Jumna encontra-se o memorial Rajghat Samadhi, local onde foi incinerado o corpo de Gandhi.

Também bastante interessantes são a Grande Mesquita, do século XVII e a Moti Masjid (mesquita Pérola), construída por Aurangzeb (morto em 1707).

Estima-se que em 2016, Nova Délhi tinha uma população próxima de 600 mil habitantes, enquanto que no NCR viviam mais de 23 milhões de habitantes, o que faz dela a maior área metropolitana de Índia, atrás apenas de Mumbai.

O hinduísmo é a religião de 83% da população de Délhi (da qual Nova Délhi é apenas uma pequena parte).

Em termos de idiomas, o hindi é o principal idioma (oral e escrito) em Nova Délhi. Entretanto, grupos linguísticos de todas as regiões do país estão bem representados na cidade. Dentre eles destacam-se: maithili, haryanvi, canarês, telugu, bengali, marata e tâmil.

A capital está ligada por via férrea e avião com Mumbai, Calcutá e Madras.

Vejamos a seguir alguns dados interessantes sobre a RMND:

1º) Desenvolvimento – Em alguns aspectos Nova Délhi assemelha-se a uma cidade norte-americana bem desenvolvida.

As pessoas que trabalham (e vivem) ali são socialmente competitivas – importa, por exemplo, o local onde você mora, qual automóvel dirige etc.

Infelizmente, o **sistema de castas** ainda sobrevive na Índia, embora nos dias de hoje ele seja bem menos marcante e rígido que no início do século XXI.

2º) Tolerância – São visíveis os esforços do governo para melhorar a mobilidade social e econômica do povo indiano.

Em Nova Délhi ocuparam altos cargos pessoas de um verdadeiro **caleidoscópio** de regiões, culturas, religiões e línguas, o que demonstra **tolerância**.

O ex-primeiro ministro Manmohan Singh, por exemplo, que ocupou o cargo entre de 2004 a 2014, é sique e nasceu em uma região que hoje é conhecida como Paquistão. Ele estudou nas renomadas universidades britânicas de Oxford e Cambridge.

Sonia Gandhi, que há muito tempo é a líder do Partido do Congresso, nasceu na Itália e se casou com um integrante dominante da família Nehru-Gandhi.

Pratibha Patil foi a primeira mulher presidente da Índia. Ela é uma advogada e membro da casta *marata*, um grupo conhecido por sua alta participação política no Estado de Maharashtra.

Kumari Mayawati, ex-ministra-chefe de Uttar Pradesh, o maior Estado do país, é uma *dalit* de nascimento – uma casta tradicionalmente referida como de indivíduos "impuros" –, embora existam relatos de que ela tenha se convertido ao budismo.

Aliás, a rede Globo criou uma novela – *Caminho das Índias* – que se passava no Brasil e na Índia. Na história ressaltou-se bastante esse problema de alguém pertencer à casta dos *dalits*.

3º) Transporte – Em Nova Délhi muitas coisas têm sido feitas de forma eficiente e dentro dos mais elevados padrões tecnológicos.

Esse é o caso do metrô de Délhi, que já tem mais de 213 km de extensão, tendo sido classificado como um dos mais ambiciosos do planeta, mas que foi construído dentro do cronograma e de orçamento pré-estabelecido, numa demonstração de que os indianos sabem executar obras complexas e fazê-las funcionar bem. A bem da verdade, o fato é que ele já está operando no seu limite....

Falemos um pouco mais sobre o metrô de Nova Délhi.

Os trens chegam como um sussurro. As portas se abrem e um bafo de ar refrigerado passa pelos que entram nos trens em contraste com o terrível calor reinante no meio ambiente. Ao som de um sino, as portas se fecham, e cada trem leva seus passageiros à próxima estação.

Isso poderia parecer trivial nas plataformas ferroviárias de Berlim, Londres, Estocolmo ou Cingapura. Mas no coração da mais setentrional metrópole indiana – Nova Délhi – o sucesso do metrô é um feito que beira o **miraculoso**, trazendo novas esperanças de que a decrépita infraestrutura urbana da cidade possa ser modificada radicalmente no século XXI.

O metrô de Nova Délhi conseguiu desafiar praticamente todos os estereótipos da Índia urbana. Ele é escrupulosamente limpo, mantido impecavelmente e quase infalivelmente pontual. Seus vagões são do último modelo, com direito a ar-condicionado e até tomadas para que os passageiros carreguem seus celulares e *laptops*. Sua sinalização e outros itens de segurança são de primeira linha, e o sistema está entre os melhores do mundo, segundo especialistas em transporte urbano.

Apesar da tarifa ser barata – de US$ 0,11 a US$ 0,42, dependendo do percurso – o metrô de Nova Délhi **dá lucro**!

Num país onde os projetos do governo sofrem cronicamente com atrasos e estouros orçamentários, o metrô indiano ficou dentro dos trilhos, com a entrega de toda a rede de 190 km até o início de 2011, assim, cumprindo o prazo de construção e o orçamento de US$ 6,55 bilhões.

Que excelente exemplo para todas as prefeituras nas grandes cidades do mundo, não é?

O metrô de Nova Délhi certamente é o projeto mais ambicioso de infraestrutura desde a independência da Índia e seu progresso está sendo acompanhado de perto num país que vai, em breve, enfrentar um verdadeiro caos ou desastre urbano. Milhões de pobres camponeses estão se mudando para as cidades e a Índia tem feito muito pouco para lidar com as necessidades que eles terão nelas.

Um estudo publicado em abril de 2010 pelo Instituto Global McKinsey estimou que até 2030 haverá 590 milhões de indianos nas cidades e que 70% dos novos empregos do país serão urbanos. O relatório também concluiu que a Índia precisará de US$ 1,2 trilhão em infraestrutura para acomodar esses recém-chegados, incluindo 7.400 km de ferrovias e metrôs.

O diretor do instituto de treinamento dos funcionários do metrô de Nova Délhi, P.K. Pathak, explicou: "Estamos aproveitando as ideias de todos os nossos empregados para acabar com os maus hábitos e costumes indianos, e para que dessa maneira as regras do metrô – que são rígidas – sejam cumpridas. Cuspir, hábito comum entre homens do norte da Índia, é proibido, assim como sentar no chão, costume entre viajantes sem passagens nos trens frequentemente superlotados do país. Urinar em público, outro hábito lamentável está igualmente fora de cogitação. Tais regras contrastam, e muito, com o caótico vale-tudo da vida urbana na Índia."

Pois é, não é fácil a vida dos inspetores (ou fiscais) do metrô de Nova Délhi, que constantemente precisam repreender os usuários que infringem as suas regras. Porém, todos eles são treinados a dizer coisas que são fáceis de compreender por qualquer um que esteja cometendo algum vandalismo ou desrespeitando as normas de boa conduta do metrô, como por exemplo: **"O governo nos deu esta instalação tão legal. Por que você quer estragá-la?"**

4º) Tecnologia – Segundo as projeções, até o fim de 2030 a Índia será o país mais populoso do mundo; por sua vez, a população ao redor de sua capital será a maior do planeta também!!!

A capital Nova Délhi é sem dúvida uma ilha de riquezas em uma nação de centenas de milhões de miseráveis. Nela ficam evidentes os contrastes entre a Índia moderna – líder em tecnologia, que tornou-se a nação preferencial para lançar satélites, tendo batido o recorde mundial em fevereiro de 2017, com o lançamento simultâneo de 104 deles, pesando cerca de 1 kg cada um – e a Índia tradicional – com seu sistema de castas e suas ruas divididas por carros, ônibus, riquixás, carroças puxadas por cavalos, vacas (que são animais sagrados no país) e, inclusive, elefantes!?!?

Os indianos têm obtido grandes avanços em pesquisa e desenvolvimento, tanto que em 25 de abril – Dia Mundial da Malária – de 2012, a maior companhia farmacêutica da Índia, a Ranbaxi, lançou a primeira droga para o tratamento dessa doença em adultos – o Synriam®, que alivia rapidamente a maioria dos sintomas relacionados com a doença, incluindo a febre, e também oferece uma taxa de cura de mais de 95%.

Os cientistas envolvidos no projeto trabalharam oito anos para criar esse bem-sucedido novo medicamento.

Ainda no campo tecnológico, e como já foi dito, não se pode esquecer que a Índia já lançou centenas de satélites de observação, que são utilizados para: prever a ocorrência de catástrofes; dar suporte à agricultura; e garantir a defesa do país. Além disso, o país já domina há muito tempo o *know-how* para a fabricação da bomba atômica, sendo integrante do seleto grupo de nações com nível de conhecimento avançado suficiente para usar a energia nuclear.

Pode-se considerar que isso ocorra pelo fato de muitos profissionais talentosos se formarem nas universidades existentes nas grandes cidades, o que viabiliza esses e outros avanços tecnológicos. Em contrapartida, no outro extremo, o grande aumento populacional na Índia se apresenta como um desafio para os governantes municipais – inclusive os de Nova Délhi –, que enfrentam problemas cada vez mais graves nas áreas de coleta de lixo, saneamento básico, poluição e acesso à água?!?!

Embora Pequim, na China, tenha a fama de ter um dos ares mais poluídos do planeta, um exame das cifras diárias de poluição colhidas em Nova Délhi mostra que nessa cidade indiana a situação está **pior ainda**. Lá, atualmente, a atmosfera está entre as piores do mundo. E crescem os indícios de que os indianos pagam mais caro do que praticamente qualquer outro povo pela poluição. Um estudo recente mostrou que os indianos têm os **pulmões mais fracos do planeta**, com bem menos capacidade do que os pulmões dos chineses.

Os pesquisadores estão começando a suspeitar e chegar à conclusão de que a mistura indiana de ar poluído, saneamento ruim e água contaminada faz da Índia um país em que as pessoas que lá vivem tenham uma enorme possibilidade de ter complicações nos seus pulmões.

O articulista Gardiner Harris escreveu no jornal *The New York Times* um artigo publicado na *Folha de S. Paulo* (em 4/2/2014) com o título *Poluição de Nova Délhi ultrapassa a de Pequim*, no qual destacou: "A embaixada dos EUA em Pequim emitiu alertas em meados de janeiro de 2014, quando uma medição do nocivo material particulado fino conhecido como PM 2,5 ultrapassou a marca de 500, aproximando-se do máximo da escala. Isso se refere às partículas com menos de 2,5 micrômetro de diâmetro, que supostamente constituem o maior risco para a saúde, por penetrarem profundamente nos pulmões."

No decorrer de janeiro de 2015, o serviço de monitoramento do material particulado em Nova Délhi, indicou diversas vezes que a cidade estava chegando a marcas próximas de 500, quando em Pequim elas tinham diminuído para 230, ambos muito acima do limite recomendada pela OMS, que é 25.

O mais preocupante talvez seja o fato de que os níveis máximos diários de poluição por partículas PM 2,5 em Nova Délhi em 2015 estejam quase 50% superiores àquelas do mesmo período em 2014.

Atualmente, a Índia tem a maior taxa mundial de mortalidade por doenças respiratórias crônicas e mais mortes por asma do que qualquer outra nação, de acordo com a OMS. A função pulmonar relativamente ruim dos indianos já foi reconhecida há muito tempo, mas os pesquisadores supuseram que a diferença era genética. Aí, ainda em 2010, um estudo concluiu que os filhos de imigrantes indianos que nasceram e foram criados nos EUA apresentavam uma função pulmonar muito melhor do que os nascidos e criados na Índia. Portanto, não se trata de genética e sim fundamentalmente do meio ambiente.

Bem, as comparações servem para alguma coisa, e entre elas para achar que quem vive nas nossas grandes cidades (São Paulo, Rio de Janeiro, Salvador, Belo Horizonte etc.), está bem melhor no que se refere à poluição do que aqueles que moram em Nova Délhi ou em Pequim, não é?

5º) **Esporte** – No que se refere ao esporte, o mais popular no país – e em Délhi, mais especificamente – é o **críquete**. A cidade é a sede do Delhi Daredevils, que atua pela Indian Premier League.

Já o estádio de críquete de Nova Délhi é o Feroz Shah Kotla, um dos mais antigos da Índia e referência na realização de jogos internacionais de críquete, sempre com a presença de grandes plateias.

Outros esportes como o hóquei sobre a grama, o tênis, tênis de mesa, *badminton*, basquete, futebol, golfe, natação e halterofilismo são populares na cidade.

O estádio Jawaharlal Nehru e a arena Indira Gandhi são as principais praças esportivas da cidade.

Délhi sediou os Jogos Asiáticos nos anos de 1951 e 1982; já em 2010, o grande evento poliesportivo foram os Jogos da Comunidade Britânica.

6º) Educação – A cidade de Délhi oferece educação de qualidade, sendo uma das melhores da Índia. Ali se encontram diversos centros de formação profissional e acadêmico.

Em geral, a educação primária no país é pública. Nessas últimas décadas testemunhou-se um grande desenvolvimento na educação feminina, o que garantiu um maior número de oportunidades para as mulheres. Vale lembrar que a antiga cultura indiana sempre priorizou a educação dos homens.

São várias as IESs da cidade, e nelas são encontrados estudantes oriundos de todas as partes da Índia. Nos dias de hoje, muitas IESs são privadas e estão voltadas principalmente para a gestão empresarial e as áreas artística, tecnológica, científica e médica, que conquistaram reconhecimento nacional.

Entre as mais importantes IESs estão: a Universidade de Délhi, o Instituto Indiano de Tecnologia (IIT, sigla em inglês), a Universidade Jawaharlal Nehru, a Universidade Tecnológica de Délhi, a Escola de Economia de Délhi e o Instituto Indiano de Comércio Exterior.

Para se chegar ao ensino universitário, entretanto, é necessário que o aluno complete os primeiros dez anos de educação (ensinos primário e médio). Na sequência, muitos desses alunos passam dois anos em faculdades chamadas de primárias ou secundárias, nas quais os estudos se concentram em artes liberais, ciência, biologia, ramos da matemática etc. Somente depois disso o estudante terá acesso a cursos mais sofisticados, inclusive de pós-graduação.

Estima-se que cerca de 18% dos residentes adultos de Délhi tenham concluído algum curso de pós-graduação em 2016.

Note-se que nas escolas particulares de Délhi, tanto nos processos de ensino quanto de aprendizado, utiliza-se o hindi e/ou o inglês como língua de instrução, o que torna os jovens formandos aptos a trabalhar no mercado global, uma vez que eles têm facilidade de se comunicar por conta de seu domínio da língua anglo-saxônica.

AS LIÇÕES DE DÉLHI E NOVA DÉLHI

Sem dúvida, é notável como os indivíduos conseguem ater-se às próprias crenças, mas, ao mesmo tempo, também estão aptos a implementar as mais modernas estratégias e os mais novos processos usados no mundo ocidental.

O que se deve notar hoje em Nova Délhi é como os indianos conseguiram introduzir entre os seus empreendedores – destacando-se entre eles a significativa e cada vez maior participação das **mulheres** – o mantra (a disposição da mente de acatar algo) da "falha rápida". Isto é, eles são ousados e, se algo der errado, logo aprendem com o erro e seguem em frente para alcançar o objetivo que os fez criar as *start-ups*.

Em Nova Délhi estão proliferando as incubadoras e, paralelamente, há milhares de investidores observando o que está sendo desenvolvido nas mesmas., não tendo muito receio de apoiá-las financeiramente.

Claro que a fundação de Nova Délhi também teve por objetivo permitir o abandono de estruturas antiquadas, em especial aquelas usadas pelas principais lideranças governamentais e pelo seu corpo de assessores – lembrando que algo similar ocorreu no Brasil quando a capital do País foi transferida do Rio de Janeiro para a cidade planejada de Brasília, que, depois de 57 anos de existência, tem hoje cerca de 3 milhões de habitantes.

O governo indiano tem investido bastante para que sua capital tenha um metrô moderníssimo, um bom aeroporto, IESs de excelência e serviços eficientes, para receber os indianos de todos os outros Estados; para encantar os visitantes estrangeiros, oferecendo-lhes passeios para que vejam seus tesouros, assim como entretenimento focado na cultura e nas tradições da nação.

Aliás, é isso que também deveria ser feito no Brasil, para que a sua capital se tornasse cada vez mais atraente, confiável e segura. E não só isso, para que se desenvolvesse a crença de que para ser "brasileiro na plenitude" toda pessoa deveria programar pelo menos uma viagem no decorrer de sua vida para conhecer a capital de seu País!!!

Aliás, quanto mais a cidade ficar preparada e atraente para a sua própria gente, mais ela estará pronta para encantar os turistas de outros países!!!

O hotel Burj al Arab construído numa ilha artificial em frente a praia Jumeirah, um dos cartões-postais de Dubai.

2.13 - Dubai

PREÂMBULO

Em praticamente todos os folhetos de divulgação sobre o motivo porque alguém deve visitar Dubai está escrito: "Ela é uma cidade que foi planejada e construída num deserto, sendo um dos sete países que constituem os Emirados Árabes (EAU), governada pelo xeique da família Al Maktoum.

Tornou-se conhecida por sua modernidade aliada a um arquitetura futurista, com arranha-céus impressionantes, hotéis incríveis, *shopping-centers* enormes repletos de atrações e inclusive possibilitando compras muito vantajosas."

A HISTÓRIA DE DUBAI

Dubai é a maior cidade do emirado (principado) que ostenta o mesmo nome. Este, por sua vez é um dos sete que compõem os Emirados Árabes Unidos (EAU), uma federação de monarquias absolutas hereditárias árabes!!!

O emirado de Dubai está localizado na costa do golfo Pérsico, sendo o mais populoso entre todos, com cerca de 2,9 milhões de habitantes no final de 2016.

Desde 1833, Dubai tem sido governada pela dinastia Al Maktoum, sendo que o seu atual mandatário é o xeque Mohammed bin Rashid al Maktoum. Ele acumula ainda os cargos de primeiro-ministro e vice-presidente dos EAU.

Em função de sua proximidade geográfica com a Índia, Dubai se tornou uma cidade bem importante, em especial para os comerciantes estrangeiros oriundos desse enorme país asiático.

Até a década de 1930, Dubai era conhecida pela exportação de pérolas. Todavia, esse negócio foi extremamente afetado por dois eventos consecutivos que abalaram o mundo: a 1ª Guerra Mundial (1914-1918) e a Grande Depressão que eclodiu nos EUA (1929).

Desde que Dubai surgiu, sempre esteve em desacordo com Abu Dhabi, outro importante emirado que compõe os EAU, sendo que em 1947, ambos entraram numa disputa por conta da fronteira, o que levou a uma guerra. A paz retornou somente com a arbitragem dos ingleses e com a criação de uma fronteira do leste até o sul.

Embora isso tenha interrompido temporariamente as hostilidades, as disputas fronteiriças continuariam até 1979 – mesmo depois da formação dos EAU (dezembro de 1971) –, com a assinatura de um compromisso formal de paz entre ambos.

O oferecimento de serviços de eletricidade e telefonia, e até mesmo a construção do aeroporto, só ocorreram em Dubai em 1950, quando os ingleses moveram seus escritórios administrativos de Sharjah para Dubai.

A partir de 1966, com a descoberta de petróleo em Dubai, houve um influxo maciço de trabalhadores estrangeiros – em especial indianos e paquistaneses – para o emirado, o que fez com que a população da cidade triplicasse entre 1968 e 1975.

O número de habitantes continuou crescendo na região depois disso, até que em 1971 Dubai, Abu Dhabi e outros cinco emirados (Sharjah, Ajman, Umm al-Quwain, Ras al-Khaimah e Fujairah), se uniram para fundar os EAU, após o fim do protetorado britânico no golfo Pérsico, naquele mesmo ano.

Dubai construiu o porto de Jebel Ali que, segundo muitos especialistas, ainda é o **maior porto artificial do mundo** (!?!?). Ao seu redor surgiu a zona franca de Jafza que, por conta nas vantagens proporcionadas tanto na importação quanto na exportação de produtos, acabou atraindo muitas empresas para a região.

Em 1990, a guerra do golfo Pérsico teve um enorme impacto econômico sobre a cidade, quando os bancos de Dubai experimentaram uma retirada maciça de fundos por causa da incerteza das condições políticas na região.

Entretanto, ao longo dessa década muitas comunidades do comércio exterior – primeiramente do Kuwait, durante a guerra do golfo Pérsico e, posteriormente, do Bahrein, durante o levante xiita – transferiram seus negócios para Dubai, que, aliás, serviu de base de reabastecimento para as forças aliadas durante essa guerra, e, novamente, durante a invasão do Iraque em 2003.

Nessa época, o grande aumento no preço do petróleo após a guerra do golfo Pérsico, estimulou Dubai a se concentrar na expansão do **turismo** e do **livre comércio**!!!

O sucesso da zona franca de Jebel Ali incentivou as autoridades de Dubai a replicar seu modelo de desenvolvimento e criar novas zonas francas, como a Dubai Internet City, a Dubai Media City e a Dubai Maritime City.

Pode-se dizer que o turismo começou a ter uma grande significância para Dubai, com a construção do luxuoso hotel sete estrelas Burj al Arab e de espetaculares empreendimentos residenciais.

Construído sobre uma ilha artificial (e inaugurado em 1999) sobre a qual parece flutuar suavemente, o Burj al Arab tem 321 m de altura. Sua fachada branquinha imita a vela de um barco. Por dentro é pura excentricidade, com tapetes ultracoloridos, colunas de mármore e ouro 24 quilates nas paredes e uma estrutura que desce 45 m abaixo do nível da água, onde está localizado o seu restaurante subaquático. Ele é um dos principais cartões postais do principado e, durante certo tempo, foi a 1ª estrutura mais alta utilizada como hotel no mundo – até perder o título para a Rose Rayhaan Tower (2ª) e o JW Marriott Marquis (1ª), ambos em Dubai.

De fato, pode-se dizer que a partir de 2002 a cidade adotou um ritmo alucinante no que se refere à construção civil, não apenas erguendo arranha-céus e residências espetaculares, mas também investindo nos setores de transportes (metrô, aeroporto), centros comerciais (*shopping centers*) e locais para entretenimento. Graças à contratação dos serviços dos arquitetos, engenheiros, paisagistas e *designers* mais famosos do mundo, surgiram na cidade projetos como:

1º) *Palm Islands* – Um ambicioso projeto desenvolvido pela Al Nukheel Properties para atrair turistas para Dubai. Consiste num conjunto de três arquipélagos artificiais no formato de palmeiras.

Embora concreto e aço fossem os materiais mais aconselhados para esse tipo de estrutura, vale ressaltar que, mesmo sendo artificiais, foram usados somente elementos naturais na construção desses arquipélagos (em especial muita areia e uma grande quantidade de pedras).

Todas as três ilhas têm obviamente o formato de uma palmeira e, em cada "braço", foram construídos elegantes hotéis e grandes residências, o que permitiu que os moradores pudessem atracar suas lanchas na frente de algumas dessas construções.

2º) *The World* – Outro arquipélago artificial, dessa vez no formato de um mapa-múndi.

Suas ilhas foram vendidas a valores que variaram entre US$ 6 e US$ 38 milhões, sendo que a maior parte delas acabou sendo adquirida por indivíduos abastados espalhados pelo mundo. Esse, por exemplo, foi o caso do então casal de atores, Angelina Jolie e Brad Pitt (que se divorciaram em 2016): proprietários da ilha que representa a Etiópia.

No conjunto que constitui o mapa da Europa, formado por diversas ilhas, será construído um hotel.

3º) *Burj Khalifa* – Com 828 m de altura, é atualmente a estrutura mais alta do mundo. Esse edifício, idealizado em 4 de janeiro de 2010, superou (na época da inauguração) não somente o maior arranha-céu do mundo, o *Taipei 101*, que fica na cidade de Taipé em Taiwan, mas também a estrutura não suspensa por cabos em terra firme mais alta do mundo, a torre CN e a estrutura mais alta do mundo a torre da KVLY TV.

A construção do *Burg Khalifa* levou mais de cinco anos e custou US$ 1,5 bilhão. De acordo com os seus construtores pode ser visto de uma distância de 100 km. Naturalmente, do seu observatório tem-se uma vista panorâmica incrível, a um preço que varia de US$ 34 a US$ 200 por pessoa, conforme o horário do dia.

Diversos filmes de ação foram rodados nesse edifício, inclusive um da série *Missão Impossível*, com o famoso ator norte-americano Tom Cruise. Você assistiu essa película? De fato, nele algumas cenas são emocionantes...

Não é qualquer escritório de arquitetura que tem o *know-how* necessário para um projeto como o *Burg Khalifa*, afinal, são muitos os desafios de engenharia.

Ele foi desenhado pela empresa Skidmore, Owings e Merrill LLP, que já tinha em seu portfólio a *Sears Tower* (hoje denominada *Willis Tower*), em Chicago, e a *Freedom Tower*, em Nova York, entre outros edifícios famosos.

O interior do *Burg Khalifa* foi decorado por Giorgio Armani. Aliás, um dos hotéis Armani (o primeiro desse tipo) ocupa 37 andares do edifício.

Do 45º ao 108º andar há cerca de 700 apartamentos privados (que, de acordo com a incorporadora, foram todos vendidos em somente 8 h). Os andares restantes são ocupados por escritórios de importantes corporações.

Esse arranha-céu tem o quarto elevador mais rápido do planeta, que se desloca a 35 km/h. Ele só é superado em velocidade pelos que existem na *Yokohama Landmark Tower*, no Japão (3º, com 45 km/h), na *Taipei 101*, em Taiwan (2º, com 61 km/h), e na *Shangai Tower*, na China (1º, com 69 km/h).

A construção dessa torre monumental fez com que numa área de 334.000 m^2 ao seu redor surgissem mais de 32 mil residências, pelo menos 20 torres residenciais e nove hotéis.

Felizmente a crise econômica mundial que eclodiu em agosto de 2008 afetou pouco Dubai.

O desemprego e a alta dos preços alcançaram muitos países árabes, desencadeando revoltas que culminaram com a queda de governantes (como na Tunísia, no Egito etc.). Contudo, não foi isso que ocorreu em Dubai, onde após um período de crise – principalmente no setor imobiliário – as pessoas voltaram a gastar no mercado varejista de artigos de luxo.

Dubai foi a segunda cidade mais atraente do mundo para os comerciantes em 2009. Perdendo apenas para Londres, ela ficou à frente de cidades importantes como Nova York, Paris e Moscou.

No final de 2009, entretanto, Dubai sofreu uma forte queda nas vendas, principalmente por causa do *crash* (quebra) de seu mercado imobiliário. Porém, já no final do primeiro semestre de 2010 foi possível se perceber uma recuperação.

De fato, mais de 40 marcas de luxo se instalaram a partir de setembro de 2010 no *Mall of the Emirates*, um dos maiores *shopping centers* de Dubai. O centro de compras também abriga uma estação de esqui *indoors* – a *Ski Dubai* – que permite esquiar, praticar *snowboard* ou rolar pela neve de verdade em boias infláveis sob uma temperatura de -1º C, o que não deixa de ser algo surreal, levando em conta que o calor do lado de fora, na rua, pode estar na casa do 40ºC.

4º) Atualmente, o maior *shopping* do planeta é o *Dubai Mall*, com 1.200 lojas, 22 salas de cinema e 120 restaurantes. É tão grande que oferece até serviço de táxi interno ou carrinhos elétricos. O fino das grifes está lá: Loubotin, Chanel, Burberry, Dior, Louis Vuitton, entre muitas outras. Todas essas marcas ficam concentradas no pedaço batizado de Fashion Avenue. Já a área Shoe Level District é dedicada às lojas de sapatos.

O mais interessante é que nele está o *Dubai Aquarium and Discovery Center*, com 33 mil animais marinhos que ficam num enorme aquário distribuído em vários andares. Se o visitante for curioso e pagar US$ 95 poderá mergulhar com um tubo de respiração (*snorkel*) ou até mesmo com um cilindro de oxigênio. E isso em pleno *shopping*.

5º) A Colliers International, uma consultoria especializada no setor imobiliário, previu um crescimento de 30% no espaço destinado a *shopping centers* em Dubai entre 2010 e 2018, e isso de fato parece que vai acontecer...

Aliás, quando o assunto é extravagância arquitetônica, não há como não se lembrar de Dubai.

Assim, no final de junho de 2014, o xeque Mohammed bin Rashid al Maktoum, líder supremo de Dubai, anunciou o lançamento de mais um megaprojeto na cidade. Este deve extrapolar os diversos limites da arquitetura e, talvez, para alguns éticos, até os limites do bom senso!?!?

Trata-se da construção do *Mall of the World* (tradução literal, *shopping center* do mundo), **que será a maior área coberta do planeta!!!**

Isso porque o empreendimento ocupará 4,5 milhões de m² e será **integralmente climatizada**.

Ele possuirá um complexo hoteleiro com cerca de 20 mil quartos, além de uma área destinada a assistência médica com hospitais, clínicas e *spas*. Mas sem dúvida os grandes destaques e a principal atração para os turistas serão: a área com um parque temático; os espaços para descanso e cultura (com teatros), imitando a Times Square de Nova York, a Las Ramblas, de Barcelona, e a Oxford Street de Londres; e um centro de convenções com capacidade para 15 mil pessoas.

O objetivo do *Mall of the World* é criar um empreendimento como grande força de atração para todos aqueles que planejam ir a Dubai por ocasião da Expo Mundial de 2020 (e virão muitos milhões de pessoas...)

6º) Em 2016, foram inaugurados em Dubai dois complexos de parques aquáticos: o Dubai Parks & Resorts e o IMG Worlds of Adventure, nos mesmos padrões dos parques norte-americanos, com o que o emirado se transformou na **"Orlando do Oriente"**.

A estrela do complexo Dubai Parks & Resorts é o parque Motiongate, que apresenta os maiores sucessos dos três grandes estúdios de Hollywood – Dream Works Animation, Columbia Pictures e Liongate.

Na área da Columbia Pictures tem-se sete atrações, incluindo montanhas-russas e *shows* interativos com fantasmas e zumbis.

A Dream Works foi dividida em quatro áreas dedicadas aos seus grandes sucessos: *Shrek*, *Madagascar*, *Como Treinar o seu Dragão* e *Kung Fu Panda*, todos *indoor*, num total de 12 atrações, além de montanhas-russas.

Já o Liongate apresenta atrações temáticas do *blockbuster* (filme de grande sucesso) *Jogos Vorazes*.

Um parque bem diferente é o Bollywood Park, inspirado na famosa indústria de cinema indiano, um tema não muito comum para os brasileiros, mas que atrai muita gente.

Nesse parque o visitante encontra a reprodução dos cenários de vários filmes clássicos indianos que imitam as ruas de Mumbai (no setor *Mumbai Chowk*), o interior da Índia (em *Rustico Routine*), além da reprodução do suntuoso Taj Mahal, chamado de *Rajmahal* – um teatro com capacidade para 856 pessoas assistirem musicais no melhor estilo Bollywood.

E para os curiosos sobre os bastidores das superproduções indianas, está ali o Bollywood Film Studio.

Quem completa os espaços desse complexo é o Legoland, no mesmo conceito do que foi inaugurado no Estado da Flórida (EUA) em 2011, com foco nas crianças de 2 a 12 anos de idade.

O destaque do parque é o Miniland, onde se pode apreciar esculturas incríveis feitas como bloquinhos Lego, reproduzindo construções famosas do Oriente Médio, como as pirâmides do Egito, a mesquita de Abu Dhabi, os arranha-céus famosíssimos de Dubai, sendo que o *Burj Khalifa* de Lego tem 17m de altura.

Nesse parque existem 40 atrações, incluindo montanhas-russas para crianças e um parque aquático, o Legoland Water Park, como piscinas, toboáguas e um rio de correnteza para se descer de boia, o que agrada a todos por causa do calorão constante em Dubai.

Já no complexo IMG Worlds of Adventure estão as montanhas-russas e os brinquedos mais radicais. Ele é totalmente coberto e climatizado, ocupando uma área de 1,5 milhão de m^2 e com capacidade para receber 30 mil visitantes.

É o maior empreendimento *indoor* do mundo!!!

Pode funcionar o ano todo, inclusive entre maio e setembro quando a maioria das atrações turísticas *outdoor* fecha, uma vez que as temperaturas variam de 40°C a 48°C.

Ele possui três espaços temáticos. No *Lost Valley*, dedicado aos dinossauros, os visitantes podem participar de um divertido safari no meio de uma floresta para ver reproduções desses animais.

É lá que está a montanha-russa *Velociraptor*, a mais alta e rápida de Dubai, com 1,1 km de extensão, vários *loopings* e uma aceleração digna de um carro de Fórmula 1, pois atinge a velocidade de 100 km/h em apenas 2,5 s.

O parque Marvel, com atrações licenciadas da editora de *comics* (gibis) norte-americana, também oferece brinquedos para os mais "valentes", a exemplo da *Thunder Spin* do 'Thor, cuja estrutura giratória o faz sentir-se um pedaço de gente chacoalhando nas mãos dos personagens, ou da montanha-russa do Homem-Aranha, que leva a pessoa a um passeio nada tranquilo, em um cenário que imita os arranha-céus de Nova York durante a noite.

Com brinquedos bem mais leves, o parque da Cartoon Network é inspirado nos desenhos de TV e voltado para a criançada. Sua grande atração é o cinema 5D do *Ben10*.

7º) E só para completar a oferta de atrações em Dubai, que estimulam a vinda de muitos turistas, aí vão mais cinco delas que dificilmente serão recusadas por quem estiver nessa cidade.

- **Aventura no deserto** – Conhecer o imenso deserto que rodeia Dubai é essencial para quem quiser compreender o espírito da cidade. Para isso, pode-se fazer um passeio num veículo 4x4, que galga as dunas "com emoção" e leva o visitante a um luxuoso acampamento (!!!) (*tuareg*) no deserto, para um jantar típico com vários entretenimentos: *shows*, musicais com dança do ventre, narguilés, demonstrações folclóricas, uma volta com camelo; voo de balão no deserto ou até o pernoite numa tenda árabe decorada com tapetes e sofá (basta ter dinheiro para pagar por esse luxo...)

- *Global Village* – Aí é um misto de feira das nações e um espaço de *shows* a céu aberto que ocupa uma área equivalente a oito estádios do Morumbi juntos. Trinta países do mundo está ali representados, e nas feirinhas de itens típicos dá para comprar legítimos *pashminas* indianas, sentir os melhores perfumes da Síria e provar especiarias palestinas sem sair de Dubai.

    De quebra, o espaço conta com um parque de diversões, com os clássicos trem-fantasma, barco *viking* e até *bungee jump*, sendo que no palco principal apresentam-se cantores famosos e bandas árabes.

- *Miracle Garden* – Esse nome não foi dado por acaso. Este é o jardim mais florido do mundo, com 45 milhões de flores de 50 espécies diferentes numa área de 75 mil m², no meio do deserto árabe!!! As plantas ficam distribuídas em canteiros e estruturas em formato de coração gigante, pássaro e borboleta.

    Ele fica aberto de novembro a abril, pois nos demais meses do ano as flores murcham. Elas não resistem ao calor do verão de Dubai.

- **Comprar nos *souks*** – Dubai tem diversos *souks* (mercados) que são uma boa amostra da vocação árabe para o comércio, e possibilitam uma curiosa imersão na cultura local.

    Neles existem muitas coisas interessantes para se adquirir, desde tecidos, cosméticos do mar Morto e perfumes almiscarados (os tradicionais *attars*) aos condimentos exóticos, como o cobiçado açafrão iraniano.

Entre os produtos mais tradicionais estão os tapetes persas, as joias beduínas confeccionadas com pedras preciosas e as *pashminas*.

Dentre todos os mercados, o mais impressionante é o *Gold Souk*, no bairro de Deira, onde tudo o que reluz é ouro puro!!!

São mais de 20 toneladas de ouro expostas por suas 300 vitrines, na forma de brincos até enormes colares.

- **Conhecer a cultura** – A melhor oportunidade de aprender mais sobre os costumes muçulmanos é indo ao Centro Cultural de Entendimento Sheikh Mohammed, que é um complexo cultural localizado na região de Al Bastakiya, a parte mais antiga de Dubai. Lá o visitante é recepcionado com um almoço típico, serviço sobre tapetes e almofadas, bem à moda árabe. Depois ele pode conversar com os anfitriões que se dispõem a responder qualquer pergunta sobre o comportamento na região islâmica, desde sexo até qualquer coisa que vier à cabeça do turista!!! Esse é um lugar incrível.

8º) Dubai se destaca em muitos setores da **EC**, e um deles é o *design*.

Esse é o caso, por exemplo, da Tashkeel. Fundada em 2008 pela curadora Lateefa bint Maktoum, trata-se de uma organização de arte contemporânea sediada em Dubai, que se propõe a facilitar a prática da arte e do *design*, a experimentação criativa e o diálogo entre diferentes culturas.

Neste sentido, além de programas de residência artística, Tashkeel promove uma ampla gama de exposições, oficinas e seminários, com o objetivo de levar arte e cultura para um público mais amplo que envolve a comunidade local e também a global.

Desde 2013, a organização instituiu um programa de apoio ao *design*, patrocinando os interessados – jovens profissionais, nativos e/ou radicados no país – no desenvolvimento de produtos capazes de responder adequadamente ao seu ambiente de origem, seja em termos de produção, *design* ou estética.

Com principal trunfo para esses jovens, deve-se salientar a possibilidade de explorar habilidades e recursos culturais de uma região, que, como poucas, contrapõe tradições milenares e acesso franqueado a tecnologias de ponta.

Assim, a cada edição são selecionados quatro nomes, ou estúdios, que passam a produzir imediatamente com vistas a *Tanween*, uma exposição anual que em 2016 aconteceu entre os dias 24 e 29 de outubro, durante a semana do *Design* de Dubai, e cujo cenário foi um edifício desativado do d3, ou seja, o Dubai *Design* District, uma espécie de centro comercial e expositivo em vias de implantação nos arredores da cidade, que costuma sediar a maioria dos eventos em cartaz durante o festival.

Na mostra de 2016, além dos trabalhos inéditos produzidos por recém-chegados, como o britânico Saher Oliver Samman, os organizadores contaram com a participação de antigos alunos do programa, como Rand Abdul Jabbar e o Studio Muju, de Jumana Taha e Mentalla Said, que foram encarregadas de criar peças inéditas a partir dos seus trabalhos anteriores.

Samman está nos EAU desde 2013 e adora criar móveis a partir de uma perspectiva europeia, porém, sem nunca perder de vista a estética árabe.

Uma receita seguida à risca na rede *Woven*, na qual ele revisita o couro, um de seus materiais favoritos. O objetivo é criar um móvel de extração contemporânea e, ao mesmo tempo, culturalmente integrado.

Esse percurso foi seguido de perto também pelas nativas Mentalla Said e Jumana Taha, que compareceram à mostra com duas novas criações: a cadeira de balanço tradicional *Hizz* que apresenta formas geométricas acentuadas e um encosto que parece flutuar entre os braços e o assento; e a *Baskota*, uma mesa de dois níveis que jogam divertidamente com proporções e possíveis encaixes.

Reverenciada pelos *designers* em geral, a emblemática poltrona *Moza* (projeto anterior da dupla, que sinaliza o renascimento de técnicas de tecelagem locais que foram resgatadas pelas artistas em suas viagens pelos EAU) também foi exibida na mostra em Dubai!!!

A *designer* Jumana Taha comentou: "Essa cadeira é a manifestação de uma cultura viva e, durante todo o processo de execução do móvel, trabalhei lado a lado com um tecelão local, responsável pela escolha dos diferentes padrões étnicos que revestem o móvel."

Da mesma forma, a iraquiana Rand Abdul Jabbar, autora da poltrona *Shape* procurou se apropriar da lógica inerente aos processos artesanais para construir móveis contemporâneos, no caso, usando os mesmos perfis de madeira que definem a estrutura e a forma das tradicionais embarcações locais.

Rand Abdul Jabbar declarou: "Meu trabalho consistiu em manejar estes componentes, gerando novas possibilidades, tanto na forma quanto no uso."

Para o evento de 2017, Dubai já selecionou seus quatro novos talentosos *designers*, que nele apresentarão suas criações. É assim que vai se formando a mão (e a mente) de obra excepcional para o *design*, viu?

Durante a Semana do *Design* de Dubai ocorreu também o *Global Grad Show*, que sintetiza muito bem a ambição por parte dessa cidade de se tornar um **centro de inovação mundial**.

Nele, em 2016, foram apresentados 145 projetos criados por alunos de cursos de graduação em *design*, oriundos de 50 faculdades localizadas em 30 países, incluindo IESs do Oriente Médio, do norte da África e do sul da Ásia.

À frente desse evento estava Brendan McGetrick, escritor e curador independente, cujo foco é investigar o futuro do *design*.

Ele explicou: "O objetivo principal do *Global Grad Show* é promover ideias capazes de criar impactos mais reais e duradouros nas pessoas.

E isso inclui desde propostas que facilitem a vida de centenas de milhares de refugiados que existem hoje à aquelas que otimizam o nosso desempenho em casa ou no trabalho.

Na seção *Connecion*, a preocupação era com o incentivo ao intercambio e à construção de comunidades eficientes. Já, no *Sustain*, tudo girou em torno de abordagens inovadoras para se reduzir desperdícios de todo tipo e gerar energia.

Não há dúvida de que vários dos projetos apresentados podem ser absorvidos pelo mercado. Aliás muitos deles representam soluções viáveis para questões prementes enfrentadas pelo mundo nos dias de hoje. Entre os nossos objetivos, está o plano de funcionar como uma verdadeira plataforma para que estudantes de graduação introduzam ideias frescas para um público mais expandido.

Costumo dizer aos estudantes: **vocês entram com as ideias e nós nos encarregamos de trazer o público qualificado**. Daí o nosso interesse em promover o contato entre participantes e possíveis parceiros na produção dos objetos.

Assim, o nosso espectro de interesses é bem amplo. Afinal, o futuro não tem hora nem local para acontecer, seja no campo da medicina, do uso de energia, da iluminação e até na cozinha.

Neste sentido, em vez de setorizar os projetos por temas específicos, no *Global Grad Show* procuramos apresentar os trabalhos de maneira despretensiosa, conforme o que ele faz, não o que ele é.

No segmento *Empower* o foco está nas novas maneiras de despertar ideias e expandir habilidades.

Dessa maneira, a nossa mostra contemplou também aqueles consumidores para os quais o mercado não tem olhos!!!"

9º) É muito importante entender como é constituída e se comporta a população de Dubai.

Atualmente, cerca de 15% da população do emirado de Dubai é composta por pessoas nascidas nos EAU. Isso significa que 85% da população é constituída de expatriados, sendo que os asiáticos representam 72% da população total.

Embora o árabe seja a língua oficial de Dubai, o urdu, o hindi, o malaiola, o bengali, o tâmil, o tagalo, o chinês (além de outros idiomas) são também ouvidos na cidade. Naturalmente o inglês é a língua franca, sendo falada por muitos moradores.

No que se refere a religião, o artigo 7º da Constituição Provisória dos EAU declara o Islã como a religião oficial do país. Todavia, Dubai tem atualmente grandes grupos de cristãos, hindus, siques e budistas, além de representantes de outras comunidades religiosas que ali residem.

O governo subsidia cerca de 95% das mesquitas e emprega todos os imames (sacerdotes muçulmanos). Os 5% restantes são totalmente privadas, sendo que várias mesquitas grandes recebem polpudas doações privadas.

Grupos não muçulmanos podem ter seus próprios templos para a realização dos cultos, desde que se solicite uma concessão de terra e permissão para a construção deles. Dentro desses edifícios é permitido praticar livremente sua religião. Entretanto, não se permite o proselitismo ou a distribuição de literatura religiosa pela cidade. Isso é estritamente proibido, sendo inclusive punido com a prisão ou até mesmo com a deportação dos que forem acusados de engajamento em conduta ofensiva ao Islã.

Beijar em público é estritamente **ilegal** e pode resultar em expulsão do país do expatriado. A **homossexualidade** também é totalmente **ilegal**, sendo punida com a prisão.

Os não muçulmanos estão autorizados a consumir álcool, desde que em locais licenciados (geralmente dentro de hotéis ou em suas casas). Em Dubai, normalmente não é permitido vender bebidas alcoólicas em restaurantes fora dos hotéis.

O código de vestuário islâmico não é obrigatório, porém, vestir "roupas" indecentes ou que revelem muito a pele é algo proibido, ou seja, esses "exibicionismos" ocidentais não codificados pelo direito penal local. Dessa maneira, ombros e joelhos devem estar sempre cobertos, e camisetas regata e bermudas são desencorajadas como vestimentas!!! Por causa disso, cartazes e folhetos espalhados pelos *shopping centers* de Dubai informam aos visitantes sobre o código oficial das vestimentas.

Quando o assunto é trabalho, vale lembrar que, por causa da necessidade de muita mão de obra não qualificada (em especial no setor da construção civil) vieram para Dubai muitos operários de países asiáticos. Essas pessoas vivem em condições lamentáveis, pois trabalham sob calor intenso – a temperatura chega a 50°C –, e não têm lugar adequado nem para descansar nem para dormir. E o pior, trabalhadores braçais recebem remunerações baixíssimas.

Por causa do seu rápido desenvolvimento econômico – o emirado deixou de ser uma sociedade tradicional e relativamente homogênea em meados do século XX para se transformar num país moderno e multicultural já na 2ª década do século XXI –, a evolução concomitante de disposições legais e a aplicação prática das leis existentes em Dubai **tornaram-se grandes desafios**. Como consequência, muitos problemas emergiram, principalmente no que diz respeito aos direitos humanos dos moradores que não são nativos – 85% da população – e às empresas e aos empregadores que não cumprem as leis trabalhistas.

Nos EAU, como em alguns outros países que utilizam a lei islâmica, a confirmação do estupro feminino pode exigir a confissão ou o testemunho de quatro homens adultos. Isso faz com que a mulher vítima desse crime fique bastante desprotegida em termos jurídicos, não é?

10º) **No âmbito econômico,** o PIB de Dubai em 2016 foi de US$ 45 bilhões e as receitas do petróleo e gás representam agora menos de 5% do que já arrecadou a sua economia.

O emirado possui ainda 2% das reservas de gás dos EAU, mas acredita-se que suas reservas de petróleo se esgotem até 2030.

Os setores imobiliário, de comércio, de serviços financeiros e, especialmente, de turismo tornaram-se os grandes contribuintes para a economia de Dubai.

Para conseguir isso, as autoridades do emirado procuram, entre outras coisas, transformar a cidade numa **aerotrópole**. Isso quer dizer que o grande responsável pela economia local é o excelente aeroporto que ali existe, que conecta a cidade a todos os outros aeroportos importantes do mundo, contando principalmente com a companhia aérea do próprio emirado. Vale ressaltar que a Emirates Airlines oferece transporte em aeronaves novas, com um serviço excelente e tarifas competitivas (em muitos casos a preços inferiores aos praticados por algumas empresas concorrentes conceituadas).

De fato, o aeroporto internacional de Dubai (AID), nos EAU, consolidou-se há alguns anos como o principal *hub* do Oriente Médio. É para o AID que hoje converge a maioria dos voos oriundos da Europa, com destino a países asiáticos ou mesmo à região da Oceania, e vice-versa.

Além disso, como o país e um dos mais liberais dentre as nações árabes de religião muçulmana, Dubai tornou-se um destino turístico para aqueles que desejam conhecer um pouco da cultura árabe e, ao mesmo tempo, desfrutar de muito luxo, conforto, segurança e boas opções de compras (o aeroporto tem uma zona de livre comércio).

Como já mencionado, Dubai está se preparando para recepcionar cerca de 60 milhões de passageiros em 2020. Por isso, só nos últimos quatro anos, investiu cerca de US$ 6,1 bilhões na construção de três novos edifícios de embarque.

Por exemplo, o *concourse* (saguão) xeque Rashid, localizado em frente ao terminal 1, foi inaugurado em abril de 2000 e hoje é considerado um dos edifícios de embarque mais modernos e confortáveis do mundo. Possuindo um hotel de luxo com 88 apartamento e 27 pontos de embarque, ele atende preferencialmente aos voos da Emirates Airlines, que, aliás, mantém em Dubai sua base operacional e seu principal *hub* de conexões.

O AID está hoje entre os dez melhores aeroportos do mundo. Com um teto de 28 m de altura e seu grande apelo visual, ele é bastante explorado para que o visitante aprecie cada detalhes: desde os pés de palmeiras até os ornamentos banhados em ouro.

Em novembro de 2005, no *show* aéreo de Dubai, foi possível ver o primeiro pouso do Airbus *A380*. O *A380* ostentava a pintura tradicional da Emirates Airlines, empresa que, aliás, é uma das grandes clientes do superjumbo europeu fabricado pela Airbus Industrie, cuja capacidade é de 555 passageiros.

No fim de 2006, um segundo *concourse* foi entregue entre aquele denominado xeque Rashid e a elegante torre de controle. Nele foram construídas pontes de embarque especiais para os *A380*.

O hotel do aeroporto possui 300 apartamentos com acesso a um novo e bem equipado *health club* – um misto de *spa* com academia.

O terminal 3, com cerca de 105.000 m², foi erguido em frente ao *consourse* 2, com acesso por túnel sob o pátio. Outro edifício de embarque, o *concourse* 3, também foi concluído em ritmo acelerado, em função do crescimento expressivo da frota de aeronaves de grande porte da Emirates Airlines – doze de suas 27 pontes de embarque já foram adaptadas para receber os *A380*.

Na construção de todos esses edifícios foram gastos US$ 2,5 bilhões. Além desse significativo investimento, mais de US$ 1,6 bilhão foi aplicado em obras de melhoria do aeroporto, que incluem a adaptação de pistas de taxiamento (elas precisam ser mais largas para acomodar os *A380*), e a construção do Cargo Mega Terminal, utilizado pela Emirates Airlines Skycargo (que tem capacidade para movimentar até cinco milhões de toneladas anualmente).

O aeroporto já opera uma área dedicada à movimentação de carga aérea, a Dubai Cargo Village, que em 2006 só conseguia atender a um movimento anual de 675 mil toneladas.

Atualmente o AID atende 120 companhias aéreas. Estas, por sua vez, ligam Dubai a 170 destinos em cinco continentes.

Pois é, que fantástica aerotrópole é Dubai (além das outras classificações complementares), não é?

É claro que no Brasil não temos nenhum aeroporto que possa ser comparado ao de Dubai. Que terrível atraso estamos acumulando num mundo que exige cada vez mais **agilidade** e **velocidade**!?!?

E note-se que desde que Dubai foi escolhida para organizar a Exposição Mundial em 2020, está investindo cada vez mais na infraestrutura da cidade. Afinal, esse é um evento que levará dezenas de milhões de turistas para lá e acolher bem, inclui obviamente facilitar a chegada dos viajantes por via aérea.

O aeroporto internacional de Dubai atendeu em 2016, mais de 44 milhões de passageiros (dos quais 41,5 milhões eram internacionais) e movimentou cerca de 2,2 milhões de toneladas de carga. Esses números são bastante expressivos e o posicionaram como 6º aeroporto internacional mais movimentado do mundo!!!

A Emirates Airlines opera internacionalmente em 108 destinos de 64 países distribuídos em todos os continentes.

Já está em funcionamento o aeroporto internacional Al Maktoum (inaugurado em 27 de junho de 2010), em Jebel Ali, com o que diversas companhias internacionais e dos outros emirados obtiveram terminais exclusivos.

Além dos aeroportos, não se pode esquecer que em Dubai existem dois portos comerciais, o porto Rashid e o porto Jebel Ali, este considerado o 9º mais movimentado do mundo e o maior do Oriente Médio.

Em termos de metrô, o governo de Dubai investiu bilhões de dólares num sistema constituído por quatro linhas: verde, vermelha, azul e roxa, que tem cerca de 70 km com 47 estações (37 acima do solo e 10 no subsolo) equipadas com ar condicionado, assim como o interior dos comboios. Vale lembrar que o metrô de Dubai foi o primeiro nas cidades da península arábica.

Existe também o monotrilho na cidade de Dubai, além de um bom serviço de ônibus com cerca de 3.500 veículos e aproximadamente 1.500 pontos de ônibus, todos com ar condicionado. Destaca-se ainda um extenso sistema de táxis, de longe o meio de transporte público mais utilizado pelos turistas, com cerca de 9.000 táxis operando.

O governo tem investido fortemente em infraestrutura rodoviária de Dubai, apesar de o investimento não ter acompanhado o aumento do número de veículos, com o que são crescentes os problemas de congestionamento.

Como curiosidade, deve-se citar que Dubai tem São Paulo como na cidade-irmã, além de dezenas de outras importantes cidades do planeta.

A LIÇÃO DE DUBAI

Claro que Dubai não pode ser comparada com as **cidades criativas** da Europa, mas ela merece essa classificação, uma vez que nela existe uma evidente preocupação com o intenso uso das TICs, com a prática de técnicas de arquitetura e engenharia inovadoras; o investimento em diversas formas de entretenimento; a criação de um ambiente adequado para a atração de turistas – boa hospedagem, gastronomia internacional, segurança etc.; a promoção de eventos ligados a arte; e, principalmente, com o respeito à diversidade, permitindo que pessoas de diversas culturas e religiões convivam pacificamente.

Em Dubai os governantes têm lutado bravamente, pois a natureza não lhes é muito favorável. A cidade está no deserto da Arábia, não tem um rio nem oásis naturais (boa parte da água utilizada se consegue a um custo elevado depois de um processo de dessalinização).

A cidade, entretanto, tem um estuário natural: a enseada de Dubai. Esta foi dragada para torná-la suficientemente profunda para o tráfego de navios de grande porte.

É bom lembrar também que nas águas que banham a costa de Dubai há mais de 300 espécies de peixes, sendo que muitos europeus viajam até lá só para pescar garoupa!!!

Aliás, em 2016, Dubai foi considerada a quinta cidade do mundo que mais recebeu turistas estrangeiros: foram aproximadamente 15,3 milhões. Para eles aplica-se uma "regra" muito interessante: como a grande maioria das pessoas utiliza a cidade como um *hub*, o governo permite que os que estiverem em trânsito fiquem até 72 h na cidade sem a necessidade de um visto de permanência no país!!!

Ora, ter três dias com essa regalia estimula muito as pessoas a fazerem suas conexões ali após viagens de mais de 12 h, sendo que muitos usam esse tempo para descansar e visitar algumas das "maravilhas" que existem em Dubai.

Pois é, o que se conseguiu fazer em Dubai poderia ser replicado (naturalmente em escala bem menor) nas nossas cidades do Nordeste (Belém, São Luís, Fortaleza, Natal etc), nas quais o clima é bem melhor que em Dubai, com o que se poderia conquistar uma parte dos turistas (especialmente os europeus) que vão até esse emirado, pois nós temos praias melhores, boa gastronomia e excelente entretenimento alicerçado na música brasileira.

O que precisamos, entretanto, é: melhorar substancialmente a nossa infraestrutura aeroportuária, tendo mais voos de companhias aéreas internacionais para as capitais dos Estados do Nordeste; e aprimorar os serviços de atendimento aos visitantes.

O progresso nas grandes cidades nordestinas poderia ser bem maior com o incremento substancial do turismo, apoiado primordialmente na oferta de uma gastronomia repleta de pratos feitos com peixes, lagostas e camarões, além de muito divertimento nos eventos musicais!!!

A incrível quantidade de arranha-céus de Hong Kong.

2.14 - Hong Kong

PREÂMBULO

Hong Kong é muito mais que aquela típica imagem que nos vem à cabeça: **um porto cercado por arranha-céus.**

Em frente ao Victoria Harbour fica a Avenue of the Stars ("avenida das estrelas"), e a belíssima estátua de Bruce Lee. Trata-se de um tributo à indústria cinematográfica, aos profissionais e artistas que tornaram famosa a cidade de Hong Kong.

Não se pode deixar de ver em Hong Kong a estátua de bronze de Tian Tan Buddha, de 34 m de altura, tampouco de visitar o "pseudo-monastério" Man Fat Tsz que, embora seja conhecido como o monastério dos Dez Mil Budas, abriga uma coleção de quase 13 mil estátuas do Buda. (Diga-se de passagem, não se trata de um mosteiro verdadeiro, afinal, nenhum monge vive lá.)

Depois dessas duas paradas obrigatórias, o visitante está credenciado para visitar uma feira noturna e comer um *gai dan zai*, um *waffle* preparado em plena rua, que fica crocante de um lado e macio do outro. Barato, ele é servido quente num saquinho de papel, e fica ótimo acompanhado de *bubble tea*, um chá servido com bolinhas de tapioca adocicada no fundo. Mas lembre-se, isso é só um aperitivo dessa linda metrópole...

A HISTÓRIA DE HONG KONG

Assim como Macau, Hong Kong é hoje **uma região administrativa especial** (RAE) da República Popular da China (RPC). Ela está localizada na costa sul da China, e é delimitada pelo delta do rio das Pérolas e pelo mar da China meridional.

A cidade ficou conhecida mundialmente pelo seu belo visual à beira mar, repleto de arranha-céus. Outra característica importante é o seu profundo porto natural.

Contando, no início de 2017, com uma população de cerca de 7,5 milhões de pessoas, distribuídas por uma área de 1.104 km^2, Hong Kong é uma das metrópoles mais densamente povoadas do mundo. Todavia, não se trata de uma região diversificada em termos étnicos: **95%** dos habitantes apresenta etnia **chinesa** e apenas **5%** da população é composta por indivíduos de **outras raças**. A maioria chinesa *han* da cidade se origina, principalmente, das cidades de Guangzhou (Cantão) e Taishan, na província vizinha de Guangdong.

Hong Kong tornou-se uma colônia do império britânico após a Primeira Guerra do Ópio (1834-1842). Antes confinadas à ilha de Hong Kong, as fronteiras da colônia foram paulatinamente estendidas, incluindo a península de Kowloon (em 1868), e, mais tarde, os novos territórios (em 1898).

A cidade foi ocupada pelo Japão em 1941, permanecendo sob o julgo japonês por 3 anos e 8 meses. Porém, com a rendição desse país na 2ª Guerra Mundial (em 1945), os britânicos voltaram a dominar o território. Este foi, aos poucos, se tornando mais pujante e, com o tempo, transformou-se num grande centro comercial da Ásia.

Houve, então, uma forte industrialização da cidade, em especial no setor de produtos têxteis. Com o passar do tempo, Hong Kong atingiu a condição de maior porto de mercadorias do mundo, com o seu PIB *per capita* alcançando um dos maiores números do planeta – US$ 42.390 in 2015.

Em 1º de julho de 1997 Hong Kong foi oficialmente entregue à RPC, depois de permanecer 156 anos sob administração colonial britânica. Porém, conforme o estatuto da RAE, Hong Kong continua sendo um centro financeiro internacional e seu porto é livre. A cidade desfruta de grande autonomia em relação à China (exceto, é claro, no que se refere a defesa e política externa) e não paga impostos ao governo da RPC. Seu modo de vida – incluindo a liberdade de imprensa – permanece **quase inalterado!?!?**

As garantias relativas à autonomia do território, aos direitos individuais e à liberdade dos seus moradores estão consagrados na Constituição, a Lei Básica de Hong Kong.

Por tudo isso, Hong Kong vive de acordo com a fórmula **"um país, dois sistemas"**, valendo-se de um sistema político bem diferente do implantado na China. Essa prática deve continuar pelo menos até 2047.

O fato é que, ao longo dos anos, Hong Kong foi conseguindo excelentes classificações internacionais em quesitos como: **competitividade econômica e financeira, qualidade de vida, percepção da corrupção** e **IDH**, cujo valor em 2016 foi de 0,910. Aliás, segundo a ONU e a OMS, estima-se que a expectativa de vida Hong Kong seja a segunda maior do planeta.

Vejamos agora alguns **fatos** interessantes que caracterizam Hong Kong como uma **cidade criativa**, além de torná-la um destino turístico digno de ser apreciado por conta das incríveis atividades que são desenvolvidas ali!!!

1º) Apesar de sua elevada densidade populacional – que se aproxima de 6.800 habitantes/km²), Hong Kong é uma das cidades mais **verdes** da Ásia.

Uma vez que a maioria de seus habitantes reside em arranha-céus, as pessoas têm o hábito de sair de seus apartamentos e se descontrair nos jardins e nas florestas locais. Vale ressaltar que aproximadamente **60%** da área de Hong Kong está reservada para parques e reservas naturais, assim, atividades *outdoor* como caminhar e acampar são muito populares, em especial nas montanhas.

Todavia, a longa e irregular costa de Hong Kong também possui praias bem frequentadas por seus habitantes.

Hong Kong é uma cidade bastante poluída – entre 70% a 80% da poluição que afeta a região é oriunda do outro lado do delta do rio das Pérolas (da China continental). Por causa disso, sua preocupação com o meio ambiente tem aumentado.

2º) Hong Kong tem hoje alguns **problemas sérios**!!!
No passado, o famoso economista Milton Friedman chegou a recomendar: "Se quiser ver o capitalismo em ação, vá a Hong Kong." Hoje, entretanto, depois de 20 anos de sua devolução à China, pensar na cidade como "próspera" ou mesmo como um "paraíso de livre mercado" seria simplificar

demais a situação. De fato, isso seria, inclusive, uma interpretação incorreta do que acontece ali, como uma RAE da China.

Como já mencionado, Hong Kong é uma metrópole bastante populosa. E uma vez que agora paira sobre a cidade a forte influência chinesa, percebe-se atualmente na região um clima de mal-estar, além de uma profunda paranoia. Isso dá a Hong Kong um novo rumo em vista de sua evolução econômica.

Não há dúvida de que Hong Kong ainda seja um brilhante centro financeiro. Porém, no momento, por baixo de todo esse brilho a cidade abriga um grande número de refugiados que buscam asilo, de prostitutas e de gângsteres um tanto espalhafatosos. E como se isso não bastasse, existem ainda as milhares de empregadas domésticas oriundas da Indonésia e um inacreditável – e crescente – número de pessoas que habitam apartamentos minúsculos subdivididos em "gaiolas" do tamanho de um refrigerador grande. Essa gente vive em condições sub-humanas.

Embora Hong Kong tenha o décimo PIB *per capita* do mundo, seu coeficiente de Gini – índice que mede a disparidade entre ricos e pobres – é **bastante alto.**

Em junho de 2012, o autor norte-americano Michael Paterniti escreveu um artigo espetacular na revista *National Geographic Brasil*, intitulado *À Sombra do Dragão*. Nele ele relatou: "Das lojas de grife em Canton Road e do luxuoso hotel Península no distrito de Tsim Sha Tsui, em Kowloon, uma curta caminhada leva a uma maltratada construção de 17 andares chamada *Mansões Chungking*. Ela ocupa todo o quarteirão e é o lar de umas quatro mil pessoas que compõem uma verdadeira brigada internacional de compradores e vendedores.

Câmeras vigiam todos os movimentos nessa enorme colmeia, com centenas de lojas, restaurantes e alojamentos baratos. Circulam ali nigerianos, angolanos, iemenitas, paquistaneses, líbios etc., sendo que todos estão em busca de artigos baratos *made in China* para revender em seus países. Na verdade, pessoas de 130 nacionalidades vêm a esse local todos os anos na esperança de fazer bons negócios. Para alguns, o local deveria inclusive ser chamado de **'o gueto no centro do mundo'** – o prédio mais importante do planeta para a globalização de artigos populares."

Foi a reação à revolução comunista da China, no ano de 1949, que transformou Hong Kong em um centro do capitalismo industrializado. Sentindo-se ameaçados pela ofensiva de nacionalização de Mao Tsé-tung, industriais chineses se transferiram para Hong Kong, especialmente os que estavam em Xangai. Isso provocou uma corrida em busca de trabalho na região e fez com que um grande número de refugiados se mudasse para lá.

A partir daí, desenvolveu-se na região um **capitalismo vigoroso**. Este, por sua vez, transformou a cidade num local pouco burocrático, o que permitia a entrada e aplicação de dinheiro de qualquer procedência. Hong Kong também se tornou uma voraz exportadora de mercadorias.

Com o passar do tempo, impressionantes arranha-céus foram erguidos em Hong Kong. Esses edifícios foram projetados por arquitetos mundialmente famosos, como I.M. Pei e Norman Foster. Também foram desenvolvidos na região muitos projetos habitacionais para pessoas com poucos recursos.

Todavia, assim como aconteceu em todas as metrópoles do planeta, também emergiram em Hong Kong vários males sociais. Assim, a **prostituição** se tornou mais intensa e houve proliferação não apenas do jogo, mas do contrabando e do narcotráfico. No fim dos anos 1960 e início dos anos 1970 – **a era dourada da corrupção em Hong Kong** – houve grande tolerância por parte das autoridades em relação a esse tipo de crime. Já ao longo dos anos 1980, o tráfico humano aumentou muito devido à ação das **tríades** – terríveis gangues criminosas que começaram suas atividades como sociedades secretas. Estas importavam profissionais do sexo, trazendo-as para a cidade a bordo de lanchas velozes.

Atualmente as tríades são bem diferentes e menos assustadoras, afinal, assim como qualquer outro negócio elas pensam em lucro – no domínio das linhas de ônibus, por exemplo. O fato é que hoje os chefes das tríades preocupam-se mais com investimentos financeiros e imobiliários do que em travar tiroteios mortais umas com as outras.

Muitas mudanças nas leis aconteceram, o que diminuiu de modo significativo o domínio das tríades sobre a economia clandestina. Hoje, a prostituição é legal em Hong Kong e as profissionais do sexo contam, inclusive, com uma regulamentação especial que as protege das tríades. Com restrições destinadas apenas a manter essa atividade longe das vistas do público, existem na cidade prédios inteiros – não alardeados – constituídos de apartamentos de um cômodo destinados à oferta desses serviços, cuja propaganda é feita pela Internet.

Em relação a manifestações, a única permitida na China acontece no "conturbado" mês de junho, em Hong Kong, quando se recorda a tragédia ocorrida na praça da Paz Celestial em 4 de junho de 1989. Vale ressaltar que essa data é tão simbólica para os chineses quanto o dia 11 de setembro de

2001 para Nova York, quando as *Torres Gêmeas* foram destruídas por dois aviões, em um terrível atentado terrorista.

Na ocasião, muitas dezenas de milhares de pessoas participam desse protesto realizando uma vigília à luz de velas no parque Vitória, num evento que ora é comovente, ora é melodramático. O mais impressionante, entretanto, é a consciência entre os manifestantes de que o que ocorreu na praça da Paz Celestial poderá, um dia, acontecer no próprio parque Vitória – os habitantes de Hong Kong sabem que poderão ser os próximos a sofrer forte repressão por parte do governo.

Outrora, em épocas difíceis, Hong Kong não apenas enviava pacotes de comida para o continente, mas sustentava o mercado imobiliário chinês com seus investimentos. Hoje a situação é inversa: cabe à China ajudar Hong Kong a se manter, e são os chineses que afluem para o território a fim de adquirir imóveis e mercadorias – frequentemente, em dinheiro vivo.

E essa intensa mudança no poder econômico tem servido para exacerbar a crise de identidade vivenciada por Hong Kong. Agora são os continentais que se referem aos seus "irmãos" da metrópole como *kong chan*, ou seja, "caipiras de Hong Kong". De fato, as tensões em Hong Kong têm se acumulado com incidentes como o ocorrido em uma loja Dolce & Gabbana instalada na cidade: ela simplesmente proibiu que fotos fossem tiradas em frente à sua vitrine. Entretanto, após os protestos dos moradores, que se sentiram frustrados por serem tratados como cidadãos de segunda classe dentro da própria terra, a loja fez um pedido formal de desculpas que, embora tardio, foi aceito pelos reclamantes.

Quem visita Hong Kong fica impressionado com a "floresta" de arranha-céus que ali existe. Muitos deles são projetos populares e cobrem o centro de Kowloon, uma das áreas mais verticalizadas do mundo. Apesar da reputação de cidade luxuosa, 50% dos habitantes de Hong Kong vivem em moradias subsidiadas. A impressão de muitos especialistas em economia e urbanismo é de que: "Hong Kong está doente; sua cabeça não funciona direito, assim como já ocorre com os seus membros; e os passos que a cidade vem dando revelam-se cada vez mais descoordenados."

Embora essa impressão seja sem dúvida exagerada, também não se pode negar que a antiga pujança de Hong Kong – uma época em que a maioria de seus residentes se considerava, antes de tudo, cidadãos de Hong Kong (não chineses do continente, aos quais se referiam como enxames de "gafanhotos") – tenha **enfraquecido!!!**

3º) Hong Kong é, sem dúvida, o paraíso das compras!!!

Existe de tudo em Hong Kong, e em grande profusão, seja nas grandes lojas de departamentos ou nas lojas de grife (Louis Vuitton, Gucci, Prada etc.); de produtos típicos, como roupas confeccionadas no estilo tradicional chinês, bem como aqueles da última moda ocidental.

Isso é um delírio para o consumo e atrai para Hong Kong milhões de visitantes. Estes, por sua vez, compram desde jogos de porcelana a *smartphones*, dos mais recentes *vídeogames* até *drones*, além de outras maravilhas tecnológicas que são bem baratas em relação aos preços praticados no Brasil. Afinal, a ilha é um **porto livre, isento de taxas**!!!

E justamente por causa disso, caminhar pelas ruas de Hong Kong exige um pouco de paciência. Há muita gente, e o espaço nas calçadas que já é reduzido, torna-se ainda menor pelo grande número de lojas e restaurantes que avançam sobre os caminhos destinados a pedestres...

Além disso, as pessoas têm o hábito de parar por um bom tempo na frente das vitrines para verificar os preços, analisar os produtos e em seguida, na maioria das vezes, colocar em prática seu espírito consumista – dedicando **horas** às **compras**!!!

Muito dinheiro circula pela cidade, porém, uma grande parte dele não está nas mãos dos turistas comuns. Hong Kong, além de estar entre os maiores mercados financeiros do mundo, transformou-se também em um importantíssimo porto asiático. Isto fez com que surgissem na cidade hotéis requintados e bem equipados para receber hóspedes em busca de grandes negócios e gente disposta a gastar muito.

Entre os estabelecimentos consagrados estão os hotéis The Peninsula – ou simplesmente, The Pen como é chamado carinhosamente –, um verdadeiro cartão de visita da cidade, e o Langham.

Em relação ao primeiro, pode-se destacar o bar que ocupa o 28º andar do edifício, num projeto do badalado *designer* Philippe Starck. Já o seu extraordinário *lobby* original ostenta um pé direito altíssimo. A diária da suíte presidencial do The Pen ultrapassa US$ 6 mil, e ocupa uma área de 370 m². Ela possui uma sala de ginástica particular e oferece uma vista magnífica do Victoria Harbour.

O hotel Langham, por sua vez, é um cinco estrelas cujo serviço é para lá de eficiente. Ele oferece: traslado gratuito do (e para o) aeroporto; *lounge* com acesso à Internet de banda larga; serviço de lavanderia ilimitado e sem cobrança; ligações locais; Health Club; *business center* etc. A qualidade de serviço do hotel Langham é realmente incrível!!!

Falando em entretenimento, o que também não se pode deixar de ver em Hong Kong é a ***Sinfonia de Luzes***: um *show* no qual se combina narração, música e muitas luzes, além de outros tantos efeitos especiais de **"cair o queixo"** produzidos pelas mãos humanas e envolvendo muitos prédios na baía.

A apresentação é gratuita, mas quem preferir poderá apreciá-la de dentro de um barco, fartando-se ao longo de uma hora e meia de *drinks* ilimitados. De acordo com o *Guinness Book*, o livro dos recordes, este é o maior espetáculo dessa natureza e de caráter permanente em todo o mundo.

Vale lembrar que, para os chineses, combinações de números e de cores podem trazer bons (ou maus) presságios.

Por exemplo, o **oito** sozinho significa **riqueza**. Os números **três** e **nove** também são bons, pois simbolizam **vida** e **longevidade**, respectivamente. O **quatro**, por sua vez, precisa ser **evitado**. Ele significa a **morte** e, por isso, muitos prédios não têm o quarto andar. A crença é tão forte que até a Disney local adiou sua inauguração de 2004 para setembro de 2005, só por causa do número 4 no ano!!!

Aliás, por falar na Disney de Hong Kong – que conforme já foi dito começou a funcionar a partir de setembro de 2005 –, ela está localizada em Lantau, uma das ilhas que compõem o arquipélago de Hong Kong, e também onde fica o novo aeroporto.

Por sinal, há um trem que sai direto do aeroporto em direção ao parque onde foram construídos dois hotéis temáticos. A Disneylândia de Hong Kong emprega mais de 20 mil pessoas. Nesses seus 12 anos de funcionamento recebeu em média 5,5 milhões de visitantes por ano.

4º) Em agosto de 2005, por meio de uma pesquisa realizada pela empresa internacional Skytrax (que ouviu 5 milhões de passageiros), o Hong Kong International Airport (HKIA), também conhecido como Chek Lap Kok, foi escolhido **o melhor aeroporto do mundo** – e pela quinta vez consecutiva. Segundo os usuários, a rapidez dos serviços, a segurança, a eficiência e o conforto do terminal são determinantes para essa avaliação.

Diariamente o aeroporto atende 700 aeronaves, pertencentes a 72 companhias aéreas de linhas regulares e 18 empresas exclusivamente cargueiras, que voam para cerca de 140 destinos. É por isso que o HKIA é considerado o *superhub* da Ásia e a porta de entrada para a China.

O edifício de embarque do HKIA, cujo projeto é de *lord* Norman Foster, é um dos maiores do mundo. Ele apresenta uma arquitetura moderna, um bom aproveitamento da iluminação natural, e um invejável sistema de informação de voos, além de muitas lojas (180 pontos) e vários restaurantes (50). Aliás, este último número contribuiu para que o aeroporto também levasse o prêmio da Skytrax no quesito **"Serviço de restaurantes e praça de alimentação"**.

A aerotrópole cujo núcleo é o HKIA tem o maior hotel de Hong Kong: o Regal Chek Lap Kok, com 1.100 quartos. Na New Town vivem quase 55 mil trabalhadores do aeroporto, juntamente com as suas famílias. Também estão ali os edifícios de escritórios, um *shopping mal* e as principais instalações logísticas.

O distrito comercial que fica ao norte do HKIA é a chamado *Sky City* ("Cidade Céu"). Ele ocupa uma área de 100 mil m², composta por um complexo comercial ligado ao terminal de passageiros por um trem expresso. Ali também há um campo de golfe com nove buracos, além de um enorme espaço para exposições.

O aeroporto possui um serviço de pré-embarque localizado no *Sky Pier* que atende milhares de usuários que chegam em barcos de alta velocidade procedentes de várias ilhas e diversos centros comerciais importantes. Com esse serviço, elimina-se a necessidade de passar pela imigração no aeroporto, o que diminui muito as filas e a espera no edifício de embarque.

Do mesmo modo, passageiros que utilizam os TAVs que partem do centro de Hong Kong também podem fazer o *check-in* antecipado.

O HKIA foi inaugurado em 2 de julho de 1998 pelo presidente chinês Jiang Zemin e está na lista das dez maiores construções executadas pela humanidade no século XX, ao lado, por exemplo, do canal do Panamá.

A obra para a construção de Chek Lap Kok consumiu US 20 bilhões, destinados à construção de uma ilha artificial para o assentamento do aeroporto e de 35 km de autoestradas, a um túnel subterrâneo na enseada Victoria e à maior ponte suspensa em dois níveis do mundo.

Como a cidade de Hong Kong está localizada numa área extremamente acidentada em termos geográficos, não restava alternativa senão construir o novo aeroporto sobre o mar. Por isso, escolheu-se uma área a 26 km de Hong Kong onde existiam duas pequenas ilhas: Chek Lap Kok e Lam Chal.

Enquanto a área do novo aeroporto tomava forma e surgia essa importante **aerotrópole**, outras equipes iniciavam a construção de um túnel sob a enseada Victória – onde está situado o centro da Grande Hong Kong – tudo simultaneamente nessa impressionante obra de engenharia.

Em pouco tempo, esse túnel ligando a ilha de Hong Kong ao continente ficou pronto. Ele dispunha de seis pistas (três de ida e mais três de volta) e foi construído a uma profundidade de 15 m.

Outra tarefa importante foi construir uma ponte para ligar a ilha Northland Tower ao continente. Nesse caso, entretanto, a ideia de um túnel não era adequada, pois o canal era profundo demais. Optou-se então por uma ponte suspensa que **se tornaria a maior do mundo**, com 2,5 km de extensão.

Para dimensionar a resistência da obra aos tufões de grande magnitude com ventos de mais de 300 km/h – a cada verão Hong Kong enfrenta uma média de pelo menos oito deles –, os engenheiros realizaram muitos testes utilizando uma maquete em escala e um túnel de vento. Eles concluíram que ela suportaria as rajadas desde que fosse construída em dois níveis, o que a tornaria mais pesada. Decidiu-se, então, que a autoestrada ocuparia o nível superior e a linha férrea do trem rápido do aeroporto ficaria no piso inferior.

Esta é uma obra fantástica!!!

Por último, as equipes responsáveis pela infraestrutura de interligação do aeroporto de Hong Kong passaram a trabalhar nas artérias que uniriam o túnel, a ponte e o terminal de passageiros.

A via expressa Kwai Chung, que interliga o túnel à ponte de Tsing Ma, foi construída durante a noite para não afetar o trânsito de outras autoestradas. Com 15 km de extensão, ela teve de ser elevada por causa da falta de espaço físico para a construção de uma via lateral às já existentes.

Mas o que mais deu trabalho foi a construção da via expressa North Lantau, que uniria a ponte Tsing Ma ao aeroporto. O terreno totalmente acidentado, formado por colinas rochosas, obrigou os engenheiros a construírem um aterro, ampliando a costa em pelo menos um quilômetro.

Foram depositados 25 milhões de metros cúbicos de terra atrás do quebra-mar, o suficiente para erguer um muro de 1,5 m de altura entre São Paulo e Fortaleza (cerca de 3.000 km)!!!

Além desse aterro, outro de área equivalente a 20 hectares foi construído na enseada Victoria, com o intuito de abrigar uma estação do TAV que passou a atender o HKIA.

A madrugada do dia 6 de julho de 1998 é uma data importantíssima. Ela celebra o apagar definitivo das luzes vitais do antigo aeroporto de Kai Tak. Foi também nessa data que ocorreu em Hong Kong o primeiro pouso no HKIA, realizado por um Boeing 747-200B, apelidado na ocasião de *Spirit of Hong Kong*. O voo 889 da Cathay Pacific era procedente de Nova York e o pouso desse jumbo selou a conclusão dessa obra monumental. O HKIA pode atender atualmente a 55 milhões de passageiros por ano, sendo que em 2016 eles somavam 44 milhões.

A cada dia que passa o HKIA, um aeroporto quadrimodal que pode ser alcançado pelo ar, por ferrovia, por rodovia e pelo mar, se desenvolve mais e de forma mais impressionante. Ele transformou-se numa **aerotrópole**, atendendo quase 45 milhões de pessoas que vivem em Hong Kong e na costa sul da China (incluindo Shenzhen e Macau).

5º) Uma vez que Hong Kong possui a economia menos restrita do mundo e, basicamente, livre de taxas, é natural que tenha se tornado não apenas um vigoroso centro comercial, mas também um pujante núcleo bancário. Além disso, são muitos os negócios envolvendo obras de arte que acontecem aí.

Sua presença dominante no comércio mundial também se reflete perfeitamente no número de consulados que existem na cidade – cerca de 120 –, mais que em qualquer outra cidade do mundo!!!

6º) Para ampliar a cooperação econômica entre Hong Kong e a China continental, a partir de 25 de julho de 2003 foi estabelecido o esquema de visita individual, que permitiu que moradores de diversas cidades da China continental pudessem visitar Hong Kong sem a necessidade de estarem inscritos num grupo de turistas.

Como resultado desse aumento exponencial do número de visitantes vindos do continente, o setor de turismo em Hong Kong teve um enorme crescimento.

Claro que a abertura do *Hong Kong Disneyland Resort*, também favoreceu o crescimento da indústria do turismo local. Para se ter uma ideia, em 2016 registrou-se só nesse parque da Disney algo próximo de 7 milhões de visitantes.

7º) Hong Kong é frequentemente descrita como o lugar onde "o Oriente encontra o Ocidente", o que reflete a combinação da cultura de raízes do território chinês com a cultura trazida a ela durante seu tempo como uma colônia britânica.

Uma das contradições mais perceptivas é essa tentativa de se manter um equilíbrio entre uma Hong Kong onde a vida é cada vez mais moderna e ocidental, com as práticas tradicionais chinesas. O *feng shui*, por exemplo, é levado muito a sério e, muitas vezes, consultores especializados são contratados para dar conselhos...

Objetos como espelhos *ba gua* são utilizados para desviar maus espíritos. Nos edifícios é comum não encontrarmos o andar número 4, cuja pronúncia é homófona àquela da palavra morte em chinês!!!

A fusão de Oriente com Ocidente também se evidencia fortemente na culinária de Hong Kong.

8º) Hong Kong se autodenomina como um **"centro de entretenimento"**. A cidade destacou-se pelas suas **artes marciais** criando um gênero de filme que ganhou um bom nível de popularidade nos anos 1960 e 1970.

Diversos executantes e artistas marciais surgiram em Hong Kong, especialmente Bruce Lee, Jackie Chan, Chow Yun-fat, Yuen Woo-ping, John Woo, Wony Kar-wai e Stephen Chow.

Filmes como *Chungking Express, Infernal Affairs, Shaolin Soccer, Rumble in the Bronx* e *In the Mood for Love,* ganharam reconhecimento internacional.

Em novembro de 2016 o ator Jackie Chan, que nasceu em Hong Kong, foi agraciado com um Oscar pelo conjunto de sua obra. Ele começou a participar de filmes com 8 anos de idade. Além de atuar, muitas vezes acumulou as funções de escrever e dirigir mais de 30 filmes de lutas marciais em Hong Kong.

Em agosto de 2016, ele foi avaliado pela revista *Forbes* com o **segundo ator mais bem pago do mundo**, com ganhos estimados em US$ 61 milhões no ano, ficando atrás somente de Dwayne Johnson, que obteve sucesso em vários filmes, incluindo parte da franquia *Velozes e Furiosos.*

9º) Hong Kong é hoje um centro de música *pop* e possui fãs multinacionais. Essa fama foi obtida graças à influência recebida da música chinesa e dos gêneros ocidentais.

10º) O governo de Hong Kong tem oferecido bastante apoio para as instituições culturais, como é o caso do seu Museu de Arte e da Orquestra Filarmônica. Ele também tem subsidiado produtores de peças teatrais, musicais, filmes e, inclusive, a vinda de artistas internacionais para se apresentarem na cidade.

Assim, a produção dos dramas, de séries cômicas e de outras variedades, têm como foco principal alcançar as pessoas que dominam a língua chinesa.

11º) Os editores de revistas e jornais de Hong Kong elaboram, imprimem e distribuem (ou colocam *on-line*) suas publicações tanto em chinês quanto em inglês. Eles adoram o esquema britânico, cujo foco é no sensacionalismo e nas fofocas sobre celebridades.

Os diversos meios de comunicação ainda estão relativamente livres de interferência oficial, em comparação com o que ocorre na China continental, apesar de a revista *Far Eastern Economic Review* (encerrada em 2009) ter apontado para claros sinais de autocensura, em especial nos jornais cujos donos tinham ligações estreitas ou interesses comerciais na China continental.

A verdade é que atualmente nem mesmo os vários meios de comunicação ocidentais estão imunes ao crescente poder econômico chinês e, para poder atuar no seu mercado, submetem-se às exigências de seu governo.

12º) Para incentivar a presença de *start-ups* voltadas para o mundo financeiro – as chamadas *fintechs* – os governos de Hong Kong e de Cingapura criaram em 2016 novas regras para essas empresas, oferecendo-lhes benefícios regulatórios e subsídios. Hong Kong tem a vantagem de estar ligado à China, que abriga alguns dos desenvolvimentos mais notáveis do universo das *fintechs*. Assim, a Alipay e a Tencent têm processado mais transações financeiras que os maiores bancos chineses...

13º) Hong Kong oferece uma variedade de oportunidades de lazer e, inclusive, de se desenvolver um esporte competitivo, apesar de sua área terrestre bem limitada. Durante os Jogos Olímpicos de Verão realizados em 2008 em Pequim, as provas equestres aconteceram em Hong Kong.

Existem diversos espaços multiuso disponíveis, como o Coliseu de Hong Kong, o MacPherson Stadium. O terreno íngreme de Hong Kong torna a cidade um local ideal para caminhadas, que, inclusive, oferece ao praticante a possibilidade de vislumbrar uma parte bem ampla do território da cidade!!!

A LIÇÃO DE HONG KONG

Hong Kong, na prática, tem menos de dois séculos de influência decisiva por parte do império britânico. O mesmo ocorreu com as cidades brasileiras, afinal, como afirmam muitos historiadores, o Brasil apenas **começou a evoluir** depois que a família real portuguesa e sua corte precisaram fugir para cá em 1808, para escapar das tropas napoleônicas. Foi aí que, de fato, começou a acontecer algo relevante no nosso País.

No caso de Hong Kong, sua grande evolução também só ocorreu após o estabelecimento da cultura britânica, cujo foco foi para os negócios com o máximo de liberdade e o mínimo de taxações.

Hong Kong agora é um RAE sob o controle da China, embora isso não a tenha tornado menos atraente para os investidores e/ou negociantes do mundo todo.

O que é notável, porém, é o modo como Hong Kong consegue conviver razoavelmente bem, submetida a política **"um país, dois sistemas."**

Algo "similar" acontece no Brasil quando, em alguma cidade, o prefeito eleito é de um partido, mas o governador do Estado em que se localiza essa cidade é de outro. Mas o pior é quando o presidente da República vem de um terceiro partido, mas predominante, e não "alinhado" com o do prefeito...

Nesse caso, qualquer coisa que o prefeito faça que seja considerada errada politicamente, ele perde a possibilidade de contar com recursos financeiros do Estado ou do governo federal, e fica bem difícil para ele manter a sua cidade pujante só com os recursos obtidos dos impostos recolhidos em âmbito municipal, pois o seu percentual é baixo....

Com certa **criatividade**, Hong Kong tem conseguido **"atender"** bem ao governo chinês e "agradar" os empresários e empreendedores de outras nações que se dispõem a abrir ali novas *start-ups*.

Os moradores de Hong Kong são extremamente gentis e prestativos e não poupam esforços para auxiliar especialmente os turistas, mesmo enfrentando às vezes alguma dificuldade para se comunicar. Afinal, essa história de que por causa do domínio inglês até 1997 todo mundo em Hong Kong fala inglês é um pouco de exagero...

Uma grande lição – particularmente para as cidades da América Latina e da África – é que em Hong Kong pode-se caminhar pelas ruas, mesmo tarde da noite, sem correr nenhum risco e sem se preocupar em ter o seu relógio, seus cartões de crédito, seu dinheiro etc. **roubados**!!! Hong Kong é considerada atualmente um dos lugares **mais seguros do mundo**.

Naturalmente existem muitas coisas fantásticas em Hong Kong que podem (e devem) ser replicadas em outras cidades, entretanto o que não se pode deixar de observar com o máximo cuidado é o convívio pacífico entre as boas práticas do **capitalismo** e as boas teorias do **socialismo**!!!

Nisso, Hong Kong é um exemplo incrível. E além disso, algo que merece bastante atenção por parte dos nossos gestores municipais é compreender de que modo essa ilha da Ásia conseguiu ter um comércio e um turismo tão pujantes, com um movimento incrível alcançado nesses dois setores. Segundo um levantamento feito em 2016, Hong Kong recebeu cerca de 10 milhões de turistas estrangeiros.

Em Istambul, um passeio de barco no Bósforo ao por do sol é uma viagem inesquecível.

2.15 - Istambul

PREÂMBULO

Em Istambul vive um povo bonito, feliz, simpático e caloroso. Embora formado em sua maioria por muçulmanos, a Turquia é um país *laico*, ou seja, sem influência da religião?!?!

Provavelmente, um dos motivos para que os istambulitas estejam tão satisfeitos com a sua vida é o conjunto de iguarias de sua culinária. Por exemplo, quem for a Istambul não pode deixar de experimentar os *kebaps* (leia-se *kebabs*). Eles estão em todos os lugares, tanto em restaurantes simples (onde sequer existem cadeiras) como nos mais sofisticados!!!

Existem diversas variações de *kebabs*, mas, basicamente, trata-se de um sanduíche turco de carne grelhada (em geral, cordeiro ou frango) servido num prato com outros acompanhamentos ou enrolado em pão folha, como um *wrap*.

Quando o assunto é doces turcos, existe a famosa *baklava*. Feita de camadas de massa filo (uma massa bem fininha, como uma folha de papel), ela é preenchida com recheios tradicionais, como pistache (*fistiği*) ou nozes (*ceviz*), e mel. Para os jantares mais românticos, uma boa sugestão é ir para um restaurante descolado como o *Ulus29* e o *Tağra*, dentro do hotel Ciragan.

Após esses acepipes ou no jantar propriamente dito (ou antes dele) num restaurante de luxo, todo turista merece relaxar. Uma boa pedida, neste caso, é o famoso banho turco, no qual o felizardo passa por uma sequência de esfoliação, massagem e banho de espuma, saindo de lá extremamente limpo e revigorado!!!

A HISTÓRIA DE ISTAMBUL

Com uma população estimada em 2017 de 15,6 milhões de habitantes, Istambul é a maior cidade da Turquia e uma das maiores do mundo. Ela é a capital da região metropolitana (RMI) e da província de Istambul, que faz parte da região de Mármara. Istambul também é, atualmente, uma das cidades mais populares da Europa.

Foi chamada de Bizâncio até o ano 330 d.C., e de Constantinopla até 1453, nome que, aliás, ainda é usado em várias línguas, como o grego. Durante o período otomano, os turcos a chamaram de Istambul, nome oficialmente adotado em 28 de março de 1930.

Ela já foi a capital do império romano do Oriente e do império otomano até 1923. Seu governante máximo, o sultão, foi durante séculos reconhecido como **califa** – chefe supremo de todos os muçulmanos –, o que fazia da cidade uma das mais importantes de todo o mundo islâmico.

A grande maioria da população de Istambul é muçulmana, embora ainda exista na cidade um significativo contingente de laicos, além de uma minoria cristã e judia. Istambul é a sede do patriarcado ecumênico de Constantinopla, sede da Igreja Ortodoxa.

Apesar de a capital turca agora ser Ancara, é Istambul o principal polo industrial, comercial, cultural e universitário do país (que conta com dezenas de importantes IESs).

A cidade ocupa ambas as margens do estreito de Bósforo e do norte do mar de Mármara. Ambos separam a Ásia da Europa, o que transforma Istambul na única cidade **do planeta a ocupar dois continentes**.

A região central da parte europeia da cidade é, por sua vez, dividida pelo estuário Chifre de Ouro.

É comum se dizer que esta cidade possui dois ou três **centros**, caso se considere – ou não – a existência de um terceiro **centro** na parte asiática.

No lado europeu há duas zonas com maior destaque no que diz respeito à movimentação e ao patrimônio cultural: a mais antiga, que corresponde ao atual distrito de Fatih – onde ficava o núcleo da antiga Bizâncio e Constantinopla –, está localizada ao sul do Chifre de Ouro; a mais nova, Beyoğlu (antiga Pera) – onde se encontrava o bairro europeu medieval de Gálata – fica ao norte.

O centro da parte asiática ostenta contornos mais precisos e ocupa parte dos distritos de Üsküdar e Kadiköy.

Algumas zonas históricas da parte europeia de Istambul foram declaradas patrimônio mundial pela Unesco, **em 1985, sendo que em 2010 a cidade foi eleita a capital europeia da cultura**!!!

Devido ao seu tamanho e à sua importância, Istambul é considerada uma **cidade global**, além de uma megacidade bastante criativa!!! De fato, a história da evolução e dos conflitos que aconteceram nessa cidade é impressionante.

Bizâncio foi o primeiro nome da cidade quando esta foi fundada em 667 a.C., por colonos dóricos da cidade-Estado de Mégara. O nome foi uma homenagem ao rei Bizas.

Todavia, quando em 11 de maio de 330 o imperador romano Constantino, o Grande, declarou a cidade como nova capital oriental de seu império, ele a rebatizou como Nova Roma. Ainda assim, o nome que acabou se impondo pelo uso mais generalizado foi o de Constantinopla.

A cidade teve ainda alguns apelidos, dentre os quais ressalta-se: "Cidade das Sete Colinas". Isso ocorreu pelo fato de o cabo do Serralho, que abriga a parte mais antiga da cidade, possuir sete colinas, ou seja, o mesmo que acontece em Roma.

No emblema da cidade essas sete colinas estão representadas como sete triângulos, sobre os quais se elevam quatro minaretes. Atualmente, no topo de cada uma dessas colinas existe uma grande mesquita imperial otomana.

Outra alcunha de Istambul é *Vasilevousa Polis*, "Rainha das Cidades", em grego. A origem desse nome deriva da importância e da riqueza da cidade durante a Idade Média.

No fim do século XIX ela também foi chamada de *Dersaâdet*, cujo significado é "Porta para a Felicidade". Esse apelido perdura até os dias de hoje.

Com tantos nomes distintos, em 28 de março de 1930 as autoridades turcas pediram oficialmente às nações estrangeiras, através da Lei de Serviço Postal Turco, que adotassem "Istambul" como o único nome em todos os idiomas!!!

Em 29 de maio de 1453 o sultão Mehmed II, conhecido como o Conquistador (*Fatih*), tomou a cidade do imperador bizantino, Constantino XI, matando-o e declarando-a imediatamente a nova capital de seu império otomano.

Poucas horas depois de entrar na cidade, Mehmed II foi até basílica de Santa Sofia, que durante quase mil anos fora a maior catedral do mundo. Ele então convocou um imã (sacerdote islâmico) para que este proclamasse ali a fé islâmica, **convertendo assim um dos maiores símbolos do cristianismo numa mesquita imperial!!!**

A conquista da cidade é amplamente conhecida como "a queda de Constantinopla", que, com frequência, é apontada como uma das datas que marcam o **fim** da Idade Média!!!

Depois de conquistar a cidade, entretanto, Mehmed II se esforçou para revitalizá-la. Para isso, ele estimulou – e até obrigou – a fixação no local de muitos muçulmanos, judeus e cristãos de outras partes da Anatólia. Isso criou uma sociedade cosmopolita que perduraria ao longo de todo o período otomano, e se constituiria num excelente exemplo de como se obter muita **criatividade** a partir da **diversidade**!!!!

Mehmed mandou reparar muitos edifícios que haviam sido danificados durante a guerra contra Constantino XI. Ele também deu início à construção do Grande Bazar e erigiu o palácio de Topkapi – que serviria de residência imperial oficial por 400 anos – sobre as ruínas da antiga acrópole.

Além disso, ele ordenou a construção da mesquita de Fatih, a primeira mesquita imperial de origem otomana. Para isso foi necessário demolir a igreja dos Santos Apóstolos, a maior da cidade depois de Santa Sofia!?!?

O fato é que rapidamente os otomanos transformaram Constantinopla – esse verdadeiro bastião do cristianismo – num símbolo da **cultura islâmica**.

E assim foram criadas as fundações religiosas que financiariam a construção de grandes mesquitas imperiais. Estas, além de locais de oração, tinham estruturas de apoio social anexas (como escolas, hospitais e banheiros públicos).

O período de 1444 a 1566, sob o reinado de Suleiman, o Magnífico, se notabilizou pelos feitos artísticos e arquitetônicos deslumbrantes em Istambul. São dessa época as mesquitas projetadas pelo principal arquiteto da corte, Mimar Sinan, cuja genialidade o tornou conhecido no Ocidente como **"o Michelangelo otomano"**.

A maior mesquita de Istambul (sem considerar Santa Sofia) é a mesquita Imperial de Suleiman, uma das várias obras de Sinan. Mas, além da arquitetura, a cerâmica também floresceu muito nessa época. No fim do século XVIII já residiam em Istambul quase 580 mil pessoas!!!

No início do século XIX, uma série de rebeliões levou ao poder o sultão progressista Mahmud II. Foi aí que começou o chamado período reformista *tanzimat* (reorganização, em turco otomano). Com isso, os padrões imperiais – econômicos, políticos e culturais – foram alinhados aos europeus ocidentais.

Durante essa época foram construídas pontes sobre o Chifre de Ouro. Na década de 1880 Istambul foi conectada à rede ferroviária europeia.

O *Tünel* (túnel), uma das linhas férreas urbanas subterrâneas mais antigas do mundo, foi inaugurado em 1875 na encosta sul da Gálata e, ao longo das décadas seguintes, outras infraestruturas modernas – como redes de distribuição de água e eletricidade, sistema de bondes e a instalação de telefones – foram gradualmente surgindo para garantir o desenvolvimento e a boa sobrevivência nessa cidade.

Entretanto, todos esses esforços foram insuficientes para evitar o declínio do regime otomano e, no início do século XX, ocorreu a Revolução dos Jovens Turcos, os herdeiros políticos dos **"jovens otomanos"** de meados do século anterior.

Em 1909, os jovens turcos conseguiram depor o sultão Abd-al-Hamid II. A partir daí seguiram-se várias guerras que levaram a um certo declínio de Istambul.

Também não se pode esquecer da 1ª Guerra Mundial (1918-1914), que não apenas impôs uma derrota ao país, mas a subsequente ocupação de Istambul por tropas britânicas, francesas e italianas.

Em novembro 1922, o último sultão otomano, Mehmed VI, foi deposto e exilado. A família imperial seria expulsa em 3 de março de 1924.

A ocupação de Istambul pelos países europeus chegou ao fim um pouco antes, em julho de 1923, com a assinatura do tratado de Lausanne. Nele reconheceu-se a República da Turquia, o que seria oficialmente declarado em 29 de outubro daquele mesmo ano.

Liderados por Mustafa Kemal Atatürk, os revolucionários nacionalistas estabeleceram a sede de seu governo em Ancara, que foi declarada capital da nova república.

Nos primeiros anos do regime republicano, Istambul ficou em segundo plano em favor do desenvolvimento de Ancara. Todavia, a partir dos anos 1940 e início dos anos 1950, a cidade sofreu grandes mudanças estruturais, especialmente no plano urbanístico.

Foram erguidos novos edifícios, novas avenidas e novas praças (como a Taksim, por exemplo, que é atualmente o centro da cidade moderna e tem abrigado todas as recentes revoltas contra o regime de Recep Tayyip Erdoğan, que ocupou o cargo de primeiro-ministro entre 2003 e 2014 e, logo em seguida, assumiu como presidente do país, posição que ostenta até os dias de hoje). Muitas vezes a construção dessas melhorias provocou a demolição de edifícios históricos.

Em 1955 ocorreu o *pogrom* (uma perseguição contra as minorias) de Istambul, como uma série de motins contra a ainda numerosa comunidade grega da cidade, forçando-a a acelerar a fuga para a Grécia. Vale lembrar que esses motins afetaram também a outras minorias, como os armênios, os judeus e, inclusive, muitos muçulmanos.

Já nos anos 1970, o crescimento da população de Istambul começou a acelerar de forma rápida. Houve um enorme afluxo de pessoas vindas da Anatólia, com o objetivo de trabalhar nas várias novas fábricas construídas nos subúrbios da metrópole em plena expansão. Com isso, o crescimento populacional da cidade foi excepcional – **13 vezes nos últimos 60 anos!!!**

Essa avalanche de pessoas provocou uma grande procura por habitação, o que fez com que muitas das aldeias e florestas que rodeavam a cidade fossem absorvidas (para não dizer "ilicitamente invadidas" pela RMI).

É muito interessante lembrar o que Doug Sounders descreveu em seu livro *Cidade de Chegada – A Imigração Final e o Futuro do Mundo*. Nele, o autor explica de que maneira muitos milhões de turcos conseguiram ter uma moradia, invadindo espaços públicos e construindo casas rudimentares.

Começaram a surgir em Istambul, especialmente a partir da década de 1960, muitas favelas. De fato, grandes conjuntos de construções clandestinas emergiram praticamente do dia para a noite!?!?

Doug Sanders contou em seu livro: "Istambul ficou repleta de *gecekondular* [nesse termo combinou-se as palavras *gece* ("a noite") e *kondu* ("chegado ou estabelecido") e *lar* (forma plural)].

E isso acontecia um pouco antes do pôr do sol, quando uma equipe de homens chegava ao local, frequentemente com um trator e trazendo consigo todas as ferramentas básicas para a construção.

Logo que escurecia eles cavucavam o solo seco e duro com suas pás, e faziam os buracos que abrigariam as fundações das casas. Então, um pouco antes do amanhecer eles recobriam a superfície com terra, para evitar que quem passasse ali durante o dia – transeuntes e/ou policiais – percebesse claramente o que havia acontecido na noite anterior...

Na noite seguinte, a mesma equipe retornava com grandes tijolos de barro que haviam sido feitos em local próximo. Da noite para o dia as paredes eram erguidas com o uso de argamassa e então recobertas de argila, adornadas com portas e janelas básicas, e cobertas com placas de metal ondulado.

E, conforme algumas famílias iam se mudando para dentro dessas novas estruturas, mais uma vez a equipe partia para dormir durante o dia e se preparar para **ajudar outros a construírem suas casas durante a noite!!!**

Então, com o próprio nome *gecekondu* sugere, uma comunidade inteira surgia quase instantaneamente e, assim, os migrantes do interior da Turquia iam resolvendo seus problemas de moradia."

Aliás, nos anos 1990, Erdoğan foi prefeito de Istambul (1994-1998), sendo que em 1997 foi preso e passou dez meses na cadeia por ter feito discursos inflamados apoiando as "invasões" pelos migrantes. Ele acabou fundando o Partido da Justiça e Desenvolvimento (Partido AK), que se tornou a **"voz nacional"** do *gecekondu* e lhe permitiu tornar-se o líder com o maior apoio popular em toda a Turquia!?!?

Vejamos a seguir alguns fatos que exaltam e explicam claramente porque Istambul é uma **cidade criativa**!!!

1º) O Bósforo é um estreito que divide a cidade de Istambul em duas partes, separando fisicamente a Rumélia, na Europa, da Anatólia, na Ásia. Ele também liga o mar Negro, ao norte, com o mar de Mármara, ao sul. Este, por sua vez, se conecta ao mar Mediterrâneo pelo estreito de Dardanelos.

A confluência do mar de Mármara, do Bósforo e do Chifre de Ouro – que representa hoje o centro geográfico de Istambul – é uma das características mais proeminentes da paisagem da cidade. Ela é responsável por manter ao longo de milhares de anos as pessoas interessadas no local.

2º) Istambul está situada próxima da **falha setentrional da Anatólia**, uma falha geológica ativa. Esta já foi responsável por vários grandes terremotos na história da cidade, tanto no passado como em tempos mais recentes.

Entre os sismos mais devastadores destaca-se o de 1509, que causou um *tsunami* que ultrapassou as muralhas de Constantino, destruiu mais de 100 mesquitas e provocou mais de 10 mil mortes.

Mais recentemente, em 1999, o terremoto de Izmit provocou mais de 18 mil mortes, das quais cerca de mil aconteceram em Istambul.

Estudos têm demonstrado que existe um risco bem elevado de que nas próximas décadas aconteça outro terremoto devastador na região de Istambul. Então, por conta das dificuldades em se estabelecer e impor normas convenientes de segurança na construção dos edifícios, é bem provável que uma catástrofe nos moldes do que aconteceu em 1999 se repita, provocando um número enorme de desmoronamentos, em especial nas instalações mais pobres dos *gecekondular*, as favelas dos subúrbios.

3º) Atualmente é bem complicado saber qual é a **"etnia"** da maior parte da população de Istambul.

Oficialmente todos os cidadãos nacionais devem ser considerados turcos, mas estima-se que vivam em Istambul cerca de 3,9 milhões de curdos. Esse número representa aproximadamente 25% da população total de Istambul, o que faz dela a cidade com mais curdos do mundo!!! Todos eles sonham ainda em ter um Curdistão independente outra vez, o que provoca a ira do governo turco...

4º) Estima-se que em 2016 Istambul tenha alcançado um PIB de mais de US$ 200 bilhões, algo próximo de 23% do PIB do país, sendo assim o centro da vida econômica do país. Ali estão representados todos os setores industriais mais relevantes, bem como 25% das instituições financeiras da Turquia.

O turismo é uma atividade de grande importância para a cidade. Em 2016 ela possuía mais de 500 bons hotéis (entre os quais uns 40 são classificados com cinco estrelas) com capacidade para hospedar os cerca de **11 milhões** de turistas estrangeiros que vieram passear ali.

A chatice da espera entre dois voos no aeroporto de conexão pode ser, sim, uma vantagem. Graças a ela, o turista pode ter a oportunidade de dar uma rápida olhada em uma cidade que não está incluída no roteiro oficial de sua viagem. Foi assim que a Turkish Airlines criou o Touristambul, que oferece *city tours* gratuitos para passageiros da companhia aérea que precisam esperar intervalos de conexão mínima de 6h e máximo de 24h no aeroporto Atatürk, em Istambul.

Nesse passeio o turista pode ira ao palácio Topkapi, a mesquita Azul, ao Grande Bazar etc. **Que grande ideia, não é?**

Segundo a revista *Forbes*, vivem na cidade alguns dos bilionários do país, o que a caracteriza como **cidade global**.

5º) Muitas são as razões pelas quais os turistas gostam tanto de Istambul. E elas devem ter tudo a ver com a **cultura** de seus habitantes, do passado e do presente; com a vida intensa em suas ruas e praças; com o contraste e a harmonia entre o fato de a cidade ser simultaneamente uma metrópole europeia e asiática; com a possibilidade de ali existirem locais que dão a sensação de que praticamente não mudaram em centenas de anos; com a existência de zonas supermodernas que não destoariam de qualquer grande capital europeia; desde aquilo que durante mil anos foi a maior igreja da cristandade até nos arranha-céus e centros comerciais moderníssimos (mais de 150), passando por muitas dezenas de minaretes otomanos que durante séculos inspiraram os artistas ocidentais pelo seu exotismo e luxo.

Tudo isso explica um pouco porque, a cada ano que passa, Istambul atraí mais turistas. Este fluxo tem sido facilitado pela excelente empresa de aviação Turkish Airlines, que nesses últimos anos tem figurado entre as melhores do mundo. Ela e se expandiu voando diretamente para as mais importantes cidades do mundo e ostentando uma estrutura incrível no aeroporto internacional Atatürk.

Dada a enorme riqueza monumental, cultural e paisagística de Istambul, torna-se muito complicado definir critérios que sejam minimamente imparciais e objetivos no sentido de hierarquizar os "mais importantes" monumentos e locais turísticos a serem visitados!!! Mesmo assim, aqui vão algumas sugestões!?!?

Uma parada obrigatória em qualquer visita turística a Istambul é a área de Sultanahmet, onde está situado o centro da Bizâncio romana e da Constantinopla bizantina e otomana.

A praça tem o nome do sultão Ahmed I (1590-1617), que ali construiu a grande mesquita que, embora tenha o seu nome, é mais conhecida como a mesquita Azul.

Na mesma área ficava uma das alas do majestoso Grande Palácio dos imperadores bizantinos, do qual restam apenas algumas ruínas. Estas foram descobertas por escavações, sendo que alguns mosaicos enormes estão em exposição no Museu dos Mosaicos do Grande Palácio, situado numa das ruas próximas.

A praça é dominada pela mesquita Azul, no lado sudoeste, e pela basílica de Santa Sofia, a nordeste, agora convertida em museu.

Ao lado da mesquita, no local que já foi um hipódromo, está o Museu de Arte Turca e Islâmica. Lá foram erguidos dois obeliscos, sendo que um deles chama-se obelisco de Teodósio (trazido do templo de Karnak, no Egito).

Entre a mesquita e a basílica de Santa Sofia estão vários monumentos importantes, dentre os quais o *türbe* (mausoléu) de Ahmed I, onde também estão sepultados outros membros da família imperial otomana.

Numa das extremidades encontra-se a mais impressionante das muitas cisternas bizantinas da cidade, ou seja, a cisterna da basílica. Seu nome em turco Yerebatan Sarayi, ou palácio Subterrâneo, exalta sua grandeza.

O palácio de Topkapi, que fica atrás de Santa Sofia, ostenta uma belíssima arquitetura, além de oferecer vistas privilegiadas de toda a cidade. Nele são feitas diversas exposições museológicas de grande valor.

O palácio é parcialmente rodeado pelo parque Gülhane ("Casa das Flores"). Lá também estão os museus arqueológicos de Istambul, que além de incluir um dos maiores acervos arqueológicos do mundo, conta ainda com dois museus de antiguidades orientais e arte islâmica.

No emaranhado de ruas próximas da Sultanahmet estão outras duas obras primas da arquitetura: a mesquita de Sokollu Mehmet Pasa, construída em 1572 por Sinan; e a igreja de São Sérgio e São Baco, que ficou conhecida como a pequena Santa Sofia por ter servido de modelo para a construção da basílica. Ela foi transformada em mesquita no século XVI, e ainda mantém essa função.

No distrito de Fatih também há uma série de grandes mesquitas imperiais. Elas fazem parte das mais de 3.000 mesquitas de Istambul.

Os diversos palácios imperiais construídos à margem do Bósforo no século XIX representam outro atrativo arquitetônicos para a cidade. O maior deles é o de Dolmabahçe, todavia, os de Çiragan (transformado em hotel de luxo), Yildiz, Küçüksu e Beylerbeyi não ficam atrás nos quesitos grandiosidade e beleza.

6º) Istambul tem um grande número de universidades, sendo oito delas estatais e mais de duas dezenas privadas. A maior parte das IESs particulares foi criada nos últimos vinte anos.

Entre as mais prestigiadas estão: a Universidade de Istambul, fundada em 1933 (como sucessora da Istanbul Darülfünun-i Osmani, ou "Casa das Múltiplas Ciências", fundada em 1846) e a Universidade Técnica de Istambul, oficialmente fundada em 1944 [como sucessora de um dos estabelecimentos de ensino superior de engenharia mais antigos do mundo, a Mühendishane-i Bahr-i Hümâyûn (Escola de Engenheiros Navais), fundada em 1773]. Como se pode notar, ambas ostentam uma longa tradição.

Entre outras IESs que, além de uma longa história, gozam de muito prestígio, é preciso citar: a Universidade do Bósforo, que existe como universidade desde 1971 (embora sua origem seja o Robert College, uma faculdade fundada em 1863); a Universidade de Belas Artes Mimar Sinan, fundada em 1881; a Universidade de Mármara, fundada em 1883; e a Universidade Técnica de Yildiz, criada em 1991.

A Universidade Galatasaray foi fundada em 1992. Todavia, a existência do Liceu Galatasaray (escola que lhe deu origem) remonta a 1481, quando o sultão Bayezid II fundou uma *enderun*, ou seja, uma escola para a formação de funcionários da corte imperial.

Em Istambul há também várias IESs para a formação de militares, especialmente para as forças aérea e naval.

Assim, há muitos séculos surgiam **talentos** na cidade, pois as suas IESs atraíam as pessoas para Istambul. Nela já existiam boas escolas, algumas bastante importantes, antes mesmo de o Brasil ser descoberto em 1500!?!?

7º) Istambul dispõe de bons meios de transporte público geridos pela empresa municipal Istanbul Elektrik Tramvay ve Tünel que, entre outras coisas, dispõe de mais de 3 mil ônibus. Com 480 linhas, esses veículos percorrem mais de 470 mil km. Mas além da empresa do município, existem empresas particulares que também disponibilizam ônibus.

A cidade já dispõe de um razoável sistema de *bus rapid transit* (BRT) – o *Metrobus* –, metrô e linhas férreas de superfície.

Em 29 de outubro de 2013 – no 90º aniversário da proclamação da República Turca – foi inaugurada a ligação ferroviária subterrânea entre os dois continentes, conectando Ásia e Europa. Trata-se do projeto Marmaray, uma linha de 14 km de extensão cuja maior parte está debaixo do estreito de Bósforo e do mar de Mármara.

Os transportes marítimos são um componente importante da infraestrutura de transporte público da cidade. Eles são muito utilizados por moradores e também pelos visitantes, que se sentem bastante empolgados com as viagens.

Há diversas linhas de *ferryboats* que cruzam o Bósforo, o mar de Mármara e o Chifre de Ouro. Elas também são muito usadas pelos turistas, especialmente nos passeios pelo Bósforo.

A maioria dos *ferries* (os *vapur*) é do tipo convencional, mas existem também os serviços de catamarãs rápidos, os *deniz otobüsü* ("ônibus marítimos") e os *deniz taksi* ("taxis marítimos").

Istambul possui dois aeroportos internacionais, ambos de grandes dimensões, que recebem muitos turistas todos os anos. O primeiro é o Atatürk, do lado europeu, em Yeşilköy ("vila verde"), no distrito de Bakirköy. Ele fica a cerca de 20 km a oeste do centro histórico (Sultanahmet) e, no ano de 2016, recebeu 63 milhões de passageiros. O segundo é o aeroporto Sabiha Gökçen, situado em Pendik, parte oriental do lado asiático, e fica a 35 km do centro. Ele foi inaugurado em 2001 para atender ao tráfego doméstico e às companhias aéreas de baixo custo, mas já passou por diversas ampliações. O terminal construído em 2003 foi considerado na época como o maior edifício antissísmico do mundo. Estima-se que tenham passado por lá em 2016 aproximadamente 19 milhões de passageiros!!!

8º) Istambul possui um dos mercados de livros mais antigos do mundo, o Sahaflar Çarşisi, que funciona no museu local desde a período bizantino. Ele fica na região de Beyazit, e nele podem ser encontrados livros raros e históricos!!!

Sem dúvida vivemos numa época em que muitas pessoas recorrem aos *e-books*, mas os livros de papel, em especial os históricos, deverão continuar a atrair os colecionadores, as bibliotecas e os museus, não é? O que você acha, caro(a) leitor(a) desse livro?

Mas além dos livros, a cidade acolhe com frequência muitas estrelas internacionais da música *pop*, cujos *shows* lotam estádios.

Há também em Istambul muitos espetáculos de ópera, *jazz*, balé e teatro, tanto de produções nacionais como estrangeiras, que muitas vezes deixam as salas totalmente repletas de espectadores.

Acontecem nela diversos festivais culturais sazonais importantes no âmbito internacional, como, por exemplo, o Festival Internacional de Cinema e a Bienal, uma exposição de arte contemporânea. Ambos são realizados pela Istanbul Kültür Sanat Vakfı (Fundação para as Artes e Cultura de Istambul), que, além dos já mencionados, também organiza festivais e eventos internacionais de dança contemporânea, música tradicional, música *pop* e *design* etc.

O principal espaço cultural estatal de Istambul é o Centro Cultural Atatürk, que ocupa um dos edifícios que dominam a praça Taksim. Além de dispor de duas salas de concerto (onde acontecem os espetáculos de música, ópera e balé), nele se apresentam três orquestras (a sinfônica, a de música popular e a de música clássica turca) e um coro.

Além do Centro Cultural Atatürk, a cidade conta hoje com pelo menos duas dezenas de outros importantes centros culturais, 15 salas de concerto de grande qualidade e algumas centenas de galerias de arte!!!

Um desses centros modernos é o Santralistanbul, que inclui um museu de arte moderna, o museu da energia, um anfiteatro, uma sala de concertos e uma biblioteca pública. Este conjunto está instalado no local que abrigou a primeira central elétrica da Turquia, e está integrado ao *campus* da Universidade Istanbul Bilgi.

Embora a principal sala de ópera esteja no Centro Cultural Atatürk, existe desde 1927 em Kadiköy a Ópera Süreyya, que voltou a reabrir como teatro de ópera em 2007, após ter sido restaurado. Durante décadas esse espaço foi usado como sala de cinema.

Uma das melhores salas de concerto de Istambul é a Cemal Reşit Rey Konser Salonu, inaugurada em 1989 e batizada com esse nome em homenagem a um dos maiores compositores turcos do século XX, Cemal Reşid Rey (1904-1985).

É em Istambul que frequentemente ocorre a organização de concertos e outros espetáculos ao vivo, em espaços como: a igreja de Santa Irene, que no verão abriga festivais de *jazz* e música clássica; nos pátios do palácio Topkapi; no parque Güllhane e nos castelos de Rumelihisari e Yedikule.

Existem duas orquestras sinfônicas em Istambul: a primeira é a Orquestra Sinfônica Estatal de Istambul que, embora tenha sido fundada em 1945, afirma ser herdeira da orquestra criada em 1827 pelo músico e compositor Giuseppe Donizetti ("instrutor geral" de música na corte imperial otomana a serviço do sultão Mahmud II, de 1828 até 1856, ano em que faleceu). Giuseppe era irmão de outro compositor famoso, Gaetano Donizetti.

A segunda é a Orquestra Filarmônica Borusan de Istambul (fundada em 1999 a partir da já existente Orquestra de Câmara Borusan). Ela é uma das várias entidades mantidas pelo Borusan Kültür Sanat (Borusan Cultura e Arte), uma fundação do grupo econômico Borusan, que, por sua vez, também está ligado a outras atividades culturais que envolvem a manutenção de uma biblioteca, editora, sala de concertos etc.

9º) Já foram mencionados alguns museus famosos, mas como em Istambul há muitos espaços importantes é preciso ainda citar os seguintes:

> Istanbul Modern – Museu de arte contemporânea dedicado sobretudo a obras de artistas turcos, mas no qual também se organizam exposições de artistas estrangeiros.

> Museu de Pera – Famoso pelas suas coleções de azulejos e da arte oriental.

> Sakip Sabanci – Possui vastas coleções de porcelanas chinesa e europeia, além de mobiliário, amostras de caligrafia islâmica e pinturas (sobretudo de obras orientais de pintores otomanos e europeus que viveram no império otomano).

> Doğançay – Abriga principalmente as obras de seu fundador, o pintor impressionista turco Burhan Doğançay, e de seu pai, Adil Doğançay.

> Rahmi M. Koç – Museu industrial no qual se expõem vários aparelhos, máquinas, embarcações e outros meios de transporte (desde automóveis e locomotivas do século XIX e início do século XX, até barcos submarinos, aviões e outros equipamentos antigos).

> Museus Arqueológicos – Um complexo fundado em 1881, que tem no acervo mais de um milhão de peças arqueológicas da bacia do Mediterrâneo, dos Balcãs, do Oriente Médio, da África do Norte e da Ásia Central. Esse espaço abriga, além do próprio museu arqueológico (um dos maiores do mundo no seu gênero) o Museu de Antiguidades Orientais e o Museu do Quiosque Esmaltado, construído por Mehmed II em 1473, que guarda incríveis obras de arte islâmica e otomana.

- Museu dos Mosaicos do Grande Palácio – Abriga os mosaicos do Grande Palácio de Constantinopla.
- Museu de Arte Turca e Islâmica – Tem uma coleção de mais de 40 mil peças de arte islâmica (desde o califado até a atualidade), além de uma importante coleção de tapetes.
- Sadberk Hanim – Possui duas partes, sendo uma dedicada a arqueologia, com peças das civilizações anatólica, jônica, helênica, romana e bizantina, e a segunda voltada para a história da arte, com peças de arte islâmica, turca e persa, cerâmica e porcelana chinesas, peças de vidro, sedas, bordados, vestuário e outros artefatos etnográficos.

Vale lembrar que praticamente todos os diversos ex-palácios imperiais foram transformados em grandes museus!!!

O fato é que, apenas observando todos esses museus em funcionamento, dá para perceber o quanto Istambul é uma cidade criativa. Também é possível entender o motivo pelo qual aumenta todo ano o número de turistas que vai até a cidade para apreciar o que há dentro desses espaços culturais, não é?

10º) A maior parte da mídia e da indústria editorial da Turquia está baseada em Istambul: ali são editados os principais jornais, sendo os mais populares o *Zaman* e o *Posta*. Também são publicados na cidade diversos jornais e várias revistas em outras línguas, como o *Today's Zaman* e o *Hürriyet Daily News*, ambos em inglês.

O maior grupo de mídia da Turquia, cuja sede fica em Istambul, é o Doğan. Ele comanda três estações de televisão e dois jornais.

11º) Os esportes de massa em Istambul têm uma tradição que remonta a um passado remoto. Nos tempos do império bizantino, as corridas de bigas realizadas no hipódromo de Constantinopla atraiam mais de 100 mil espectadores (!!!). De fato, a competição era tão renhida que as equipes tinham um peso político considerável. Não era raro que isso desse origem a motins, como foi o caso da revolta de Nika, em 532 d.C., durante a qual uma parte da cidade e a recém-ampliada basílica de Santa Sofia foram destruídas.

Atualmente, o esporte mais popular em Istambul é o **futebol**. Os jogos das principais equipes acabam promovendo grandes algazarras nas ruas. Estas normalmente têm início na véspera e provocam desfiles de multidões de torcedores fanáticos. Eles adoram buzinar, gritar e abraçar uns aos outros quando suas equipes vencem, o que causa enormes congestionamentos, principalmente na região de Beyoğlu e na praça Taksim.

Na cidade de Istambul ficam pelo menos cinco dos mais importantes clubes de futebol turcos: o Galatasaray S.K., o Beşiktaş J.K., o Fenerbahçe S.K., o Kasimpaşa S.K., e o Istanbul Başakşehir F.K.

Os três primeiros são os que ocupam as primeiras posições nos campeonatos nacionais, e que também participam de competições internacionais (apesar de nenhum até agora ter se tornado campeão na Liga dos Campeões ou da Copa da UEFA).

Outros esportes relevantes e que atraem grandes públicos em Istambul são o **basquete** e o **vôlei**.

O campeonato mundial de Basquete de 2010 foi, inclusive, realizado na Turquia, sendo que a equipe local ficou em 2º lugar (o título coube aos EUA).

A equipe de basquete local, a Anadolu Efes S.K., já ganhou vários títulos europeus.

No voleibol, em especial no feminino, as equipes Eczacibaşi S.K. e VakifBank S.K. têm apresentando ótimos desempenhos no cenário internacional. Além delas, existe ainda a Fenerbahçe, que já foi dirigida pelo técnico brasileiro, tricampeão olímpico José Roberto Guimarães que, inclusive, conduziu a equipe ao campeonato turco de 2011.

No autódromo Istanbul Park constantemente acontecem competições internacionais de automobilismo e motociclismo. Ele também chegou a ser o palco de uma das etapas do campeonato de Fórmula 1, entre 2005 e 2011.

A importância do esporte na vida da cidade se evidencia no fato de Istambul já ter, inclusive, sido escolhida como **"capital europeia dos esportes"**, por conta do grande envolvimento de seus habitantes com as mais diferentes modalidades esportivas.

Infelizmente nos últimos anos, e especialmente em 2016, aconteceram em Istambul diversos atos terroristas e várias rebeliões, o que tem feito com que os turistas pensem duas vezes antes de passar alguns dias na cidade.

Assim, em junho de 2016, militantes islâmicos invadiram o aeroporto de Istambul e mataram mais de 40 pessoas.

Em julho do mesmo ano houve uma tentativa de golpe para derrubar o presidente Recep Tayyip Erdoğan. Nele morreram aproximadamente 350 pessoas no país todo.

O governo turco culpou o clérigo exilado nos EUA Muhammed Fethullah Güllen, desafeto do presidente Erdoğan, por essa revolta.

Desde então, centenas de jornalistas, ativistas e acadêmicos foram presos e 6.000 militares foram expulsos ou suspensos das forças armadas, além de 2.800 juízes que perderam seus cargos.

No dia 10 de dezembro de 2016, um carro-bomba foi detonado perto da Arena Vodafone da equipe Besiktas. Esse atentado foi seguido por outro provocado por um homem-bomba num parque nas imediações da praça Taksim.

Os alvos seriam os ônibus da tropa de choque que faziam a segurança dos torcedores que foram ver a partida.

O lamentável resultado das duas explosões foram 37 mortes – sendo 30 delas de policiais – e quase 160 feridos.

No dia 1º de janeiro de 2017, infelizmente ocorreu em Istambul outro terrível atentado, dessa vez no clube Reina. Estavam ali cerca de 700 pessoas comemorando a chegada do Ano-Novo quando um atirador entrou e atirou sem piedade, matando 39 pessoas e ferindo outras 70, algumas com gravidade. A maior parte das vítimas, 24, eram estrangeiros (jordanianos, sauditas, israelenses, libaneses, sírios etc).

O clube Reina ocupa uma área de quase 1.000 m², sendo a maior parte ao ar livre. Localizado em frente à margem europeia do estreito de Bósforo, é um ponto de encontro para os que querem se sentir como parte não apenas da elegante sociedade turca, mas também internacional.

Algumas pessoas frustradas que ainda não conseguiram se tornar clientes dizem não ser fácil entrar para esse seleto clube, que impõe uma etiqueta rigorosa. Já os que já são clientes afirmam buscar o local porque "ali é fácil ver os famosos".

O próprio clube se apresenta na Internet com fotos de celebridades mundialmente conhecidas e, não raro, algumas delas chegam a bordo de seus próprios iates.

Porém, a 1h30min da manhã de domingo (1º de janeiro de 2017), o Bósforo se transformou na via de fuga para numerosos clientes que decidiram se jogar nas águas geladas do estreito para escapar das balas disparadas indiscriminadamente pelo assassino.

Sem dúvida esse foi um duro golpe contra o Ocidente – pela face urbana de Istambul –, que provavelmente irá restringir ainda mais a democracia no país. O presidente Recep Tayyip Erdoğan ficará mais à vontade ainda para intensificar a repressão contra os seus oponentes, o que, aliás, ele acelerou muito após a tentativa de golpe para tirá-lo do poder em julho de 2016. Isso, por sua vez, acabará corroendo a economia do país, que já sofre em razão do declínio do turismo e dos investimentos estrangeiros.

Pois é, esse clima de hostilidade sem dúvida afeta a intenção de muita gente de visitar Istambul, e provoca muito medo nos seus próprios moradores!!!

Vamos torcer para que a paz volte não somente em Istambul, mas em toda a Turquia, com o fim das políticas que produzem tensões, polarização, inimizade e combates!!!

A LIÇÃO DE ISTAMBUL

Istambul tem acordos de cooperação com mais de 50 cidades em todos os continentes, tornando-as gêmeas.

A primeira **cidade-gêmea** foi o Rio de Janeiro, cujo protocolo data de 1965.

E aí está uma grande lição de Istambul para o Rio de Janeiro, e todas as outras metrópoles brasileiras: é muito importante **cuidar dos seus museus**, pois eles são uma fonte inesgotável de atração. Grande parte da visitabilidade a Istambul se deve a pessoas que querem apreciar o que existe nos seus museus. Estes recebem apoio das autoridades e da iniciativa privada para se manterem bem conservados e oferecerem um bom atendimento especialmente aos turistas.

Ninguém fechou museus seculares em Istambul!?!? Infelizmente, não é o que está acontecendo no Rio de Janeiro. Apesar de ter inaugurado alguns museus nos últimos três anos, a cidade vive numa situação calamitosa após a realização dos Jogos Olímpicos e Paralímpicos de 2016. Problema maior afeta o governo estadual, que não tem como socorrer instituições culturais privadas.

Assim, o Museu Internacional de Arte Naïf (MIAN), dono do acervo mais completo do mundo (no seu gênero) – ele reúne 6 mil pinturas de artistas de 120 países, coleção amealhada pelo joalheiro francês Lucien Finkelstein (1931-2008) – anunciou que encerrará suas atividades.

A diretora da casa, Jacqueline Finkelstein, divulgou numa carta:

"Tendo em vista a inexistência de projetos de exposições, de editais de patrocínio, de patrocinadores e/ou de apoio que garantam a continuidade do trabalho desenvolvido pelo MIAN em 2017, comunico com pesar o encerramento das atividades do museu Naïf a partir de 23 de dezembro de 2016."

Claro que tanto ela como todos nós, esperamos que as secretarias de Cultura do Estado e do município ou o Instituto Brasileiro de Museus façam alguma coisa para que o Rio de Janeiro não fique sem esse valioso patrimônio cultural.

As pessoas mais ricas do mundo geralmente são aquelas que mais investem em arte, aplicando uma parte de seu dinheiro em obras de arte.

Outros, como Lucien Finkelstein, as entregam para que possam ser apreciadas por todos.

Alguns bilionários em diversos países fazem isso, como é o caso de Carlos Slim no México. Ele montou um incrível museu a partir de sua coleção particular, e **todos podem vê-la!!!**

O Brasil tem alguns bilionários que com uma pequeníssima parcela de sua fortuna poderiam intervir e não permitir que uma instituição cultural como o MIAN fosse fechada.

E só para efeito de provocação, essa ajuda poderia vir do empresário Jorge Paulo Lemann ou então da família de Joseph Safra.

Vale lembrar que a revista suíça *Bilan*, divulgou no início de dezembro de 2016 uma lista das pessoas mais ricas do país. A liderança ficou com a família Kamprad, dona da rede de móveis Ikea, com US$ 45 bilhões, o 2º lugar com Jorge Paulo Lemann (US$ 27 bilhões), o 3º lugar com as famílias Hoffmann e Oeri (US$ 23 bilhões), que são as principais acionistas da Roche e o 4º lugar com a família Joseph Safra (US$ 17 bilhões).

Com boa parte da riqueza que tanto Lemann como Safra conseguiram com os seus negócios foi no Brasil, não poderiam eles manter o MIAN? Ou seja, eles não poderiam arcar com os custos de conservação e com o seu pequeno corpo de funcionários?

Sem dúvida que sim!!! Infelizmente, entretanto, não existe uma ação visível e consistente por parte das pessoas muito ricas do Brasil em prol da cultura e da arte, no sentido de se tornarem patrocinadores ou doadores e garantir a existência e a sobrevivência, por exemplo, de nossos museus!!!

Em Kiev a linda igreja de Santo André.

2.16 - Kiev

PREÂMBULO

Kiev é a cidade mais bonita da Ucrânia, e abriga séculos de história e cultura. Após o país ter se tornado independente, em 1991, sua capital se transformou num importante destino turístico. Nela o antigo convive com o novo, ostentando diferentes cores – em especial o **ouro**, muito ouro!!!

Kiev é o centro da cultura do leste europeu. Historicamente, ela serviu de inspiração para talentos na arte, na música, na poesia e na arquitetura, oferecendo ao turista uma grande variedade de eventos culturais, que incluem óperas, concertos, peças de teatros, museus, galerias e diversas exposições.

De fato, com suas esculturas, seus edifícios e artesanatos, as próprias ruas de Kiev transbordam de cultura,

E não se pode esquecer da gastronomia ucraniana, que nos oferece pratos típicos como o *borsch* (uma sopa incrível) e os *varenyky* (uns raviolões deliciosos).

Kiev é uma cidade cujos espaços públicos são extremamente limpos, e os seus moradores sempre estampam um sorriso no rosto. Mesmo desconhecendo a língua dos turistas, há sempre por parte dos anfitriões uma tentativa de se comunicar com eles. E como se tudo isso não bastasse, o país oferece para nós, brasileiros, uma surpresa especial: não precisamos de visto para desembarcar lá.

A HISTÓRIA DE KIEV

Kiev é a capital da Ucrânia e também a maior cidade do país e umas das mais antigas da Europa. Está localizada na região centro-norte, às margens do rio Dnieper!!!

De acordo com estimativas do início de 2017, a sua população de Kiev é de, aproximadamente, 3,7 milhões de habitantes.

Kiev é a sede da *oblast* (autoridade regional) de Kiev e possui um governo e um estatuto determinados por lei. Todavia, a cidade está subordinada ao governo central do país.

A cidade é atualmente um importante centro industrial, científico, educacional e cultural da Europa Oriental. Neste sentido, abriga diversas indústrias de alta tecnologia, IESs de qualidade e famosos monumentos históricos. Ela também dispõe de ampla infraestrutura, que inclui um bom sistema de transporte público do qual o metrô faz parte.

Ao longo da história, Kiev enfrentou diversas fases que oscilaram entre grande proeminência e relativa obscuridade.

A cidade, que parece ter sido fundada no século V como um entreposto comercial para os primeiros eslavos orientais, aos poucos foi ganhando importância e se transformando no centro da civilização eslava oriental. Com o tempo – entre os séculos X e XII – se tornou a capital política e cultural do principado de Kiev.

Durante a incursão mongol de 1240, Kiev foi completamente destruída. Isso fez com que a capital perdesse grande parte de sua influência ao longo dos séculos subsequentes, tornando-se uma capital provincial de pouca relevância na periferia dos territórios controlados por vizinhos mais poderosos – o grão-ducado da Lituânia, a Polônia e a Rússia.

Então, no século XVII, Kiev foi transferida para o domínio da Rússia. Como parte do império russo, Kiev transformou-se num centro primitivo cristão, atraindo muitos peregrinos. Vale lembrar que ela foi o berço de muitas das mais importantes figuras religiosas do império. Entretanto, no que diz respeito ao comércio, a cidade continuaria irrelevante até o século XIX, quando finalmente começaria a evoluir.

A fundação da Universidade de Santo Vladimir, em 1834, certamente contribuiu bastante para essa evolução. Hoje ela é conhecida como Universidade Nacional de Kiev Taras Shevchenko (em homenagem ao famoso poeta, pintor, desenhista, artista e humanista ucraniano que cooperou bastante com o departamento de geografia da faculdade, não apenas como pesquisador de campo, mas também como editor).

Nesse mesmo século, a cidade foi subjugada pelas autoridades militares e eclesiásticas russas. Então, na década de 1840, o historiador Nykola Kostomarov fundou uma sociedade política secreta, denominada Irmandade de São Cirilo e São Metódio. Seus membros tinham como ideal a criação da **federação do povo eslavo livre**, que, ao invés de considerar os ucranianos como subordinados à nação russa, os apresentaria como um grupo distinto e separado. Porém, esta sociedade foi rapidamente reprimida pelas autoridades russas e acabou desaparecendo.

Então, depois de a Ucrânia perder gradualmente sua autonomia, Kiev enfrentou um processo crescente de russificação. Isso se deu não apenas pela intensa migração de russos para a cidade, mas também por ações administrativas.

No início do século XX, a cidade já estava dominada pela população de língua russa. Mesmo assim, as "classes inferiores" mantiveram de maneira significativa a cultura popular ucraniana. De fato, alguns entusiastas entre os nobres ucranianos étnicos, militares e comerciantes fizeram repetidas tentativas de preservar a cultura nativa de Kiev, patrocinando várias atividades, desde a impressão de livros e apresentações teatrais até a realização de estudos folclóricos, peças teatrais etc.

A cidade voltaria a prosperar durante a revolução industrial russa, no final do século XIX. Depois de um período turbulento que se seguiu à Revolução Russa de 1917, Kiev se tornou uma importante cidade da República Socialista Soviética da Ucrânia e, a partir de 1934, sua capital.

Embora Kiev voltasse a sofrer sérios danos durante a 2ª Guerra Mundial, dessa vez **sua recuperação** no pós-guerra **foi rápida**, e, no final, a cidade continuou como a terceira maior da União das Repúblicas Socialistas Soviéticas (URSS). Então, mesmo com o colapso da URSS e a independência da Ucrânia em **24 de agosto de 1991**, Kiev se manteve como capital do país.

No final de 2004, durante o 2º turno da eleição presidencial no país – ocorrida em 21 de novembro –, e o início de 2005, a Ucrânia enfrentou a **Revolução Laranja**, uma série de protestos em resposta às maciças alegações de **corrupção**, à intimidação por votos e fraude eleitoral direta, em favor de Viktor Yanukovych.

A Suprema Corte da Ucrânia cancelou a eleição, realizando outra em 26 de dezembro de 2004, sob intensa fiscalização. Dessa vez os resultados finais deram a vitória a Viktor Yushchenko. Ele recebeu 52% dos votos, contra os 44% obtidos por Yanukovych.

Yushchenko foi então declarado o vencedor oficial. A posse ocorreu em 23 de janeiro de 2005, em Kiev, demonstrando o êxito da Revolução Laranja.

Vale ressaltar, entretanto, que o sucesso de Viktor Yushchenko deve ser creditado, em grande parte, ao apoio que recebeu da bilionária Yulia Tymoshenko. Esta, em retribuição, foi nomeada primeira-ministra do país.

Infelizmente, o governo de Yushchenko não agradou aos ucranianos. Depois de muitos problemas e discussões com Yulia Tymoshenko, ela foi afastada do cargo.

Mais uma vez o país enfrentou novas eleições, mas dessa vez a Ucrânia estava dividida. Os líderes das três facções eram Viktor Yushchenko, Yulia Tymoshenko e Viktor Yanukovych, que, aliás, voltou a ser candidato e venceu as eleições, ficando no poder de 2010 a 2014.

Sua maior promessa foi erradicar a **corrupção** da Ucrânia. Assim, ele deu início a uma caça a todos que considerava envolvidos nessa prática. Neste sentido, Yanukovych se concentrou primeiramente em seus inimigos políticos, e, logo de saída, mandou prender Yulia Tymoshenko. Isso gerou uma nova onda de protestos em Kiev e provocou a segunda Revolução Laranja. Então, depois de ter cometido uma série de irregularidades e ilegalidades, Yanukovych evitou a prisão, fugindo para a Rússia.

Realmente, a nova grande crise ucraniana começou em 21 de novembro de 2013, quando Yanukovych suspendeu os preparativos para aplicação de um acordo de associação com a UE.

Essa decisão resultou em protestos em massa dos seus opositores.

Depois de meses de tais protestos Yunukovych foi deposto pelos manifestantes em 22 de fevereiro de 2014.

Depois de sua destituição, distúrbios se desenvolveram nas regiões leste e sul, em grande parte por russófonos da Ucrânia.

Uma crise política se seguiu na região autônoma ucraniana da Crimeia, que resultou na sua anexação pela Rússia em 18 de março de 2014 (!?!?)

Posteriormente, os distúrbios nas *oblasts* ucranianas de Donetsk e Luhansk evoluíram para uma guerra entre os insurgentes pró-russos e o governo ucraniano pós-revolucionário.

Em 25 de maio de 2014, após um período tumultuado desde a destituição de Yunukuvych, foi eleito para presidente do país o empresário e bilionário Petro Poroshenko, que conseguiu de forma razoável "pacificar" o país.

O fato é que a Ucrânia tem procurado se estabilizar e, para isso, conta com o apoio de países importantes da Europa, como a Alemanha. Porém, ela ainda sofre em função da forte dependência que tem em relação à Rússia, uma vez que precisa do gás fornecido pelo país vizinho, mas, ao mesmo tempo, não tem conseguidos recursos suficientes para arcar com seus custos e suas dívidas.

Bem, vamos torcer para que a Ucrânia consiga se desvencilhar da pressão russa e, quem sabe, continue se desenvolvendo como um país independente. O fato é que Kiev é uma incrível metrópole e possui todos os ingredientes para ser considerada uma **cidade criativa**. Talvez agora com um novo prefeito (desde 2014) que viveu muitos anos na Alemanha, o gigante ex-campeão de boxe Vitali Volodymyrovych Klitschko, a cidade consiga as diversas melhorias que já caracterizam as mais importantes cidades da Europa.

De todo modo, Kiev já dispõe de muitas atrações e "novidades" que, aos poucos, têm atraído para a cidade cada vez mais turistas. Aliás, estima-se que em 2016 o número de turistas estrangeiros tenha chegado a quase 1 milhão de pessoas.

Veja a seguir algumas delas.

1ª) Cerca de 46% dos habitantes de Kiev possui educação secundária ou superior completa. Isso já nos dá uma ideia de que lá existem muitos **talentos**.

Na realidade, e como já mencionado, existem em Kiev muitas boas universidades. Entre as principais estão: a Universidade Nacional Taras Shevchenko, a Universidade Técnica Nacional, que inclui o Instituto Politécnico Igor Sikorsky Kyiv, e a Academia Kyiv-Mohyla.

Porém, existem mais de 200 IESs em Kiev, o que permite aos jovens optarem por praticamente qualquer área de estudo. E, embora a educação de modo geral continue nas mãos do Estado (pelo menos em grande parte), o número de IESs privadas tem crescido na cidade.

No campo da pesquisa científica, por exemplo, os estudos são realizados em muitos dos institutos de pesquisa afiliados à Academia Ucraniana de Ciências. E, entre outras coisas, Kiev tornou-se famosa pelos avanços na ciência de computação.

2ª) Ao longo dos séculos, Kiev sempre conservou sua importância cultural e, até mesmo em tempos de relativa decadência, ela se manteve como **centro do cristianismo ortodoxo oriental**!!!

Seus locais sagrados incluem Pecherska Lavra (o "mosteiro das cavernas") e a catedral de Santa Sofia. Ambos são importantes pontos turísticos. De fato, são tão famosos que foram reconhecidos pela Unesco como itens do patrimônio mundial – os dois estão incluídos entre as **"sete maravilhas da Ucrânia"** – e têm atraído ao longo de séculos um grande número de peregrinos de muitas partes do mundo.

3ª) Uma parte importante da cultura de Kiev pode ser vislumbrada nas apresentações nos diversos teatros existentes na cidade, como na sua Ópera, no Teatro Acadêmico Nacional Ivan Franko, no Teatro Acadêmico Nacional Lesya Ukrainka, no Teatro de Bonecos, ou acompanhando a *performance* da Filarmônica Nacional da Ucrânia.

4ª) Em Kiev existem diversas opções em termos de museus, dentre os quais estão: o Museu Histórico de Kiev, o Museu da Grande Guerra Patriótica, o Museu de Arte Nacional da Ucrânia, o Museu de Arte Ocidental e Oriental, o Centro de Arte Pinchuk e o Museu Nacional de Arte Russa. Para quem gosta de cinema, uma sugestão é o Estúdio de Filmes Dovzhenko, e, para quem curte arte circense, uma boa pedida é ir ao Circo de Kiev.

5ª) Em geral, os ucranianos se "emocionam" com esportes, como: o futebol, cuja principal equipe na cidade é o Dínamo de Kiev; o basquete e o hóquei no gelo.

Recorde-se que os Jogos Olímpicos de Verão de 1980 na então URSS, apesar de sediados em Moscou, tiveram algumas partidas disputadas no estádio olímpico na cidade de Kiev. Nele cabiam inicialmente 100 mil pessoas, mas com a reforma, quando foram instalados assentos individuais, passou a acomodar 83 mil espectadores.

Existem também na cidade outros bons estádios, inclusive o totalmente reformado estádio olímpico, para receber em 2012 as partidas da Eurocopa, a principal competição de futebol da Europa. Lembrando que na ocasião Ucrânia e Polônia fizeram uma parceria para sediar a competição, mas a participação dos dois países foi sofrível. A vitória ficou com a Espanha, que já ostentava o título de campeã mundial de 2010.

6 **a)** Kiev é atualmente uma mistura entre o **velho** e o **novo**. Isso inclui desde seus habitantes – há muitos jovens, mas também uma grande quantidade de idosos – até a arquitetura de seus prédios e de suas lojas.

No que se refere à população, depois de um rápido crescimento entre os anos de 1970 e meados da década de 1990, o número de habitantes continuou aumentando de modo mais consistente após a virada do milênio.

Já em termos arquitetônicos, o centro de Kiev apresenta um enorme contraste. Está repleto de novas construções modernas em meio a uma profusão de apartamentos amarelos-claros, azuis e cinzas construídos há algumas décadas.

O centro de Kiev é mantido bem limpo. Seus edifícios foram restaurados e redecorados, especialmente os da rua Khreshchatyk e da praça da Independência, onde também estão os imóveis mais caros. O mesmo acontece com os distritos (*raions*), em especial o de Obolonskyi, que estão ao longo do rio Dnieper.

Muitas áreas históricas de Kiev, como a descida (ou subida) da íngreme Andriyivskyy se tornaram locais para o comércio de rua, onde é possível encontrar e adquirir não apenas artigos da arte tradicional ucraniana, mas também artigos religiosos, livros, jogos (principalmente o xadrez) e joias.

Um marco arquitetônico histórico é o palácio de Mariyinsky, que foi desenhado em 1745 e construído originalmente até 1752 (no início do século XIX o prédio pegou fogo e teve de ser reconstruído em 1870). Há também várias igrejas ortodoxas, com o mosteiro de São Miguel das Cúpulas Douradas, a igreja do Santo André e a catedral de Santo Vladimir, além, é claro, do Portão de Ouro (reconstruído na década de 1990), entre outras edificações religiosas.

Entre os marcos mais modernos estão a gigantesca estátua da Pátria Mãe, que possui 62 m de altura e foi feita em titânio. Ela está localizada nas proximidades do Museu da Grande Guerra Patriótica, na margem do rio Dnieper.

Outros locais notáveis são o hotel Salut, um edifício cilíndrico que fica em frente à praça da Glória e da chama eterna do túmulo do soldado desconhecido – um memorial da 2ª Guerra Mundial – e a Casa com Quimeras.

Entre os monumentos mais conhecidos de Kiev estão a estátua de Bohdan Khmelnytsky montado em seu cavalo preto, uma obra do artista Mikhail Mikeshin; o venerado Vladimir, o Grande (que virou santo Vladimir), e a homenagem aos lendários fundadores da cidade Kyi, Shchek, Khoryv e Lybid, perto do dique do rio Dnieper. E, na praça da Independência, duas colunas altas trazem no topo os dois protetores da cidade: o arcanjo Miguel e a deusa protetora Berehynia, esta última uma invenção moderna.

7ª) Kiev é a cidade irmã de Brasília, mas dá um banho em nossa capital no que se refere a áreas verdes, até porque ela está inserida na lista das 20 cidades mais verdes da Europa!!!

8ª) Estima-se que em 2016 o PIB da cidade tenha ultrapassado os US$ 50 bilhões, o que representa 22% do PIB da Ucrânia. A cidade abriga cerca de 10,79% da população do país e a grande maioria dos empregos está concentrada na prestação de serviços (80%), com um nítido crescimento dos setores de finanças e TI.

9ª) O transporte público em Kiev conta com metrô, ônibus, trólebus e bondes. Um meio de transporte incomum na cidade é o funicular (vagão puxado por cabo) que sobe a íngreme margem direita do rio Dnieper, conectando o distrito de Podil, transportando algo em torno de 15 mil pessoas por dia. Ele foi construído entre os anos de 1902 e 1905, e está aberto ao público desde 7 de maio de 1905. Já passou por uma série de restaurações em 1928, 1958 e 1984, e muitos turistas consideram o passeio no funicular um programa incrível.

Nos últimos anos foram introduzidos na cidade muitos micro-ônibus (*marshrutkas*) de propriedade privada, que seguem itinerários convenientes para os passageiros. Os serviços de taxi em Kiev são caros, mas já houve na cidade uma antecipação ao Uber – residentes donos de carro fornecem o serviço de táxi no sistema *ad hoc*. Isso quer dizer que, ao perceber que pessoas desejam pegar um taxi, motoristas se oferecem para prestar esse serviço, naturalmente em troca de pagamento pela corrida.

Para o transporte suburbano uma boa opção são os trens (*elektrichkas*) que atendem várias regiões (nordeste, sudeste, sul, sudoeste e oeste). De fato, a ferrovia é a principal modalidade de transporte intermunicipal. Ela foi aprimorada com a reforma da grande estação ferroviária de Darnytsia, junto com a inauguração em 2011 de uma nova e imponente ponte – *New Darnytskyi Bridge* – sobre o rio Dnieper.

Chegar de carro a Kiev é possível, mas as estradas que existem precisam de grandes melhorias. Talvez isso se deva ao fato de o uso do carro não ter feito parte da cultura da cidade no passado, e só estar ganhando espaço agora – no tempo da URSS, poucas pessoas eram proprietárias de automóveis.

O aeroporto de Kiev, – Boryspil – já é servido por várias companhias internacionais e seu movimento tem crescido ano a ano. Esse aeroporto foi ampliado e modernizado para receber principalmente os espectadores dos jogos de futebol da Eurocopa, em 2012, mas ainda não é o que uma cidade importante como Kiev merece!!!

A LIÇÃO DE KIEV

Inicialmente, devo confessar que nasci em 1941 numa cidade ucraniana, próxima ao rio Dnieper, que fica a uns 600 km da capital ucraniana.

Tive a oportunidade, em 2011, de visitar Kiev e realmente fiquei impressionado com o que foi feito nela em apenas duas décadas de independência, inclusive no que se refere à luta para abandonar a língua russa e transformar o ucraniano de fato no idioma de todos – por sinal, vale ressaltar que embora ambos os idiomas usem o alfabeto cirílico, **o russo difere bastante do ucraniano!?!?**

Claro que isso não é fácil, pois todos aqueles que atualmente (2017) tem mais de 35 anos foram alfabetizados com o **russo**!!!

É natural que isso seja em parte facilitado pelo fato de os dois países terem se tornado adversários, estando envolvidos em várias disputas em andamento. Isso estimulou o surgimento de um **nacionalismo** que exige que todos se comuniquem em ucraniano.

Note-se que o último presidente deposto no país, Victor Yanukovych, não dominava o ucraniano.

Isso também está provocando um intenso *revival* de filmes, peças teatrais, óperas, balés etc. Portanto, são os vários setores criativos que estão ajudando a consolidar a plena independência da Ucrânia.

Então, a lição neste caso é **linguística**: o Brasil tem procurado, sem muito sucesso, unificar a gramática da língua portuguesa. Porém, nosso país não deveria mais se preocupar com isso, uma vez que serão o nosso sotaque e a nossa forma de escrever e falar que irão preponderar graças, inclusive, à influência mundial de nossas músicas, nossas novelas e nossa literatura!!!

    O que nós devemos fazer é criar nos jovens a perspectiva de que, além da língua portuguesa, eles também precisam dominar o **inglês**, pois esta é a língua mais falada no mundo!!!

Um aspecto de alguns hotéis, na *The Strip*, em Las Vegas.

2.17 - Las Vegas

PREÂMBULO

Ainda que Las Vegas se trate de uma criação do capitalismo, um lugar um tanto quanto artificial, isto por si só não tem nada de negativo, pois o homem que é a maior criação de Deus, foi capaz fazer coisas maravilhosas como essa cidade construída no meio do deserto e que após umas três décadas transformou-se em um dos principais destinos turísticos do mundo!!!

É na Las Vegas Boulevard, cujo trecho principal é chamdo de *The Strip*, tendo 6,7km de extensão, que estão os megalomaníacos hotéis-cassinos da cidade. Essa avenida é o centro nervoso de Las Vegas, um festivo oásis, contornado por montanhas avermelhadas que formam o conjunto de desfiladeiros do Grand Canyon.

A HISTÓRIA DE LAS VEGAS

Se alguém quiser um exemplo concreto de uma cidade que vive da **EC** – música, artes cênicas, entretenimento, gastronomia, artes visuais etc. –, sem dúvida a resposta é **Las Vegas**.

Ela foi fundada em 1905 no deserto do condado de Clark, no Estado de Nevada nos EUA. Todavia, somente no fim da década de 1960, com os investimentos feitos pelo bilionário Howard Hughes – adquirindo muitos cassinos, hotéis e até estações de televisão em Las Vegas –, corporações legítimas também começaram a comprar hotéis-cassinos. Isso fez a cidade crescer muito. Na época, os cassinos eram comandados pela máfia, mas esta foi exterminada pelo governo federal nos anos seguintes, o que ajudou a levantar a região.

Outro fator que colaborou para o seu desenvolvimento foi a criação da importante base aérea de Nellis. O fluxo de pessoal militar e a criação direta de um número cada vez maior de empregos nos hotéis-cassinos ajudaram a iniciar uma explosão imobiliária, que, aliás, ainda continua atualmente.

Las Vegas passou a ter também uma elevada concentração de empresas tecnológicas, cujo foco eram jogos eletrônicos, e do setor de telecomunicações, como: World Doc, Switch Communications, Skywire Media, Petroglyph, Datanomics, CommPartners, Bigelow Aerospace etc.

Talvez por causa disso aconteça em Las Vegas todos os anos (em janeiro) a feira internacional de produtos eletrônicos, ou seja, a International Consumer Electronics Show (CES). Embora existam outros eventos dessa natureza na cidade, O CES é a maior do mundo. Além de jornalistas, ela atrai cerca de 160 mil profissionais da área, mas é fechada para o grande público.

Vale ressaltar que boa parte de tudo o que acontece em Las Vegas tem como palco o interior de **seus enormes hotéis**. E que hotéis...

Vejamos a seguir algumas características ou chamarizes dessa linda cidade norte-americana.

1ª) **Hotéis** – A cidade abriga vários hotéis que já figuraram entre os melhores do mundo (!!!), onde, aliás, estão restaurantes e lojas sensacionais. Somente no ano de 2016, hospedaram-se ali cerca de 46 milhões de visitantes, que permaneceram pelo menos uma noite na cidade. É no interior dessas gigantescas construções que acontecem os grandes *shows* de Las Vegas. Seus enormes salões abrigaram, somente em 2016, cerca de 21 mil convenções, conferências e seminários, além de **competições esportivas** – em especial lutas de boxe. De fato, o simples passeio pelos arredores e saguões desses hotéis já faz parte do **entretenimento**.

Por tudo isso, tanto as ruas da cidade como o interior dos hotéis apresentam uma elevada concentração de pessoas, o que faz com que elas precisem aprender a se desviar umas das outras ao caminhar por ali. Outro aprendizado importante é saber fugir de aglomerações – especialmente na hora de sair de algum evento – e enfrentar enormes filas.

O incrível é que, mesmo com tamanha procura nesses majestosos hotéis de Las Vegas, as tarifas são relativamente baixas – particularmente em alguns dias da semana, e desde que não haja no local alguma convenção internacional, é claro. Por essa razão, Las Vegas se tornou mundialmente conhecida como **"o paraíso do turismo em massa"** e **"a capital mundial do entretenimento"**. Outro apelido famoso é **"a capital do pecado"**, uma vez que entre os motores econômicos da cidade está o **jogo de azar**. Este foi legalizado no Estado de Nevada em 19 de março de 1931. Outras as atividades comuns são as ligadas à prostituição e, lamentavelmente, ao consumo de drogas.

Um dos maiores hotéis da cidade é o Venetian, que, interligado à torre *Palazzo*, possui mais de 4.000 quartos, com boa parte sendo suítes, e uma área de cassino de 11 mil m². Ali verdadeiras fortunas foram perdidas...

Sua arquitetura reproduz o palácio Ducal, na praça São Marcos, em Veneza, e inclui canais, gôndolas, fontes, estátuas, tudo isso ao som de música italiana. Sem dúvida, o Venetian é o mais elegante entre os hotéis temáticos de Las Vegas.

A algumas centenas de metros dali fica outra "perplexidade" arquitetônica: o Paris Las Vegas Resort and Cassino, com seus cafés inspirados em Saint Germain circundando uma réplica da torre Eiffel.

2ª) Atrações – Existem muitas atrações interessantes na cidade. Por exemplo, quem puder (e quiser) gastar um pouco, pode ter emoções incríveis dentro dos próprios hotéis ou nos seus arredores.

Uma opção, por exemplo, é conhecer o bar que ocupa o 107º andar da torre do hotel Stratosphere, a mais alta de Las Vegas. Dali tem-se uma vista magnífica em 360º, especialmente à noite, e pode-se admirar toda a cidade bebendo um martini clássico – a bebida premiada do bar.

Para quem gosta de emoções, a torre também oferece um parque de diversões com "brinquedos" radicais, como: o *bungee jumping* a 250 m de altura; o *Big Shot*, um elevador com 50 m de queda livre instalado no topo da torre; o *X-Scream*, um barco mecânico que se projeta para fora da torre; e a *Insanity*, uma estrutura giratória em cujas garras estão acoplados assentos. Neles, só os destemidos se metem.

No The Linq pode-se dar uma volta na roda gigante *High Roller*. Inaugurada em 2014 no pátio do hotel, a estrutura de 168 m de altura faz com que muitas pessoas sintam dificuldade até para respirar. Trata-se de uma roda-gigante bem alta (levando-se em consideração os 10 m de altura da base). Ou seja, ela é mais alta que a *Singapore Flyer* (165 m), a *Star of Nanchang* (160 m, na cidade de Nanchang, na China) e a *London Eye* (135 m).

Entretanto, a *High Roller* não é a mais alta do mundo, pois tem-se um em Nova York com 191 m e outra prestes a ser inaugurada em Dubai, a *Dubai Eye*, com 210 m.

Nela, além da volta básica que dura 30 min, existem as seguintes opções: *happy hour*, com bebidas a vontade por meia hora; degustação de chocolates; aula de ioga; e festa de casamento – todos esses eventos realizados dentro de cabines com capacidade máxima de 40 pessoas cada!!! Isso que é **roda gigante, não é?**

Ao lado do hotel New York, New York, está o The Park, onde fica a arena de *shows* T-Mobile na qual se apresentam artistas de renome, como os Rolling Stones, tem-se área de restaurantes temáticos, como o *Sake Rok*, e está uma uma obra de arte: a bela escultura *Bliss Dance*, uma dançarina de 12 m de altura do artista Marco Cochrane.

Las Vegas é o único lugar do mundo, fora do Canadá, que possui uma base fixa da companhia Cirque du Soleil. Em 2016, havia oito espetáculos diferentes desse renomado grupo espalhados por oito hotéis da cidade.

Também em Las Vegas podem ser apreciadas exposições de pintores renomados, como Pablo Picasso, ou mostras com quadros vindos do acervo de um dos maiores museus do mundo: o Hermitage, de São Petersburgo, na Rússia.

Para os que desejam se emocionar com os melhores musicais do mundo – que também já foram apresentados na Broadway, em Nova York –, ou mesmo com espetaculares *shows* ao vivo (alguns que só acontecem em Las Vegas), com cantores e cantoras, como: Britney Spears, Plácido Domingo, Céline Dion, Rod Stewart, Taylor Swift etc., basta ir a Las Vegas. Aliás, para os aficionados em música mais pesada, agora também existe na cidade uma edição do *Rock in Rio*.

Há, entretanto, muitas outras diversões que vão além de zanzar de hotel em hotel, vendo e fotografando, sem gastar praticamente nada. O fato é que a cidade de Las Vegas é, de fato, **um gigantesco parque de diversões**.

3ª) Casamentos – Las Vegas é o destino oficial de muitas despedidas de solteiros e até de alguns dos casamentos mais excêntricos do planeta.

Imagine, por exemplo, deparar com a seguinte situação: Elvis Presley no altar, atuando ao mesmo tempo como padre e mestre de cerimônias. Ao lado dele, está um ansioso Homem de Ferro à espera de sua noiva!!!

A porta da capela se abre e surge a tal noiva com um elegante vestido curto branco, véu, buquê e sapatos vermelhos!!!

Os convidados dançam, enquanto Elvis se divide entre realizar a celebração, posar para fotos e cantar as músicas escolhidas pelo casal.

Tudo isso dura no máximo 15 min e termina com os noivos e os convidados superanimados, prontos para cair na noite de Las Vegas.

Vale destacar, entretanto, que casar em Las Vegas não é algo tão imediato como sugerido em alguns filmes. Burocracias como exame de sangue e proclamas são dispensáveis, e a licença de casamento sai no mesmo dia, num processo bem ágil. A maior parte das capelas, **entretanto**, pede ao menos 1 dia para organizar papeis, decoração e a disponibilidade do mestre de cerimônias. São cerca de 50 na cidade, com tamanhos e estilos variados, estando algumas localizadas nos grandes hotéis-cassinos (como Wynn, Caesar Palace, MGM Grand, Venetian etc.) e outras entre Downtown (centro) e *The Strip*.

Esses casamentos só não se realizam se os noivos tiverem menos de 18 anos, se um deles já estiver casado ou se forem parentes próximos, como primos.

O fato é que Las Vegas possui o maior registro de matrimônios do mundo (!!!), sendo que diversas celebridades já se casaram lá (como, Elvis e Priscilla Presley, Richard Gere e Cindy Crawford, Jon Bon Jovi e Dorothea etc.).

A maior parte dessas capelas oferece atendimento *on-line*, o que significa que os noivos podem acertar todos os detalhes do casório pela Internet. Isso inclui decoração, fotos e até mesmo a encomenda de um ministro vestido de Elvis Presley para celebrar a cerimônia.

Também existem pacotes fechados, como o que inclui, digamos, o aluguel de uma fantasia do Homem de Ferro (para o noivo), um vestido de noiva, buquê, limusine (ida e volta do hotel), fotos, pelo menos três canções e um sermão do mestre de cerimônias, que acaba custando algo próximo de US$ 800. Comparando-se com o que é preciso "doar" para as nossas igrejas para realizar um casamento decente, não é uma bagatela?

4ª) Iluminação – Tem gente que se acostumou a chamar a capital francesa, Paris, de "Cidade-Luz". Porém, esse apelido lhe foi atribuído não pela iluminação propriamente dita, mas principalmente pelo fato de muitos intelectuais terem desenvolvido ali suas obras, e também porque nela ocorreram muitas eventos e descobrimentos que alterariam para sempre os rumos da humanidade.

De acordo com a Nasa (sigla da National Aeronautics and Space Administration), quando visualizada do espaço, Las Vegas é **a cidade mais brilhante** do planeta. A iluminação de seus edifícios é, de fato, resplandecente. Com uma população estimada em 650 mil habitantes – e em 2,3 milhões na sua região metropolitana –, Las Vegas representa a maior aglomeração urbana do Estado de Nevada.

5ª) Jogos e outros negócios – Nos últimos anos a administração municipal e os proprietários de hotéis têm procurado dar prioridade ao **turismo estrangeiro**, visto que em 2015 os números apontavam que cerca de 80% dos turistas em Las Vegas viviam nos EUA. Ou seja, somente 20% dos visitantes vieram de outros países (e, desse grupo, os brasileiros apareciam em sexto lugar).

Todavia, por mais que a cidade funcione como um permanente centro de recreação, 71% dos visitantes dirigem-se para lá com o intuito de **jogar**. A média de gastos em jogos é de US$ 530 *per capita*. Façamos uma pequena conta: se a cada ano a cidade recebe, em média, 32 milhões de turistas interessados nos cassinos, qual é a receita anual desses estabelecimentos!?!? **Algo próximo de US$ 17 bilhões**!!! Mas vale lembrar que esse montante está aumentando, uma vez que o número de turistas viciados em jogo também está crescendo...

Outros negócios também geram grandes receitas. Um bom exemplo foi o evento que ocorreu em agosto de 2015 no hotel Bellagio – que possui 3.933 quartos e emprega cerca de 10 mil funcionários. Na ocasião ele abrigou a *27ª Virtuoso Travel Week*, que, sozinha, gerou um volume de negócios de US$ 450 milhões.

Durante esse encontro, a Virtuoso – maior rede de turismo de luxo no mundo – divulgou o seu estudo geracional. Na ocasião, o *chairman* e *CEO* da empresa, Matthew Upchurch, destacou: "Nunca nessa indústria se viu quatro gerações viajando ao mesmo tempo. Isto está se provando uma revolução sem precedentes no turismo de luxo."

Só para esclarecer, a Virtuoso faz a seguinte divisão entre seus clientes: **maduros** ou **veteranos** (de 69 a 90 anos), ***baby boomers*** (de 50 a 68 anos), **geração X** (de 33 a 49 anos) e **geração Y** (de 22 a 32 anos), que alguns chamam de "**milenianos**".

Os milenianos, por exemplo, têm como característica achar que tudo pode ser resolvido por meio dos seus *smartphones* (aliás, esta crença está se ampliando para todas as outras idades...). Seu gasto médio diário é 62% mais baixo do que aquele dos maduros (o que é até natural, uma vez que essas pessoas não têm muitos motivos para guardar tanto o seu dinheiro...).

Porém, são os *boomers* os que mais gastam. Eles representam a maior concentração de viajantes "ultrarricos". A geração X, de acordo com o estudo, é a **menos leal** a marcas e faz suas compras fortemente influenciada pelos preços.

Claro que, apesar de não ter sido citada no estudo da Virtuoso, não se pode esquecer da quinta geração, a Z. Ela abriga aqueles que em 2017 têm menos de 21 anos, mas ainda viajam com os seus familiares...

6ª) Revitalização – Num estudo recente constatou-se que somente **36%** dos turistas que vão a Las Vegas passam por Downtown Vegas, local onde a cidade foi fundada. O lugar fica a uns 10 min de táxi da via principal, a *The Strip*. Porém, há fartas indicações de que esse percentual irá mudar muito, uma vez que essa parte mais velha da cidade está ressurgindo como um lugar *cult* (cultuado).

Tony Hsieh, *CEO* da Zappos – empresa norte-americana de *e-commerce* de sapatos e roupas (vendida para a Amazon em 2009 por US$ 1,2 bilhão) – é um empresário que está por trás da transformação do antigo centro de Las Vegas para torná-lo mais atraente.

Neste sentido, desde 2011, ele anunciou que doaria parte de sua fortuna para financiar o *Downtown Project*, um plano urbano para revitalizar essa parte mais antiga de Las Vegas.

A ideia dele é convencer diversas *start-ups* (empresas iniciantes) a se estabelecerem ali, tendo como objetivo atrair não apenas mais negócios nos setores de jogos e entretenimento, mas, de forma mais específica, que fomentem a **arte** e a **música**!!!

Foi assim que surgiram na Downtown Vegas centros de lazer com o *Container Park*, um espaço repleto de restaurantes e lojas. Eles estão instalados em contêineres coloridos e, nos fins de semana, abrigam eventos gratuitos.

Dessa maneira muitas lojas decadentes e vários estúdios de tatuagem foram dando lugar a galerias de cores modernas com decoração retrô. Lá, as construções são baixas e as calçadas largas, parecendo desse modo a antítese de todos os excessos que se apresentam na *The Strip*.

A mudança que está ocorrendo na Downtown Vegas é impressionante. Ao contrário da linguagem "tudo junto e misturado", típica da Las Vegas turística, nela agora só se nota o despojamento e o minimalismo.

Assim o *Terapy* (inaugurado em 2015), têm o chão de cimento, as tubulações expostas e a arquitetura com madeira e metal.

A clientela mais expressiva é de pessoas na faixa dos 30 anos. Os pratos são feitos com ingredientes locais e a casa, inclusive, informa as fazendas onde foram produzidos!!!

De fato, não se pode esquecer que a **experiência gastronômica** é um dos pontos fortes de Las Vegas, visto que nos seus hotéis existem não apenas restaurantes estrelados como também os ***casual dinings*** de sotaque oriental. **Há de tudo!!!**

Os restaurantes, por sinal, tornaram-se uma espécie de recanto, como um mundo à parte, onde a elegância de seus garçons substitui os decotes generosos das garçonetes dos cassinos.

Alguns dos mais famosos *chefs* do momento – como Joël Robuchon, Alain Ducasse, Pierre Gagnaire, Guy Savoy, Mario Batali etc – têm atualmente seus restaurantes em Las Vegas.

O *chef* Alain Ducasse, por exemplo, abriu o *Rivea* em outubro de 2015 no hotel Delano. Ele fica ao lado do Mandarim Oriental e do Four Seasons, que fazem parte do time de hotéis de luxo sem cassinos, que apostam numa nova clientela em busca de outra atmosfera na cidade.

O simples fato de que, nesses hotéis, não é preciso atravessar uma extensa área de máquinas e mesas de jogo para se chegar até a ala dos quartos, já faz uma grande diferença para os hóspedes. Esses projetos estão enveredando para outro nicho, e apostam numa arquitetura contemporânea e menos *kitsch* (popularesco). Um bom exemplo desse propósito é o *shopping center* Crystals, que só tem lojas de grife e exibe mostras de artistas conhecidos, como o norte-americano James Turrell.

Além das compras, os turistas também encontram em Las Vegas diversões incríveis como, por exemplo, a possibilidade de acelerar carros de luxo em circuitos fechados como o Exotics Racing.

Há ainda o ambiente tranquilo dentro dos museus que permite ao turista escapar do frenesi das multidões nas ruas e nos saguões dos hotéis.

Pois é, se alguém quiser caracterizar uma cidade como **criativa**, onde a economia está praticamente toda centrada na **diversão** (inclusive com algumas práticas não muito recomendadas...), no **entretenimento**, na boa **gastronomia** (com a transformação de quase todos os visitantes em verdadeiros *gourmands*, ou seja, gulosos, apreciadores de comida e bebida), no **turismo de negócios** etc., saiba que essa se trata de Las Vegas, sem dúvida.

7ª) Música – Veja, por exemplo, uma incrível curiosidade sobre Las Vegas: em outubro de 2016 a notável cantora canadense Céline Dion alcançou a marca de **1.000! concertos** no Colosseum, teatro do famoso hotel Caesars Palace.

Com um contrato de exclusividade, Dion alcançou esse número de *shows* após 14 anos consecutivos de apresentação nesse hotel. E ela já concordou com uma nova temporada de 57 *shows* na cidade, em duas etapas, a primeira entre novembro de 2016 até fevereiro de 2017, e a segunda de abril a julho de 2017.

Os ingressos para vê-la cantar saem entre US$ 55 e US$ 500, dependendo do lugar em que o expectador se sentar no Colosseum – onde, aliás, cabem 4.298 pessoas. Pode-se dizer, portanto, que os valores arrecadados pelo hotel e pela cantora representam números bastante significativos, não é? Também dá para perceber que o Caesars Palace atrai muitos dos seus hóspedes graças a Céline Dion.

A LIÇÃO DE LAS VEGAS

Espelhar-se em Las Vegas, ou querer que uma cidade brasileira seja semelhante a ela, é algo quase **impossível**, até porque o jogo é atualmente proibido no Brasil.

Todavia, Macau (na China) conseguiu replicar muita coisa do que existe em Las Vegas. Acredita-se que, inclusive, o montante arrecadado com as apostas na cidade chinesa (com jeito português) seja maior que na **"cidade do pecado"**.

Deve-se, contudo, recordar que o jogo já foi permitido em nosso País. Foi nessa ocasião que a cidade de Petrópolis floresceu com o seu cassino instalado no famoso hotel Quitandinha. Também existia no Palace Cassino na cidade mineira de Poços de Caldas e em outras cidades brasileiras.

O fato é que se hoje o jogo continua proibido no Brasil, isso não significa que não possa voltar a ser autorizado. Nesse caso, muitos brasileiros viciados em jogo deixariam de ir para Las Vegas, ou até mesmo para um local bem mais perto, como em Punta del Este, no Uruguai.

Las Vegas cresceu porque investimentos bilionários foram feitos na construção dos hotéis e na criação de uma grande variedade nas diversões oferecidas aos visitantes.

Isso também não é viável para as cidades brasileiras – inclusive para as grandes metrópoles, como São Paulo e Rio de Janeiro –, pelo menos não nas próximas décadas...

Entretanto, a curto ou médio prazo é possível ter nas cidades do Brasil algo como o que está sendo feito na Downtown Vegas: a **revitalização** de locais e centros antigos, assim como a abertura de muitos restaurantes e várias casas com música ao vivo. Isso atrairia muita gente que quisesse se distrair e passar algumas horas curtindo a vida de maneira agradável.

Entre as candidatas diretas para essa transformação seria possível indicar algumas capitais do Nordeste, como Natal, São Luís e João Pessoa. As três têm uma grande vantagem sobre Las Vegas: suas praias e belezas naturais nas proximidades!!!

Qualidade de vida é o que almejam todas as pessoas e, sem dúvida, não somente os próprios moradores dessas cidades, mas também muitos de outras regiões viajariam para lá, em especial nos períodos de férias, para desfrutar de um ambiente atraente, animado e seguro, não é?

A bem da verdade, Natal já está comemorando o fato de que, segundo alguns indicadores, ela é a 5ª cidade brasileira que mais recebe turistas no País!?!?

London Eye, *Big Ben*, o incrível edifício do Parlamento britânico etc., é isso que se tem em Londres!!!

2.18 - Londres

PREÂMBULO

Aí vão cinco curiosidades sobre Londres:

1ª) Quantas cabines possui a *London Eye*? Ela possui 32 cabines – cada qual representando um distrito de Londres –, mas sua numeração vai até 33. A 13ª cabine não existe. Será que é para não dar azar!?!?

2ª) Por que Londres tem este nome? Segundo alguns historiadores ele vem do rei Lud, que controlava a região antes da invasão romana no ano de 43.

3ª) A água do rio Tâmisa é poluída? Não, mas já foi. Atualmente o rio Tâmisa é um dos afluentes em perímetro urbano mais limpos e bem tratados do mundo. Todavia, suas águas já foram tão poluídas que o rio ficou conhecido como "o grande fedor".

4ª) Quais são as comidas preferidas dos londrinos? Pudim de Yorkshire, *muffins*, purê de batata e salsichas e torta de maçã.

5ª) Qual é a região londrina mais excêntrica? Camden Town, uma região famosa por abrigar um imenso mercado eclético, isso sem falar da diversidade musical. Dá para ouvir música brasileira, *rock* pesado, techno, salsa, *blues*, *jazz*. E tudo isso no mesmo lugar.

A HISTÓRIA DE LONDRES

Londres é a capital da Inglaterra, e também do Reino Unido (Inglaterra, Irlanda do Norte, Escócia e País de Gales). Ao longo de dois milênios ela se transformou de um simples povoado em uma metrópole que exerce forte influência global, e não apenas por ser um importante centro financeiro do mundo, mas por sediar mais de 50% das 100 melhores empresas do RU, e mais de 100 entre as 500 maiores da Europa. O fato é que Londres predomina em vários setores: **artes, cultura, moda, educação** e **entretenimento**.

Londres foi fundada pelos romanos em 43 d.C., como Londinia, no local que hoje representa o centro da capital inglesa. Na verdade, a antiga City of London – também conhecida como *The Square Mile* ("a milha quadrada") ou simplesmente *The City* – ainda mantém suas fronteiras medievais. Desde o século XIX, pelo menos, o nome "Londres" passou a ser usado em referência à metrópole que se desenvolveu a partir desse núcleo.

Hoje, a maior parte dessa conurbação constitui a região da Grande Londres, cuja área administrativa tem seu próprio prefeito eleito e sua própria assembleia.

Londres tem uma grande **diversidade de povos, culturas e religiões** – um ingrediente fundamental para se ter uma **cidade criativa** –, sendo que mais de 250 idiomas são falados ali.

Acredita-se que no fim de 2016 a população de Londres tenha ultrapassado 8 milhões de habitantes. Assim, incluindo-se a sua área urbana chega-se a 9 milhões de moradores. Já a sua região metropolitana (RML) tem cerca de 14 milhões de residentes.

Uma curiosidade: Londres sediou os Jogos Olímpicos de Verão de 1908, 1948 e 2012. Em cada uma dessas ocasiões a cidade passou por diversas melhorias, todavia, a maior renovação ocorreu para a realização de sua última Olimpíada.

A capital britânica é um polo turístico bastante popular e o turismo é sem dúvida um dos principais setores econômicos da cidade, tendo empregado em 2016 cerca de 450 mil pessoas. Nos últimos anos, a cidade tem recebido uma média de 35 milhões de visitantes ao ano. De fato, só em 2016, as despesas dos turistas em Londres renderam mais de 38 bilhões de libras.

Um dos lugares que os turistas não deixam de visitar é o palácio de Buckingham, cujo interior pode ser parcialmente percorrido nos meses de agosto e setembro. Só por curiosidade, o palácio tem 775 cômodos, 1514 portas, 760 janelas, 40 mil lâmpadas e 350 relógios!!!

Todos os dias, às 11h 30min, uma multidão se comprime junto aos portões para acompanhar a troca da guarda, que consiste no revezamento das tropas que saem e chegam para o novo turno.

Mas, além do palácio de Buckingham, as dez atrações mais visitadas em Londres são: o Museu Britânico, a galeria Tate Modern, a Galeria Nacional, o Museu de História Natural, a roda gigante *London Eye*, o Museu de Ciências, o Victoria and Albert Museum, o Madame Tussauds, o Museu Marítimo e a torre de Londres.

No que se refere ao Museu Britânico, ele foi o primeiro museu público do mundo, aberto em 1759. Nele há 8 milhões de peças históricas, que englobam desde o antigo Egito e Mesopotâmia até coleções de cerâmica e arte inca!!!

Mesmo sendo um edifício tão antigo, seu *hall* de entrada circular – por onde se tem acesso às quatro grandes seções temáticas – ostenta modernidade. Dentro desse museu é possível ver a pedra Roseta (peça que o Egito reclama como sua e por meio da qual o arqueólogo Champollion descobriu o significado dos hieróglifos egípcios), partes importantes do Partenon de Atenas, e um dos gigantes da ilha de Páscoa.

Se observar com atenção, o visitante poderá reconhecer locais onde foram feitos os filmes da série *Uma Noite no Museu*. Há, inclusive, roteiros noturnos guiados pelos cenários onde os filmes foram rodados.

Nos anos 1950, quando Londres se livrou dos escombros da 2ª Guerra Mundial (1939-1945), mesmo com a construção de prédios como o *Royal Festival Hall*, o bairro de South Bank se tornou um local cinzento. Na verdade, foram necessários outros 50 anos para transformar a antiga zona portuária em um bairro efervescente, o que ocorreu na virada para o século XXI.

Empreendimentos como a *London Eye*, o Tate Modern (antiga Tate Gallery) e o teatro Globe constituíram as bases dessa mudança. Outra ação que ajudou muito nessa revivificação foi a extensão da linha Jubilee do metrô, com a construção da estação Southwark nas proximidades do Tate Modern. A Gabriel's Wharf, uma vila *hippie* em cujos arredores existem butiques, lojas de artesanato e cafés, também exerceu papel importante nessa transformação positiva.

Falemos um pouco mais sobre a Tate Modern. Trata-se da maior galeria de arte contemporânea do planeta, desbancando inclusive o Centro Georges

Pompidou, de Paris, e o Museu de Arte Moderna (MoMA), de Nova York. Inaugurada em 12 de maio de 2000, e ampliada nesses últimos anos, a galeria se tornou o local mais visitado pelos turistas, atingindo em 2016 a marca de 6,5 milhões de visitantes.

Esse museu, cujo projeto original é de *sir* Giles Gilbert Scott, ocupa o prédio usado anteriormente pela antiga usina termelétrica de Bankside Power. Ele foi adaptado pelos arquitetos suíços Jacques Herzog e Pierre de Meuron.

O edifício da Tate Modern tem seis andares, ostenta um pé direito de 38 m e conta com um terraço panorâmico com vista para a arrojada ponte do Milênio (Millenium Bridge), uma estrutura de metal, a primeira a ser inaugurada sobre o rio Tâmisa, desde 1894.

Essa ponte, sobre o despoluído rio Tâmisa, permite ao visitante do museu Tate Modern chegar a pé à catedral de São Paulo (Saint Paul Cathedral), enquanto observa os passeios de barco – algo que, aliás, se tornou outra grande atração turística na cidade.

Quando o assunto é altura, temos aí perto a enorme roda-gigante *London Eye*, de 135 m, desenhada e concebida pela empresa Marks Barfield Architects. Trata-se de um projeto de difícil execução, uma vez que a estrutura pesa 1.900 toneladas. Suas partes foram fabricadas em diferentes países, que incluem – além da própria Inglaterra – a Alemanha, a República Tcheca e a França. Essa última foi responsável pela construção das 32 cabines envidraçadas, de *design* arrojado, que comportam 20 passageiros cada uma!!!

Erguida numa curva do rio Tâmisa, no lado sul do rio – numa região que ficava fora da jurisdição da *The City*, e que no passado abrigava os prazeres proibidos dos bordéis, das tavernas e dos teatros –, a estrutura oferece ao usuário uma vista belíssima de Londres, que é bem plana. Do topo descortinam-se os contornos da torre do *Big Ben* e das torres do Parlamento britânico, um complexo construído em estilo neogótico e inaugurado em 1859.

Aliás, o *Big Ben* está instalado numa torre de 106 m de altura, e, ao contrário do que muitos pensam não é o nome do relógio que se vê no topo, mas do sino, que sempre badala nas horas cheias.

A **arquitetura londrina** é de fato deslumbrante. Suas construções são muito diversificadas e caracterizam-se por vários estilos arquitetônicos distintos, em parte por causa das diferentes idades de suas edificações.

Vale ressaltar que poucas estruturas no centro de Londres são anteriores ao Grande Incêndio de 1666. Existem, entretanto, espalhados pela *The City*, alguns poucos vestígios da era romana – como a torre de Londres –, e alguns sobreviventes da era Tudor – como o *Hampton Court*, um palácio construído pelo cardeal Thomas Wolsey em 1515, o mais antigo desse período na Inglaterra.

Igrejas de Christopher Wren do final do século XVII, instituições financeiras dos séculos XVIII e XIX, como a Royal Exchange e o Banco da Inglaterra, e edificações do século XX, como o *Old Bailey* e o prédio residencial *Barbican Estate*, também fazem parte da variada herança arquitetônica da cidade.

A usina termelétrica de Battersea, construída em 1939 e atualmente desativada, também é um marco arquitetônico local. Como exemplos da arquitetura vitoriana temos alguns terminais ferroviários, em especial os das estações St. Pancras e Paddington.

O monumento ao Grande Incêndio relembra essa grande tragédia que arrasou a cidade em 1666, e que se originou nos arredores.

Localizado na Trafalgar Square está um dos principais pontos turísticos de Londres, a coluna de Nelson, um outro monumento reconhecido nacionalmente.

Os edifícios mais antigos foram construídos principalmente em alvenaria. Em geral eles usavam tijolos londrinos vermelhos ou alaranjados, e eram muitas vezes decorados com esculturas e molduras feitas em gesso branco.

Nas áreas mais densas há uma concentração maior de construções médias e altas. Os arranha-céus londrinos, como *Saint Mary Axe* (mais conhecido como *The Gherkin* ("O Pepino"), com 180 m, a *Broadgate Tower* (164 m) e o *One Canada Square* (235 m) encontram-se nos dois distritos financeiros da cidade, ou seja, na City of London e em Canary Wharf.

De fato, já existem atualmente muitos arranha-céus em Londres, sendo que o mais alto é o *The Shard* ("O Caco"), com quase 310 m de altura. Vale lembrar, entretanto, que a construção dessas estruturas elevadas ainda está restrita a determinados locais da cidade. O objetivo é não obstruir a vista de edifícios famosos, como a catedral de São Paulo e outros edifícios históricos.

Além dos já mencionados, outros edifícios modernos e icônicos são a sede da prefeitura, em Southwork, e a Biblioteca Britânica, em King Cross.

O que antes era conhecido como o *Domo do Milênio*, localizado às margens do rio Tâmisa, a leste de Canary Wharf, transformou-se num local de entretenimento e agora é chamado The O2 Arena.

O **entretenimento** em Londres tem diversas vertentes.

Por exemplo, em torno da Leicester Square, em West End, existe um grande centro de entretenimento onde ocorrem não apenas as estreias de filmes britânicos, mas também as internacionais.

Também em West End ficam os melhores teatros, bares, clubes, restaurantes, e, inclusive, o bairro chinês (no Soho) e a leste de Covent Gardens.

Quem for até Upper Street, em Islington, encontrará ao longo de 1,6 km de extensão uma quantidade maior de bares e restaurantes que em qualquer outra cidade do Reino Unido.

Já para aqueles que preferem ir às **compras**, recomenda-se a Oxford Street, uma rua de 1,6 km de comprimento – a rua comercial mais comprida do país – que representa um verdadeiro lar para diversos varejistas e lojas de departamento, incluindo a mundialmente famosa *Selfridges*.

Outra loja de departamentos igualmente famosa é a *Harrods*, cuja sede fica em Knightsbridge.

No âmbito da **arte** e da **moda**, Londres abriga muitas escolas de renome, o que transformou a capital num centro internacional de moda, ao lado de Paris, Milão e Nova York. Há na cidade nomes de prestigio, como: Vivienne Westwood, John Galliano, Stella McCartney, Manolo Blahnik e Jimmy Choo, entre outros.

Em termos de **gastronomia**, como resultado de sua população etnicamente diversa, a capital britânica oferece uma grande variedade de culinárias. Nela é possível degustar desde pratos típicos de Bangladesh até qualquer "delícia" chinesa, russa, brasileira, japonesa etc.

E, embora exista o mito de que a comida local é ruim, a cidade conta com alguns *chefs* renomados, como o inglês Jamie Oliver, por exemplo, que ajudou a eliminar essa ideia.

A cidade sedia uma grande variedade de **eventos anuais**, como a queima de fogos de artifício, na *London Eye*; a Parada do Dia do Ano-Novo; o Carnaval de Nothing Hill – considerado por alguns como a 2ª maior festa de rua do mundo; o desfile militar formal, realizado por regimentos da Commonwealth e por destacamentos do exército britânico para comemorar o aniversário da rainha, denominado *Trooping the Colour*; o *Lord Mayor's Show*, para celebrar o encontro anual de um novo *lord mayor* para Londres.

E falando em eventos importantes, no ano de 2000 Londres foi palco de uma importante celebração da **cultura brasileira** no exterior, sediando o *Festival Brasil 500 anos*, uma comemoração pelos cinco séculos do nosso descobrimento.

Com o envolvimento direto da nossa embaixada, durante cinco meses o nosso País promoveu uma enorme série de eventos, que incluíram *shows* de música popular e clássica, apresentações de teatro, cinema, artes plásticas, dança e literatura.

Esse megafestival teve seu início marcado por dois *shows* de Caetano Veloso, no Centro Cultural Barbican.

O futebol, o samba e a bossa nova entraram na programação com o amistoso entre o Brasil e a Inglaterra, realizado em maio (e cujo placar foi um insosso 1 x 1), o desfile da velha guarda da Mangueira e o primeiro concerto no país, de ninguém menos que João Gilberto.

Para que os britânicos não pensassem que no Brasil só temos tucanos ou jacarés, e o único cartão-postal é o Pão de Açúcar, eles puderam apreciar os dotes artísticos de Hermeto Pascoal, Chico César, Daniela Mercury, Elza Soares, Debora Colker, Arnaldo Cohen, Cristina Ortiz, Nelson Freire e atrações como o mais antigo bloco de rua de Salvador, o Ilê Aiyê; a companhia de teatro Grupo Galpão, a companhia de dança Grupo Corpo.

No Centro Cultural Barbican e no National Film Theater, foram exibidos filmes nacionais, como: *Terra Estrangeira* e *Central do Brasil*, de Walter Salles; *Bossa Nova*, de Bruno Barreto; e *Orfeu*, de Cacá Diegues. Já do "cinema novo", foram apresentadas as películas *Pixote*, de Hector Babenco, e *Eles não Usam Black-Tie*, de Leon Hirszman.

Os imortais da cultura brasileira também estiveram presentes, com a execução de obras de Villa-Lobos em vários recitais no Wigmore Hall – a principal casa de concertos de Londres – e de Carlos Gomes, bastante conhecido no exterior por obras como *O Guarani* e *Lo Schiavo*, que chegou ao palco do Sadler's Wells na montagem produzida por Fernando Bicudo.

Com relação à música popular brasileira, o jornal inglês *Evening Standard* – que classificou Caetano Veloso como o Bob Dylan brasileiro – ressaltou: "Foi a rebelde bossa-*rock Tropicália* de Caetano que enfureceu tanto os generais que o prenderam e exilaram. Ele é um compositor que escreve melodias tão fortes quanto as suas letras; toca violão com categoria e elegância; canta lindamente e, acima de tudo, não foi um rebelde sem causa, mas um genuíno herói sociopolítico."

Na literatura, a renomada autora Clarice Lispector foi tema de um seminário na Universidade Oxford.

Esse festival não promoveu o Brasil apenas em Londres, mas no mundo todo, mostrando que o país já tem muitos artistas, cineastas, escritores e compositores extremamente talentosos, e que tem evoluído em vários setores da **EC**!!! Além disso, ele ajudou Londres a ser mais do que nunca uma cidade criativa exuberante no decorrer de 2000!!!

Londres já foi cenário de algumas dezenas de **filmes** muito importantes, como por exemplo *Notting Hill* (realizado em 1999), sedia estúdios em Ealing, bem como centros de efeitos especiais e de pós-produção em Soho.

A cidade também é um importante centro de **produção televisiva**, sediando estúdios como o BBC Television Centre, The Fountain Studios e The London Studios. Aliás, muitos programas de televisão que depois se tornariam mundialmente conhecidos, foram criados especialmente pela BBC.

E como não poderia deixar de ser, Londres também foi cenário de muitas obras de literatura. De fato, centenas de escritores têm suas obras intimamente associadas com a cidade. Entre eles estão: William Shakespeare, Charles Dickens, Virginia Wolf, Ben Jonson, Daniel Defoe, Arthur Conan Doyle, Peter Ackroyd, Ian Sinclair, Geoffrey Chaucer etc.

No que se refere à **música**, Londres tornou-se uma das principais capitais dos estilos clássico e popular do mundo, sendo a sede de grandes corporações musicais, como a EMI, abrigando diversas bandas e muitos profissionais dessa indústria.

A capital é, por exemplo, a casa do genial Andrew Lloyd Webber, cujos musicais têm dominado West End desde o fim do século XX.

Existem em Londres várias instituições importantes ligadas à música e à dança, como: a Royal Opera, a English National Opera, o Royal Ballet e o English National Ballet, que se apresentam em locais como o Royal Opera House, o London Coliseum e o teatro Saddler's Wells. A cidade também é a sede de outras salas de concerto que abrigam importantes orquestras e espetáculos, como: o Barbican Centre (base principal da Orquestra Sinfônica de Londres), o Cadogan Hall (da Orquestra Filarmônica Real) e o Royal Albert Hall (The Proms). Este último, inclusive, abriga o maior órgão de tubos do RU, embora outros instrumentos magníficos estejam espalhados pelas grandes catedrais e igrejas londrinas.

Mas a cidade não vive apenas de música clássica. Quem for a Londres sempre terá à sua disposição diversos locais que apresentam espetáculos de *rock* e música *pop*, como: a Earls Court, a Wembley Arena e a O2 Arena. Existem ainda espaços de médio porte, como: Brixton Academy, Hammersmith Apollo e Shepherd's Bush Empire.

Em Londres tem-se plena condição de estudar música, pois existem vários conservatórios, como: a Royal Academy of Music, a Royal College of Music, a Guildhall School of Music and Drama e a Trinity College of Music.

São muitos os festivais e várias as premiações de música que acontecem na cidade. Um bom exemplo é o *Wireless Festival*.

Nos anos 1970 e 1980, cantores como Elton John, David Bowie, Elvis Costello, Cat Stevens, Ian Dury, Phill Collins e Sade, além de bandas como The Blacheads, The Kinks, Pink Floyd, The Rolling Stones, The Who, Electric Light Orchestra, Madness, The Jam, The Small Faces, Led Zeppelin, Iron Maiden, Fleetwood Mac, The Police, The Cure e Cream, conquistaram fama mundial com suas músicas inspiradas nas ruas e nos ritmos de Londres.

A cidade foi fundamental para o desenvolvimento da música *punk*, isso porque figuras como Sex Pistols, The Clash e Vivienne Westwood viverem na capital britânica (ou ainda vivem...).

Entre os artistas mais recentes a emergirem no cenário musical de Londres estão George Michael (1963-2016), Bananarama, Bush, East 17, Siouxsie and the Banshees, Spice Girls, Jamiroquai, Blur, The Prodigy, The Libertines, Babyshambles, Bloc Party, Munford & Sons, One Direction, Coldplay, Amy Winehouse (1983-2011) e Adele.

Londres também é um centro de música urbana. Em particular, gêneros musicais como o *UK garage*, *drum and bass*, *dubstop* e *grime* evoluiram na cidade a partir de estilos estrangeiros como o *hip hop* e o *raggae*, ao lado do *drum and bass* local.

Como curiosidade, o primeiro *Hard Rock Café* foi inaugurado em Londres, que também abriga os estúdios Abbey Road, onde os Beatles gravaram muitas de suas principais canções.

Além do já mencionado **Tate Modern**, Londres tem muitos outros **museus**, várias **galerias de arte** e uma série de instituições voltadas para as **artes visuais** e a **cultura**. Esses espaços acabaram se tornando algumas das principais atrações turísticas da capital, desempenhando assim um importante papel no incremento da economia local.

O Museu de História Natural (Biologia e Geologia), o Museus de Ciências e o Victoria and Albert Museum (voltado para a **moda** e o *design*) estão agrupados no "bairro museu", de South Kensington, apesar de que no Museu Britânico em Bloomsbury estejam artefatos históricos de todo o mundo.

A Biblioteca Britânica abriga mais de 150 milhões de itens, dentre os quais muitas raridades.

A maioria dos museus financiados pelo governo parou de cobrar ingressos para a visitação desde 2001, o que fez com que o número de visitantes aumentasse muito, ultrapassando a marca de 32 milhões por ano.

A galeria nacional de arte britânica está no Tate Britain, que foi originalmente criada como um anexo da National Gallery, em 1897.

Os britânicos gostam muito de alguns **esportes** como o tênis, o críquete, o rúgbi e o futebol, sendo que o último é de longe o mais **popular**. A cidade de Londres possui equipes renomadas, e, em 2016, cinco delas estavam participando da Premier League (a principal liga de futebol profissional). O Arsenal, o Chelsea, o Tottenham Hotspur, o West Ham e o Crystal Palace atraem multidões para os seus jogos, uma vez que todas as equipes são constituídas por talentosos jogadores dos mais diversos países do mundo.

O principal estádio de futebol é o Wembley, que após a reforma passou a ter capacidade para 90 mil espectadores.

A cidade tem também diversas equipes de rúgbi profissional, sendo que cinco delas participam da Aviva Premiership. O estádio nacional de rúgbi é o Twickenham, com capacidade para 84 mil pessoas.

O críquete em Londres é servido por dois estadios, sendo que o Lord's Cricket Stadium já foi o local de quatro finais da Copa do Mundo de Críquete (um esporte que ainda não é muito apreciado no Brasil, apesar de termos a Associação Brasileira de Cricket, fundada em 2001).

Não se pode esquecer que um dos principais torneios de tênis do mundo é o realizado pelo All England Club, ou seja, o torneio de Wimbledon. O Brasil já teve uma grande campeã em Londres: Maria Esther Bueno, vencedora em várias edições nas décadas de 1950 e 1960.

Outros eventos esportivos periódicos importantes são a maratona de Londres, que recebe cerca de 36 mil corredores que percorrem 42,2 km ao redor da cidade e a regata Oxford-Cambridge, no rio Tâmisa, entre Putney e Mortluke.

Como se pode perceber, em Londres a agenda esportiva é bem agitada.

Quem for a Londres fica impressionado com a quantidade de **parques** e **jardins** que existem na cidade, e que convidam os visitantes a caminhar ou apenas a ficar sentados, lendo algum livro ou enviando mensagens e fotos pelos seus *smartphones* para outras partes do mundo.

Os parques londrinos são lugares livres para piqueniques, passeios de bicicleta e caminhadas. Neles é permitido pisar, sentar e até deitar na grama, embora haja cadeiras para alugar por toda parte.

Os maiores parques da área central de Londres são os três parques reais: Hyde Park e seu vizinho Kensington Gardens, no limite oeste do centro da cidade; e o Regent's Part, no extremo norte, que abriga o mais antigo zoológico científico do mundo e fica próximo ao famoso museu de cera Madame Tussauds. Mais perto do centro de Londres estão os parques reais menores: o GreenPark e o St. James Park.

O Hyde Park, em particular, tornou-se muito popular para a prática de esportes e, às vezes, acontecem dentro dele concertos ao ar livre.

Existe também uma série de grandes parques localizados fora do centro da cidade: Greenwich Park, Bushy Park, Richmond Park e Victoria Park.

A elevação Primrose Hill, ao norte do Regent's Park é um local muito popular para admirar o panorama urbano da cidade.

Também existem alguns espaços abertos mais informais, como o Hampstead Heath, um parque de 320 hectares no norte da cidade, que inclui a *Kenwood House*, uma antiga casa de nobres. É um local muito popular, em especial nos meses de verão, quando recebe concertos clássicos. Estes são realizados à beira do lago e atraem milhares de pessoas todos os dias de semana para desfrutar da música e do ambiente bucólico, relaxar e apreciar a queima de fogos de artifício à noite.

Uma condição que caracteriza uma cidade como criativa é a possibilidade de nela se **educaram** e **desenvolveram** novos profissionais talentosos, especialmente para os diversos setores da EC. Neste sentido, Londres é um importante polo de ensino superior e de pesquisa. Suas 43 universidades constituem a maior concentração de IESs da Europa.

Estima-se que no fim de 2016 a cidade tivesse algo próximo de 450 mil estudantes no ensino superior (o que representa aproximadamente 19% do total no Reino Unido). Desse total, cerca de 300 mil estavam matriculados em cursos de graduação e 150 mil nos de pós-graduação. Algo como 110 mil eram estudantes internacionais!!!

Vale ressaltar que diversas dessas IESs têm sido classificadas por organizações qualificadas – de forma consecutiva – entre as **melhores do mundo**. Por exemplo, a University College London (UCL), o Imperial College London, o King's College de Londres e, especialmente, a London School of Economics têm aparecido entre os primeiros lugares nos *rankings* elaborados pelas mais conceituadas organizações de avaliação.

Aliás, a London Business School já foi considerada como uma IES líder mundial, tanto em ensino como em pesquisa. Para o conceituado jornal *Financial Times* seu programa de MBA em 2010 foi o **melhor do mundo**!!!

Com cerca de 138 mil alunos, a Universidade de Londres é uma das maiores da Europa. Ela inclui outras quatro grandes universidades – King's College de Londres, Queen Mary, Royal Haloway e UCL –, além de várias outras IESs menores e mais especializadas, como a Royal Academy of Music e a própria London School of Economics.

Existem também várias universidades fora do sistema universitário da cidade, como Universidade de Brunel, City University, Universidade de Artes de Londres (a maior de arte, *design*, moda, comunicação e teatro da Europa), Universidade de Westminster, entre outras.

E não se pode esquecer que as universidades de Oxford e Cambridge ficam bem próximas de Londres. A uma distância de 80 km da capital, ambas estão sempre entre as 10 mais importantes do planeta, atraindo assim para o RU pessoas que desejam formar-se e/ou aperfeiçoar-se em diversos setores da EC – e em todas as outras profissões!!!

Acredita-se que a Universidade de Oxford tenha surgido em 1096. Ela possui atualmente 39 faculdades e atende cerca de 23 mil alunos (graduação e pós-graduação).

Entre os seus ex-alunos estão 27 ganhadores do prêmio Nobel, 28 primeiros-ministros (incluindo a atual primeira-ministra Theresa May e o anterior, James Cameron) e muitos chefes de Estado estrangeiros.

Entre os famosos escritores que se formaram nela convém citar C.S. Lewis, autor de *As Crônicas de Nárnia*; J.R.R. Tolkien, de *O Senhor dos Anéis*; Lewis Carroll, de *Alice no País das Maravilhas* etc.

A Universidade de Cambridge, por sua vez, surgiu em 1209. Ela atende atualmente a cerca de 19.500 alunos (graduação e pós-graduação), espalhados por mais de 31 faculdades e seis escolas acadêmicas. Cambridge já produziu mais vencedores do prêmio Nobel (89 no total), que qualquer outra universidade do mundo.

Muitos dos homens que mudaram os rumos da Física, obtiveram seus diplomas em Cambridge, incluindo Isaac Newton, James Clerk Maxwell, John Joseph Thomson, Ernest Rutterford e Paul Adrien Maurice Dirac.

Outras personalidades históricas ilustres associadas à universidade incluem o naturalista Charles Darwin, o economista John Maynard Keynes, o filósofo e matemático Bertrand Russell e o matemático Andrew Wiles.

De acordo com as avaliações feitas por diversas organizações que acompanham o desempenho das IESs pelo mundo, Cambridge geralmente aparece entre as cinco melhores. Em anos recentes já chegou inclusive a ocupar o posto de **melhor universidade do mundo**.

Assim, Cambridge e Oxford tornaram-se um grande sonho para aqueles que querem alavancar a carreira a partir da aquisição de conhecimentos incríveis, e receber um ensino extremamente eficiente.

Sem dúvida, Oxford e Cambridge, mesmo no século XXI, mantêm ainda a classificação de **cidades universitárias**, onde praticamente tudo gira em torno da população estudantil, e nas quais se sente um grande vazio na época das férias escolares.

Veja a seguir mais algumas informações a respeito de Londres: o que a cidade oferece, o que tem mudado nela e, especialmente, quais são suas mais recentes conquistas na moda, na gastronomia, nos esportes e também o seu posicionamento em relação ao grande fluxo de imigrantes.

1ª) A família real – Muitas coisas atraem os turistas para Londres. Duas delas são o **conjunto de atividades** e o **comportamento dos integrantes da família real**, que acabam alavancando muitos negócios.

Assim, basta os príncipes Harry e/ou William vestirem uma peça de roupa para que ela imediatamente se esgote nas lojas do RU (esse é um efeito explicado como: um *nobody* querendo parecer um *somebody*...). Por exemplo, uma peça de vestimenta bastante copiada foi o vestido de noiva de Kate Middleton, que virou objeto de desejo não só no RU, mas mundo afora...

De fato, todos os passos da família real britânica ganham notoriedade – é como **uma espécie de conto de fadas da vida real**!!!

Em 2015, por exemplo, os holofotes estiveram bastante voltados para a rainha Elizabeth II, que, num feito incrível, completou 63 anos de trono. Já em 2016 ela completou 90 anos de idade, ocasião para a qual foram programados diversos eventos e exposições em palácios, castelos e residências oficiais.

Obviamente, o ponto alto das comemorações foi um jantar no palácio de Buckingham, quando se comemorou oficialmente o aniversário da monarca britânica. Ao longo de três dias, no início do ano, o Royal Windsor Horse Show promoveu uma grande celebração em Windsor, com apresentações equestres envolvendo 900 cavalos e mais de 1.500 cavaleiros. Na última noite houve fogos de artifício e a participação da própria rainha, num evento similar ao desfile que celebrou o Jubileu de Diamante (60 anos) do reinado de Elizabeth II, em 2012.

Porém, a grande festa – e oportunidade para os poucos com sorte de ver Elizabeth II de perto – ocorreu nos dias 11 e 12 de junho.

Isso porque no dia 11 houve a tradicional celebração da cerimônia *Trooping the Colour* – a Parada de Aniversário da Rainha. Ocasião em que a monarca inspecionou as tropas da divisão Household, na Horse Guard Parade.

Depois disso, a rainha e os integrantes da família real se deslocaram em carruagens até o palácio de Buckingham. Do balcão, na única vez que apareceu em público durante os festejos, a rainha assistiu à apresentação da aviação britânica. Os habitantes de Londres (e também os turistas...) tiveram que ser bem "espertos" para conseguir um bom lugar na avenida The Mall e tentar vê-la em uma de suas raras aparições, mesmo que de muito longe.

No domingo daquela semana, do lado de fora dos portões de Buckingham, os súditos comemoraram o aniversário de Elizabeth II com o Patron's Lunch – um grande piquenique realizado na avenida The Mall.

Vale ressaltar que os 10 mil ingressos para participar desse evento se esgotaram com grande antecedência, mesmo cada um custando algo próximo de 220 libras. **Foi uma bela arrecadação, não é?**

Porém, os que não conseguiram estar entre os 10 mil "felizardos" e ficaram fora da área oficial também puderam realizar seus próprios piqueniques, utilizando os agradáveis espaços nos parques Green Park e St. James, nas imediações do palácio de Buckingham.

Nesses dois locais, onde estavam mais algumas dezenas de milhares de pessoas, foram instalados telões para a transmissão ao vivo da celebração na avenida The Mall.

Participar das comemorações oficiais em Londres é sempre complicado, visto que os ingressos para a maioria dos eventos se esgotam com meses de antecedência!!!

É por isso que as empresas de turismo preparam para os turistas roteiros alternativos para que os visitantes possam estar em algum palácio ou castelo nessas ocasiões e, dessa forma, sentir-se como se de fato estivessem no verdadeiro clima de festa da realeza britânica.

Na verdade elas fazem isso em qualquer época do ano, mesmo que a família real não esteja comemorando nada!?!?

Que pena que nas grandes cidades brasileiras não tenhamos figuras especiais, como Elizabeth II, para que pudéssemos celebrar continuamente essas datas importantes, não é?

2ª) Gastronomia – Quem vai a Londres não pode deixar de conhecer o restaurante do *chef* escocês Gordon Ramsay, que obteve três estrelas no *Guia Michelin*. Ele se tornou uma celebridade mundial depois que apresentou na TV os programas *Hell's Kitchen* e *Kitchen Nightmares,* nos quais costumava soltar muitos palavrões e destratar os funcionários dos estabelecimentos que visitava.

Ele soube como poucos expandir seus negócios, e acabou se tornando proprietário de uma cadeia de restaurantes espalhados por vários países da Europa, Ásia, e, evidentemente, pelos EUA.

É uma pena para o turista que o Ramsay viaje muito e dificilmente esteja à frente da cozinha em Londres...

3ª) Compras – No início de outubro de 2016, o *site* Um Só Lugar (bit.ly/viaguiacompras), um agregador de compras criado na Alemanha em 2008, divulgou seu levantamento sobre a oferta de produtos nas lojas das principais metrópoles do planeta. Assim, ele chegou a um *ranking* das 30 melhores cidades do globo para o consumo *fashion*, que **atraem turistas loucos para comprar.**

O levantamento foi quantitativo e, assim, foram selecionadas as dez marcas mais fortes ou simbólicas nas categorias **luxo** (como Burberry, Prada, Hermès etc.), **grandes redes** (como Zara, Topshop, Forever 21 etc.) e **beleza** (caso da Sephora, MAC etc.), e somadas as quantidades dessas lojas disponíveis em cada cidade. O número de brechós e lojas de rua também contou pontos.

O resultado foi um painel de lugares para se visitar quando se está em busca de achados de moda e decoração, e um pouco de cultura.

Londres não tem o maior número de lojas de luxo – Paris e Tóquio ganham nesse quesito –, mas ficou em **primeiro lugar** no *ranking* de **melhores cidades para se comprar**, impulsionada pela enorme quantidade de brechós e lojas de *design*.

Brick Lane é um desses endereços indispensáveis para itens de segunda mão.

4ª) Moda – Para entender como é possível evoluir dentro de um setor EC, vale a pena contar um pouco a biografia da já mencionada estilista Vivienne Westwood. Ela sofreu bastante até chegar ao topo da moda em Londres. Embora tenha sido a precursora do estilo casual e urbano, precisou recorrer à estética da subversão para alcançar o sucesso.

A vida da inglesa Vivienne Westwood se confunde com o advento da moda *punk*, estilo que ela criou nos anos 1970 para vestir grupos como o New York Dolls ou o SexPistols, com camisetas rasgadas e palavras de ordem impressas.

O livro *Vivienne Westwood*, de Ian Kelly, apresenta inclusive o lado B dessa milionária empresária da moda, que morou em *motor-homes* ("casas-móveis") e, a exemplo de Chanel, passou por situações bem adversas.

Vivienne nasceu durante a 2ª Guerra Mundial, conviveu com o racionamento de comida e comeu a primeira banana aos 7 anos.

Vale ressaltar que o estilo *punk*, colérico e descuidado dos Sex Pistols foi consequência de um mero acidente. Certa vez o vocalista da banda, Sid Vicious, teve uma calça de gabardine rosa destruída por algum viciado em busca de drogas. Então, ele apareceu na loja da estilista – na King's Road, 430, no Chelsea – com a calça presa por um alfinete de segurança. O grupo *punk* era empresariado pelo companheiro de Vivienne, Malcolm McLaren.

Foi aí que Vivienne teve um **estalo**, ou seja, o famoso ***Aha***! Ela pensou: bem que essa banda poderia encarnar uma moda de guerrilha urbana. McLaren, que tinha faro para os negócios, a cutucou para que focasse na estética do alfinete, isso em plena época de Pinochet e de outros torturadores latinos.

Resumo da história: toda Londres passou a usar a camiseta criada por Vivienne, que estampava o rosto da rainha Elizabeth II com um alfinete na boca. Isso se repetiu até que a estilista fosse presa, fizesse bastante barulho e chamasse a atenção de Sergio Galleotti, administrador da Giorgio Armani, seu mecenas.

O resto da história todos conhecem, da ressureição do *tweed* (tecido de lá ou de lá e algodão, geralmente de duas cores) ao pedestal plataforma de Carmem Miranda. Reciclar tornou-se a marca dessa ativista ecológica.

No *São Paulo Fashion Week*, ocorrido no 2º semestre de 2016, alguns estilistas reproduziram a estética *punk*, evocando oportunamente o legado de Vivienne Westwood, ou seja, os seus furos com queimaduras de cigarro, os zíperes que subvertiam a ordem das coisas e as frases desaforadas, dando às peças um toque fetichista.

Sem dúvida a politização das roupas foi a maior legado de Vivianne Westwood, que trouxe a moda de rua para a alta moda.

Agora, entretanto, a alta moda está fazendo o caminho inverso nos grandes centros do mundo. Vivianne Westwood, a dama da moda britânica, fechou a Semana de Moda Masculina de Londres no dia 9 de janeiro de 2017, com uma coleção eclética de **roupas ousadas**!?!?

Conhecida pelas suas criações excêntricas e pelo ativismo ambiental, ela apresentou tanto roupas masculinas quanto femininas da sua linha outono/inverno *Ecotricity*, com homens de vestidos e saias e mulheres com gravatas.

Os modelos vestiram conjuntos coloridos compostos de agasalhos e calças, além de vestidos longos e braçadeiras.

Ternos masculinos foram desconstruídos ou tinham calças largas com o comprimento até o tornozelo, às vezes sendo combinados com longas capas.

As jaquetas das mulheres apresentaram cortes assimétricos ou ombros exagerados.

As blusas tinham golas grandes e ostentavam estampas e padrões coloridos, incluindo caveiras e rostos.

Na apresentação da coleção divulgou-se o seguinte lema: "**Compre menos, escolha bem, faça durar, limite a exploração dos recursos naturais do planeta.**"

Vivienne Westwood, foi sem dúvida o maior nome desse evento em Londres, que durou quatro dias!!!

5ª) O céu é o limite – Quando uma cidade quer se sobressair existem várias opções. Uma que tem sido muito usada por arquitetos e urbanistas é a de construir edifícios **cada vez mais altos e extravagantes**. Isso acaba atraindo a atenção dos turistas que desejam visitá-los.

No ano de 2000, por exemplo, foi anunciado o projeto do empreiteiro Irvine Sellar de construir em Londres uma **esguia pirâmide de 72 andares**. Os mais céticos em relação à edificação escreveram, principalmente nos jornais, manchetes como:

"Uma vergonha! Não se pode permitir essa obra!", "Um descabido acinte ao vidro!", "Uma monstruosidade que vai tornar a nossa cidade mais fria!?!?", e coisas do tipo.

Com esses comentários, criou-se a ideia de que o prédio, uma vez construído, seria semelhante a um estilhaço de cristal, ou a um gigantesco caco de vidro, equivocadamente colocado numa paisagem urbana histórica que merecia mais respeito! Desde então os londrinos detestaram a construção desse prédio

Porém, com o passar do tempo, alguns foram ficando mais tolerantes ao prédio que acabou recebendo o nome de *The Shard*. Ele, inclusive, foi inaugurado como uma das novas atrações da cidade para o período dos Jogos Olímpicos de Verão (que começaram no final de julho de 2012) e das Paralimpíadas (realizadas entre agosto e setembro do mesmo ano). Com 310 m de altura, o prédio abriga apartamentos residenciais, um hotel, restaurantes, salas comerciais, andares de serviços e um observatório panorâmico, de onde (em dias claros) é possível ter uma visão de até 70 km. *The Shard* foi durante um tempo o prédio mais alto da Europa, mas agora foi superado pela *Mercury City Tower*, com 339 m, e pela *Oko Tower*, com 353,6 m, ambos em Moscou.

Mas a altura do *Shard* importa menos que o formato. O edifício se parece com algo extraído da ficção científica ou como parte de um conto de fadas, cujo topo evoca pétalas de lírio entreabertas.

O *The Shard* é um projeto do renomado arquiteto Renzo Piano, que também foi muito criticado quando ousou "plantar" no coração de Paris o enorme cubo do Centro Georges Pompidou.

Em vista da oportunidade de deixar a sua marca em Londres, Renzo Piano concebeu um prédio parecido com um *iceberg* (uma "montanha" de gelo), um caleidoscópio saindo do rio Tâmisa.

Esse enorme edifício, construído em uma região da cidade onde a maioria dos prédios apresenta pequena estatura e muitos espaços vazios, tem no seu centro uma coluna de concreto entrecortada com **"costelas de aço"** e revestida com enormes placas de vidro. Pode-se dizer que a alma do

The Shard está no seu revestimento, ou seja, uma espécie de pele formada por 11 mil painéis de vidro que recobrem toda a estrutura. Esses painéis, de tamanhos diferentes, refletem lindamente os raios do sol, criando um efeito bem poético...

Todavia, o mais espantoso é que num prédio tão grandioso como o *The Shard* existam apenas 48 vagas para carros e 155 para bicicletas, o que caracteriza seu apelo sustentável. Assim, quem quiser chegar até ele deve valer-se de trem, metrô, táxi, ônibus, ou simplesmente ir a pé!!!

O que os britânicos menos gostam sobre o *The Shard* é o fato de que 95% do dinheiro para construí-lo veio do Catar (que tem investido muito em Londres e obtido incríveis lucros com aqueles que vivem ou visitam a cidade). Vale lembrar que a famosa loja *Harrods*, onde, praticamente, todo turista tem obrigação de passar quando em visita a Londres, é agora propriedade do Catar. Aliás, esse país árabe também pretende comprar uma parte da Vila Olímpica e transferi-la para o seu país com o intuito de incrementar seus esportes.

Não se pode esquecer, entretanto, que todos os apartamentos dessa pirâmide de cristal foram vendidos a preços que variaram entre US$ 40 milhões e US$ 100 milhões.

Em relação à paisagem, um fato é indiscutível: Londres está bem mudada, uma vez que de muitos lugares da cidade o que não se deixa de avistar é o *The Shard*.

No que diz respeito a outros edifícios, em 2014 surgiu na cidade o *Leadenhall Building*, mais conhecido como *"Cheesegrater"* (*"O Ralador de Queijo"*), projetado pelo arquiteto Richard Rogers, e o incrível *20 Fenchurch Street*, apelidado de *Walkie-Talkie ("Rádio Transmissor")*, de autoria do arquiteto uruguaio Rafael Viñoly.

Bem, pode-se considerar que a silhueta dos edifícios de Londres tem mudado muito, principalmente nos últimos 15 anos. Também é possível dizer que esse movimento de criação de novos símbolos de pujança na cidade começou para valer com a inauguração do já mencionado, e exótico, arranha-céu *The Gherkin*, uma obra do arquiteto inglês Norman Foster.

Uma espetacular espiral de metal denominado *ArcelorMittal Orbit* foi inaugurada em Londres no dia 27 de julho de 2012, juntamente com o início dos Jogos Olímpicos. A *Orbit* foi desenhada pelo escultor indiano Anish Kapoor e pelo arquiteto do Sri Lanka, Cecil Balmond. Essa torre começou a ser construída em 2009, depois que o prefeito de Londres Boris Johonson se encontrou com o bilionário Lakshmi N. Mittal – executivo-chefe da enorme siderúrgica Arcelor Mittal – no Fórum Econômico Mundial de Davos (Suíça) e lhe apresentou a ideia de construir algo que pudesse aumentar a atração artística do Parque Olímpico.

O empresário aceitou a proposta e a sua empresa contribuiu com US$ 31,4 milhões (praticamente todo o custo da obra), no entanto, fez a exigência de que a escultura levasse o nome de sua empresa!!! Cerca de 60% das mais de duas mil toneladas de aço que foram usadas na construção da *Orbit* são de metal reciclado. Esses materiais foram recolhidos nos países de atuação da Arcelor Mittal, mas montados em uma fábrica da Inglaterra.

Em 2010, Kapoor e Balmond, que trabalhavam na empresa de projetos e engenharia Arup (cujos trabalhos mais conhecidos são a Ópera de Sidney, na Austrália; o Centro Georges Pompidou, em Paris, na França; e o estádio Ninho do Pássaro, em Pequim, na China), venceram os concorrentes, prometendo projetar algo que agregasse algum encanto aos estádios e prédios brancos que constituíam o Parque Olímpico.

Ai vão algumas opiniões sobre essa escultura. O então prefeito de Londres, Boris Johnson, afirmou: "*A Orbit* amplia o conjunto de atrações que temos na cidade, para os que aqui vivem e para os turistas, além da roda--gigante *London Eye*, o *Big Ben* etc. Essa gigantesca espiral de aço vermelho que se ergue 35 andares, acima do Parque Olímpico da cidade, certamente teria impressionado a Gustave Eiffel – o construtor da torre Eiffel." Já muitos londrinos, de forma sarcástica, disseram: "*A Orbit* deveria ser chamada de torre *Eye-full* ('Olho ocupado'), um trocadilho com o nome Eiffel e a palavra 'confusão', pois ela parece de fato uma massa de tripas retorcidas."

Bem, a *ArcelorMittal Orbit*, que é 20 m mais alta que a estátua da Liberdade de Nova York (que tem 93 m de altura), atraiu várias outras críticas, e não apenas pelo seu *design* vanguardista, mas por ser vista como um símbolo dos bilhões de dólares gastos pelo governo para promover os Jogos Olímpicos, enquanto os britânicos enfrentavam medidas de austeridade. Não se pode esquecer, entretanto, que a *Orbit* praticamente não consumiu recursos públicos, a não ser pela ocupação do espaço...).

O então primeiro-ministro do RU, James Cameron, por sua vez, disse: "*A Orbit* vai ajudar no desenvolvimento do decadente bairro de Stratford. Ela é a peça cultural de um pavilhão público com capacidade para abrigar eventos corporativos e exposições de arte, podendo receber até um milhão de visitantes pagantes de ingresso por ano. Essa receita irá para a prefeitura. Aqueles que visitam a torre caminham embaixo de uma abóboda em forma de cone cor de ferrugem, usam elevadores com vidraças que permitem desfrutar de um cenário maravilhoso da cidade e chegam até a uma plataforma onde as pessoas podem deslocar-se e observar melhor os diversos pontos de Londres."

De um modo geral, apesar de muitos considerarem a *Orbit* uma obra de arte pública um tanto estranha e elitista (até pelo alto preço do seu ingresso, US$ 23), vale destacar que os críticos de arte e de arquitetura a elogiaram, principalmente depois que John Simpson, arquiteto da Ushida Findlay, conseguiu transformá-la num **"edifício funcional"**.

De qualquer forma, a partir de agora a *Orbit* é mais um entre as dezenas de lugares interessantes que podem ser visitados em Londres. E é isso que as nossas metrópoles deveriam procurar imitar, ou seja, oferecer diversos locais que os turistas quisessem conhecer, não é?

6ª) Olimpíadas – Os Jogos Olímpicos de Verão e as Paralimpíadas de 2012, em Londres, foram realizados com brilhantismo e também com uma economia no orçamento de £ 1,8 bilhão. Ao todo, o evento custou £ 9,3 bilhões e o seu organizador e um dos maiores ídolos da história do esporte britânico, Sebastian Coe [(dono de quatro medalhas olímpicas, sendo até agora o único homem a vencer 1.500 m em dois Jogos consecutivos (Moscou, em 1980; Los Angeles, 1984)], comentou:

"Não pretendemos com esses Jogos deixar unicamente um legado de estruturas de concreto e melhorias na mobilidade urbana. Quisemos, isso sim, inspirar os jovens para que estes entrassem no esporte competitivo. Esse é um legado mais importante. Além disso, quisemos mostrar ao mundo o que Londres e o resto do RU têm a oferecer para os turistas. Londres, provavelmente, tem a maior diversidade do planeta, e os Jogos foram a nossa oportunidade para ilustrar essa energia, essa criatividade, esse frenesi que existe por aqui. Muitos atletas competiram diante de suas próprias torcidas, uma vez que temos grandes comunidades de mais de uma centena de países em Londres."

O então prefeito Boris Johnson, comentou: "As ruas, os trens, os ônibus, os táxis, os hotéis, as bicicletas, os locais onde acontecerão as competições ficaram todos prontos para receber os turistas e os atletas. Algumas instalações foram de autoria de renomados arquitetos, como foi o caso do Centro

Aquático projetado por Zaha Hadid, cuja construção começou em 2008 e custou US$ 673 milhões."

Deve-se recordar que Grã-Bretanha e Irlanda do Norte, competiram sob o nome de RU na 1ª edição dos Jogos Olímpicos de Verão de 1896. Porém, a partir de 1908, Grã-Bretanha foi o nome escolhido para o "time" do RU!!!

Nessas últimas duas décadas, a Grã-Bretanha se preparou muito para os Jogos Olímpicos, não apenas na preparação de toda a infraestrutura em Londres, mas também para ter um grande desempenho (principalmente após o fiasco nos Jogos Olímpicos de Atlanta (1996) nos EUA, quando ocupou a pior posição da história, ficando em 36ª colocação).

Já nos Jogos de Sidney (2000) e Atenas (2004), o país ocupou a 10ª posição. Daí para frente investiu-se na formação de novos atletas, criaram-se centros esportivos, contrataram-se técnicos de nome, "nacionalizaram-se" muitos atletas. Nos Jogos de Pequim (2008) a nação ocupou o 4º lugar.

Finalmente em 2012, já como país-sede teve um desempenho incrível e subiu para o **3º lugar**, conquistando 65 medalhas (sendo 19 de ouro, 17 de prata e 19 de bronze), o que emocionou todos os britânicos, especialmente aqueles que puderam estar nos locais das competições.

Finalmente, nos Jogos Olímpicos realizados no Rio de Janeiro, em 2016, o desempenho da Grã-Bretanha foi **fantástico**. Ela ficou em 2º lugar com 67 medalhas (27 de ouro, 23 de prata e 17 de bronze), atrás apenas dos EUA.

O Brasil, país promotor dos Jogos, também teve a sua melhor participação, terminando entretanto em 13º lugar com 19 medalhas (7 de ouro, 6 de prata e 6 de bronze). O que devemos fazer no nosso esporte para alcançar o desempenho obtido pela Grã-Bretanha nos últimos Jogos Olímpicos?

7ª) Capital do mundo – Há quem diga que Londres não é apenas a capital da Inglaterra e do RU, mas também a **"capital não oficial do mundo"**. Isso pelo fato de ser mais **diversificada**, completa e verde, se comparada a Nova York; mais dinâmica e culturalmente mais intensa que Paris; e mais democrática, tranquila e **tolerante** que qualquer uma das modernas cidades asiáticas, como Cingapura, Hong Kong ou Bangkok.

Entretanto, entre os dias 6 e 9 de agosto de 2011, aconteceram grandes distúrbios em Londres (e em outras 11 cidades inglesas) que acabaram com toda essa impressão de eventual ambiente de paz, harmonia e tolerância na capital inglesa. Isso aconteceu quando grupos de britânicos, em sua maioria jovens, brancos e negros, incendiaram e saquearam lojas, muitas delas pequenos negócios **gerenciados por imigrantes**!!! Algumas pessoas morreram e um grande número ficou sem casa.

O multiculturalismo foi firmemente adotado no RU a partir dos anos 1970, provendo um respeito às pessoas e às culturas que chegam do exterior, desde que elas não alterem o modo de vida local, baseado na privacidade e modesta interação social.

Essa mistura já seria uma tarefa difícil de cumprir se fosse imposta de cima para baixo, mas fazê-la funcionar por meio do convívio bastante respeitoso e democrático mostrou-se **quase impossível**!!!

Esses tumultos na Inglaterra foram uma consequência do programa de austeridade introduzido pelo governo, que cortou gastos em quase tudo, das bibliotecas à força policial, da merenda escolar ao atendimento nos hospitais. Foi aí que os jovens "desprovidos de esperança" resolveram saquear lojas e roubar seus produtos.

E em 2017, com a saída do RU da UE – processo denominado como Brexit – a atual primeira-ministra Theresa May não terá apenas de administrar esse afastamento (que já está provocando a fuga de Londres de muitos bancos, que estão migrando para Frankfurt, Berlim ou Paris), mas também de continuar a lidar com milhares de refugiados que querem entrar especialmente na Inglaterra.

Números do governo da Grã-Bretanha mostram que mais de 3 milhões de europeus (poloneses, romenos, italianos, franceses) compõem atualmente a população de 65 milhões de habitantes do país, com o maior contingente dessas pessoas vivendo em Londres e nos seus arredores.

É verdade que, segundo estimativas, cerca de 1,2 milhão de britânicos também vivem no continente europeu.

O fato é que os estrangeiros, incluindo-se aí alguns milhares de brasileiros, estão bastante preocupadas principalmente com o relatório da Comissão de Direitos Humanos do Parlamento Britânico, que indica que em breve irão ocorrer deportações em massa.

Isso tudo sem dúvida irá abalar a economia londrina, pois ela necessita muito dos imigrantes, especialmente para fazer os **trabalhos que os britânicos não querem fazer!?!?**

A LIÇÃO DE LONDRES

Inicialmente, deve-se destacar que todo aquele que deseja transformar sua cidade em uma que tenha uma pujante EC, deve sem dúvida mirar-se em Londres. Afinal, para muitos especialistas Londres é a **cidade mais criativa do mundo**. Um local onde as autoridades reconhecem há muito tempo a importância da EC, dando a ela grande suporte.

E por que Londres é a mais criativa cidade do mundo?

Isso se explica facilmente, pois ela se destaca em praticamente todos os setores criativos: é fulgurante em **talentos** (estão nela as melhores IESs do mundo); incrível em **tolerância** (apesar de um temporário "desentendimento" com a horda de imigrantes que invadiu a cidade, nela aceitam-se bem outros idiomas, costumes ou seja, lida-se bem com a **diversidade**); fantástica em **tesouros** (basta percorrer seus museus, teatros, palácios, castelos, igrejas etc.); e avançada em **tecnologia** (desenvolvida ao longo de muitos séculos, sendo que durante muito tempo o império britânico inclusive dominou o mundo)!!!

A influência de Londres no mundo todo foi enorme, pois, graças à sua importância, principalmente durante os três últimos séculos, foi para ela que convergiram pessoas do mundo todo para adquirir conhecimentos, incrementar seus negócios, obter recursos financeiros etc. Estas precisaram de algum modo aprender a se comunicar em inglês, uma língua que foi se difundindo para todos os continentes, até tornar-se indiscutivelmente **o idioma mais importante do planeta**.

Nela foram compostas e cantadas as músicas que se tornaram mundialmente populares (em especial graças aos Beatles e aos Rolling Stones); nela foram escritas as mais importantes peças teatrais (depois adaptadas para outras línguas), e nela foram publicados livros notáveis, que vão desde aqueles de William Shakespeare, até os mistérios de Agatha Christie, passando pelas fantasiosas e ficcionais histórias de J.K. Rowling (com a sua série sobre o "bruxinho" Harry Potter, que venderam centenas de milhões de exemplares na língua original – **o inglês**).

Em Londres parece que o clássico e o novo conseguem coexistir de forma harmoniosa.

Mas é exatamente isso que uma cidade criativa deve ser. Ou seja, não abandonar suas tradições e seu conservadorismo vitorioso – veja o respeito que os britânicos têm ainda pela monarquia, apesar de serem bem democráticos –, mas, ao mesmo tempo, é preciso saber valer-se cada vez mais da tecnologia para promover a sustentabilidade e melhorar a qualidade de vida das pessoas, dando-lhes cada vez mais oportunidades para escapar de tarefas repetitivas e monótonas, e, assim, dedicar mais tempo para **imaginar, criar e inovar!!!**

Mas talvez a maior lição que Londres oferece para as outras metrópoles, no século XXI, o século da velocidade e da acessibilidade, é no tocante a facilidade para se chegar a cidade vindo de outro país.

Em 2016, estima-se que houve um recorde, recebendo quase 35 milhões de turistas estrangeiros que vieram principalmente por via aérea, usando os seus cinco aeroportos internacionais.

O maior aeroporto de Londres é o de Heathrow, um dos mais importantes *hubs* da Europa e do mundo, que recebeu em 2016, cerca de 76 milhões de passageiros, algo próximo de 208 mil por dia. Ele está localizado a 32 km do centro de Londres e o viajante pode chegar ao hotel na cidade, usando metrô, trem, táxi ou ônibus, sendo que de trem chegará ao seu destino em aproximadamente 18 min.

O segundo maior aeroporto de Londres é Gatwick, que fica a 45km do seu centro. Passaram por ele em 2016, quase 42,2 milhões de passageiros e utilizando o trem, em algo como 30 min chega-se a parte central da cidade, gastando-se muito menos se a outra opção fosse o táxi.

O terceiro aeroporto mais movimentado de Londres é o de Stansted – em 2016 passaram por ele 24,4 milhões de passageiros – que fica a 64 km do centro e novamente usando o trem, em não mais que 50 min se está no centro da cidade.

O quarto maior aeroporto é o de Luton – com movimento de 14,8 milhões de passageiros em 2016 – distante 56 km do centro – e o quinto é o London City, o mais próximo do centro, que recebeu 4,6 milhões de passageiros em 2016.

E todos esses aeroportos tem planos de ampliação...

Claro que é importante observar que são nesses aeroportos que chegam os milhões de turistas para visitar Londres, tendo a facilidade de sair(chegar) dos(aos) mesmos, usando trem ou metrô, o que infelizmente não se tem em nenhuma grande cidade brasileira.

Para atrair mais turistas ao Brasil, tudo começa com a facilidade que eles tiverem para chegar as nossas cidades! Isso é um conclusão elementar, não é?

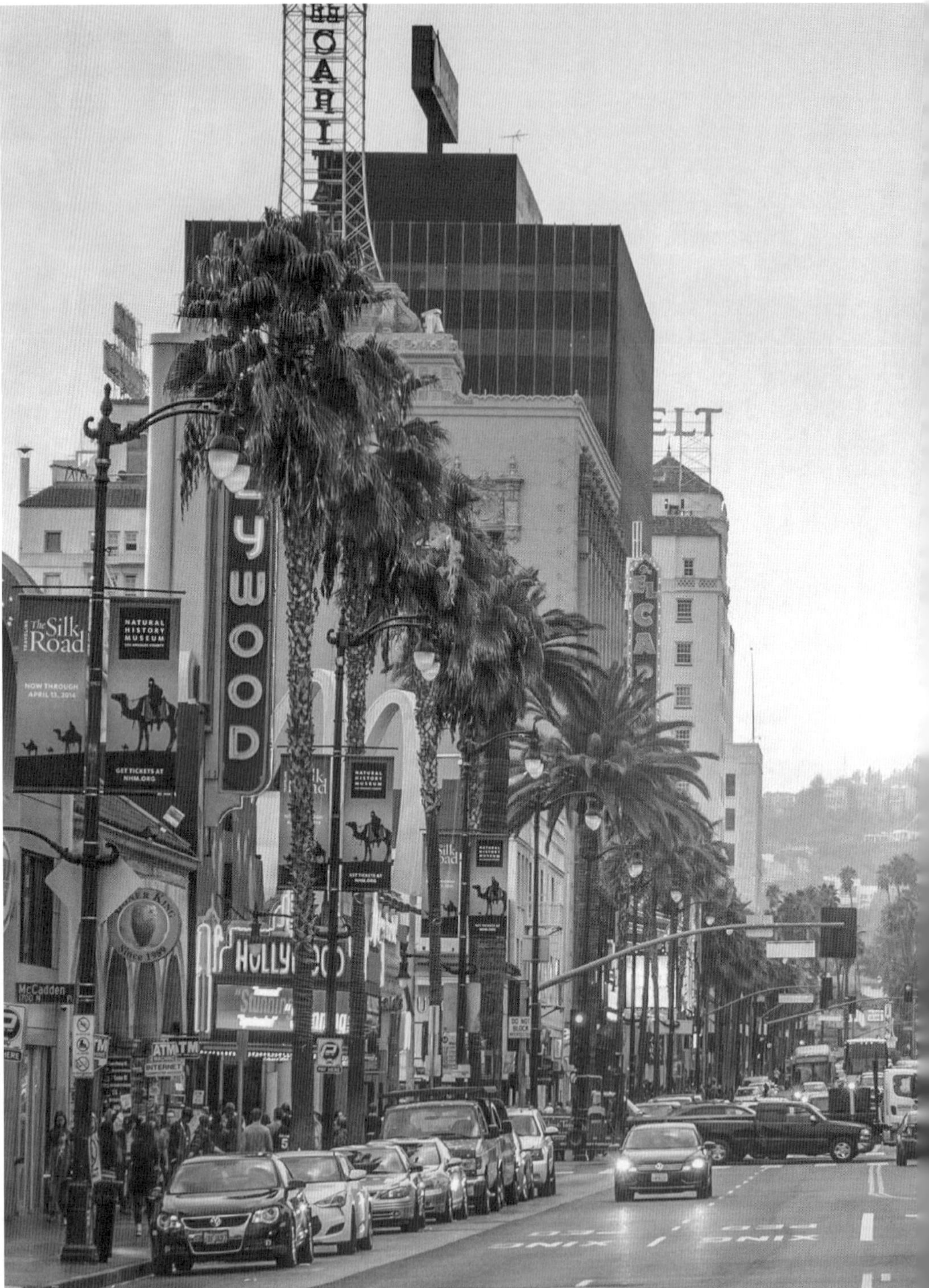

VIEW APART / SHUTTERSTOCK.COM

Uma vista do movimento no Hollywood Boulevard em Los Angeles.

2.19 - Los Angeles

PREÂMBULO

O advogado, policial e político Tom Bradley, foi o primeiro afro-americana eleito para o conselho da cidade e, em seguida, o primeiro prefeito negro da 2ª maior cidade dos EUA, Los Angeles (LA), à qual governou durante cinco mandatos consecutivos, de 1973 a 1993.

Ele conseguiu que LA fosse escolhida para ser a sede dos Jogos Olímpicos de 1984 e os realizou sem onerar os contribuintes.

Pelo contrário, ele gerou muitos empregos, muitas melhorias na cidade, a injeção de centenas de milhões de dólares na sua economia, com a vinda de muitos turistas e a sua divulgação ao mundo graças às transmissões das competições pela TV.

Tom Bradley salientou: "Vou tornar a nossa cidade a líder em conservação de energia, ou seja, uma 'cidade solar', melhorar o seu transporte público, completar a construção das vias expressas e revitalizar o seu centro."

E assim foi a sua gestão, quando tranquilamente e sem muito alarde, promoveu de fato o crescimento administrativo da sua da cidade, se bem que após muito tempo no cargo, falhou na forma como lidou com o espancamento pela polícia do negro Rodney King, em 1991, o que provocou sérias revoltas e fez com que sua popularidade desabasse.

A HISTÓRIA DE LOS ANGELES

A cidade de Los Angeles (LA) – forma em inglês para Los Angeles, cuja tradução em português é **"cidade dos anjos"**) – é a 2ª mais populosa dos EUA. Estima-se que no fim de 2016 ela tivesse 4,1 milhões de habitantes, e que em sua região metropolitana (RMLA) abrigasse cerca de 19,5 milhões de pessoas.

Localizada no Estado da Califórnia, a cidade de LA foi fundada em 4 de setembro de 1781 pelo governador espanhol dom Felipe de Neve, em nome da coroa espanhola. Seu nome se origina do topônimo El Pueblo de Nuestra Señora de la Reina do Los Angeles del Rio de Porciúncula (Vila de Nossa Senhora Rainha dos Anjos do rio Porciúncula). Depois de pertencer ao México por muitos anos, a cidade tornou-se uma cidade norte-americana quando a Califórnia se transformou em um Estado dos EUA.

Com o passar do tempo a cidade ficou conhecida somente por suas iniciais, LA (lê-se "el-ei"), e logo se tornou um importante centro mundial de negócios, comércio internacional, cultura, entretenimento, música, moda, ciência, tecnologia e educação.

LA conta com três universidades principais: a Universidade da Califórnia, a Universidade do Estado da Califórnia e a Universidade do Sul da Califórnia, além, é claro, de vários outras universidades e faculdades de porte menor. Com isso, a cidade prepara e forma jovens talentos para os vários setores da EC.

A Universidade da Califórnia (em inglês, University of California Los Angeles, ou simplesmente UCLA) é uma IES pública e está localizada na região de Westwood. Fundada em 1919, ela faz parte do sistema da Universidade da Califórnia (em inglês, University of California ou UC) e, atualmente, está classificada entre as 50 melhores universidades do mundo.

A UCLA tem o maior *campus* da UC, com cerca de 26 mil estudantes nos cursos de graduação e 12 mil alunos de pós-graduação. Sua biblioteca central possui mais de 9,1 milhões de livros, sendo a nona maior dos EUA entre as bibliotecas universitárias.

Desde que a primeira turma se formou em 1923, a UCLA teve **sete** dos seus pesquisadores agraciados com prêmios Nobel. Nela já lecionaram muitos professores famosos, e centenas de seus alunos tornaram-se expoentes em diversos setores da economia norte-americana.

Por seu turno, a Universidade do Estado da Califórnia (em inglês, California State University, CSU) é também uma IES pública composta por 23 *campi* e 8 centros de ensino independentes. Seu sistema universitário, cuja sede fica em Long Beach, é considerado o maior dos EUA, com aproximadamente 448 mil alunos matriculados e 48 mil funcionários.

Essas duas universidades juntas já demonstram a grandeza do ensino superior em LA. Importante lembrar que a maioria dos alunos graduados ali busca trabalhar em LA e, muitos deles, inclusive abrem novos negócios voltados para os setores da EC na cidade.

Existem ainda muitas IESs privadas em LA, muitas delas totalmente dedicadas ao desenvolvimento de talentos para a EC.

Segue uma lista delas, com os seus nomes em inglês: American Film Institute Conservatory, Alliant International University, Syracuse University (*campus* de LA), American Academy of Dramatic Arts (*campus* de LA), American Jewish University, Antioch University (*campus* de LA), Charles R. Drew University of Medicine and Science, Emperor's College, Fashion Institute of Design & Merchandizing (*campus* de LA), Los Angeles Film School, Loyola Marymount University, Marymount College, Mount St. Mary's College, National University of California, Occidental College, Otis College of Art and Design, Southern California Institute of Architecture, Southwestern Law School e Woodbury University.

Além disso existe um sistema de faculdades comunitário com nove *campi* distribuídos por LA.

Dá para entender porque se forma em LA tanta gente apta a abrir seus negócios focados na EC, não é??

O sistema de escolas públicas de LA – que atende algo próximo de 830 mil alunos espalhados por 920 escolas – é administrado pela Los Angeles Unified School District (LAUSD). Trata-se do segundo maior dos EUA, atrás somente do sistema escolar público de Nova York.

Em termos econômicos, LA tem ocupado lugar de destaque entre as cidades mais poderosas do mundo. Ela aparece entre os dez maiores e mais importantes centros financeiros do mundo.

Como já mencionado, um dos apelidos de LA é "cidade dos anjos", mas ela também é conhecida nos dias de hoje como uma cidade **global alfa**. Sua economia é bastante diversificada, com destaque especial para o entretenimento, a cultura, a mídia, a moda, a ciência, os esportes, a tecnologia, a educação, a medicina e a pesquisa.

Ela já apareceu na 6ª posição no que se refere ao índice de cidades globais e em 9º lugar no *ranking* de poder econômico global.

Aliás, estima-se que o PIB da RMLA em 2016 tenha chegado próximo dos US$ 920 bilhões, o terceiro maior do mundo, atrás somente da Grande Tóquio e da região metropolitana de Nova York.

Por causa de um distrito bem conhecido chamado Hollywood, LA também é conhecida como a **"capital mundial do entretenimento"** (algo que não agrada em nada sua rival Las Vegas, que considera que esse título lhe cairia melhor...). Isso a torna a líder mundial na criação de filmes, na produção de programas de televisão e de *videogames*, e na gravação de músicas.

A importância do setor do **entretenimento** em LA fez com que muitas celebridades se instalassem na cidade – ou nos subúrbios –, em mansões que mais parecem palácios reais!!!

Por volta da década de 1920, o **turismo** se transformou em um grande negócio para LA. Seu clima agradável, com temperaturas altas ou amenas durante quase todo o ano, atraíram (e continuam a atrair nos dias atuais) muitos milhões de visitantes.

Só para ilustrar esse fato, estima-se que em 2016 tenham passado pelo aeroporto internacional da cidade, o LAX, cerca de 81 milhões de passageiros, sendo que uma grande parcela dessas pessoas eram turistas.

LA é, sem dúvida, uma das cidades mais multiculturais do mundo, abrigando etnias das mais variadas partes do planeta. Vale ressaltar que as populações latina e asiática têm crescido muito. De fato, caso o ritmo se mantenha, em breve os latinos serão a maioria nessa cidade da Califórnia. Já em relação à população de asiáticos – próxima dos 11% em LA –, ela é a **maior** dos EUA.

Por sua vez, LA possui as maiores comunidades armênia, cambojana, filipina, guatemalteca, tailandesa, mexicana, húngara e salvadorenha, fora de seus respectivos países. Isso demonstra a incrível **tolerância com a diversidade** que prevalece em LA!!!

Não se pode esquecer que na década de 1920 a indústria petrolífera cresceu bastante em LA, depois da descoberta de uma grande quantidade de reservas de petróleo na região. Por causa disso, uma grande quantidade de fábricas se instalou na cidade para produzir os mais variados artigos (pneus, móveis etc.) e as mais diversas máquinas ou equipamentos (aviões, carros, sondas espaciais etc.).

Assim, diversas vias expressas foram construídas a partir da década de 1940, para conectar LA aos seus subúrbios. Sob pressão da montadora General Motors, a pequena e ineficiente estrutura de transporte público da cidade (centralizada em um sistema ferroviário de passageiros e em algumas linhas de bondes e *light rail*) foi desativada na década de 1950, o que transformou LA em **uma cidade orientada para o uso do automóvel!!!**

Com mais fábricas sendo construídas e mais carros transitando nas vias públicas de LA, a **poluição atmosférica** tornou-se um sério problema na cidade, especialmente em dias com pouco ou nenhum vento, quando a poluição gerada pelas indústrias e pelos milhões de veículos acaba se acumulando próximo ao solo, causando a formação do *smog* (nevoeiro com fumaça).

O mecenato e os bilionários andam "de mãos dadas" nos EUA. E é justamente por isso que a maior metrópole da Califórnia (cujo codinome também é **"Golden State"**, ou Estado dourado) tem muitos museus, diversas instituições culturais e notáveis universidades. Na maioria dos casos eles se originaram de **generosas doações**.

Por exemplo, Jean Paul Getty (1892-1976), um bilionário que fez fortuna com o petróleo, legou seu nome e sua coleção a alguns locais.

Esse é o caso de sua mansão em Malibu, que alude a uma vila romana, e do Getty Center que está localizado no alto de uma montanha e é rodeado de jardins, no bairro de Brentwood,

A arquitetura do Getty Center ficou a cargo do renomado arquiteto Richard Meier e consumiu em sua construção uma cifra superior a US$ 1 bilhão. Essa não foi uma escolha de Getty, que morreu antes de sua inauguração.

De fato, Jean Paul Getty foi um grande pão-duro. Ele reuniu seu acervo investindo prioritariamente em mobília e arte decorativa. Todavia, o dinheiro que legou à fundação permitiu que fossem adquiridas obras de Michelangelo, Van Gogh, Rembrandt, Da Vinci, entre outros. Todas elas estão instaladas em galerias sob luz natural. No que diz respeito a fotografias, a coleção do Getty Center é uma das mais interessantes e completas do mundo!!!

Os jardins do Getty Center, são uma obra de Robert Irwin e de Laurie Olin, ocupam uma área equivalente a cerca de 12 campos de futebol. O mais interessante é que, embora nenhum dos dois se relacionasse bem com Richard Meier, isso não impediu que o conjunto ficasse harmonioso e arrojado.

Sobre Jean Paul Getty, pode-se destacar que cursou Economia e Ciências Políticas no Magdalen College, em Oxford. Em seguida ele passou pela Universidade do Sul da Califórnia e pela Universidade de Berkeley.

Trabalhou algum tempo com o pai nos campos petrolíferos que ele possuia em Oklahoma. Porém, a partir de 1916 ele se afastou de lá e transformou-se num *playboy*, ou seja, alguém cuja vida seria ocupada por prazeres e diversões.

Vale ressaltar que, pouco antes de morrer o pai de Jean Paul – George Franklin Getty – imaginou que com o afastamento do filho, sua empresa teria se livrado da ruína e da falência, mas não foi o que aconteceu. Na realidade, ao voltar aos negócios Jean Paul Getty, com a sua Getty Oil Company, tornou-se um multimilionário. Sua companhia foi comprada pela Texaco depois de sua morte.

Durante sua vida Jean Paul Getty casou-se cinco vezes, teve cinco filhos – um deles foi Timothy, que faleceu aos 12 anos – a, na década de 1950, resolveu mudar-se para a Inglaterra. Ele viveu e trabalhou em Sutton Place, uma mansão do século XVII perto de Guildford, até a sua morte.

Em abril de 2015 o Museu de Arte do Condado de Los Angeles conhecido como LACMA, um dos principais de Califórnia, comemorou seus 50 anos. Na ocasião desenvolveu-se uma intensa programação que, além de uma festa, incluiu uma mostra das novas doações ao museu, como: *Double Marilyn*, feita nos anos 1960 por Andy Warhol. Esta juntou-se às famosas *Soup Cans* e *Kellgog's Corn Flakes Boxes*, do mesmo artista, que já faziam parte do acervo.

Pela primeira vez foi exibida no LACMA uma obra de Edouard Monet, ou seja, *M. Gauthier-Lathuille Fils* (de 1879).

Houve também sessões especiais do programa *Jazz*, como um tributo ao primeiro concerto no museu, estrelado por Julian "Cannonball" Adderley, parceiro de Miles Davis.

De fato, esse tipo de programação continua na atualidade, de modo que aqueles que estiverem passeando em LA não devem dispensar uma ida ao LACMA. Também são excelentes os programas de visitação aos estúdios da Warner Brothers, Paramount e Universal, apesar dos preços "salgados".

Ao redor da região chamada Downtown – o centro mais histórico – estão: Hollywood, a **"capital mundial do cinema"**, emoldurada por um letreiro legendário instalado nas montanhas; Santa Monica e Venice Beach, ambas localizadas entre o chique e o *hippie* e banhadas por praias na costa do oceano Pacífico; Beverly Hills, onde no entrono estão as lojas de departamento, como a Macy's, e lojas de grife, como Gucci e Prada. Mas existem ainda muitas outras atrações na região.

Quem quiser se hospedar em Beverly Hills, a sugestão é o hotel Regent Beverly Wilshire, que serviu de cenário para o filme *Uma Linda Mulher* (1990), que trouxe nos papéis principais Julia Roberts e Richard Gere.

LA não é só uma cidade formada por muitas cidades (!!!), mas está cercada pela natureza e é entrecortada por autoestradas com muitas pistas (as *freeways*), por onde circulam diariamente mais de 8,5 milhões de automóveis.

De qualquer maneira, a primeira providência para quem quer explorar LA é analisar o mapa da cidade. Se for dirigir – o que é uma boa ideia, uma vez que as distâncias entre os pontos de interesse são grandes –, o ideal é alugar um carro que já tenha com um sistema GPS. Isso facilitará o deslocamento no quase indecifrável emaranhado de ruas e avenidas da cidade.

O metrô de LA, apesar de ser bem moderno e cômodo, praticamente se limita à região conhecida como Downtown.

Para quem vai passear três dias ou mais uma sugestão é adquirir o Go Los Angeles Card, um passe que garante bons descontos em dezenas de atrações.

Entre as diversos avenidas bem amplas de LA, a Wilshire Boulevard é uma referência. Ela começa em Santa Mônica e corta a metrópole até chegar a Berverly Hills – por onde, segundo a fama da cidade, **circulam mais de 50% das Ferraris que existem no mundo!!!**

Dependendo de onde a pessoa estiver hospedada, um bom começo é visitar a cidade de Santa Mônica, alugar uma bicicleta no píer e pedalar por uma ciclovia que, no sentido sul, construída sobre a areia acaba em Venice Beach.

A grande referência de Santa Monica é o píer onde funcionam locadoras de bicicletas e pranchas de surfe, além de um parque de diversões que abriga **a única roda-gigante do mundo movida por energia solar**.

Não muito longe do píer está a Third Street Promenade, que termina no *shopping center* Santa Monica Place, projetado pelo famoso arquiteto canadense-norte-americano Frank O. Gehry.

Para quem gosta de caminhar, a visita ao letreiro de Hollywood, em meio ao parque Griffith, é também uma oportunidade de ver a cidade de um ângulo pouco convencional durante o pôr do sol.

Há empresas que alugam bicicletas e organizam *tours* que incluem a visita ao planetário The Griffith Observatory, em estilo *art déco*, inaugurado em 1935.

2.19 - LOS ANGELES

Sem dúvida, o clima agradável de LA e a sua localização geográfica permitem a pratica de surfe – LA tem cerca de 121 km de praias ao longo da costa do oceano Pacífico – e do esqui (!!!) – as montanhas localizadas no extremo nordeste da cidade oferecem condições favoráveis a essa atividade!

Na cidade existem mais de 230 parques, *playgrounds* e outras instalações recreativas. Outro programa bem angelino é assistir a uma partida de basquete ou de hóquei no gelo no famoso Staples Center – rodeado de locais de entretenimento, como: o Sony Center, o Microsoft Theater etc. – especialmente do time masculino do Los Angeles Lakers, que embora estivesse passando por uma reformulação em 2017, continua sendo o mais popular da cidade.

Dois times profissionais de basquetebol masculino estão sediados em LA, o já mencionado Los Angeles Lakers, que já conquistou diversos campeonatos da NBA, e o Los Angeles Clippers, que evoluiu bastante depois que o bilionário Steve Balmer (ex-presidente da Microsoft) tornou-se seu proprietário.

Há também o time de basquete profissional feminino, o Los Angeles Sparks. A equipe também já foi campeã da liga norte-americana, que atrai milhares de fãs (muitos da fora da cidade...) para assistirem aos seus jogos.

Outros times profissionais importantes de LA são: o Los Angeles Kings, equipe de hóquei no gelo, o Los Angeles Dodgers, time de beisebol, e o Los Angeles Avengers, time de futebol (como o praticado no Brasil...). LA conta ainda com dois times de MLS, o Los Angels Galaxy e o Club Deportivo Chivas USA, que criaram entre si grande rivalidade, sendo que o jogo entre ambos se tornou um superclássico.

LA conta ainda com outros times de futebol, como o Los Angeles Missioneros, na USL Premier Developmente League, o A.C. Omega, na United States Adult Soccer Association, e o South Bay Force, na Southern California Development Soccer League.

Não se pode esquecer que o vôlei de praia nasceu em LA, bem como o *windsurf* e o *skate*.

Todos gostam muito de esporte em LA, prestigiando assim as competições nas várias modalidades, que são praticadas em excelentes instalações. É provável que tal condição tenha se reforçado bastante pelo fato de que os Jogos Olímpicos de Verão de 1932 – quando foi inaugurado o Los Angeles Coliseum – e 1984 foram realizados em LA!!!

Aliás, em 1994 foi disputada em LA a final da Copa do Mundo de Futebol masculino. Na ocasião, o Brasil venceu a Itália na disputa de penalidades máximas e se sagrou tetracampeão mundial. Já em 1999, foi a vez da final da Copa do Mundo de Futebol feminina, vencida equipe anfitriã, os EUA.

Ambos os jogos aconteceram no Rose Bowl, que fica na cidade de Pasadena. A final masculina foi vista por cerca de 700 milhões de pessoas em todo o mundo!!!

Veja a seguir algumas informações que explicam em mais detalhes a importância de LA, destacando não só suas vantagens competitivas, mas também seus pontos fracos.

1ª) Violência – Em muitos filmes produzidos em LA, mostrou-se a cidade como sendo **"a capital das gangues dos EUA"**.

Um levantamento recente do departamento de polícia de LA, indicou que existem cerca de 50 mil integrantes de gangues distribuídos em 450 quadrilhas, algumas constituídas pelos afro-americanos, e outras por bandos latinos (mexicanos, salvadorenhos, colombianos, equatorianos etc.).

É verdade que houve um grande declínio da criminalidade entre 1990 e o início do século XXI, quando a taxa de homicídios caiu para 7,85/100 mil habitantes (menor que o de São Paulo em 2016...)

Deve-se recordar que o crime organizado em LA foi dominado pelas famílias Dragna e Cohen, e alcançou seu pico durante as décadas de 1940 e 1950, quando ocorreu a batalha de Sunset Strip, com um terrível desfecho para a máfia norte-americana. Ela foi perdendo espaço e sendo substituída por gangues de negros e hispânicos nas décadas de 1960 e 1970.

O trabalho da polícia de LA nesses últimos anos tem sido cada vez mais eficiente, desbaratando o crime organizado. Estima-se que a taxa de homicídios em 2016 tenha caído para algo próximo de 6 homicídios por 100.000 pessoas, o que ainda é muito elevado se comparado com o que acontece nas grandes cidades canadenses, como Vancouver, Toronto e Montreal, bem mais pacíficas.

2ª) Pobreza – A vida segue como sempre no distrito de Skid Row, no centro de LA, onde existe a maior concentração de pessoas sem moradia dos EUA. Infelizmente, todos os dias esses indivíduos formam longas filas para ter acesso a comida grátis, e isso a apenas 10 km de Hollywood...

O prefeito Eric Garcetti assumiu o governo de LA em 2013, tendo como prioridade resolver o problema dos sem-teto. Porém, a situação ainda não foi resolvida. Aliás, só no "bairro" de Skid Row, que é formado por cerca de 50 quarteirões no centro, vivem mais de 6 mil pessoas que ainda dormem em abrigos ou até mesmo em tendas montadas nas calçadas.

Ao final de 2015, Garcetti disse: "Há 101 anos tentamos resolver o problema dos sem-teto, mas infelizmente essa população só está aumentando...

Com um total de 25 mil sem-tetos numa população de 4,1 milhões de habitantes, LA só perde para Nova York o posto de cidade com mais desabrigados dos EUA. Lá existem 60 mil sem-tetos porém para uma população de 9 milhões de residentes."

E o prefeito complementou: "Todo dia a gente vem trabalhar aqui e presencia os sem-tetos no gramado lá fora. Isso é um símbolo da intensa crise em que vivemos."

E a sede da prefeitura de LA fica a poucas quadras do Skid Row, numa área que passa por grande gentrificação, ou seja, "expulsão" daqueles sem recursos e a aquisição de seus imóveis para a abertura de restaurantes e lojas chiques.

Uma instituição que procura alimentar os sem-tetos é a Midnight Mission, que funciona há mais de um século sem ajuda governamental!!! Instalada em um prédio de três andares, a Midnight Mission ocupa quase um quarteirão e abriga centenas de sem-tetos. Estes dormem diariamente em seus espaços – formado por um pátio ao lar livre e dormitórios – e usam seus serviços, que incluem desde barbeiro até aulas de informática; de centro médico a programas de reabilitação para usuários de drogas.

Em cada uma das refeições diárias, que são três, essa instituição serve entre 500 e 1.000 pessoas. Boa parte da comida vem de um programa de aproveitamento de alimentos que, se não fossem doados por alguns dos restaurantes mais finos de Beverly Hills, seriam simplesmente descartados.

Desde 2012 a Midnight Mission tem oferecido **mais de 1 milhão de refeições por ano!!!**

Skid Row (nome que vem do termo usado por lenhadores na construção de ferrovias) é um bairro que se formou no término de século XIX, no fim das linhas férreas que traziam gente do país todo para o oeste em busca de emprego.

Assim, surgiram pequenos hotéis, bares, prostíbulos, além de missões religiosas para cuidar dos que acabavam nas ruas, muitas vezes bêbados e sem ter onde dormir.

A Midnight Mission começou com um pastor, mas nos anos 1930 perdeu a sua conotação religiosa. Num mural de fotografias em sua sede, as imagens mostram a sua clientela nas primeiras décadas de século XX: eram homens brancos de terno. Hoje, metade dos sem-tetos de LA são os negros.

A diretora de políticas públicas da Midnight Mission, Georgia Berkovich, que chegou a perder tudo por causa do alcoolismo e, antes de ser contratada em 2010, trabalhou por 17 anos como voluntária da organização, explicou: "Dar momentos de alegria, paz e felicidade podem ser o começo para uma pessoa sentir esperança.

E, com esperança, talvez ela se sinta mais aberta a nos pedir ajuda.

Lamentavelmente, estamos com um número bastante elevado de sem--tetos, o que não acontecia desde a Grande Depressão de 1929. E o pior é que, cada vez mais, o número de famílias sem-teto aumenta."

No início de 2017 estimativas indicavam que em São Paulo, onde vivem mais de 12 milhões de pessoas, havia cerca de 18 mil sem-tetos, ou seja, proporcionalmente um número menor que o de LA. Porém, não se deve esquecer que na Grande São Paulo, com mais de 22 milhões de habitantes, cerca de 2,5 milhões de moradores vivem em favelas!?!?

3ª) Congestionamentos – LA é a sede do condado de Los Angeles, o mais populoso dos EUA.

Fazem parte da RMLA 88 cidades, das quais mais de uma dezena têm mais de 100 mil habitantes cada uma. Long Beach, Glendale e Santa Clarita são as mais populosas e importantes do condado. Muitas cidades do condado estão completamente cercadas pela cidade de LA, como é o caso de West Hollywood, Westwood, San Pedro e Culver City.

A RMLA é composta pelas cidades de LA, Riverside e Orange, que possuem quatro grandes aglomerações urbanas distintas: LA e Long Beach; condado de Orange; Riverside e San Bernardino; e condado de Ventura.

Não é por acaso, portanto, que a RMLA tenha ruas e avenidas muito largas, como é o caso, por exemplo, do Sepulveda Boulevard (com 69 km de extensão), ou então do Foothill Boulevard (com cerca de 97 km), que vai até San Bernardino.

Por conta das distâncias, optou-se pelo incentivo ao uso do carro para o deslocamento das pessoas na RMLA. Todavia, de acordo com levantamentos feitos por empresas que analisam a mobilidade com o uso de automóveis, chegou-se à conclusão de que nessa região ocorrem **os piores congestionamentos do mundo**, o que leva os motoristas a gastarem por ano centenas de horas adicionais movendo-se lentamente em seus veículos...

4ª) **Portos e aeroportos** – Em LA, no período entre 1889 e 1913, foi construída uma gigantesca baía portuária.

No exato ano de sua inauguração, em 1913, também foi inaugurado o canal do Panamá (que sofreu muitas melhorias ao longo do tempo, além de uma grande ampliação em 2016...)!!!

Com isso, LA rapidamente se tornou o principal centro portuário do oeste dos EUA, o que obviamente incrementou o crescimento da cidade – ele foi bem alimentada pelo petróleo, que fora encontrado pela primeira vez na cidade em 1892.

A RMLA possui dois grandes terminais portuários: o de LA propriamente dito, e o de Long Beach; juntos eles formam o quinto maior porto do mundo em movimentação de carga e o primeiro dos EUA. Estima-se que em 2016 cerca de 620 mil pessoas tenham utilizado os navios de passeio que partem desses portos.

O porto de LA está localizado na baía de San Pedro, a cerca de 30 km ao sul do centro da cidade, ocupando uma área de 30 km^2 (incluindo água e terra), com 69km de cais, ficando bem próximo de Long Beach.

Existem ainda outros portos menores e não industriais, localizados ao longo da costa de LA, sendo que a maioria deles fica em Redondo Beach e Marina del Rey, sendo utilizados por veleiros e iates.

Para se chegar ao porto de LA foram construídas quatro grandes pontes denominadas Vincent Thomas, Henry Ford, Gerald Desmond e Commodore Schuyler F. Heim.

Porém, nessa era da velocidade o grande acesso a LA se dá por via aérea. De fato, os aeroportos transportam muitos milhões de turistas para a **"cidade dos anjos"**.

O principal aeroporto de LA, tanto para viagens internacionais quanto domésticas, é o aeroporto internacional de Los Angeles, conhecido como LAX.

Em 2016, ele foi considerado como o sexto aeroporto comercial mais movimentado do mundo e também o quarto dos EUA, sendo que nesse ano movimentou também algo próximo de 2,3 milhões de toneladas de carga.

Outros cinco aeroportos atendem a RMLA, a saber: o aeroporto internacional de Ontário, localizado na vizinha cidade de Ontário, o aeroporto internacional John Wayne, no condado de Orange, o aeroporto Bob Hope (que já foi chamado de aeroporto de Burbank), o aeroporto de Long Beach, para atender principalmente ao porto e o aeroporto Van Nuys, utilizado principalmente para a aviação executiva, sendo o mais movimentado do mundo nesse nicho.

Como se nota, além de contar com vias expressas e autoestradas espetaculares, e possuir também uma grande malha ferroviária conectada não apenas a RMLA, mas ao resto dos EUA, a cidade está muito bem servida pelos transportes aéreo e marítimo. Aliás, poucas cidades do mundo podem competir com LA em termos de transporte.

5ª) **Disneylândia** – No dia **17 de julho de 1955**, Walt Disney inaugurou a Disneylândia (Disneyland). Isso aconteceu depois de ele ter visitado muitos parques de diversão com suas filhas, nas décadas de 1930 e 1940.

O terreno escolhido, e adquirido em 1953, contava com 65 hectares e ficava próximo de Anaheim. A construção teve início em 1954.

Desde a sua inauguração ele foi sendo ampliado e atualmente abriga o *Disneyland Resort*, outro parque temático denominado *Disney California Adventure* e diversos hotéis, além de outras atrações.

Hoje o seu nome é Disneyland Park, para que seja possível distingui-lo de toda expansão que ocorreu no complexo na década de 1990.

Acredita-se que em 2017, o número acumulado de pessoas que já se divertiram na Disneyland Park, desde a sua inauguração, chegue bem próximo de 740 milhões. Em 2015, 18,28 milhões de pessoas compraram ingresso para se divertir nele, pagando na época cerca de US$ 99 pelo ingresso (em 2017 o preço subiu para US 110).

Você não quer fazer uma continha para avaliar o quanto o grupo Disney fatura por ano só com os ingressos?

É muito dinheiro, e com ele dá para pagar muita gente. Em 2016 no *Disneyland Resort* de LA havia mais de 75 mil pessoas trabalhando, sendo que cerca de 26 mil eram empregados fixos da Disney e o restante, funcionários temporários ou terceirizados.

O *Disneyland Resort* não para de crescer, de se ampliar e de apresentar novas atrações para cativar cada vez mais pessoas – inclusive para que os que já estiveram nele repitam a experiência!!!

Sem dúvida, o que a empresa Disney desenvolveu no setor de entretenimento, em especial com os seus parques temáticos, também foi responsável por alavancar o desenvolvimento da cidade de Orlando, no Estado da Flórida – que aparecerá analisada no 2ª volume dessa obra. Mais isso não ficou apenas nos limites dos EUA, já que a ideia foi exportada também para os arredores de Paris e, inclusive, para países asiáticos, em especial as cidades de Hong Kong e Pequim.

Nesses parques uma certa adaptação foi necessária, até porque foram instalados em países que têm uma cultura bem diferente da norte-americana. Porém, temas básicos que já faziam (e fazem) tanto sucesso nos EUA foram de certa forma preservados, em especial aqueles que representam as "terras" ("*lands*"), como: *Adventureland, Frontierland, Fantasyland, Tomorrowland* e *Star Wars Land*.

Quem já teve a oportunidade de ir a algum desses parques sem dúvida compreende claramente como o entretenimento é um grande negócio!!!

6ª) Capital mundial do entretenimento – Não é por acaso que LA tem esse apelido. De fato, basta analisar o que ocorre no Staples Center, uma arena localizada no centro da cidade, próxima do complexo Los Angeles Convention Center e que foi inaugurado em 17 de outubro de 1999.

O Staples Center teve financiamento privado e custou US$ 375 milhões, sendo usado para jogos de basquete (capacidade para 18.997 pessoas), hóquei no gelo e lacrosse (18.118 pessoas), *shows* (20 mil pessoas) e eventos de luta corporais (*wrestling*), recebendo até 20.193 espectadores.

Sam Kropp, vice-presidente de operações do Staples Center, explicou: "Quando o Lakers, talvez o mais famoso time da NBA, entra e quadra, suas cores, seus emblemas e até as logomarcas de seus patrocinadores são colocados no estádio. Se no dia seguinte a partida for do Clippers, nada no Staples Center irá lembrar que o Lakers jogou ali no dia anterior. E todas as modificações são feitas em menos de 12 h. Para isso, precisamos às vezes recorrer a quase mil pessoas para garantir que tudo saia perfeito."

Um brasileiro que vai ao Staples Center fica impressionado ao não se deparar com enormes aglomerações antes (nem depois) de partidas ou *shows* importantes. Por exemplo, quem está hospedado em um dos hotéis do complexo do qual ele faz parte, não gasta mais de 10 min para deixar o seu quarto e caminhar até o lugar marcado no seu ingresso. E para quem chega de carro, é fácil achar uma vaga no enorme estacionamento subterrâneo.

Assim, antes ou depois de qualquer partida, os torcedores podem ir a um dos 30 restaurantes do complexo. Dentro do estádio há diversas opções, que vão desde hambúrgueres até refeições requintadas em ambientes confortáveis, bem longe do barulho dos fãs mais entusiasmados.

O Anschutz Entertainment Group (AEG), dono do **Staples Center**, é o maior proprietário de equipamentos esportivos do mundo e a segunda no *ranking* de *shows* e concertos. Ele controla e administra aproximadamente 120 estádios no mundo, como o **O2 Arena** (antigo **Millennium Dome**), em Londres; o **O2 World**, em Berlim; e a **Mercedes-Benz Arena**, em Xangai.

A AEG detém cerca de 30% da equipe do Los Angeles Lakers, a principal franquia da NBA; é dona de sete equipes de hóquei no gelo nos EUA, e na Europa; organiza alguns dos torneios, competições e concertos mais importantes do mundo, como o *Tour de France*, principal prova de ciclismo do planeta, e a turnê do ex-Beatle Paul McCartney.

A AEG é uma típica empresa que vive do setor de entretenimento e da música. Ou seja, ela faz parte da EC, contratando para isso dezenas de milhares de pessoas!!!

Aí vão alguns eventos que aconteceram no Staples Center nos últimos anos:

- → Em 2007, a cantora Beyoncé Knowles gravou o DVD da turnê *The Beyonce Experience*, intitulado *The Beyoncé Experience Live*.
- → Foi o local dos ensaios para a turnê *This Is It*, que representaria o retorno do cantor Michael Jackson aos palcos, mas que foi cancelada devido ao seu falecimento em 25 de junho de 2009. Diga-se de passagem que o próprio Staples Center foi utilizado para velar o corpo de Michael Jackson.
- → Em 23 de novembro de 2011 a cantora norte-americana Katy Perry realizou um *show* gratuito de sua turnê *The California Dreams Tour*, onde gravou no local o DVD do *tour*, que apareceria depois no seu filme *Katy Perry: Part of Life*.

Aliás, nesse ano houve em 27 dias, *shows* musicais com outros grandes cantores, como Julio Iglesias, Juanes, Lady Gaga, Rihanna, Britney Spears etc.

→ Taylor Swift é a artista que mais lotou esse ginásio, tecnicamente mais voltado para os esportes. Ela alcançou a marca de 16 noites totalmente esgotadas e, por isso, acabou ganhando um *banner* especial que está pendurado na arena. Este é um grande exemplo que poderia ser seguido pelo ginásio do Ibirapuera ou pelo complexo esportivo do Pacaembú, em São Paulo, não é?

O Staples Center é um ótimo exemplo que deveria ser seguido por todos aqueles que têm em suas cidades grandes estádios e arenas.

7ª) **Comunicação** – Em LA, há uma mídia poderosa, com muitos veículos de comunicação: muitos jornais, várias estações de rádio e de televisão.

Aliás, a indústria das telecomunicações foi crescendo bastante a partir do início dos anos 1950, e absorveu em grande parte a queda dos postos de trabalho oferecidos pela indústria cinematográfica.

O jornal diário de maior circulação na cidade – cerca de 1 milhão de exemplares – é o *Los Angeles Times*, editado em inglês. Mas outra publicação bastante lida é o *La Opinión*, escrito em espanhol e dedicado à comunidade latina.

Mas não se pode esquecer dos jornais *The Korea Times* (para os coreanos), *The World Journal* (o maior jornal chinês da RMLA) e *Los Angeles Sentinel* (em inglês, para a comunidade afro-americana).

Na realidade existem mais de 40 jornais especializados e comunitários na cidade, como: o *L.A. Record* (que faz a cobertura do que ocorre no cenário musical na RMLA); o *The Hollywood Reporter* e o *Variety* (ambos voltados para o entretenimento) etc, além de diversos periódicos nas línguas nativas (armênio, persa, russo, hebraico, árabe etc.)

Há cerca de dez estações de TV abertas ao público que são afiliadas às grandes redes, como CBC, NBC, CW, ABC, CBS e FOX, e de estações de TV a cabo, além de mais de 80 estações de rádio.

Não tem como achar que quem vive na RMLA não está bem informado, não é? E não se pode esquecer que quem nessa região tem excelente estrutura para utilizar a Internet, e com seu *smartphone* consegue acessar rapidamente o que sai no jornal ou é dito no rádio, ou ainda apresentado na TV.

A LIÇÃO DE LOS ANGELES

Muitas coisas interessantes podem e devem ser aprendidas com LA, no que diz respeito à forma como nela se buscou resolver os problemas e aproveitar as oportunidades para ir evoluindo.

Assim, em julho de 1905, o jornal *Los Angeles Times* publicou que os habitantes da cidade não teriam mais água disponível, a não ser que comprassem papéis do governo (!!!) para o financiamento da construção de um aqueduto.

Para justificar tal necessidade, a água potável distribuída pelo sistema hídrico foi desviada para o sistema de esgoto da cidade. Isso diminuiu a quantidade de água potável e criou uma "seca artificial"!?!?

Por causa dessa falta de água, as pessoas foram proibidas de regar seus jardins e logo começaram a sentir falta de água potável.

Realizado um plebiscito, os habitantes da cidade **"concordaram"** com o plano de investimento de US$ 22,5 milhões (uma enorme soma na época...) para a construção do aqueduto.

Com esse dinheiro – e também graças a uma lei federal que permitia que uma cidade adquirisse propriedades fora de seus limites municipais – a prefeitura de LA comprou as terras de Harrison Gray Otis, que ficavam a 250 km². Por ali passava o rio Owens, que desembocava no lago Owens.

Esse aqueduto foi inaugurado em 1913 e garantiu de vez a fornecimento de água potável para os seus habitantes (que aumentavam ano após ano), bem como triplicou a área de LA, que passou a ter 1.165 km². Atualmente 1.302 km², sendo 1.213,8 km² são de terra e 88,2 km² são de água

Com a Grande Depressão que abalou os EUA (e o mundo...) em 1929, houve falência em massa de estabelecimentos comerciais e industriais. Todavia, a população de LA continuava a crescer, pois dezenas de milhares de desempregados, continuavam chegando à cidade vindos de todas as partes do país, na esperança de ali encontrar algum trabalho.

Foi nessa época que a cidade passou pela **1ª vez** da marca de 1 milhão de habitantes.

Mas a economia da cidade só voltou a crescer quando os EUA entraram na 2ª Guerra Mundial, lutando ao lado dos aliados. Foi aí que surgiram na região muitas fábricas para a produção de armas e outros equipamentos usados pelas forças militares, empregando praticamente todos os que estavam parados desde a Grande Depressão.

Este crescimento continuou a atrair mais pessoas ainda para LA, a maioria, vinda do interior do país. Assim, no fim da 2ª Guerra Mundial, em 1945, viviam em LA mais de 1,5 milhão de pessoas, o que a tornou a terceira cidade mais populosa dos EUA, superando a Filadélfia e ficando atrás somente de Nova York e Chicago.

Na década de 1950, LA tornou-se uma grande produtora de carros, atrás apenas de Detroit nos EUA; a maior fabricante de pneus do país, depois da Akron; e o 2º maior centro de produção de roupas, tendo à frente apenas Nova York.

Não se pode esquecer que LA ficou também mundialmente conhecida pelos seus filmes, a maioria deles produzidos no bairro de Hollywood.

Aliás, a indústria cinematográfica chegou ao seu ápice na década de 1940 e, desde então, as empresas produtoras de filmes reduziram a sua produção anual, preferindo concentrar-se na qualidade dos filmes. Com isso esse setor diminuiu o número de postos de trabalho, mas continuou sendo uma indústria muito forte, particularmente por causa dos ganhadores do Oscar, que rendem muitas centenas de milhões de dólares.

Em 6 de novembro de 1961 foi rejeitada a proposta de lei que impunha limites para a altura máxima dos prédios a serem construídos na cidade. Isso, junto com a contraditória renovação no bairro de Bunker Hill, culminou com a construção de vários arranha-céus nas décadas seguintes...

Não se pode esquecer as diversas vias expressas que foram construídas a partir da década de 1940, com muitas pistas, conectando LA com seus subúrbios, inclusive introduzindo há muito tempo o **conceito de transporte compartilhado**, em que todo veículo com dois ou mais passageiros tinha direito a andar numa pista mais livre, desenvolvendo maior velocidade e em alguns locais, como travessia em pontes não pagando pedágio.

Foi em 1990 que LA tornou-se a 2ª cidade mais populosa dos EUA.

Embora LA tenha presenciado a queda da indústria automobilística na década de 1950, outras indústrias se instalaram ou se expandiram na cidade, como foi o caso da **indústria aeroespacial**.

A cidade possui várias fábricas que produzem peças ou partes de aviões, bem como sondas espaciais e foguetes. Essa forte indústria atraiu muitos engenheiros, matemáticos, físicos e cientistas, mas do que qualquer outra cidade norte-americana.

A Boeing possui várias fábricas em LA e na vizinha cidade de Long Beach.

Sem dúvida LA é hoje o maior centro industrial dos EUA, tendo cerca de 26 mil fábricas. Nessas últimas três décadas, aumentou significativamente nela o número de *start-ups* ligadas à tecnologia, mas também daquelas que atuam nos setores de *design*, moda, música, editoração etc.

Existem alguns especialistas em EC que classificam LA como a **"capital criativa do mundo"** (!!!), porque um em cada seis residentes da cidade trabalha em alguma área da EC. Em LA existem mais artistas, escritores, produtores de filmes e vídeos, atores, dançarinos e músicos – vivendo e trabalhando lá – que em qualquer outra cidade e em qualquer época da história.

Na RMLA estão cerca de 841 museus e galerias. Ou seja, de fato há ali mais museus *per capita* do que em qualquer outra cidade do mundo (isso inclui o Getty Center, o LACMA, o Museu de Arte Contemporânea etc.).

Um número significativo de galerias está na chamada Gallery Row (setor de galerias), e dezenas de milhares de pessoas comparecem mensalmente para participar da *Downtown Art Walk* (**"Caminhada pela arte"**), que ocorre ali.

As artes performáticas desempenham um papel importante na identidade cultural de LA, pois anualmente realizam-se nela cerca de 1.100 apresentações teatrais diferentes, e toda semana acontecem em média 21 estreias artísticas.

Não é por acaso que o Los Angeles Music Center é um dos três maiores centros de artes performáticas da nação, com cerca de 1,35 milhão de visitantes por ano!!!

No Walt Disney Concert Hall, o espaço principal do Music Center, pode-se acompanhar as apresentações da prestigiosa Filarmônica de Los Angeles. Organizações notáveis como os grupos teatrais, de coral e ópera também são companhias residentes no Music Center.

O talento é localmente cultivado em IESs como Colburn School e Thornton School of Music.

Finalmente, deve-se recordar que sismos ou terremotos são uma ameaça constante para LA.

É bem verdade que o passado sísmico da cidade não é tão trágico quanto o de São Francisco, mas nada impede que um terremoto devastador aconteça na cidade a qualquer momento...

Como outras cidades no Estado da Califórnia, LA está localizada numa região altamente vulnerável a terremotos, pois existem nela cerca de 300 falhas geológicas. Além disso, a cidade está a poucos quilômetros da zona de atrito entre a placa do Pacífico e a placa Norte-Americana.

O terremoto mais recente foi o que ocorreu em Northridge, em 1994, com 6,7 graus na escala Richter, causando 72 mortes e um prejuízo de US$ 12,5 bilhões.

Em 29 e julho de 2008, outro terremoto – dessa vez com 5,4 graus na escala Richter – foi sentido de LA à cidade de San Diego, bem no sul da Califórnia, mas felizmente dessa vez só ocorreram pequenos danos estruturais e foram poucos os feridos.

A alta probabilidade de sismos fez com que em LA não tivesse arranha-céus muito altos. De fato, só existem nela atualmente dois edifícios com mais de 70 andares.

Estão aí as situações complicadas com as quais LA teve que lidar e soube aproveitar-se para **reinventar-se**, sempre que alguns setores declinavam. Embora sempre ameaçada pelo possível surgimento de algum terremoto, ou inclusive pela falta de água (que precisa ser continuamente economizada e racionada), ela é indubitavelmente uma espetacular **cidade criativa**. Atualmente, estamos com o mesmo problema em Brasília, algo que nunca havia acontecido antes...

Salvador é a cidade-irmã de LA desde 1962, e é aquela que mais deveria se inspirar na cidade dos anjos, no modo como ela foi solucionando e superando seus desafios. Para isso, a capital baiana deveria buscar a **cooperação** de suas autoridades governamentais para se tornar uma cidade cada vez mais criativa.

Uma vista panorâmica da Gran Via, a principal avenida de Madri, muito frequentada especialmente para fazer compras.

2.20 - Madri

PREÂMBULO

Madri é uma capital que não dorme. Ela mantém em perfeita harmonia a modernidade, com o seu lado jovem e descolado, e a tradição, com sua belíssima arquitetura e seus costumes centenários.

A arte transborda pelas ruas e galerias, pelos museus e espaços artísticos dessa cidade que é considerada um dos grandes centros da cultura mundial. Para se ter ideia dessa grandeza, três dos mais importantes museus do planeta ficam a poucos minutos de distância a pé um do outro.

Por se tratar de um centro de excelência gastronômica, é um verdadeiro deleite para o paladar de quem vive ali ou visita a cidade. Nela não faltam opções deliciosas, que vão desde os tradicionais petiscos (*tapas*), que podem ser encontrados em qualquer bar e também nas tabernas centenárias, até os pratos sofisticados dos respeitados *chefs* em gastrobares ou restaurantes estrelados pelo *Guia Michelin*.

A HISTÓRIA DE MADRI

Madri é um município e também a capital da Espanha e da comunidade de Madri. É a cidade mais populosa do país e, segundo censo realizado em 2016, nela viviam até então mais de 3,1 milhões de habitantes. Todavia, incluindo-se a região metropolitana – a Grande Madri – esse número ultrapassa os 6,5 milhões.

No plano econômico, ela é a quarta cidade mais rica da Europa, ficando atrás de Londres, Paris e Moscou.

Estima-se que em 2016 o seu PIB tenha sido de US$ 320 bilhões, 87% dos quais provenientes do setor de serviços – e 17% oriundos da EC.

Num levantamento recente, constatou-se que Madri é a 8ª maior cidade em número de empresas multinacionais, o que a torna uma cidade global.

A atual prefeita (*alcalde*) de Madri é Manuela Carmena, que iniciou o seu governo em 2015, sucedendo a outra mulher, Ana Botella.

Ela administra uma cidade dividida administrativamente em 21 distritos, que por sua vez se subdividem em bairros – que não necessariamente coincidem com os bairros tradicionais...

Vale a pena esclarecer que junto com a cidade de Madri estão localizados vários núcleos urbanos que estabeleceram entre si certa interdependência. No caso de Madri, isso se evidencia claramente na dependência que têm em relação à área central. Isso é o contrário do que ocorre na conurbação, onde a direção da dependência não é tão clara e prevalece uma reciprocidade de ambos os lados.

A região metropolitana acontece devido à clara influência de Madri, que chega inclusive a zonas interiores das comunidades autônomas vizinhas de Castela (*Castilla*) – Mancha (*La Mancha*) e Leão (*Léon*).

A área urbana da capital espanhola é de 607 km². A cidade é atravessada pelo rio Manzanares, e fica no centro do país e da comunidade de Madri (que compreende a cidade de Madri, sua área urbana e seus subúrbios, e faz fronteira com as comunidades autônomas de Mancha e Leão).

Uma vez que a capital nacional é a sede do governo, também ficam ali a residência do monarca Felipe e as sedes dos ministérios e de muitas organizações importantes – como é o caso da Organização Mundial do Turismo (OMT), pertencente a ONU, da Organização dos Estados Ibero-Americanos para a Educação, Ciência e Cultura, da Fundação Cervantes (entidade difusora da língua espanhola), entre outras.

Por tudo isso, Madri é o centro político, econômico e cultural da Espanha. Nela estão localizadas muitas IESs que formam muita gente para atuar na **EC**, com os seus cursos de artes, moda, *design*, mídia, ciência, turismo, entretenimento, *software* etc.

A cidade de Madri é governada por um *ayuntamiento* (o equivalente à Câmara Municipal) composto de 52 membros e presidido pela prefeita Manuela Carmena.

Em Madri, cerca de 16% dos seus habitantes são estrangeiros, sendo que os maiores grupos de imigrantes são de equatorianos, marroquinos, senegaleses, chineses, colombianos e peruanos.

Boa parte desses imigrantes acabaram vivendo em Parla, um subúrbio que foi se transformando em uma **"cidade de chegada"** (uma favela em que foram se instalando os imigrantes nos arredores da capital, principalmente a partir da década de 1980, quando se tornou crucial possuir um grande número de trabalhadores, qualificados ou não!!!)

Especialmente na década de 1990, cada vez mais cidadãos não espanhóis viviam em Parla e, com frequência, na marginalidade.

Prevalecia ali uma economia clandestina e elevados índices de criminalidade, o que acabou por atrair políticos tanto da direita como da esquerda espanhola.

Depois da eleição do primeiro-ministro José Luis Rodríguez Zapatero, e da implantação do seu governo socialista (moderado de esquerda) em 2004, a Espanha embarcou em sua primeira iniciativa política aplicada especificamente para as cidades de chegada que foram se formando não só em Madri, mas em muitas outras cidades espanholas.

O primeiro ato de Zapatero, em 2005, foi abordar a delicada questão da cidadania. Para isso, ele implantou um programa de anistia em que quase 700 mil imigrantes – **todos devidamente empregados** – receberiam documentos e a possibilidade de conseguir a cidadania espanhola. Neste sentido, uma lei foi aprovada no decorrer daquele ano. Zapatero promoveu uma verdadeira faxina, garantindo que todos os residentes das cidades de chegada da Espanha, em especial os de Parla (onde viviam cerca de 230 mil imigrantes), **se tornassem cidadãos legalizados e pagadores de impostos**.

Isso teve um efeito imediato e dramático no progresso de Madri. De repente, os moradores de Parla estavam aptos a comprar seus apartamentos (suas residências), arrendar espaços para mais lojas, abrir pequenos negócios e formar famílias que não seriam prejudicadas por seu *status* ambíguo em termos de nacionalidade.

Os filhos dos imigrantes passaram a frequentar as escolas como os espanhóis e, desse modo, Parla se tornou aos poucos um local com **culturas poliglotas**!!!

Esse *boom* criou em Madri muitos milhares de **cidadãos ativos**, em vez de estrangeiros sem raízes à procura de ganhar algum dinheiro. Isso permitiu, inclusive, que o colapso financeiro e a crise de desemprego que atingiram a Espanha nos anos 2008 e 2009 fossem enfrentados de maneira mais sensata e humana, sem que os que viviam em Parla se vissem envolvidos em grandes conflitos.

Na prefeitura em Parla, há um escritório de integração que oferece serviços legais, assistência na busca de emprego e moradia, serviços de tradução, auxílio para mulheres, ensino de idiomas, abrigos para os recém-chegados etc.

O fato é que, mesmo nos dias atuais, a desigualdade entre as pessoas que vivem em Madri ainda não foi minimizada. Na verdade, ela continua existindo, e um dos problemas dos que têm menos recursos, sejam madrilenos natos, espanhóis que migraram para a capital ou estrangeiros (nacionalizados ou não), é a **falta de moradia**!!!

É por isso que Manuela Carmena não quer entrar em projetos grandiosos, pois a sua prioridade é outra.

Ela comentou: "O meu interesse principal, durante a minha gestão é colocar o orçamento da cidade de € 5 bilhões e os 30 mil funcionários da prefeitura à disposição da população menos privilegiada. A solução da crise habitacional e a luta para impedir despejos são, para mim, assuntos prioritários. Vou provar que é possível administrar Madri de maneira diferente. Meu foco é no pequeno, por isso vou colocar fim à mania de Madri por projetos custosos e grandiosos. Tenho verdadeira aversão por palavras e projetos majestosos. Quero fazer coisas pequenas, concretas e que sejam eficientes. Não quero ter nada a ver com ideias de dimensões monumentais. E isso inclui ser a sede dos Jogos Olímpicos!!!"

Uma pena que ela pense assim, pois sem dúvida o que alavancou muito a cidade de Barcelona no cenário mundial foi o brilhantismo com o qual a cidade organizou os Jogos Olímpicos de 1992, e todo o seu legado!!!

Falando sobre o surgimento de Madri, as primeiras referências históricas relevantes sobre a cidade aparecem somente no século IX.

A primeira constatação histórica da existência de um assentamento estável data da época muçulmana. Assim, na 2ª metade do século IX, o emir de Córdoba, Muhammad I (823-886) construiu uma fortaleza e um pequeno palácio no local onde está erguido em Madri o palácio Real, recebendo o nome de Magrit.

Em torno dessas edificações desenvolveu-se um pequeno povoado chamado de Al Mudena, que seria conquistado em 1085 pelo rei Alfonso VI, na investida que tinha por objetivo chegar à cidade de Toledo...

A mesquita que aí existia passou a ser uma igreja dedicada à Nossa Senhora de Almudena. Em 1329, a corte espanhola se instalou na cidade durante a permanência na região do rei Afonso XI de Castela.

Após um grande incêndio que destruiu parcialmente a cidade, o rei Henrique III de Castela (1379-1406) ordenou a reconstrução da mesma, enquanto permanecia instalado num palácio fora da cidade, o El Pardo.

Com o casamento entre os reis católicos Isabel de Castela e Fernando III de Aragão, os reinos de Castela e Aragão se uniram, formando a Espanha. Na época, as respectivas capitais eram Toledo e Saragoça.

Em 1561, o rei Felipe II (1527-1598) mudou a corte de Sevilha para Madri, sem qualquer cerimônia oficial, tornando-a capital da Espanha. Embora Sevilha continuasse a controlar todo o comércio das colônias espanholas, a própria cidade passou a ser comandada por Madri, que permaneceria até hoje como capital da Espanha. De fato, ela só perdeu essa posição durante o curto período de 1601 a 1606, quando o rei Felipe III transferiu a capital para Valladolid.

Durante o **século de ouro** (*siglo de oro*) – fim do século XVI e início do século XVII –, Madri foi uma capital diferente das grandes capitais europeias. Em termos de tamanho ela era bastante pequena dada a importância da cidade. Já no que se refere à economia, Madri dependia principalmente da riqueza dos integrantes de sua corte, uma vez que não havia nela outras atividades econômicas relevantes.

Em 1860 ocorreu a derrubada do muro construído por Felipe IV em 1625 e, finalmente, no século XIX, a população de Madri começou a crescer de maneira ordenada, transformando-se num local para negócios oportunos que enriqueceriam pessoas como José de Salamanca y Mayol, que se tornou o marquês de Salamanca e acabou dando nome a um novo bairro criado no leste, numa região que se transformaria no eixo da cidade – o *passeo de la Castellana*, um prolongamento do *passeo del Prado*.

Ali foi construído um moderno sistema de abastecimento de água – o canal Isabel II. Também foi concluído o sistema ferroviário que transformou Madri em um centro radial de interligação com outras regiões do país. A construção de grandiosas estações (como Chamartin, Atocha, Príncipe Pio etc.), também facilitou muito a movimentação na cidade.

No fim do século XIX, a rainha Isabel II não conseguiu eliminar a tensão política, o que culminou no surgimento da Primeira República Espanhola. Ela, entretanto, não durou mais que dois anos, voltando ao estado de monarquia.

No início do século XX surgiu a Gran Via, cujo objetivo era descongestionar a cidade, e em 1919 foi inaugurado o metrô. Durante seu reinado, o rei Alfonso XIII cedeu terras que pertenciam à monarquia, localizadas a noroeste do palácio Real, para que na região fosse construída a cidade universitária.

Porém, a situação política na Espanha por volta de 1931 já era bastante instável. Seu grande trunfo era a aliança republicana-socialista nas eleições municipais de 12 de abril em Madri. Por causa disso, teve início nesse ano a Segunda República espanhola. Depois disso o país enfrentou uma Guerra Civil, que durou de 1936 até 1939. Madri sofreu muito com essa guerra. Por se tratar de um dos núcleos republicanos na Espanha, as ruas da cidade se transformaram em autênticos campos de batalha.

Todavia, depois que a guerra terminou a cidade se curou das feridas deixadas pelos combates – em especial na região oeste – e continuou crescendo de maneira diferenciada. Centenas de milhares de espanhóis migraram do campo para Madri.

A partir de 5 de junho de 1948 teve início o processo de anexação de 13 municípios limítrofes a Madri, o que só terminaria em 31 de julho de 1954. Agora a cidade abarcava Aravaca, Barajas, Canillas, Canillejas, Chamartín de la Rosa, Fuencarral, Hortaleza, El Pardo, Vallecas, Vicálvaro, Villaverde, Alto Carabanchel e Baixo Carabanchel. Com isso a população da cidade aumentou em mais de 300 mil pessoas.

Em 1963, por força da explosão demográfica da capital, foi aprovado o plano de ordenação da área metropolitana. Teve início o processo de desvio da concentração urbana de Madri para municípios metropolitanos, como: Alcorcón, Alcobendas, Coslada, Fuenlabrada, Getafe, Leganés, Móstoles, San Sebastián de los Reyes, San Fernando de Henares e Torrejón de Ardoz, que se transformaram em cidades-dormitório.

Durante a ditadura de Francisco Franco, principalmente nos anos 1960, o sul de Madri tornou-se uma área bastante industrializada. Já em 1973, foram inaugurados os principais trechos da M-30, o primeiro cinturão (anel) que circundaria a cidade.

Após o falecimento de Franco, em 1975, os novos partidos políticos (que incluíam os militantes da esquerda e os republicanos) **aceitaram** o desejo de Franco de ser sucedido pelo legítimo herdeiro ao trono da Espanha, o rei Juan Carlos I. O objetivo era manter a continuidade da estabilidade política e da democracia no país. E foi assim que se chegou à situação atual na política espanhola: uma **monarquia constitucional**, com capital em Madri.

A prosperidade da década de 1980 fez com que a cidade consolidasse a sua posição no que diz respeito à economia, indústria, cultura, educação e tecnologia. Então, em 27 de dezembro de 2011, aconteceu algo inédito: Ana Botella se tornou a **primeira mulher** a assumir o cargo de prefeita de Madri!!!

Deve-se salientar, diferentemente do que ocorreu na época de Franco quando os prefeitos eram designados, a partir de 1979 passaram a ser eleitos. Assim, eles se viram também obrigados a cumprir suas promessas de campanha, tais como: construir bibliotecas, instalações esportivas e centros de saúde; eliminar favelas cheias de barracos; limpar o rio Manzanares; terminar a M-30, que teria um trecho subterrâneo; e construir novos anéis viários. Assim, para melhorar o tráfego de veículos que precisavam entrar em Madri – o que era imprescindível –, surgiram os M-40, M-45 e M-50. Também foram duplicadas muitas vias expressas e teve início a cobrança na cidade de pedágio e estacionamento, chegando até M-30. Isso provocou protestos por parte de muitos munícipes...

Com esse trabalho do governo e a colaboração das empresas imobiliárias, Madri ganhou um novo estilo urbanístico, abrigando: muitas zonas verdes, piscinas, áreas para que as crianças pudessem brincar (*playgrounds*), centros esportivos etc. Tudo isso fez com que a cidade aparecesse bem classificada em diversas avaliações das melhores cidades do mundo para se viver.

Bem, para finalizar essa apresentação geral sobre a capital espanhola, deve-se enfatizar que Madri é **cidade-irmã** do Rio de Janeiro. Assim, os cariocas deveriam inspirar-se muito nela, apesar de o Rio de Janeiro ter uma população maior e um PIB menor...

Vejamos a seguir algumas informações interessantes em Madri, sobre setores ligados a **EC,** seja de forma direta ou indireta.

1ª) Vejamos, inicialmente, o setor da **arquitetura**. A maior parte dos lugares turísticos de Madri se concentra na região circundada pela M-30, principalmente nos distritos Centro, Salamanca, Chamberi; Retiro e Arganzuela, sendo que a Porta do Sol (*Puerta del Sol*) é o centro nevrálgico, ou seja, a praça mais importante da cidade.

Nela, em frente à Casa Real dos Correios (*Real Casa de los Correos*), está o **quilômetro zero**, ponto de partida para a numeração de todas as estradas radiais do país.

Na Casa Real dos Correios destaca-se o relógio da torre – construído e doado no século XIX por José Rodriguez de Losada –, que tradicionalmente (no dia 31 de dezembro de cada ano) faz a contagem decrescente para a entrada do novo ano, quando a maioria dos espanhóis segue o hábito de comer um bocado de uvas passas.

Em suas origens, Porta do Sol foi um dos acessos do muro que rodeou Madri no século XV. Seu nome provém de um sol que adornava a entrada, uma vez que a porta estava orientada para o levante (oriente).

Em 1959 essa praça foi reformada por Manuel Herrero Palácios, que incorporou ao seu centro uma zona ajardinada, além de várias fontes.

Em 1986, os arquitetos Antonio Riviere, Javier Ortega e Antón Capitel promoveram uma nova reforma, em que foi dada muita importância aos pedestres que circulavam por ali.

Entre 2004 e 2009, aconteceram na praça as obras para uma grande estação ferroviária subterrânea, capaz de promover a transferência no transporte. Por conta de suas dimensões, ela se transformou na maior do mundo (com 28 m de profundidade, 207 m de comprimento, 20 m de largura e um átrio de 7.500 m^2).

Ela já foi local de muitas manifestações importantes e conturbadas, como a ocorrida em 15 de maio de 2011. Nela, durante algumas semanas, muitos milhares de pessoas reclamaram e exigiram mudanças políticas, sociais e econômicas.

De fato, a Porta do Sol já foi citada em muitas obras literárias e cinematográficas espanholas. Ela também já foi o tema de diversas manifestações culturais do país. Embora no passado fossem onze, atualmente são dez as ruas (*calles*) que desembocam ali (ou saem dali), no sentido horário: *calle de Alcalá, carrera de San Jerónimo, Espoz y Mina, de las Carretas, de lo Correo, Mayor, de lo Arenal, de los Preciados, de Carmen e de la Montera.*

A rua *de Alcalá* vai da Porta do Sol até noroeste da cidade, passando em frente do palácio de Comunicaciones, atual sede do *ayuntamiento*.

A rua Mayor leva à praça Mayor, que é um dos locais mais emblemáticos de Madri, cenário de muitos eventos, feiras, atos de fé etc. Situada no centro comercial da cidade, é uma praça retangular, rodeada por edifícios e com nove entradas distintas. Ela foi construída durante o período austríaco e, originalmente, recebeu o nome de Plaza del Arrabal. Projetada por Juan de Herrera, em 1581, a mando do rei Felipe II, essa praça tinha por objetivo remodelar uma região bem caótica.

Porém, a construção só começou de fato em 1617, durante o reinado de Filipe III – e inclusive ganhou uma estátua do monarca, datada de 1616. Na ocasião, a obra da praça foi deixada a cargo de Juan Gómez de Mora, que a terminou em 1619. Todavia, ainda se diz nos dias de hoje que o projeto é de Juan de Villanueva, que reconstruiu a praça em 1790 depois de um grande incêndio. No século XX, Fernando Chueca Goitia e Carlos Sidro introduziram outras melhorias na praça Mayor.

Outra via importante é *la carrera de San Jerónimo*, que leva até o triângulo da arte. Nele estão os museus Prado, Reina Sofia e Thyssen- Bornemisza.

Vale a pena citar aqui algumas outras praças de Madri nas quais os turistas têm muita coisa para fazer e ver!!!

A praça da Espanha (*Plaza de España*) é uma das mais importantes de Madri. Dela sai a Gran Via, principal artéria da cidade, onde existem muitos cinemas e teatros – é a chamada **"Broadway madrilena"**. Nessa praça está um conjunto de esculturas que homenageia o escritor Miguel de Cervantes, **por meio de seu famoso personagem, Dom Quixote!!!**

A praça de Colombo (*Plaza de Colón*), em homenagem ao maior navegador de todos os tempos a serviço da Espanha, Cristóvão Colombo, é um local em que se comemora a era dourada da Espanha.

Nesse local estão edificados o Centro Cultural de Madri e os monumentos a Colombo, em estilo neogótico, construídos entre 1881 e 1885. Sua base quadrada suporta um pilar espetacular executado pelo escultor Arturo

Mélida e no seu topo está uma estátua de 3 m de altura do navegador, esculpida no mármore branco por Jerónimo Suñol. O monumento tem uma altura total de 17m.

Paseo de la Castellana é uma das avenidas principais e mais largas de Madri, com seis pistas de rolamento centrais, além de quatro laterais. Ele percorre a cidade desde a praça de Colombo, seguindo rumo ao norte. Seu trajeto corresponde ao curso de um antigo rio que passava por ali e, no extremo sul ele se conecta ao passeio de Recoleto (*paseo de Recoletos*), que, por sua vez, se une ao passeio do Prado (*paseo del Prado*).

Essas três vias formam um eixo importante que possibilita ao visitante percorrer a cidade de norte ao sul.

Ao longo do passeio da Castelana foram construídos não apenas os edifícios que constituem o complexo financeiro AZCA, o mais importante da cidade, mas também o moderno complexo de *Quatro Torres Business Área* (*Cuatro Torres Business Area*).

Embora Madri nunca tenha se destacado pelos seus arranha-céus, durante o século XX surgiram os primeiros – em especial com a construção da Gran Via.

Em 1953, terminou a construção do edifício *España*, com 117 m de altura e, em 1957, ele foi superado pela torre *Madrid* (142 m).

Na década de 1980 surgiram outras edificações: em 1982, a torre de telecomunicações *Torrespaña* (232 m); em 1985, a torre *Europa* (121 m); e, em 1988, a torre *Picasso* (157 m).

Em 1996 foram inauguradas as duas torres *Porta da Europa I e II* (com 114 m cada uma).

Já no século XXI, Madri ganhou ainda mais os ares com a torre *Espacio* (230 m), em 2007, a torre *PWC* (236 m), em 2008, a torre de *Cristal* (249 m), em 2008, e a torre *Bankia* (250 m), em 2009.

2ª) As ruas de Madri são um verdadeiro museu a céu aberto, além de abrigar o Museu de Escultura ao Ar Livre, de Castellana (que tem agora o nome de Museu de Arte Público), dedicado a obras abstratas. Dentre elas se destaca *La Sirena Varada* ("A Sereia Encalhada"), de Eduardo Chillida. Seu nome provém da negativa por parte do *ayuntamiento* franquista de colocá-la no lugar inicialmente previsto. Isso originou um escândalo no ambiente artístico e gerou opiniões enfurecidas por parte de um público pouco preparado para inovações estéticas. O autor a chamava de *"Ponto de Encontro"*.

Existem também muitas estátuas equestres nas principais praças de cidade, sendo a mais importante de todas a do rei Filipe IV, que data do século XVII. Projetada por Velásquez e construída por Pietro Tacca (com assessoria científica de Galileu Galilei), ela se encontra na praça do Oriente (*Plaza de Oriente*)!!!

Em praticamente todos os parques e prédios públicos de Madri podem ser vistas espetaculares esculturas. Aliás, poucas cidades têm tantas esculturas como a capital espanhola!!!

3ª) Estimava-se que em 2016, houvesse nas escolas dos 21 distritos de Madri um total de mais de 1 milhão de estudantes não universitários, dos quais cerca de 650 mil estavam nas IEs públicas.

Além da UNED (Universidade Nacional de Educação a Distância), cujo âmbito é nacional, a comunidade de Madri sedia seis universidades públicas: a Universidade Complutense, a Universidade Politécnica, a Universidade Carlos III (com três *campi* fora de Madri), a Universidade Autónoma, a Universidade Rei Juan Carlos e a Universidade de Alcalá.

Além disso encontram-se instaladas na comunidade de Madri mais de uma dezena de excelentes IESs privadas, dentre as quais: a Universidade Alfonso X, o Sábio; Universidade Antonio de Nebrija, Universidade Camilo José Cela, Universidade Europeia de Madrid; Universidade Internacional Menéndez Pelayo; Universidade Pontifícia Comillas; Universidade Francisco de Vitoria, Universidade Pontifícia de Salamanca (*campus* em Madri), Universidade San Pablo, University of San Diego, Suffolk University; Saint Louis University etc.

Naturalmente todas essas IESs não promovem apenas a boa formação dos jovens que vivem em Madri. Elas também atraem estudantes de outras partes da Espanha, de outros países da Europa e, especialmente, de países da América Latina.

4ª) No que diz respeito à moda, existe na cidade de Madri uma grande quantidade de marcas. Além disso, graças ao evento internacional *Pasarela Cibeles* – chamado desde 2012 de *Mercedes-Benz Fashion Week* –, todas as principais marcas têm sede na cidade. Vale ressaltar que esse desfile de passarela já é considerado o 4º mais importante do mundo, atrás somente de Nova York, Milão e Paris. Nele só desfilam modelos saudáveis!!!

Existem lojas de moda distribuídas por toda a cidade, porém, há uma concentração especial delas ao redor da Porta do Sol e das ruas Serrano e Goya. Também há estabelecimentos especializados em moda das principais marcas internacionais, como Emporio Armani ou Gucci, bem como as espanholas Zara, Loewe ou Cortefiel.

Também existe em Madri uma grande variedade de lojas de roupa informal e esportiva, com a presença das principais marcas. E não se pode esquecer da rede El Corte Inglés, que tem um setor dedicado a moda e que tem pontos de venda nos locais mais concorridos da cidade.

5a) Na literatura, na música e no cinema, Madri tem grandes expoentes. Na literatura é vital destacar obras de períodos distintos, como as de Lope de Vega, Tirso de Molina e Calderón de la Barca, todos nascidos na cidade.

No que se refere à música, figuras estrangeiras como o cantor Farinelli (1705-1782) e o compositor Luigi Boccherini (1743-1805), que produziu a *Ritirata Notturna di Madrid*, movimentaram muito a cena musical da cidade.

Também foi importante no século XVIII a presença de Domenico Scarlatti, que viveu e compôs algumas de suas obras mais célebres em Madri, tendo morrido ali em 1757.

O romantismo madrileno do século XIX teve como principal expoente Mariano José de Larra, oriundo da própria cidade.

Com autores como Francisco Asenjo Barbieri, Federico Chueca e Tomás Bretón, desenvolveu-se um gênero dramático musical autóctone: a *zarzuela*, da qual Madri é a capital, serviu de inspiração para toda a programação do Teatro de la Zarzuela ou do Teatro Apolo.

A geração de notáveis escritores, pintores, cineastas, poetas, músicos etc, da década de 1920, tinha como ponto de encontro a *Residencia de Estudiantes*, por onde passaram nomes como Federico Garcia Lorca, Salvador Dalí, Luis Buñuel etc., responsáveis por influenciar bastante o ambiente político e cultural do país – lembrando que alguns deles foram até fuzilados.

No cinema, apesar de terem sido feitos muitos filmes na primeira metade do século XX, só nas décadas de 1970 e 1980 foi que surgiram películas como as produzidas por Pedro Almodóvar e aquelas focadas na chamada nova comédia madrilena, que obtiveram sucesso nacional e internacional.

Aliás, na década de 1990, foram produzidos muitos filmes, abordando temas voltados para a degradação generalizada da cidade, por causa do consumo de drogas.

6ª) Com uma história rica na literatura, na música, no cinema e na moda, além de um pujante sistema universitário, Madri não poderia deixar de ser uma **cidade rica em museus e com forte religiosidade**.

O chamado **triângulo da arte** concentra, próximos um do outro, três centros de arte de referência: o Museu do Prado – um dos mais importantes do mundo, cuja coleção está centrada na época anterior ao século XX, com destaque para a arte italiana, espanhola e flamenga –, o Museu Thyssen-Bornemisza, e o Museu Reina Sofia.

Algumas das obras representativas que se encontram no Prado são: *As Meninas, A Forja de Vulcano, O Triunfo de Baco* (todas de autoria de Velásquez); *A Maja Despida, A Víndima, 2 de Maio de 1808,* (de Goya); *As Três Graças* (de Rubens), *O Jardim das Delícias Terrenas* (de El Bosco); *Carlos V em Mühlberg* (de Tiziano) entre muitas outras.

Existe também nesse museu um importante conjunto de esculturas clássicas greco-romanas, renascentistas e de outros períodos.

Miguel Zugazo, que esteve 14 anos à frente do Museu do Prado de Madri, comentou a dificuldade de administrá-lo: "Vivemos em uma crise econômica continua aqui na Espanha e, com isso, houve uma queda brutal do aporte público. Isso nos obriga a pensar mais no que é essencial, em quais são as prioridades e **qual é a missão central de seu museu**!!!

Apesar de termos cerca de 27 mil doadores – que fazem parte da associação Amigos do Prado –, o aporte vindo desses benfeitores cobre apenas uma sexta parte do nosso orçamento.

Sem dúvida, devemos aumentar a itinerância do Prado, como já fizemos ao expor parte do acervo na Austrália. Essas exposições nos possibilitaram aproximar uma fração da coleção do museu espanhol de públicos que dificilmente poderiam ir a Madri e, ao mesmo tempo, isso possibilitou obter mais recursos financeiros para a instituição.

Alguns museus importantes – como o Louvre, de Paris, e o Hermitage, de São Petersburgo – abriram sucursais em outras localidades, mas não acho que isso seja uma boa solução para as nossas dificuldades econômicas.

Vale ressaltar que, apesar da situação econômica adversa, o museu não tem renunciado à compra de obras de arte no mercado, se bem que é difícil surgirem grandes oportunidades de aquisição."

O Museu Thyssen-Bornemisza dispõe de uma das maiores coleções privadas de arte do mundo. Suas coleções, organizadas por ordem cronológica, começam pelo Renascimento e terminam no século XX.

No terceiro andar do museu estão expostas obras primas de mestres italianos, alemães e holandeses do século XVI, como Jan Van Eyck, Alberto Dürer e Hans Holbein. Existe também uma galeria dedicada a Tiziano, Tintoretto, Bassano, El Greco, Bernini e Caravaggio, entre outras.

No 2º andar está a coleção de pinturas holandesas, que abriga desde Frans Hals, do século XVII, até Max Beckmann, do século XX. O museu conta ainda com algumas obras dos períodos realista, rococó, neoclássico, romântico e impressionista.

Finalmente, no primeiro piso estão reunidas obras do século XX, que abrangem desde o cubismo e as primeiras vanguardas até a *pop art*.

Destacam-se aí algumas obras contemporâneas de Pablo Picasso, Piet Mondrian, Marc Chagall, Edward Hopper, Salvador Dalí, entre outras.

O Museu Reina Sofia é considerado o museu nacional espanhol de arte do século XX. Assim, ele possui coleções de Pablo Picasso e Salvador Dalí, embora também estejam expostas ali obras de Juan Gris, Joan Miró, Julio Gonzalez, Eduardo Chillida, Pablo Palazuelo, Antoni Tàpies, Pablo Gargallo, Lucio Muñoz, Luiz Gordillo, Jorge Oteiza, Ouka Leele e Jose Luis Gatiérez, entre outros.

Existe nesse museu uma biblioteca de acesso livre especializada em arte, com um acervo de mais de 100 mil livros, 4.500 gravações e 1.700 vídeos.

Entre outros museus importantes é preciso citar a Real Academia de Belas Artes de São Fernando, que mantém na sua coleção permanente uma grande variedade de obras, predominantemente espanholas, italianas e flamengas, dos séculos XVIII e XIX.

Alguns pintores representados nesse museu são: Goya (que inclusive foi membro dessa academia), Murillo, Jose de Madrazo, Federico de Madrazo, Leandro Bassano, Zurbarán e Vicente López.

Em seus três andares, o Museu Arqueológico da Espanha apresenta mestres de arte desde a pré-história até o século XIX, principalmente da península ibérica. Algumas das obras mais importantes são *A Dama de Elche*, *A Dama de Baza*, *a Dama de Ibiza*, *Tesouro de Guarrazar*, *Os Ossos de Napier*, o monumento funerário de *Pozo Moro*, e uma mostra de mosaicos romanos.

Ademais, o museu conta com uma reprodução de teto dos policromos da caverna de Altamira no jardim exterior. O Museu da América, por sua vez, dedica-se à arte de continente americano, centrando-se na América pré-colombiana, na etnografia e na arte colonial.

Em Madri há ainda cerca de mais duas dezenas de museus, muitos deles especializados em técnicas de arte decorativas, ciências naturais, antropologia, história da cidade, o traje, romantismo, aeronáutica, naval etc.

Sem dúvida, muita gente vai a Madri para visitar seus museus, mas não se pode esquecer que as igrejas católicas da cidade também atraem muito os visitantes, afinal, nelas encontram-se as obras de arte religiosas mais importantes da Espanha. Além disso, estão guardadas nesses edifícios não apenas imagens religiosas, mas elas contam a história do país; exibem-se ali interessantes detalhes arquitetônicos e muitas com pinturas de mestres como: Luca Giordano, Francisco Carreño, Francisco Rizi, Goya etc.

Há em Madri pelo menos duas dezenas de templos católicos (entre igrejas, basílicas e catedrais) que merecem ser visitados.

E quem resolver visitar algumas dessas igrejas perceberá que Madri é uma das cidades mais verdes da Europa, repleta de árvores – são cerca de 320 mil delas, a segunda cidade do mundo atrás de Tóquio (em número) – e muitos parques.

Entre eles deve-se destacar o do Retiro. Situado em pleno centro da cidade, ele ocupa uma área de 118 hectares e tem no seu interior numerosos monumentos e lugares de interesse.

Existe também o parque Casa de Campo, que fica no distrito de Moncloa-Aravaca. Com uma extensão de 1722,6 hectares, ele é o verdadeiro pulmão da cidade. Por causa do seu tamanho, existem dentro dele vários outros parques

Bem, para se ter uma ideia do quão verde é a capital da Espanha, basta verificar que a proporção de área verde por habitante em Madri é de 70m^2, enquanto a média nas outras cidades da Europa é de 20m^2.

7ª) Depois do término da ditadura de Francisco Franco, a partir da década de 1980, houve em Madri um intenso movimento no sentido de abrir muitas discotecas e bares, e, assim, criar na cidade uma alegre vida noturna.

Isso se concentra principalmente no distrito Centro, no qual foram reunidos todos os estilos e todas as nacionalidades. Isso fez surgir uma mescla muito rica na região, com diversas opções para todas as preferências. Com isso, a diversão atravessa a madrugada (da 1h até 7h).

No bairro de Malasaña são comuns os bares com música "alternativa", *rock*, *pop* e música eletrônica. Já Moncloa é um bairro frequentado mais por jovens universitários, cuja faixa etária é de 18 a 24 anos. Em Salamanca, onde residem pessoas com maior poder aquisitivo, fica a zona de discotecas e *pubs* que é mais voltada para clientes endinheirados, como artistas de televisão, jogadores de futebol, cantores etc.

Em Madri acontecem agora muitos festivais de música eletrônica, como por exemplo o *Space of Sound*, realizado em 1º de janeiro.

É natural que todos os que participam da vida noturna, sejam visitantes ou moradores de Madri, gostem de comer bem. Neste sentido não se pode reclamar da gastronomia castelhana disponível em Madri, que conserva algumas características culinárias herdadas desde os tempos da instalação da corte de Felipe II na *villa* de Madri. Dentre as delícias estão o cozido madrileno, a sopa de alho, as sobremesas etc.

Com frequência o aroma típico da cozinha madrilena se impregna com as propriedades da fritura do azeite vegetal (oliva, girassol etc.), como se comprova nos pratos populares servidos em bares, restaurantes e outros estabelecimentos da cidade: os *churros*, a panqueca de batata, os sanduíches de calamares, os aperitivos ou petiscos (*tapas*) clássicos etc.

O auge da imigração no fim do século XX contribuiu muito para a introdução de gastronomias representativas de diferentes grupos culturais que se fixaram na cidade. Assim, entre outras, desenvolveram-se as gastronomias chinesa, equatoriana e romena. Existem, inclusive, diversos mercados em Madri especializados em cozinhas estrangeiras, sendo que alguns deles se tornaram emblemáticos, como é o caso do Mercado de los Mostenses ou o Mercado de San Miguel!!!

8ª) Muitos esportistas que se tornaram famosos nasceram em Madri, como foi o caso do tenista Manuel Santana, dos esquiadores Francisco e Blanca Fernández Ochoa, dos futebolistas Emílio Butrageño e Raúl Gonzáles Blanco, dos jogadores de polo aquático Jesus Rollón e Pedro Garcia Aguado, a ginasta Estela Giménez, entre outros.

À semelhança do que acontece no resto da Espanha, o principal esporte na capital espanhola é o **futebol**.

De fato, os estádios de Madri comumente ficam lotados!!! Mas isso não poderia ser diferente, afinal, a cidade é o lar de três importantes equipes: o Real Madrid, que em diversos anos já foi considerado o melhor time do mundo (em 2016 foi o vencedor da Copa do Mundo dos Campeões, no Japão), e tem no elenco Cristiano Ronaldo, eleito 4 vezes o melhor jogador do mundo); o Atlético de Madrid, que nesses últimos anos vem apresentando um desempenho excelente, tendo inclusive disputado nos anos de 2014 e 2016 duas finais da UEFA (Champions League, principal competição europeia) e, infelizmente, tendo sido derrotado pelo Real Madrid; e o Rayo Vallecano, além do Real Madrid Castilla (uma filial do Real Madrid, equipe integrada principalmente por jovens promessas que participam da segunda divisão B).

O basquete também é muito popular e conta com duas importantes equipe: o Real Madrid e o Estudiantes.

O time de basquete do Real Madrid participa com destaque não só do campeonato nacional (que já conquistou diversos vezes), mas também da competição europeia, EuroBasket (que venceu em 2015).

Outros esportes também são prestigiados, como é o caso do handebol, do futebol de salão e do atletismo. A competição mais importante da cidade é a San Silvestre Vallecana (uma corrida de fundo que acontece sempre no dia 31 de dezembro), e a popular Maratona de Madri (que acontece em algum dia da primavera...).

No ciclismo, o destaque é para a competição denominada *Vuelta*, cuja etapa final ocorre em Madri.

No tênis, os espanhóis se destacam tanto entre os homens como entre as mulheres. O mais famoso tenista na atualidade é Rafael Nadal, considerado **"filho adotivo"** de Madri. Ele já venceu muitos torneios na cidade (como o Master 1000 de Madri), mas principalmente em Paris (vencendo o torneio de Roland Garros 9 vezes) e em outras cidades do mundo, tornando-se durante um certo período **o número 1 do mundo**!!!

Além de todas essas modalidades, cabe destacar que Madri já se candidatou diversas vezes para receber os Jogos Olímpicos de Verão. Embora ainda não tenha sido escolhida, a cidade tem todas as condições para sediar a competição (hospedagem, transporte, instalações esportivas, segurança etc.). **Mas isso ainda vai acontecer, viu?**

Não se pode esquecer que está em Madri a maior praça de touros da Espanha, e a terceira em tamanho no mundo: *Las Ventas*.

Ela foi inaugurada em 17 de junho de 1931, mas começou a funcionar plenamente só em 1934.

Nos dias de hoje a praça tem capacidade para receber 26.666 pessoas, muitas das quais são atraídas pelas touradas. Fora da temporada taurina o local é usado para *shows* musicais e outros espetáculos.

9ª) Em 2016, Madri se tornou a segunda cidade mais visitada da Espanha e a oitava mais visitada da Europa, atrás de Londres, Paris, Istambul, Barcelona, Amsterdã, Roma e Viena. Ela recebeu cerca de 13,8 milhões de turistas naquele ano, dos quais cerca de 7,5 milhões foram espanhóis e 6,3 milhões eram estrangeiros.

Não se pode esquecer que Madri é a cidade onde acontece a Feira Internacional de Turismo. Os onze lugares mais visitados pelos turistas em 2016, tanto os nacionais como os estrangeiros, foram:

- Museu Reina Sofia (cerca de 2,9 milhões de visitantes)
- Museu do Prado (2,75 milhões)
- Parque de Atrações de Madri (2,7 milhões)
- Parque Warner (1,72 milhão)
- Palácio das Comunicações (1,32 milhão)
- Zoológico (1,3 milhão)
- Palácio Real de Madrid (1,28 milhão)
- Museu Thyssen-Bornemisza (1,15 milhão)
- *Tour* no estádio Santiago Bernabéu (1,05 milhão)
- Caixa Fórum Madrid (970 mil)
- Museu Arqueológico Nacional (695 mil)

Todavia, são os estádios que ainda continuam atraindo muita gente para acompanhar ao vivo as partidas de futebol das equipes madrilenas.

Para os espanhóis, Madri no verão pode ser resumida da seguinte maneira: um calor que não dá trégua (35ºC ou mais), ruas desertas e famílias de malas prontas para curtir as férias no litoral.

Já para os turistas que não derretem no calor e desembarcam na capital espanhola nessa época do ano, há uma boa notícia: mesmo mais vazia, Madri continua irresistível. Ela está sempre **repleta de boas exposições** e existem **muitas bicicletas elétricas** disponíveis para alugar. Isso permite o desbravamento de cada bairro e o acesso ao terraço do Círculo de Belas Artes, onde se pode tomar um *tinto de verano*, apreciando a melhor vista da Gran Via.

Aí vão algumas dicas imperdíveis que puderam ser aproveitadas por quem foi passear na cidade de Madri nos meses mais quentes de 2016 (se bem que elas também podem ser apreciadas nos outros meses do ano, mesmo nos mais frios):

Delícias dos museus – O Museu do Prado, que até metade de setembro de 2016 exibiu uma coleção de obras-primas, como *As Meninas*, de Velázquez, além de uma mostra em homenagem aos 500 anos de morte de Hieronymus Bosch (chamado na Espanha de *El Bosco*), que reuniu obras de acervo permanente do museu, como *O Jardim das Delícias Terrenas*.

No Museu Tyssen-Bornemisza, houve até 18 de setembro de 2016 uma exposição focada nas obras de Caravaggio.

No Museu Reina Sofia, além de várias exposições temporárias, foi possível ver *Guernica*, a imperdível obra de Picasso.

Um toque do Egito – Todos que visitam Madri devem reservar o fim de uma tarde para visitar o templo de Debod, na *calle* Ferraz 1, onde se pode extasiar com a herança cultural egípcia e ainda apreciar um cenário romântico enquanto se espera tranquilamente pelo pôr do sol.

Com 2.200 anos de história, o templo foi transladado da região do rio Nilo para essa região central da cidade de Madri nos anos 1970, como um presente do governo egípcio para a Espanha.

Uma escapada para Segóvia – Com uma localização estratégica, Madri apresenta uma série de possibilidades para quem deseja fazer um bate-volta em alguma cidadezinha próxima.

Além de ir para Toledo, o visitante de Madri deveria também programar uma visita para Segóvia, que fica a apenas meia hora de trem. A metade de um dia é mais que suficiente para admirar o aqueduto construído pelos romanos há quase 2 mil anos.

O Alcazar de Segóvia, que teria inspirado Walt Disney, sem dúvida merece uma visita.

Quem for a essa cidade não pode deixar de comer um prato típico. Assim, vale apreciar o sabor inesquecível do *cochinillo asado* (leitão assado), cuja carne é macia, dourada e crocante. Isso é coisa para os *gourmands*, é claro!!!

Um olhar sobre Salamanca – Infelizmente, o bairro de Salamanca talvez ainda seja um dos maiores injustiçados de Madri. Com frequência ele é ignorado não apenas pelos turistas que se concentram mais em caminhar pelo centro da cidade, mas também pelos madrilenos, que o acham demasiadamente limpinho e até esnobe. Felizmente os que estiverem lendo este livro (e sendo alertados para esse fato) poderão mudar essa situação e fazer seu próprio julgamento. Lá o visitante terá acesso a muitas lojas de grife (lamentavelmente com preços bem salgados) e também ao *Platea Madrid*, um antigo cinema de rua que, depois de uma reforma milionária, se converteu em espaço de lazer gastronômico. O menu é variado e, além dos onipresentes *tapas*, oferece *ceviche*, *pizzas* e *burritos*.

Vela a penas chegar aí depois das 22 h, principalmente nos fins de semana, quando *DJs* e artistas embalam os jantares com suas *performances*!!!

Ao vencedor as batatas – O bairro de Chueca é estiloso, boêmio, *gay--friendly* e *hipster*, além de várias outras coisas. Nele encontra-se um local imperdível: o mercado de San Antón (sem dúvida um dos pontos mais interessantes de Madri).

Talvez o restaurante do terceiro andar não seja do agrado de todos, assim, a sugestão é ficar no segundo, onde reinam absolutas no balcão das ilhas Canárias as *papas delluxe* (batatas fritas com molho levemente picante).

City tour **no pedal** – Com em muitas outras cidades, Madri possui o seu sistema de compartilhamento de bicicletas.

Em setembro de 2016, segundo dados da prefeitura, eram 165 estações na região central que ficam a cerca de 300 m de distância umas das outras. Para se ter direito de andar nas "magrelas", basta usar o cartão de crédito diretamente nas máquinas localizadas nas estações e comprar um tíquete que vale para 1, 3 ou 5 dias.

Como a cidade é predominantemente plana – e as bicicletas são **elétricas** – a pedalada não exigirá muito do usuário. Isso lhe permitirá ir a muitos lugares em um só dia.

Brinde no terraço – Do terraço do Círculo de Belas Artes, a Gran Via revela toda sua apoteose.

Ali o turista não pode deixar de pedir a bebida do verão madrileno: *tinto de verano*, uma mistura de vinho e refrigerante de limão que desce muito bem na garganta durante o calorão (e também é muito agradável com uma temperatura moderada...)

Agora, se o drinque e a vista da cidade já não forem suficientes, e se você estiver "disponível", fica aqui outra sugestão: **nesse local a paquera rola solta**.

Claro que todas essas sugestões valem para os próximos anos para quem for passear em Madri. Uma vantagem é o fato de que, além de os madrilenos manterem seus tesouros muito bem conservados, a cada ano apresentam novas atrações!!!

10ª) Para que os visitantes e especialmente os turistas estrangeiros cheguem com facilidade a Madri e possam locomover-se bem até na cidade, ela possui um excelente aeroporto chamado Adolfo Suarez, mais conhecido como Barajas. Ele começou a operar em 1931 e estima-se que em 2016 cerca de 63 milhões de passageiros tenham passado por ali. É considerado o décimo aeroporto mais movimentado do mundo, superando o de Schipol (de Amsterdã) que ocupava esse posto. Ele fica a 12 km do centro da cidade e o trajeto até Madri pode ser feito pela linha 8 do metrô.

E por falar em metrô, a rede madrilena conta com 294 km de extensão e atende a muitos municípios da Grande Madri. É a 2ª rede mais extensa da Europa ocidental, ficando atrás apenas de Londres.

O sistema ferroviário espanhol, administrado pelo governo, é bem eficiente. Além disso, ele tem usado cada vez mais os TAVs, o que facilita a conexão de Madri com as principais cidades espanholas (e inclusive algumas francesas).

Madri também é atendida por uma boa rede de ônibus urbanos – há cerca de 200 linhas diferentes, que permitem ao usuário chegar tanto aos bairros periféricos como aos municípios limítrofes.

A LIÇÃO DE MADRI

São muitas as lições que as cidades brasileiras podem tirar de Madri, no sentido de aumentar sua **visitabilidade**.

Por exemplo, em Madri, a Global Marketing Competition, realizada pela Executive Education ESIC - Business & Marketing School, na sua edição de 2016, da qual participaram 881 universidades e escola de negócios de 90 países, envolveu cerca de 60 mil pessoas – estudantes e profissionais do mercado e negócios –, ávidos em testarem suas habilidades, competências e *performance* em um cenário de real competição no mundo corporativo global!!!

Quando é que teremos, pelo menos em São Paulo ou Rio de Janeiro, um evento como esse, focado na filosofia da gestão, atraindo para a cidade tantas dezenhas de milhares de pessoas de outras partes do mundo?

Uma outra ideia interessante é disponibilizar bicicletas elétricas por toda a cidade, para que todos possam se deslocar de forma "esportiva" para restaurantes, casas de *show*, museus etc., inclusive os que têm dificuldade para pedalar bicicletas comuns.

Uma cidade que poderia adotar essa prática é Sorocaba, no interior do Estado de São Paulo, que já tem um excelente circuito para as magrelas. Obviamente a velocidade para as bicicletas elétricas nessas vias teria de ser controlada.

Outra ideia cativante é contar com restaurantes que ofereçam uma ampla variedade de **tapas**, como os que existem em Madri; já nos meses quentes (que aqui no Brasil são maioria) seria interessante servir o **tinto de verano**!!!

Uma inspiração ainda mais radical seria construir nas nossas cidades um bom número de anéis viários como os que existem em Madri, além de várias rodovias ou vias expressas radiais com diversas pistas.

As duas cidades candidatas imediatas a essa melhoria de infraestrutura seriam: Campinas, que no final da próxima década seguramente chegará a 2 milhões de habitantes e se desenvolverá cada vez mais graças ao aeroporto de Viracopos, transformando-se em uma aerotrópole; e Belo Horizonte, que certamente crescerá cada vez mais, assim que o aeroporto de Confins aumentar o seu número de passageiros (principalmente os internacionais) e o transporte de carga.

Em Madri, temos um metrô com uma extensão quatro vezes maior que o de São Paulo (que inclusive tem quase quatro vezes mais habitantes que Madri)!?!? Afinal, quando é que São Paulo conseguirá ampliar o seu metrô e oferecer aos seus passageiros a comodidade que têm os madrilenos?

Finalmente, é espetacular o número de visitantes no estádio Santiago Bernabéu, que buscam entender a história das conquistas do Real Madrid em vários esportes, especialmente no futebol (em cuja equipe jogaram Di Stefano, Puskas, Zidane, Beckham, Figo, Ronaldo Fenômeno e agora Cristiano Ronaldo e companhia).

E praticamente todos os visitantes que pagaram seus ingressos para esse *tour* não saem dali sem comprar algo do clube – ao menos uma camiseta oficial que, aliás, custa muitos euros.

Aqui em São Paulo existe o Museu do Futebol para explicar, entre outras coisas, como o Brasil tornou-se o maior vencedor dos campeonatos mundiais de futebol (conquistou cinco). Ele fica no estádio do Pacaembu, que nos dias de hoje não tem sido muito usado em partidas oficiais (diga-se de passagem, o complexo esportivo como um todo está ocioso), o que faz com que a visitação ao museu esteja bem abaixo do que poderia ser.

Ai está uma nova tarefa para o prefeito João Dória Jr. cumprir: transformar o complexo esportivo do Pacaembu em um lugar mais utilizado, como acontece por exemplo com o Staples Center em Los Angeles. Aí o Museu do Futebol será apenas mais uma de suas atrações.

Finalmente, quem puder programar umas férias na Europa, deve colocar Madri no seu roteiro. Afinal, trata-se de uma cidade incrível em todos os sentidos – uma **cidade criativa** no seu mais amplo sentido!!!

Uma vista de Melbourne, com destaque para os seus arranha-céus.

2.21 - Melbourne

PREÂMBULO

Aí vão sete curiosidades sobre Melbourne!!!

1ª) Antes de ser conhecida como Melbourne City, ela foi chamada de Batmania, Bear Brusi, Bearport, Bareheap e Bearbury. Não porque os primeiros colonizadores fossem obcecados por Gotham City ou Bruce Wayne, mas porque John Batman, um colono nascido na Austrália, foi um dos fundadores de Melbourne.

2ª) Em 1880, Melbourne era a 2ª cidade mais rica do mundo.

3ª) Nela está a maior população grega, fora da Grécia, é claro.

4ª) Encontra-se ali o maior número de cafés e restaurantes *per capita* do mundo!!!

5ª) A expressão *call girl* usada como denominação para prostitutas foi inventada em Melbourne, onde inclusive a prostituição é um trabalho regulamentado por lei.

6ª) Foi ali que surgiu a primeira estação de rádio *gay* e lésbica do mundo.

7ª) Nos últimos 6 anos, Melbourne foi considerada a melhor cidade do mundo para se viver!!!

A HISTÓRIA DE MELBOURNE

Melbourne é a capital do Estado de Victoria e a segunda cidade mais populosa da Austrália. Em 2016, viviam na sua região metropolitana (constituída de 31 municipalidades) aproximadamente 4,6 milhões de habitantes, os chamados melbornianos. Trata-se do segundo centro financeiro do país.

Em 2013, Melbourne foi considerada pela EIU a 4ª cidade mais cara do mundo, empatando com Oslo, na Noruega.

A cidade realmente alcançou elevados níveis de desenvolvimento em áreas como educação, entretenimento, saúde, pesquisa e desenvolvimento, turismo e esportes, além de ser classificada pela EIU como **a primeira** entre as melhores cidades do mundo para se viver em 2016, isso pela **6ª vez consecutiva**.

Melbourne está localizada na grande baía natural de Port Phillip. Sua região central fica no ponto mais alto, ao norte da baía e nas proximidades do estuário do rio Yarra.

A cidade foi fundada por colonos de Launceston em 30 de agosto de 1835 (na então colônia de Nova Gales do Sul) e, em 1837, foi incorporada pela coroa britânica. Ela recebeu o nome de Melbourne do então governador de Nova Gales do Sul, *sir* Richard Bourke, em homenagem ao primeiro-ministro britânico da época, William Lamb, que era o 2º visconde de Melbourne.

Em 25 de junho de 1847, foi declarada cidade pela rainha Victoria. Então, em 1851, se tornou capital da recém-criada colônia de Victoria. Já durante a corrida do ouro do período vitoriano, na década de 1850, a cidade foi se transformando **numa das maiores e mais ricas do mundo**.

Ao se constituir a Federação da Austrália, em 1º de janeiro de 1901, a cidade se transformou na sede provisória do governo da jovem nação, até o ano de 1927, quando esse governo foi transferido para a nova cidade de Camberra.

A cidade conta com o importante aeroporto de Melbourne – que no passado foi conhecido como aeroporto de Tallamarine –, e é sede de duas empresas aéreas: Qantas Airways e Virgin Austrália. Ele é o 2º mais movimentado do país e, segundo estimativas para 2016 sua movimentação chegou a 34,6 milhões de passageiros. Todavia, a cidade possui outros três aeroportos: Avalon, Moorabbin e Essendon. Este último inclusive já foi o principal, mas hoje atende principalmente aviões menores e jatos executivos.

A cidade também é um importante centro internacional de artes cênicas e visuais, o que justifica o fato de ser chamada de **"capital cultural da Austrália"** e também sua presença neste livro, não é?

Melbourne é o berço de vários elementos culturais do país, como: importantes estilos de dança nacional (o *Melbourne shuffle* e o *new vogue*); a indústria cinematográfica australiana (conhecida por seguir a escola de Heidelberg), a indústria televisiva do país e o futebol australiano.

A cidade é um importante centro de arte de rua. Além disso, ela foi reconhecida pela Unesco como **"a cidade da literatura"**, uma vez que nela ocorrem muitos encontros culturais voltados para a promoção da literatura e a premiação de escritores.

Não se pode esquecer que em 1880 foi organizada na cidade a Exposição Internacional. Essa década foi de grande progresso, e Melbourne foi considerada a 2ª cidade mais rica do mundo, atrás somente de Londres. Nessa época duas mil lâmpadas incandescentes – **o máximo em inovação e tecnologia!!!** – foram instaladas ali. Em 1885 começou a funcionar na cidade o primeiro bonde elétrico e a Melbourne se tornou cada vez mais sofisticada – **e cara**.

Os preços dos terrenos subiram e, em 1887, teve início a produção de elevadores, o que, por sua vez, estimulou o crescimento no setor de construção de prédios com muitos andares. Porém, com a crise financeira de 1890, e até o final dessa década, nada grandioso foi erguido em Melbourne.

Atualmente são celebrados em Melbourne vários eventos culturais. Aliás, a cidade é o lar de muitas das maiores e mais antigas instituições culturais australianas, como: o Centro Australiano para a Imagem em Movimento, o Melbourne Cricket Ground, o Zoológico de Melbourne e o edifício da Exposição Real, considerado pela Unesco como patrimônio da humanidade.

Em Melbourne existem vários pontos de interesse para turistas, como o Centro de Arte Vitoriana, o Jardim Botânico, a Galeria Nacional, o Museu de Melbourne, o Mercado Rainha Victoria etc.

Melbourne teve dois grandes ciclos de desenvolvimento: o primeiro, na década de 1850, foi impulsionado pela **procura do ouro**. Isso promoveu um grande crescimento da cidade, cuja população superou a de Sidney. Nessa época ela se tornou capital temporária do governo australiano (de 1901 a 1927).

O segundo ciclo, ocorreu logo após a 2ª Guerra Mundial, quando foi dado um incentivo pelo governo australiano à imigração tanto de europeus como de asiáticos. Também nessa época foram realizados ali os Jogos Olímpicos de Verão de 1956, o que promoveu a implementação de muitas melhorias na cidade.

Nesses últimos tempos Melbourne conquistou, como já foi dito, a apreciada condição de **"melhor cidade do mundo"** em qualidade de vida!!! Isso, é claro, atraiu para lá gente do mundo todo. Atualmente vive em Melbourne a maior população falante da língua grega fora da Grécia (cerca de 55 mil). Aliás, no que se refere à Grécia, Melbourne é inclusive cidade-irmã de Salonica, acordo favorecido pela presença grega na cidade.

De fato, no final de 2016, as estimativas demonstravam que em Melbourne viviam cerca de 120 mil indianos, 98 mil chineses, 70 mil vietnamitas, 45 mil cingaleses, 39 mil malaios e 35 mil filipinos. Fica claro, portanto, o grande percentual de asiáticos na cidade.

Na Grande Melbourne cerca de 63% das pessoas nasceram na Austrália, porém, o restante, 37%, são **estrangeiros** vindos não só da Ásia, mas da vizinha Nova Zelândia e de outros países europeus, com destaque para o RU, a Itália, a Grécia e a Alemanha.

Com toda essa **diversidade cultural**, quem ganhou foi o turista, pois na cidade há restaurantes que servem comida típica de todos esses países.

Melbourne é uma cidade com muitos parques e jardins, muitos dos quais ficam bem no centro da cidade, o que ajuda bastante as pessoas a se "esconderem" do forte sol, principalmente nos meses mais quentes do ano.

Os parques públicos de Melbourne são frequentemente considerados como os melhores entre todos os existentes nas principais cidades da Austrália.

Há também muitos parques nos subúrbios que rodeiam Melbourne, como os das municipalidades de Stonnington, Boroondara e Port Phillip. Não é por acaso que um dos apelidos da Melbourne seja o de **"cidade jardim"**.

Existe inclusive uma abundância de parques no *central business district* (CBD), ou seja, no distrito central de negócios, cujo centro é o Hoddle Grid (cujas dimensões são 1,61 km por 0,8 km). Lá estão cinco dos seis maiores arranha-céus da Austrália, sendo o maior deles a torre *Eureka* (297 m), de cujo topo é possível observar todas as outras edificações da cidade.

O segundo arranha-céu mais alto é torre *Rialto* (270 m), que continua sendo o mais alto do velho CDB.

Especialistas em arquitetura caracterizam a cidade de Melbourne como um *mix* do moderno com o que se desenvolveu nos séculos XIX e início do XX.

Muitos prédios altos foram construídos em Melbourne na década de 1880, antecipando a "corrida dos arranha-céus" que aconteceria depois em Chicago e Nova York.

Estima-se que no fim de 2016 houvesse em Melbourne cerca de 700 edifícios altos (e umas três dezenas em fase de conclusão), o que faz com que o CBD, em particular, seja dominado por prédios de escritórios modérníssimos.

Aí vão outras explicações sobre o porquê de Melbourne ser uma **cidade criativa**.

1 ª) Melbourne tem uma economia altamente diversificada, com destaque para finanças, manufatura, pesquisa e desenvolvimento, TI, educação, logística, transporte e turismo.

Aliás, está instalada na cidade uma importante indústria de TIC, responsável por empregar cerca de 70 mil pessoas (quase um terço de todo o contingente de pessoas que operam no setor de TIC na Austrália), e detentora de cerca de US$ 1bilhão anuais oriundos de exportações.

Não se pode esquecer da importância que o turismo tem representado para Melbourne, em especial o turismo de negócios. Neste sentido, a cidade investiu mais de US$ 1,2 bilhão na construção de um enorme complexo para abrigar exposições e conferências, tanto nacionais como internacionais.

Aliás, com essa ação Melbourne conseguiu superar Sidney em quantidade de dinheiro recebido de turistas domésticos de todos os tipos, que em 2016 ultrapassou US$ 21 bilhões.

Claro que o **turismo** é também estimulado pelas muitas atrações culturais da cidade, e, em especial, pelos incríveis restaurantes que existem na cidade, bem como pelos eventos e festivais ligados à moda, à música, ao cinema etc.

2ª) A cidade é a sede de muitas das maiores corporações da Austrália, incluindo cinco das dez maiores do país – como a BHP Billiton, a maior empresa de mineração do mundo –, bem como de órgãos representativos e *think tanks* (instituições ou grupos de pesquisa interdisciplinares), como o Conselho Empresarial da Austrália e o Conselho Australiano de Sindicatos.

Melbourne também tem o **porto mais movimentado do país**, por onde passam todo ano algo próximo de US$ 90 bilhões em comércio, sendo que 40% dos contêineres são australianos.

Além disso a cidade é a base para empresas de alta tecnologia, como, por exemplo, a Bombardier Transportation e sede de fabricantes importantes de produtos petroquímicos e farmacêuticos, de papel e processamento de alimentos.

Aí estão o centro de pesquisa e desenvolvimento da Ford Austrália, o centro técnico e o estúdio de *design* global da Toyota e da General Motors, a CSL, uma das cinco maiores empresas de biotecnologia do mundo, bem como a empresa farmacêutica Sigma.

3ª) Melbourne tem algumas dezenas de canais de televisão e uma grande lista de estações de rádio, AM e FM.

Muitos dos programas e *shows* de TV, como *Dancing with the Stars*, *Master Chef*, *Winners and Losers*, *House Husbands* etc., são produzidos na Grande Melbourne.

Há três jornais diários que circulam em Melbourne: *The Herald Sun* (um tabloide), *The Age* e *The Australian* (de circulação nacional).

E, naturalmente, Melbourne também está na era digital. Quase todos os seus habitantes possuem *smartphones*, e há grande facilidade de acesso à Internet na cidade.

4ª) As universidades australianas têm muito prestígio internacional, como é o caso da Universidade Monash, que é pública, foi fundada em 1958 e possui oito *campi*, sendo seis no Estado de Victoria, um na Malásia e outro na África do Sul. É uma das maiores IESs da Austrália, estando sempre classificada entre as cinco melhores do país. Vale lembrar que ela já integrou a lista das 100 melhores do mundo, tendo ocupado a 74ª posição no relatório *The 2016-2017 Times HIgher Education Suplement*.

A IES tem cerca de 65 mil estudantes e possui, inclusive, um centro de pesquisa na cidade de Prato (Itália), o que a torna a mais globalizada entre as universidades australianas.

Destacam-se ainda na cidade as seguintes IESs: Instituto Real de Tecnologia (fundado em 1887 e reconhecido mundialmente nos tópicos de mídia, ciência da computação, sistemas de informação etc.; a Universidade de Melbourne (fundada em 1853), a Universidade La Trobe, fundada em 1964, com diversos *campi*, que, inclusive, possui um local para a preservação de alguns animais específicos da fauna australiana (inclusive cangurus), que além disso possui um colégio técnico, uma conhecida escola de balé e um excepcional centro de línguas, com ênfase no inglês, no qual principalmente os estudantes asiáticos se matriculam para obter proficiência nessa língua.

Deve-se complementar dizendo que a Universidade de Melbourne é a segunda universidade mais antiga da Austrália e a primeira do Estado de Victoria. Nela estudavam em 2016 cerca de 46 mil alunos.

Ela já foi classificada em 2016 pela *Times Higher Education* na 33ª posição entre as melhores do mundo, enquanto segundo o Academic Ranking of World Universities ela figurava em 40º lugar (em ambos os casos a melhor classificação entre as universidades australianas!!!)

O seu *campus* principal fica em Parkville, um subúrbio que fica ao norte da cidade, no chamado CBD. Todavia, há vários outros *campi* espalhados por Victoria.

Quatro primeiros-ministros e cinco governadores gerais se graduaram na Universidade de Melbourne, além de nove prêmios Nobel, conquistados por pessoas que foram alunas ou trabalharam em suas faculdades (mais que qualquer outra IES australiana). Em 1881 foi permitida a matrícula de mulheres na Universidade de Melbourne.

Em 2011, o governo do Estado de Victoria destinou uma verba especial para apoiar a educação no campo das artes. Os primeiros US$ 30 milhões foram designados para o desenvolvimento de sua Victorian College of Arts e do Melbourne Conservatory of Music.

As mudanças curriculares feitas na Universidade de Melbourne, em todas as suas faculdades e cursos, acabaram se transformando no **"modelo Melbourne"**, que, de uma forma ou de outra, é seguido por muitas outras IESs do país.

Com tudo isso, pode-se dizer que a Universidade de Melbourne faz jus ao seu lema: **"Que a minha reputação cresça com o reconhecimento das futuras gerações".**

No que se refere à Universidade La Trobe, ela é uma IES pública que possui vários *campi* – inclusive um *campus* em Sidney –, sendo o principal deles em um subúrbio de Melbourne denominado Bundoora. Ela foi criada em 9 de dezembro de 1964, tornando-se na época a terceira universidade do Estado de Victoria e a 12ª universidade da Austrália. Em 2016 ela contava com cerca de 38 mil alunos matriculados, dos quais 29 mil estavam matriculados em cursos de graduação, e o restante em cursos de pós-graduação.

Em 2015, no *ranking* da *Times Higher Education*, a La Trobe apareceu entre as 100 melhores universidade do mundo.

O seu *campus* em Bundoora é maior que qualquer outro nas regiões metropolitanas das cidades australianas, possuindo um estádio para o time de futebol, piscinas, ginásios e muitas outras instalações para a prática de esportes. As suas instalações contam ainda com restaurantes, bancos, galerias de arte e, obviamente, excelentes prédios, onde estão as salas de aula e os laboratórios, que foram projetados pela empresa de arquitetura Yunckon Freeman.

No seu brasão está escrito: *"Qui cherche trouve"* (*"Whoever seeks should find"*), ou seja, **"Quem procura, achará"**, o que tem tudo a ver com essa IES, uma vez que ela se destaca em pesquisa.

Não se pode esquecer da Deakin University, da Victoria University e da Swinburne University of Techonology. Essa última tem um *campus* na Malásia, e já ocupou posição de destaque mundial no campo da física.

5ª) Se em Sidney tiraram-se os bondes, Melbourne possui atualmente **a maior rede de bondes do mundo**, um transporte público muito bem aceito ainda, cobrindo cerca de 250 km com as suas linhas. Atualmente eles são também uma atração turística.

Além disso, em Melbourne existe uma rede de trens metropolitanos e obviamente uma significativa frota de carros particulares.

6ª) No que se refere a cultura, deve-se salientar que Melbourne é um **centro internacional de cultura**, procurado continuamente ao longo de cada ano por conta de eventos e festivais voltados para a música, o drama, a comédia, a arte, o cinema, a arquitetura, a literatura, o *design* e a televisão.

Dá para acreditar que é isso que define Melbourne como cidade criativa, não é? **Sem dúvida!!!**

Além disso, o seu clima agradável, a proximidade do mar e a sua vida noturna tornam Melbourne, sem dúvida, um dos mais procurados destinos da Austrália. A cidade recebeu em 2016 cerca de 6 milhões de turistas domésticos e aproximadamente 2,5 milhões de estrangeiros que passaram alguns dias na cidade.

A cidade promove uma ampla variedade de eventos por ano, incluindo o maior festival gratuito para a comunidade, o *Moomba*, o Melbourne International Arts Festival, o Melbourne International Film Festival, o Melbourne International Comedy Festival e o The Melbourne Fringe Festival.

As instituições nas quais se fazem apresentações ao vivo datam da época da fundação da cidade, sendo que o teatro Pavilion, foi inaugurado em 1841.

No East End Theatre District da cidade, surgiram novos teatros desde 1850 até 1920, dentre os quais: Princess, Regent, Her Majesty's, Forum, Comedy e Athenaeum.

Já o Melbourne Art Precint, localizado em Southbank, é o lar do Art Centre Melbourne. Nele estão o teatro State (Estatal), o Hamer Hall, o Playhouse e o Fairfax Studio.

Estão também em Southbank o Melbourne Recital Centre e o teatro Southbank. Por seu turno, o Sidney Myer Music Bowl, inaugurado em 1955, está localizado nos jardins King Domain e o teatro Palais está na visitada praia St. Kilda.

Melbourne tem também a sua própria companhia de balé, a Australian Ballet, além de sua orquestra sinfônica, sua companhia de teatro (a Melbourne Theatre Company) e a sua ópera, a Victoria State Opera.

Deve-se ressaltar que em 1906 foi produzido em Melbourne o filme *The Story of The Kelly Gang*, o primeiro longa-metragem da história do cinema.

Com a produção do filme *Mad Max* (1979) alcançou-se o reconhecimento mundial para o cinema de Melbourne. Isso estimulou a construção de um enorme complexo para produção de filmes e programas de televisão – o Docklands Studios Melbourne –, no qual já se realizaram centenas de vídeos e películas.

A sede da Village Roadshow Pictures, a maior produtora de filmes da Austrália, fica em Melbourne.

Em 2016, aconteceram em Melbourne cerca de 580 apresentações musicais, sendo que essa indústria de música ao vivo contribuiu com cerca de US$ 900 milhões para a economia da cidade.

É verdade que é bem grande o número de bandas e cantores que conseguiram chegar ao sucesso a partir do cenário musical de Melbourne – alguns inclusive alcançando fama internacional, como foi o caso de Kylie Minogue, uma das cantoras mais bem pagas de 2017 –, ao ponto de algumas entidades de avaliação de talento musical de uma cidade já terem eleito Melbourne como **cidade expoente da música do mundo!!!**

Bem, já dá para entender claramente porque tanta gente quer ir a Melbourne para se distrair, para se aculturar, para comer bem e, inclusive, estar na moda. Afinal, a cidade também está investindo bastante nesse setor!!!

7ª) Os australianos gostam muito de todos os tipos de esportes. Os melbornianos adoram, por exemplo, os esportes aquáticos praticados na baía. Mas sem dúvida o esporte como um todo teve um grande impulso após a realização dos Jogos Olímpicos de Verão em Melbourne, em 1956.

O outro grande evento esportivo em Melbourne, que reuniu delegações de várias nações, foram os Jogos da Comunidade (*Commonwealth Games*), que aconteceram em 2006.

Anualmente acontecem na cidade três eventos esportivos internacionais muito importantes: o Aberto da Austrália (um dos quatro *Grand Slam*, ou seja, o torneio mais importante do mundo que reúne profissionais do tênis, homens e mulheres); a Copa Melbourne (uma competição equestre) e o Grande Prêmio da Austrália de Fórmula 1 (uma etapa da competição automobilística).

Em Melbourne também se disputa o torneio de golfe Australian Master.

Claro que não se pode esquecer que os dois esportes mais populares em Melbourne são o críquete e o futebol (com regras australianas) – sendo que a cidade considera a si mesma como **"lar espiritual" dos dois esportes!!!**

Porém, na cidade existem também times competitivos em ligas profissionais de basquete, rúgbi, hóquei no gelo, beisebol e futebol (com as regras ocidentais). Os australianos gostam bastante de natação e canoagem e também estão se desenvolvendo atualmente no voleibol.

Com tudo isso, pode-se dizer que não é exagero chamar Melbourne de **"cidade mais esportiva do mundo"**.

E ai vai um exemplo recente do grande sucesso de um evento esportivo realizado em Melbourne.

Antes do início do Aberto da Austrália de 2017, realizado em Melbourne, e também após as primeiras rodadas, quase ninguém apostaria que Roger Federer e Rafael Nadal chegariam às finais. Afinal, o primeiro ficou afastado das quadras desde julho de 2016. Depois de sentir fortes dores no joelho Federer precisou ser operado. Rafael Nadal, por sua vez, passou a maior parte de 2016 às voltas com contusões.

Apesar de tudo isso, o confronto final foi entre esses dois jogadores e, após 3 h 34 min de jogo, Roger Federer ganhou após cinco *sets*, com parciais de 6/4, 3/6, 6/1, 3/6 e 6/3.

Esse foi o 18º título de *Grand Slam* de Federer, que não ganhava um torneio dessa envergadura desde sua vitória em Wimbledon, em 2012 (competição que ele venceu outras 6 vezes).

Roger Federer, com 35 anos, reviveu os melhores momentos de sua carreira e depois de agradecer a todos na *Rod Laver Arena*, levou a taça para uma quadra ao lado onde estavam milhares de fãs que não puderam ver a sua vitória ao vivo – os ingressos tinham se esgotado – e tiveram que se contentar em ver a partida num enorme telão. Vale lembrar que também foram cobrados os ingressos para essa quadra.

Com 30 anos, Rafael Nadal também desejava o título. Ele, que já havia conquistado 14 *Grand Slams*, declarou: "Roger mereceu a vitória provavelmente mais do que eu. Porém, me sinto feliz por ele. Depois de ficar tanto tempo longe de um título de *Grand Slam*, ele recuperou-se plenamente e voltou a vencer."

Não se pode esquecer de citar que o público já havia lotado a arena no dia anterior à final masculina para ver o jogo entre as irmãs Williams, que voltaram para decidir um *Grand Slam* depois de cinco anos. Serena Williams venceu por 2 *sets* a zero (duplo 6/4) a sua irmã mais velha, Venus (de 36 anos), conquistando o 23º título de *Grand Slam* de sua carreira, superando a alemã Steffi Graf como a maior vencedora da era mais recente do tênis.

Cumpre ressaltar que, antes dos principais momentos das finais do Aberto da Austrália de 2017, ocorreram confrontos espetaculares, inclusive nos jogos de duplas. Segundo os entendidos, esses eventos aumentaram muito a **visitabilidade** em Melbourne, que recebeu mais de 400 mil pessoas (entre australianos de outras cidades e estrangeiros) que vieram para assistir o torneio. Isso, por sua vez, trouxe uma receita bem elevada para os organizadores do evento que, assim, puderam pagar prêmios milionários para os vencedores e os participantes que foram sendo eliminados em cada etapa.

O torneio também movimentou muito os setores hoteleiro, gastronómico e o comercial de Melbourne. Sem dúvida, grandes eventos esportivos sempre atraem muitos visitantes para uma cidade!!!

A LIÇÃO DE MELBOURNE

Inicialmente deve-se salientar que a Austrália está no hemisfério sul, tem um clima tropical semelhante ao que existe em boa parte do Brasil. O país é uma ilha-continente, ocupa uma área de 7.692.024 km² (um pouco menor que a do Brasil) e sua independência do império britânico – em 1º de janeiro de 1901 – ocorreu bem depois da nossa independência de Portugal. Em 2016, estimou-se que a população da Austrália estivesse próxima de 26 milhões, ou seja, praticamente **oito vezes menor** que a do nosso País.

Atualmente, cerca de 68% dos habitantes da Austrália vivem nas suas grandes cidades, que são: Sidney, Melbourne, Brisbane, Perth, Adelaide e Darwin. Sua capital é Camberra, uma cidade planejada que ocupa o que se denomina **território da capital australiana**. Ela fica mais ou menos entre as duas principais cidades, Melbourne e Sidney.

A Austrália, tecnologicamente avançada e industrializada, é um próspero país multicultural e recebe excelentes avaliações nas várias comparações feitas por entidades internacionais. Isso se refere ao seu desempenho em quesitos como saúde, expectativa de vida, qualidade de vida, desenvolvimento humano, educação pública, liberdade econômica, proteção de liberdades civis e direitos políticos.

Segundo consta, o PIB da Austrália em 2016 foi de US$ 1,256 trilhão, o que coloca o país entre as 15 nações mais ricas do mundo.

As cidades australianas rotineiramente situam-se entre as mais bem classificadas em termos de oferta cultural, qualidade de vida e entretenimento – como é o caso de Melbourne.

A Austrália é um país que está sempre entre os dez melhores no que se refere ao IDH mundial, já tendo sido classificada em 2º lugar.

Pois é, a Austrália é um exemplo concreto de que no hemisfério sul é possível ter um país espetacular, cidades incríveis e criativas – como Melbourne e Sidney.

Portanto, as autoridades governamentais brasileiras, especialmente as municipais, deveriam se inspirar continuamente nos bons exemplos das cidades australianas.

Para destacar o quanto os *aussies* (termo comum e coloquial para chamar os australianos) nos superam, basta analisar a quantidade de excelentes IESs que eles criaram, e que atualmente estão entre as 100 melhores do mundo. De certa maneira isso humilha o trabalho dos nossos gestores públicos, responsáveis por lidar com a nossa educação.

Essas IESs australianas se destacam não só pela qualidade do seu ensino e pela eficácia da aprendizagem, mas também pelas pesquisas que realizam.

O que também se destaca nelas é o modo como privilegiam o **esporte**, que no nosso País não é entendido como um complemento essencial para a educação!?!?

Vivemos em uma época em que se enfatiza a **colaboração**, o **trabalho voluntário** e **em equipe**, mas pouco fazemos para ensinar como é que se consegue ter um eficiente trabalho em grupo.

Alguns especialistas brasileiros já até salientaram que a melhor maneira para desenvolver as aptidões de uma pessoa é fazê-la ser boa em algum **esporte individual** (natação, esgrima, tênis, atletismo etc.), com o qual ela aprenderá que para destacar-se precisa desenvolver muito suas competências para alcançar um resultado sozinha; todavia, essa pessoa deve ao mesmo tempo estar apta para participar com proficiência de um esporte coletivo (basquete, futebol, handebol, voleibol etc.), para compreender que o seu sucesso só será obtido se ela souber alcançá-lo em colaboração com os outros, sem egoísmo!!!

E o que está acontecendo no Brasil?

Não priorizamos de forma alguma a educação física no ensino médio, tampouco há qualquer exigência para que as IESs apoiem decisivamente as atividades esportivas dos seus estudantes. Não se exige delas que possuam instalações adequadas para a prática de várias modalidades (piscinas; quadras de tênis, voleibol, handebol; pistas de atletismo; ginásios para basquete; campos de futebol etc.).

Dessa maneira, os que participam de alguma competição universitária o fazem com grande dificuldade e dependem essencialmente dos próprios recursos.

Quando fui universitário tive a oportunidade de participar da Universíade de 1963, realizada em Porto Alegre – algo como os Jogos Olímpicos, só que para os universitários –, na qual o Brasil ganhou a medalha de ouro. Da equipe participaram quatro dos jogadores que, no mesmo ano, se sagraram campeões do mundo na modalidade, em um evento realizado no Rio de Janeiro.

No país mais poderoso do mundo – os EUA – as competições universitárias têm um grande público, especialmente aquelas de basquete, futebol norte-americano e beisebol, que servem inclusive para alimentar e rejuvenescer as ligas profissionais desses esportes, que se tornaram um grande entretenimento e movimentam negócios que geram anualmente muitos bilhões de dólares!!!

Na Austrália, e mais especificamente em Melbourne, existem em universidades como a de Melbourne e La Trobe as chamadas associações de esportes universitários. Estas mantinham em 2016 respectivamente 39 e 33 equipes participando de competições de tênis, ciclismo, *lacrosse*, basquete, voleibol, *badminton*, natação, polo aquático, futebol, atletismo etc.

E qual é o resultado visível?

Uma boa resposta é saber o que a Austrália e o Brasil conseguiram em todas as suas participações nos Jogos Olímpicos.

Bem, a Austrália acumula na sua história olímpica 509 medalhas, sendo 152 de ouro, 166 de prata e 191 de bronze. O Brasil, por sua vez, só conseguiu em todos as suas participações 128 medalhas, com 30 de ouro, 36 de prata e 62 de bronze. Duas Olimpíadas foram realizadas na Austrália – em 1956 em Melbourne e em 2000 em Sidney –, e só uma no Brasil, no Rio de Janeiro em 2016.

Pois é, não dá para acreditar que a Austrália, um país cuja população é bem menor que a do Brasil, conquiste 4 vezes mais medalhas que o nosso Pais, não é?

Para alguns, mais "matemáticos", isso poderia ser traduzido como se a Austrália fosse 32 vezes melhor que o Brasil!?!?

Não! Isso não é verdade!?!

Mas sem dúvida a estratégia de apoio ao esporte nas IESs da Austrália permite a criação de notáveis esportistas, que, posteriormente, atrairão multidões para vê-los atuar nas modalidades em que forem espetaculares. E, com isso, o entretenimento esportivo passa a ser um grande negócio.

Quando é que isso vai acontecer nas nossas IESs, ao menos nas que são possuidoras de *campi* que permitam a construção de instalações esportivas?

Vista panorâmica do centro de Miami.

2.22 - Miami

PREÂMBULO

Muita gente que vinha a Miami, acabava não saindo de jeito nenhum de Miami Beach!!!

E isso era compreensível, pois ali está a melhor praia e a badalação da Ocean Drive, a mítica avenida à beira-mar, ladeada de coqueiros e prédios *art déco*, onde a cidade ferve com seus *beach clubs* ("clubes de praia") e confirma sua fama como destino de luxo e de muita excitação.

Realmente, Miami Beach é um balneário de primeiríssimo mundo: organizado, limpo, com avenidas largas e um vaivém de gente bonita e muitas Ferraris, Maseratis etc., circulando nas ruas...

Porém, cada vez mais os turistas estão atravessando as pontes sobre a baía Biscayne para realmente conhecer a cidade do outro lado, no "continente"!!!

Isso porque Miami de fato se mostra cada vez mais espontânea, autêntica e interessante, graças a bairros como Wynwood Art District, Design District – onde estão localizadas centenas de galerias de arte da melhor estirpe, instaladas em lindos edifícios com arquitetura criativa – e Little Havana.

Nos últimos anos esses bairros se transformaram em centros de cultura, gastronomia e excelentes compras.

E não se pode esquecer de Downtown Miami, que passou por grande renovação e está com um astral bem menos sisudo, tendo contribuído para isso os simpáticos *trolleys* – bondes de estilo retrô – que circulam entre os prédios onde estão instalados muitos bancos e também as atraentes butiques!!!

A HISTÓRIA DE MIAMI

Miami é uma cidade localizada no estado da Flórida (EUA), no condado de Miami-Dade, do qual é sede. Estimava-se que em 2016 vivessem na Região Metropolitana de Miami (RMM) 6,2 milhões de habitantes.

A atual cidade teve origem em um povoado criado no final do século XIX, que prosperou graças ao porto e à ferrovia, tornando-se nos dias de hoje muito conhecida pela grande comunidade de exilados cubanos que ali vivem, concentrados no bairro denominado Little Havana.

Por causa do seu clima quente durante quase todo o ano, e também pelas suas praias, Miami representa um importante centro turístico. De fato, ela é uma das cidades mais visitadas pelos turistas dos EUA. Em 2016, Miami e a RMM atraíram 19 milhões de turistas, que gastaram ali cerca de US$ 25 bilhões.

O turismo começou a se transformar numa importante fonte de renda para Miami desde a década de 1920. Hoje, essa atividade é a **principal** fonte de renda da cidade. A RMM é o maior *hub* de turismo da América do Sul e o segundo dos EUA, atrás de Nova York. A cidade também é a 13ª no mundo, incluindo outro destino popular – Miami Beach.

E por falar em turismo, há mais de três décadas o porto de Miami ganhou o codinome de **"a capital dos cruzeiros do mundo"**, tornando-se o primeiro do mundo nesse nicho. Ele recebe os maiores transatlânticos do mundo e estima-se que em 2016 tenham viajado em seus cruzeiros cerca de 5 milhões de passageiros. O porto de Miami é responsável por aproximadamente 195 mil empregos, e injeta US$ 23 bilhões em sua economia.

Miami é um grande centro de finanças, comércio, cultura, mídia, entretenimento, artes, moda, educação e negócios internacionais. Em 2012 a cidade foi classificada como **cidade global alfa**.

Em 2008, a revista *Forbes* classificou Miami como a quarta **"cidade mais limpa dos EUA"**. Isso se justificou pela existência na cidade de muitos espaços verdes, ruas limpas, programas de reciclagem de resíduos e também pela excelência de sua água potável.

No que se refere às cidades mais ricas e com maior poder aquisitivo, a cidade de Miami sempre figura em lugar destacado. Um de seus apelidos é **"capital da América Latina"**, mas isso não é apenas por causa do grande contingente de cubanos que nela se estabeleceram.

Quando o assunto é arranha-céus, Miami é a 3ª cidade dos EUA – eles já ultrapassam 350. No centro de Miami existe uma enorme concentração de bancos internacionais – a maior dos EUA –, assim como estão ali os escritórios de centenas de empresas importantes, norte-americanas e internacionais.

Em termos de saúde, a cidade possui um Civic Center, no qual estão localizados muitos hospitais, institutos de pesquisas, industrias de biotecnologia e centros médicos.

A cidade é uma das mais frequentadas pelos *snow birds* (pássaros da região norte dos EUA que quem fogem da neve e do frio e vem para o Estado da Flórida).

Além do **inglês**, o **espanhol** também é falado na cidade devido a quantidade de hispano-americanos que vivem ali (seja de origem cubana, porto-riquenha, mexicana ou até mesmo de outros países da América Central). Aliás, pode-se dizer também que vive na região um significativo contingente de brasileiros.

Nos arredores da cidade está o aeroporto internacional de Miami (MIA) que embora seja bastante movimentado, fica atrás do aeroporto internacional de Orlando. O MIA tem sofrido inúmeras ampliações e já permite a operação de grandes jatos como o *A-380* da Airbus. Em 2016 o aeroporto atendeu mais de 45 milhões de passageiros.

Para desafogar um pouco o aeroporto de Miami, nas proximidades está o aeroporto internacional Fort Lauderdale-Hollywood, que recebe anualmente cerca de 20 milhões de passageiros. Já os aeroportos de Opa-Locka, em Opa Locka, e o Kendall-Tamiami Airport, atendem ao tráfego de aviões de pequeno porte!!!

Miami detém a distinção de ser a única grande cidade dos EUA que foi fundada por uma **mulher**, Julia Tuttle, uma rica produtora de frutas cítricas que nasceu em Cleveland. Nos primeiros anos de desenvolvimento, a área de Miami era conhecida como Biscayne Bay. Alguns inclusive costumavam chamá-la de um **promissor deserto**!?!?

Julia Tuttle convenceu Henry Flagler, um magnata do setor de ferrovias e rodovias, a expandir a Flórida East Coast Raylroad para a região. Assim, em

28 de julho de 1896, e com uma população de pouco mais de 300 habitantes, Miami foi oficialmente declarada como cidade.

Miami prosperou bastante na década de 1920, com o aumento de sua população e melhoria em sua infraestrutura. Porém, após a passagem de um fortíssimo furacão em 1926 houve um declínio, que, aliás, continuou no decorrer da Grande Depressão de 1929 e início da década de 1930.

Porém, quando a Segunda Guerra Mundial começou, Miami desempenhou um papel muito importante na batalha contra os submarinos alemães. Isso aconteceu por conta de sua localização na Flórida. Esse conflito mundial contribuiu muito para expandir a população de Miami, onde, por volta de 1940, já viviam 172.181 pessoas.

Com a subida de Fidel Castro ao poder, em 1959, e a implantação do comunismo em seu país, muitos cubanos se refugiaram em Miami. Isso fez com que o número de habitantes crescesse ainda mais.

No decorrer da segunda metade do século XX a cidade foi evoluindo e transformou-se em um importante centro financeiro e cultural. Dessa maneira, em 120 anos, ou seja, de 1896 a 2016, Miami e a RMM cresceram de pouco mais de **1.000 habitantes** para cerca de **6,2 milhões de habitantes**.

No final de 2016, a cidade de Miami sozinha chegou a algo próximo de 450 mil habitantes, ganhando o apelido de **"cidade mágica"** – isso por que tal crescimento pareceu algo mágico...

As imagens estereotipadas de Miami, aquelas das quais muitos se recordam a partir de séries de televisão, como *Miami Vice*, *CSI Miami* etc., referem-se de fato – e com frequência – a Miami Beach.

Só que, apesar de os nomes serem quase os mesmos, em termos administrativos e formais trata-se de duas cidades distintas. Enquanto Miami é constituída por um meio urbano convencional, Miami Beach é formada por um grupo de ilhas –, sendo que uma delas se destaca em tamanho e importância –, quase que exclusivamente ao turismo e estão unidas ao território continental por cinco pontes. Fazendo assim parte da RMM.

Outra diferença é que em Miami as pessoas têm muita pressa de chegar ao emprego e demonstram certo **estresse**. Já em Miami Beach o ambiente de férias dura o ano todo!!!

As imagens que normalmente são identificadas com Miami são as de South Beach, que fica entretanto em Miami Beach, uma zona que os locais chamam apenas de **SoBe**.

Com a praia de um lado e a esplanada do outro, é possível admirar muita gente perambulando pela região. São homens sem camisa e mulheres em biquínis bem provocantes, todos bronzeados e com óculos de sol se deslocam a pé, de patins, de *skate* ou até de bicicleta.

Do outro lado da rua se sucedem as esplanadas e muitos edifícios no estilo *art déco*. Aliás, a Ocean Drive é o centro do chamado *art déco district* – só nesta região há mais de 800 edifícios que compartilham dessa estética.

As características específicas dessa região acabam por se misturar àquelas mais gerais do estilo arquitetônico. E foi assim que nasceu o estilo *art déco* tropical, que está presente em todos esses edifícios por meio de motivos que se repetem: iconografia náutica e tropical, *neons* e tons pastéis. Os exemplos são muitos, e englobam desde o quartel da polícia situado na praia até uma lista enorme de hotéis: Beacon, Cardozo, Breakwater, entre outros.

Também na Ocean Drive, ao sul, fica aquela que foi a única moradia privada ao longo de toda a rua: a mansão do estilista italiano Gianni Versace, no estilo *villa* europeia. Diariamente os guias turísticos fazem ali uma parada obrigatória para contar aos visitantes como Versace foi morto ao retornar de sua caminhada matinal até o *News Café* – o mais famoso de SoBe – em julho de 1997.

Vale lembrar, entretanto, que embora seja um ótimo local para fotografar, a mansão de Versace é agora um hotel. Na verdade, não existem mais residências na Ocean Drive...

Depois da Ocean Drive, o preço das diárias dos hotéis vai diminuindo, quarteirão a quarteirão, à medida em que eles se afastam da orla. Assim como, obviamente, se reduz o luxo de cada hospedaria. Em Miami Beach tudo tem um preço.

De dia, como o próprio nome indica, Miami Beach é **sinônimo de praia**!!! Elas são muitas e todas extraordinárias. Não há falta de sol ou de postos de vigia dos salva-vidas, tipicamente norte-americanos – como aqueles que aparecem nas séries de TV e nos filmes.

Em contrapartida, ao atravessar uma das pontes e seguir para Miami, se fica mentalmente longe de toda essa descontração.

Miami é dividida em várias regiões, designadas por norte, sul, oeste e centro. O coração da cidade é Downtown Miami, que está tecnicamente no lado oriental da cidade. Esta área inclui Brickell (o centro financeiro da cidade), Virginia Key, Watson Island e o porto de Miami.

Como em diversas outras cidades norte-americanas, Downtown não corresponde ao ponto de maior animação da cidade. No lugar disso, trata-se sobretudo de uma área financeira, com edifícios de dezenas de andares, todos ocupados por escritórios. Ali estão as instalações de muitos bancos, assim, na hora do almoço as ruas se enchem com homens de terno e mulheres de *tailleur*.

O lado sul de Miami inclui Coral Way e Coconut Grove. Coral Way é um histórico bairro comercial construído em 1922. Ele conecta o centro da cidade a Coral Gables, repleto de casas antigas e ruas ladeadas de árvores.

Coconut Grove foi fundado em 1925. La estão localizados a Câmara Municipal da cidade, na marina de Dinner Key; o Coconut Grove Playhouse; o *Coco Walk* (um *shopping* ao ar livre); muitas lojas de produtos naturais, além de casas noturnas, bares e restaurantes – é ali, portanto, que se desenvolve a vida boêmia, sendo por isso bastante popular entre os estudantes universitários.

Trata-se de um bairro com muitos parques e jardins. Ficam ali a Villa Vizcaya, The Kampong (jardim botânico) e o Coconut Grove Convention Center, um dos centros de convenção mais prestigiosos do país. Também há escolas privadas e muitas casas históricas.

O lado oeste de Miami inclui Little Havana, West Flagler e Flagami, ou seja, ali estão os lares de muitos imigrantes.

Apesar de a região ser predominantemente ocupada por judeus, nos bairros ocidentais de Miami vivem hoje muitos imigrantes provenientes de países da América Central e de Cuba, enquanto no bairro ocidental de Allapattah está uma comunidade multicultural com integrantes de várias etnias.

Interessante lembrar que em Little Havana existe uma recriação da vida em Cuba, com restaurantes, barbearias, cafés, fábricas e lojas de charutos. Todavia, apesar de se poder ouvir música cubana por toda parte, e de as ruas estarem cheias de cubanos, há sempre indicações muito evidentes de onde estamos de fato, ou seja, nos EUA!!!

Ali o castelhano é a primeira língua, mas mistura-se com o inglês. Little Havana é, ao mesmo tempo, uma zona muito cubana e muito norte-americana.

Por todos os cantos existem recipientes de ferro com jornais gratuitos que, entre tantas outras coisas, anunciam advogados especializados em imigração, divórcio, violência doméstica; clínicas de cirurgia estética e aborto, envio de bolos para Cuba, venda de terrenos em cemitérios ou reuniões de neuróticos anônimos. O grande centro de toda essa zona da cidade é a rua Oito, conhecida aí como *calle Ocho*.

Para além dos diversos tipos de comércio cubano, a rua tem curiosidades como se fosse uma **calçada da fama** ao melhor estilo de Hollywood, mas apenas com estrelas cubanas, como Glória Estefan ou Célia Cruz.

A alguns quarteirões de distância está o Memorial da Brigada 2506, que lembra com uma chama permanente os 114 exilados cubanos treinados pela CIA (Central de Inteligência Americana) que morreram na baia dos Porcos em 1961, ao tentar derrubar o regime de Fidel Castro.

Este é, aliás, o nome mais odiado nessa parte da cidade; esse sentimento está presente em tudo, seja de maneira implícita ou explícita. Nas vitrines das lojas há cartazes com fotografias com o título: *"Asesinada por Castro"*.

Já o norte de Miami inclui Midtown, um distrito com uma grande diversidade cultural.

Edgewater e Wynwood são os bairros de Midtown compostos principalmente por altas torres residenciais. É ali que está o centro de artes cênicas Adrienne Arsht.

Os residentes mais abastados, geralmente vivem na parte nordeste, em Midtown, ou seja, nos Design District e no Upper East Side, em casas cujo estilo arquitetônico surgiu em Miami na década de 1950. No norte de Miami está também concentrada uma grande comunidade afro-americana, além de comunidades de imigrantes caribenhos, formando Little Haiti, Liberty City, etc.

Várias grandes empresas estão sediadas em Miami ou em seus arredores. Akerman Sentinel, Alienware, Arquitectonica, Arrow Air, Bacardi, Benihana, Bright Star Corporation, Burger King, Celebrity Cruises, Carnival Corporation, Carnival Cruise Times, CompUSA estão entre as mais de 1.400 empresas que mantêm ali seus respectivos quartéis-generais para comandar as operações latino-americanas.

Miami também abriga as sedes do National Hurricane Center e do Comando Sul dos EUA, ambos responsáveis por todas as ações militares nas Américas do Sul e Central.

A seguir vão diversos dados interessantes para que se possa compreender melhor o que fez de Miami uma importante **cidade criativa**, cuja visitabilidade é contínua ao longo do ano.

1º) Para se entender melhor como uma cidade pode se tornar atraente o bastante para alavancar sua visitabilidade, ela deve primeiramente estabelecer um calendário de eventos cuja programação mensal inclua algo para ser visto ou apreciado por todos, inclusive pelos próprios habitantes. Dessa maneira, todos ficarão mais satisfeitos e, inclusive, mais imaginativos.

Aí vai o que ocorreu em Miami de novembro de 2016 até outubro de 2017:

Novembro/2016 – No Tropical Park foi montada a Santa's Enchanted Forrest ("Floresta encantada do Papai Noel"), um parque de diversões enorme que, além de suas mais de três milhões de luzinhas natalinas, ofereceu jogos e atrações radicais para todos os visitantes (funcionou até 8 de janeiro de 2017).

No Bayfront Park, um bonito parque da cidade, dezenas de *food trucks* se juntaram para disponibilizar comida e bebida barata para multidão que desejava apreciar uma enorme arvore de Natal de aproximadamente 18 m e uma iluminação incrível.

Já a Miami Book Fair International, uma das maiores feiras do livro dos EUA, também funcionou durante esse mês.

Dezembro/2016 – Miami virou referência em arte contemporânea depois que passou a receber a sofisticada feira suíça ArtBasel. Celebridades e colecionadores do mundo todo compareceram às suas festas de gala para comprar obras de cerca de 269 galerias de todo o mundo, que expuseram ali mais de quatro mil artistas. Para o público em geral o local funcionou como um enorme museu, no qual foi exposto o melhor da produção contemporânea. O preço do ingresso na ocasião foi de US$ 47.

Para a celebração do Ano-Novo foram oferecidas várias opções, sendo que a maior delas foi a festa gratuita do Bayfront Park – a Pitbull's Revolution –, com *shows* e fogos de artifício. O evento foi apresentado pelo cantor de *rap* Pitbull.

Também ocorreu uma grande festa na Ocean Drive, em SoBe, com muita música e grande queima de fogos. E o mais importante: **também de graça**.

Naturalmente, também houve comemorações sofisticadas e caras nos muitos hotéis luxuosos de Miami. A mais atraente aconteceu no hotel Fountainebleau, com o *show* de Justin Bieber.

Todavia, o *show* mais disputado de Miami em 2016 aconteceu no hotel Faena, em 2 de dezembro de 2016, com ninguém menos que superfamosa

Madonna. O evento foi uma mescla entre leilão de obras de arte da galeria da cantora e um *show* intimista. Ele foi dedicado a uma plateia de apenas 300 nomes pré-aprovados, dentre os quais estavam amigos da cantora como Sean Penn, Ariana Grande e Chris Rock – que também compraram obras – e, inclusive, alguns brasileiros sortudos... O objetivo do evento foi angariar fundos para a organização não governamental da cantora – a Raising Malaui.

As mesas, cada uma com dez lugares, foram compradas por US$150 mil. Os convites individuais, por sua vez, foram vendidos a preços que variaram entre US$5 mil e US$15 mil.

Quem passou em frente ao hotel pode apreciar dezenas de carros esportivos espetaculares, com motores "mexidos" e diversas modificações em seu visual, comprovando a existência na cidade de muitos *designers* criativos especializados nesse tipo de personalização.

Janeiro/2017 – Esse costuma ser o mês mais frio do ano em Miami – mínima de 15ºC e máxima de 24ºC. Mesmo assim, ainda é muito quente em relação às outras grandes cidades norte-americanas, quase todas congeladas nessa época. Por essa razão, janeiro se transforma em alta temporada: os preços dos hotéis sobem, as festas bombam, as ruas lotam de gente bronzeada e os *shoppings centers* ficam lotados.

Foi nesse mês que as fotogênicas construções da Ocean Drive, a maioria em tons pastéis, sediaram o *Art Déco Weekend*, com uma enorme feira de comida, exposições, seções de cinema ao ar livre e *shows*.

A Universidade de Miami, por sua vez, organizou o *Coult Festival Miami*, com 30 *shows* de música clássica, *jazz* e bandas independentes.

Fevereiro/2017 – O Valentines'Day ("Dia de são Valentin") é celebrado no dia 14 de fevereiro nos EUA. Nessa ocasião, namorados (e amigos) costumam trocar presentes, o que faz surgirem muitas promoções nas lojas. Essa é oportunidade perfeita para que os turistas pratiquem seu esporte preferido: **ir às compras!!!** Nessa ocasião a cidade fica repleta de corações, arranjos elaborados nas floriculturas e menus especiais preparados pelos restaurantes.

A edição do festival *Food and Wine* de fevereiro de 2017 no SoBe foi, sem dúvida, uma das mais empolgantes e prestigiadas. Nessa ocasião houve diversas degustações e palestras de cozinheiros famosos, produtores de vinhos e *chefs* celebrados, acontecimentos que atraíram muita gente. Esse evento é organizado pela *Food and Wine Magazine*, a mais importante revista gastronômica norte-americana e acontece em diversas cidades dos EUA.

Também nesse mês aconteceu o *Art Wynwood*, na qual se exibiu *design*, arte e moda de 70 galerias de várias partes do mundo.

Março/2017 – Como nesse mês acontece o famoso *spring break* ("as férias escolares da primavera") – época em que um grande contingente de baladeiros invade SoBe – a dica é evitar viajar para lá (principalmente com crianças), pois os preços dos hotéis sobem muito.

Aconteceu nos primeiros dias desse mês um dos mais famosos festivais da cidade, o Miami International Film Festival. Nele foram exibidos longas, curtas e documentários, sendo que a maioria das apresentações foi gratuita ao público, em locais como o Olympic Theater e o The Temple House.

Nesse período também ocorreu o *Miami Carnival* ("Carnaval de Miami), sendo que a sua fase mais legal foi sem dúvida o *EP Festival de La Calle Ocho*, que ocupou 19 quarteirões em Little Havana, onde havia muitos quiosques de comida e palcos com ritmos caribenhos.

No dia 17 comemorou-se os St Patricks's Day ("Dia de são Patrício"), ocasião em que se consomiu muita cerveja e todos os bares estavam decorados na cor verde.

E no fim do mês, viu-se muitos milhares de jovens pintados com tinta fluorescente dançando e pulando – um tanto quanto pirados – ao som das batidas eletrônicas do *Ultra Music Festival*.

Abril/2017 – Nesse mês ocorreu o início de maneira efervescente da temporada de verão em Miami, com as tarifas dos hotéis começando a baixar, a temperatura subindo – mínima de 20°C – e cada vez mais gente se divertindo nas praias.

Uma boa opção foi visitar a Rubell Family Collection, uma galeria que abriga parte de uma das maiores coleções privadas de arte contemporânea do mundo. Obras de Damien Hirst e Keith Haring fazem parte do acervo de mais de mil peças.

Outra alternativa foi conhecer o Bass Museum of Art, que foi expandido por meio de um projeto do famoso arquiteto japonês Arata Isokazi.

Maio/2017 – Esse mês se caracteriza pelo intervalo estratégico entre a alta temporada e o calorão do verão, quando os hotéis diminuem bastante as diárias, a cidade fica um pouco mais vazia e as precipitações pluviométricas aumentam bastante.

Talvez por isso mesmo, a grande atração seja o Miami Museum Month ("mês do museu") quando se estimula o visitante a ir aos museus oferecendo aos visitantes a possibilidade de comprar um ingresso e ganhar o outro. É uma grande oportunidade para se ver as modernas maravilhas do Perez Art Museum e as atrações infantis do Miami Children Museum.

Na cidade acontece ainda a celebração do Memorial Day (geralmente no dia 30 de maio), quando ocorre o festival *hip hop Urban Beach Week*, um evento que, embora seja um pouco barra pesada, sempre fica lotado... A bem da verdade, alguns moradores de SoBe não aguentam tanto barulho e se dividem entre permanecer em casa ou viajar para fora da cidade. Afinal, nem tudo que agrada a alguns é aprovado por todos!?!?

Junho/2017 – O calor passou dos 30ºC, o nível de precipitação pluviométrica é o maior do ano e podem aparecer alguns furacões na região...

Isso espanta os habitantes da cidade, mas não os turistas, particularmente os da América do Sul. Estes costumam aproveitar muito o fim de junho, quando os hotéis estão com os menores preço do ano... E quem traz as crianças certamente aproveita para fazer um passeio perfeito aos parques.

Uma alternativa é levar as crianças a Jungle Island, na SoBe. Trata-se de um pequeno zoológico em que as atrações principais são as aves. Todavia, pagando-se uma taxa extra é possível interagir com lêmures e bichos-preguiça.

Julho/2017 – Nesse mês os termômetros passam facilmente dos 32ºC. Os brasileiros, em especial, gostam de estar em Miami nesse mês para aproveitar as superpromoções do dia da Independência (dia 4).

Também acontece em julho o *Miami Spa Month* (mês do *spa*), ao longo de todo o mês. Nesse período, alguns dos luxuosos *spas* ficam mais acessíveis, reduzindo significativamente os preços da maior parte dos tratamentos.

Agosto/2017 – Certamente é o mês mais fraco para o turismo na cidade, até porque as escolas e faculdades dos EUA voltam às aulas e chove de maneira abundante em Miami.

Nessa ocasião realiza-se o *Miami Spice* (algo como tempero de Miami), até o fim de setembro, período em que os mais renomados restaurantes (como o *Zuma*, o *Sarsaparilla Club*, o *Alter* etc.) oferecem refeições deliciosas com preços bem menores. Isso dá a muita gente a oportunidade única de ir a lugares badalados e comer bem, pagando preços bem camaradas.

Setembro/2017 – No dia 4 desse mês celebra-se nos EUA o **"Dia do Trabalho"** (Labor Day). Ao longo de toda a semana as lojas oferecem grandes promoções, inclusive de eletrônicos.

Um refúgio da cidade que é muito visitado neste mês é o Vizcaya Museum and Gardens, um palacete construído em 1916 e mantido com mobiliário original. Seus jardins à *la* Versalhes acabam à beira-mar.

O mesmo aconteceu com o museu Wolfsonian – da Florida International University, em Coral Gables, que atraiu devido ao seu acervo de peças produzidas no fim do século XIX e meados do século XX. Uma ótima pedida foi participar dos incríveis saraus que aconteceram no café do museu *The Dynamo*.

Outubro/2017 – Nesse mês, mais especificamente no dia 9, comemora-se o Columbus Day ("Dia de Colombo"), quando são oferecidos grandes descontos, especialmente nas roupas de verão (que servem e agradam muito aos sul-americanos, visto que a estação ainda não começou no hemisfério sul...)

Milhares de pessoas também se divertiram com as bandas e *DJs* de música eletrônica na edição anual do *III Points Music, Art & Tech Festival*, que ocorreu no descolado bairro de Wynwood.

No dia 31 de outubro celebrou-se o *Halloween* ("Dia das bruxas"), uma ocasião especialmente animada em que acontecem muitas festonas. Uma delas é a *Miami Halloween Yatch Party*, dentro de um iate; outros eventos animados são os desfiles de fantasias, como o da *Lincoln Road's Live Halloween Costume Parade* e suas *Spooky Zoo Nights*, com atrações muito assustadoras no zoológico.

Deu para perceber como uma cidade pode se movimentar e alegrar não apenas sua própria gente, mas os milhões de turistas que chegam a ela todos os anos?

É isso o que toda cidade deve ter, ou seja, um **calendário mensal de eventos**, que aproveitem naturalmente seus "pontos fortes", procurando sempre planejar e inventar novas atrações.

2º) No que se refere a artes performáticas, deve-se destacar que o Centro de Artes Cênicas Adrienne Arsht é o 2º maior dos EUA, atrás somente do Lincoln Center em Nova York. Trata-se do lar da Florida Grand Opera e do balé Ziff. Dentro dele encontram-se o Knight Concert Hall, o Carnival Studio Theater e o Peacock Rehearsal Studio.

É nesse local que se pode assistir aos grandes concertos, às operas, ao balé e aos musicais de companhias vindas de todo o mundo.

Mas existem vários outros espaços incríveis para a apresentação de artes cênicas, como o Gusman Center, o Coconut Grove Playhouse, os teatros Colony, Lincoln, Miracle, Jackie Gleason, Manuel Artime, Ring e Playground, além do anfiteatro no Bayfront Park e o Fair Expo Center para eventos ao ar livre. Com todos esses locais, a cidade pode receber muitos músicos, cantores, atores, dançarinos e orquestras. Aliás, Miami tem muitas orquestras sinfônicas e conservatórios para as artes performáticas.

Pode-se aprender música e dança em muitas IESs de Miami. Entre elas destacam-se a Florida International University School of Music, Frost School of Music, o Miami City Ballet, o Miami Conservatory, a New World School of the Arts etc.

3º) Miami é também um importante centro de **moda**. Na cidade estão instaladas diversas agências de modelos, sendo que algumas delas estão entre as mais importantes do mundo.

Na cidade são realizados muitos eventos voltados para a moda, incluindo-se o *Miami Fashion Week* (realizado anualmente) e o *Mercedes-Benz Fashion Week Miami*, que é apresentado no Wynwood Art District.

4º) A cidade possui diversos museus – alguns já citados –, a maioria dos quais fica no centro. Entre eles, o Museu de Artes Frost, Museu da Criança, Museu Viscaya and Gardens, o Museu de História de Miami, o Museu de Arte de Miami e o Museu da Ciência, e o Centro Cultural Miami-Dade Center, dentro do qual encontra-se uma grande biblioteca.

5º) Em Miami pode ouvir e dançar as mais variadas músicas.
Os cubanos levaram consigo a *conga* e a *rumba*, enquanto os haitianos popularizaram a *kompa* e o *zouk*. Os dominicanos trouxeram nas malas a *bachata* e o *merengue*. Já os colombianos difundiram bastante a *cumbia* e o *vallenato*, os brasileiros promoveram o samba e, de outros povos do Caribe chegaram: o *reggae*, a *soca*, o *calypso* etc.

Em 1975 o grupo The Bee Gees mudou-se para Miami e Gloria Estefan divulgou bastante nessa década a música cubana.

Nas décadas de 1980 e 1990 muitos *nightclubs* (casas noturnas) foram inaugurados. Neles podia-se ouvir e dançar as músicas da moda, em especial as eletrônicas, manipuladas por *DJs* famosos, como: David Padilla, John Benetiz, Danny Tenaglia etc.

Miami tornou-se uma cena vibrante para a dança quando realizou a *Winter Music Conference*, considerado o **maior evento de dança do mundo**. Outro evento com música eletrônica foi o *Ultra Music Festival*.

6º) No que se refere à gastronomia, é importante destacar que a cozinha de Miami é um reflexo de sua diversidade populacional, com especial influência por parte das cozinhas do Caribe e da América Latina.

O fato é que ao se combinar essas duas escolas com a cozinha norte-americana, surgiu um estilo único do sul da Flórida: a cozinha "floribeana", que se encontra em muitos restaurantes de Miami – como na cadeia *Pollo Tropical* – e de outras cidades do sul do Estado.

Os imigrantes cubanos na década de 1960 trouxeram para Miami o seu sanduiche *medianoche*, o café expresso *cortadito* e muitos tipos de bolinhos, que se tornaram populares entre os miamianos. Atualmente, eles já são parte da cultura local e podem ser encontrados até em lanchonetes de supermercados.

Restaurantes, como o *Versailles*, em Little Havana, tornaram-se pontos de referência para muitas "casas" de refeições de Miami.

Também não se pode esquecer que Miami está localizada ao longo do oceano Atlântico e, por isso mesmo, ficou famosa por seus pratos feitos com peixes, mariscos, ostras, camarões etc. Aliás, existem muitos restaurantes ao longo do rio Miami, bem como ao redor de Biscayne Bay, especializados em frutos do mar.

7º) No campo da educação, Miami destaca-se por estarem aí duas das melhores *high schools* (colégios) dos EUA, sendo que algumas dessas escolas são inclusive voltadas para a formação de talentos na EC. Esse é o caso, por exemplo, da *Design* and Architecture High School, da Coral Reef High School, da Miami Palmetto High School e da Escola de Artes Novo Mundo.

São também importantes diversas IESs, entre as quais destaca-se a Universidade de Miami, onde estudam muitos alunos vindos de países da América Central e do Sul. Além dos professores, ela também emprega trabalhadores dos setores administrativo e operacional entre os seus cerca de 17.200 funcionários. É, sem dúvida, uma importante empregadora da cidade.

Ai vai uma lista das IESs em Miami e em seus arredores: Universidade Barry (privada); Universidade Carlos Albizu (privada), Universidade Internacional da Florida (FIU na sigla em inglês), que é pública e que emprega cerca de 8.500 funcionários, a Universidade Florida Memorial (privada), Universidade Johnson e Wales (privada), Universidade Kaiser (privada), Manchester Business School (uma IES pública do RU, que oferece ensino à distância), Instituto Culinário de Miami (pública), Universidade Internacional de Miami de Artes & *Design* (privada), Universidade Nova Southeastern (privada), Universidade St. Thomas (privada).

Miami possui atualmente mais de 220 mil alunos matriculados nas suas IESs, ocupando o sétimo lugar no país em matrículas *per capita*.

Entre os miamianos com 25 anos de idade ou mais, cerca de 69% concluíram o ensino médio e 24% possuem o grau de bacharel ou superior, sendo que Miami ocupa nos EUA a 6ª posição da cidade na qual **mais se leem livros!!!**

8º) Miami é um grande mercado para a televisão. De fato, ele ocupa o 17º lugar dentro dos EUA, o que evidencia o quanto esse setor criativo é desenvolvido no país.

Os jornais mais importantes da cidade são o *The Miami Herald* (em inglês) e o *El Nuevo Herald* (em espanhol).

Há outros jornais como o *Miami Today*, *Miami New Times*, *Miami Sun Post*, *South Florida Business Journal*, *Miami Times* e *Biscayne Boulevard Times*, todos em inglês, e o *Diário Las Américas* (em espanhol).

As quatro IESs mais importantes da cidade também publicam os seus jornais, feitos pelos próprios alunos, como é o caso de *The Miami Hurricane*, da Universidade de Miami, do *The Beacon*, da Universidade Internacional da Florida, do *The Metropolis*, da Faculdade Miami-Dade e do *The Bucaneer*, da Universidade Barry.

Também há revistas que circulam na área da Grande Miami, como a *Miami Monthly*, a *Ocean Drive* e a *South Florida Business Leader*.

Miami é também sede de produção de algumas das mais importantes redes de televisão do mundo, tais como a Telemundo, a TeleFutura, a Galavision, Mega TV, Univisión, Univision Communications Inc., Universal Musical Latin Entertainment, RCTV International and Sunbeam Television.

9º) O clima tropical de Miami permite atividades ao ar livre praticamente durante todo o ano.

Por isso a cidade tem muitas marinas, baías, canais e praias do oceano Atlântico, o que estimula as pessoas a andarem de barco, velejar e praticar a pesca.

Na Biscayne Bay, por sua vez, há muitos recifes de coral, o que atrai muita gente para mergulhar e apreciar as belezas do fundo do mar.

Na cidade de Miami existem ainda cerca de 85 parques e jardins, sendo que os maiores e os mais populares são o Bayfront Park e o Bicentennial (localizado no centro, bem próximo da arena American Airlines e do *shopping* Bayside); o Tropical, o Peacock; o Morningside; o Virgínia Key e o Watson Island.

E, como já foi dito, a cidade possui muitos outros parques, onde se podem apreciar animais selvagens. Há ainda o jardim botânico e parques onde se pode observar os seres que vivem no mar.

10º) Miami oferece muito entretenimento através de suas equipes esportivas profissionais. Ali estão o Miami Dolphins, time da NFL; o Miami Heat, equipe de NBA; o Florida Miami Marlins, time da MLB; e o Florida Panthers, equipe que disputa a NHL.

Além dessas quatro equipes dos esportes preferidos nos EUA, Miami é o lar de outras práticas esportivas como o futebol, com as equipes de Miami Football Club e Miami Tropics. A cidade sempre organiza grandes competições de times profissionais, mas também atrai muita gente para apostar nas corridas de cães, jogar golfe nos vários campos que existem na cidade e praticar esportes náuticos.

Só o Miami Heat manda os seus jogos nos limites da cidade, na American Airlines Arena (tendo sido campeão pela NBA nas temporadas 2005/2006, 2011/2012 e 2012/2013); as outras equipes o fazem em estádios que estão na RMM.

No futebol norte-americano universitário, destacam-se o Golden Panthers, equipe da Universidade Internacional da Flórida, e os Hurricanes, da Universidade de Miami.

Aliás, os Hurricanes já ganharam o título nacional em 1983, 1987, 1985, 1991 e 2001.

Importante ressaltar que não são apenas as quatro equipes profissionais de Miami (futebol norte-americano, basquete, beisebol e hóquei) que arrastam dezenas de milhares de torcedores, uma vez que o mesmo acontece com as duas equipes universitárias da cidade.

Sem dúvida o entretenimento voltado para os esportes motiva muita gente e, por isso, sempre gera grandes negócios!?!?

A LIÇÃO DE MIAMI

A maior lição de Miami é que todos aqueles que vem dos países da América Latina e ali se estabelecem, **acabam alterando muitos dos seus costumes**. Afinal, nessa cidade aplicam-se corretamente as leis norte-americanas e, com isso, os chamados "hábitos bastante flexíveis" (ou, no caso dos brasileiros, o famoso "jeitinho") acabam logo sendo totalmente esquecidos e abandonados...

Isso significa que deveríamos ser mais rigorosos aqui com os infratores, e em todos os setores (trânsito, segurança, pichações, comércio ilegal etc.), pois isso tornaria as nossas cidades bem mais atraentes e, assim, muito mais turistas viriam para o Brasil.

Aliás, dessa maneira, quem sabe não acabaria entre nós aquela famosa prática de perguntar: **"Sabe com quem está falando?"**. Isso sempre acontece com aquele que se considera "alguém" (*somebody*) muito importante, superior e/ou acima da lei, e tenta de certa forma humilhar àquele a quem considera como um "ninguém" (*nobody*). Quando o *nobody* nota no *somebody* um comportamento inadequado, procura enquadrá-lo, mas o prepotente reage com a frase "intimidadora": **"Você sabe quem eu sou?"** Quando é que isso vai ter fim?

Um outro fato que deveria ser observado pelas nossas autoridades municipais – e especialmente aquelas das cidades litorâneas, cujas economias são alavancadas pelos turistas, que desejam aproveitar a suas praias, particularmente nos dias ensolarados e nas suas férias –, é a forma como se cuida em Miami (e especialmente em Miami Beach) das áreas próximas ao mar.

Neste caso, principalmente Fortaleza e Salvador – as cidades-irmãs de Miami – deveriam inspirar-se em como na Grande Miami se mantém as praias tão limpas e tão bem aparelhadas para que os banhistas aproveitem ao máximo esse seu tempo de lazer.

E não se pode esquecer que nessas últimas décadas Miami transformou--se em uma **cidade multicultural**, abrigando praticamente uma pequena "colônia" de todos os países da América Latina.

Essa **diversidade** tornou-se muito útil para a cidade, especialmente no setor da gastronomia, pois há muitos restaurantes típicos desses países na cidade, nos quais frequentemente se pode também ouvir música dessas nações!!!

SUGESTÕES DE LEITURA:

ECONOMIA CRIATIVA:
FONTE DE NOVOS EMPREGOS
Volume I

ECONOMIA CRIATIVA:
FONTE DE NOVOS EMPREGOS
Volume II

www.dvseditora.com.br